"주님께서 그대에게 복을 내리시고
그대를 지켜 주시리라.
주님께서 그대에게 당신 얼굴을 비추시고
그대에게 은혜를 베푸시리라.
주님께서 그대에게 당신 얼굴을 들어 보이시고
그대에게 평화를 베푸시리라."
(민수기 6, 24-26)

_____ 님께

_____ 드림

천지 창조의 첫 날
하느님께서 말씀하시기를 "빛이 생겨라." 하시자 빛이 생겼다. (창세 1,3)

가톨릭교회 평신도를 위한 신앙생활 길잡이 ⑦

땀의 순교자의 시복과 시성의 염원을 담은

최양업 신부의 신앙과 영성 문답

엮음 | **김 성 열** 마태오

감수 | **박 재 만** 타대오 신부

도서출판 프린트샵

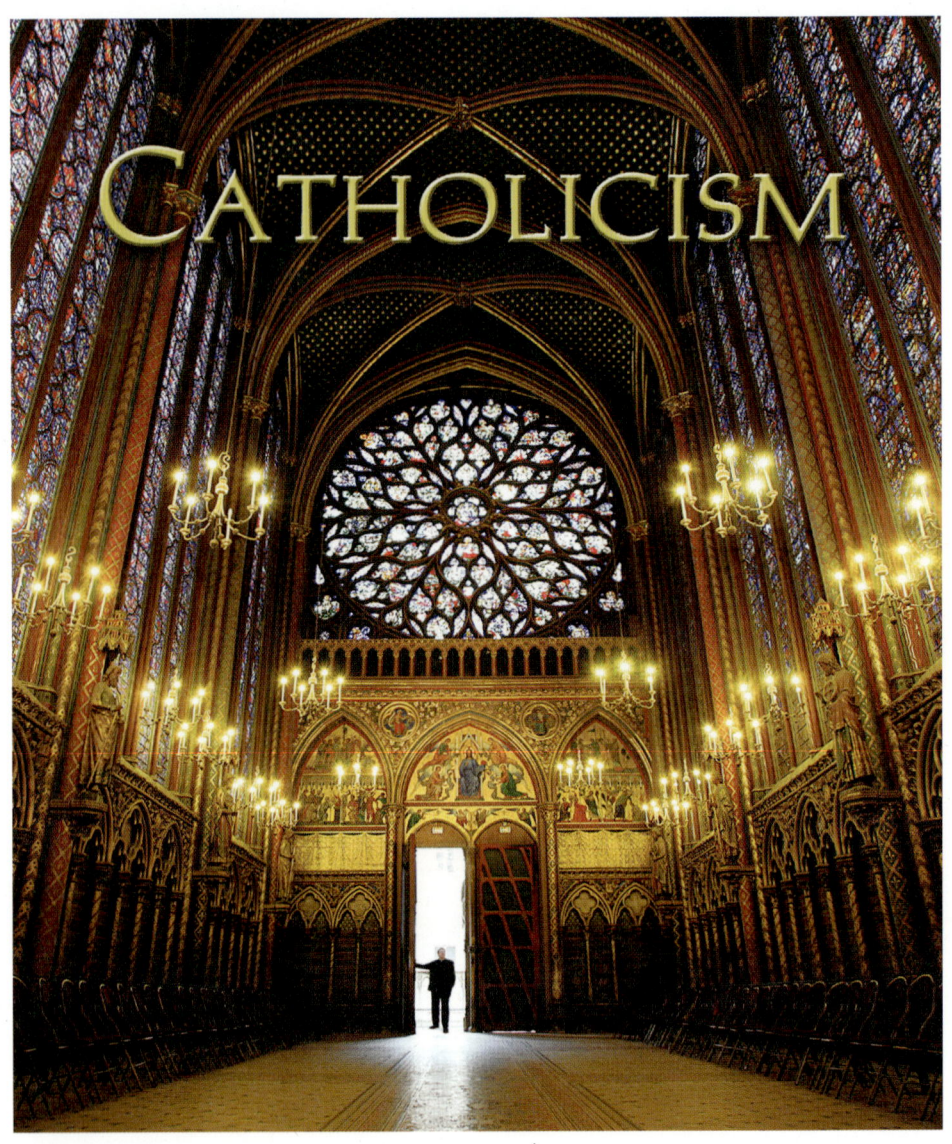

가톨릭(Catholic)
가톨릭이란 말은 전체성 또는 온전성, 보편성이라는 뜻으로 모든 사람들이 다 믿을 수 있는 종교를 의미합니다.

| 머리말 |

『최양업 신부의 신앙과 영성 문답』을 펴내면서...

김성열 마태오

    1. 한국천주교주교회의는 2022년 춘계 정기총회에서 가경자 최양업 토마스 신부 시복 시성 기도문을 승인하였고, 2023년에는 시복시성주교특별위원회에서 시복 시성을 위한 전구기도 안내문을 발표하였습니다. 가경자 최양업 토마스 신부의 시복 절차는 2011년부터 시작하여 2016년 성덕 심사를 마쳤으며, 같은 해 4월 26일 프란치스코 교황님께서 가경자(可敬者, 복자 전 단계)로 선포하셨습니다.

    2. 앞으로 기적 심사가 통과되면 복자품에 오르게 됩니다. 이 기적 심사는 최양업 신부님께 전구(轉求)를 청하여 얻은 은총 체험 가운데 과학적으로 설명할 수 없는 기적적 치유 사례를 수집하여, 질병의 심각성과 치료 이력에 관한 의학 자료를 통하여 초자연적 치유임을 입증하는 절차로 진행하게 됩니다. 이에 우리 신자들은 특별히 위중한 질병을 앓고 있는 본인이나 가족, 지인의 기적적 치유를 위하여 최양업 신부님께 전구를 청하는 기도를 바치면 됩니다.

    3. 간절한 마음으로 바치는 기도라면 시간과 장소에 구애됨이 없이 어떤 형식과 내용으로도 가능하며, 최양업 신부님 관련 성지에서 구체적인 사람의 치유를 지향하는 주모경, 묵주기도 등과 함께 가경자 최양업 토마스 신부 시복 시성 기도문을 바치기를 권고하고 있습니다. 또한 전구로 이루어진 치유의 은총 체험이 있는 경우에는 한국천주교주교회의 시복시성주교특별위원회로 알려줄 것을 당부하고 있습니다. 위의 내용대로 가경자 최양업 토마스 신부의 시복 시성을 위한 일에 한마음 한뜻이 되어 전 신자들의 관심과 힘을 모아야 할 때입니다.

4. 한국 천주교회의 두 번째 조선인 사제인 최양업 신부님은 김대건 신부님과 동갑이요 동창입니다. 김대건 신부님의 그늘에 가려 우리 한국 천주교 신자들에게조차 잘 알려지지 않은 것이 사실입니다. 피의 순교자인 김대건 신부님과는 달리 최양업 신부님은 모범적인 땀의 증거자라 할 수 있습니다. 김대건 신부님은 한국인 첫 사제가 되었으나 안타깝게도 겨우 13개월 동안 사제로 사셨습니다.

5. 그나마 2개월은 조선으로 입국하기 위해 황해의 바다 위에서 보냈고 또 4개월은 감옥에서 지내다가 순교하셨습니다. 그러나 최양업 신부님은 12년 동안 유일한 조선인 사제로서 조선 8도 중 5개 도에 산재해 있는 120여 개나 되는 교우촌을 담당하셨습니다. 해마다 7천 리(2,800㎞)가 넘는 길을 걸어 다니며 교우촌을 방문하면서 모든 성사를 집전하셨습니다.

6. 당시 교우촌 신자들은 조선 정부의 심한 박해를 피해서 사람이 살 수 없는 산골짜기에 적게는 두어 명에서 많게는 오십 명씩 흩어져 살고 있었는데 그 인원이 거의 6천 명에 달했습니다. 이 교우촌 신자들을 위해 어려운 환경에서 사목활동을 하시다가 결국 탈진하기에 이르러 만 40세의 한창나이에 연풍성지 근처 문경 일대에서 병사하시어 배론성지에 묻히셨습니다.

7. 최양업 신부님은 서양 학문을 정식으로 익힌 첫 조선인으로서 최고의 지성인답게 그 당시 조선의 국가 정세와 교회 사정 및 민생 상태에 관하여 예리하게 관찰하셨음을 알 수 있습니다. 이는 1842년부터 1860년까지 스승 신부님들에게 보낸 서한에서 알 수가 있습니다. 최양업 신부님의 서한 속 글들은 너무나도 감동적이고 교훈적이며 한편으로는 충격적입니다. 이 책에서 소개하는 21편의 서한은 최양업 신부님의 선교 열정과 굳건한 믿음과 온전한 헌신의 정신을 다시금 느끼게 하며 땀으로 가득 채운 신앙 여정의 감동을 전해줍니다.

8. 어느 신부님께서 언급하셨듯이 최양업 신부님의 선한 업적을 들라하면 첫째는 찾아가는 성무활동을 하셨다는 점이고, 둘째는 조선인 성직자 양성에 힘을 기울이셨으며, 셋째는 순교자와 관련한 자료와 증언을 수집하려 노력하셨고, 마지막

네 번째는 한글과 천주가사를 통한 복음 전교를 들 수 있습니다.

9. 저는 부족하고 미약하나마 최양업 신부님의 시복과 시성이 이루어지기를 간절히 바라는 마음을 담아 「최양업 신부의 신앙과 영성 문답」을 펴내게 되었습니다. 이 책의 제1편에서는 한국 초기 천주교회 박해시대의 역사를 살펴보았고, 제2편에서는 최양업 신부 생애의 개관을 정리하였으며, 제3편에서는 최양업 신부의 서한에 담긴 신앙여정을, 제4편에서는 최양업 신부의 귀국과 사목활동을, 제5편에서는 최양업 신부의 영성에 대해, 제6편에서는 최양업 신부가 한국 천주교회에 미친 영향을, 제7편에서는 최양업 신부의 신앙 후손인 우리들의 다짐을 살펴보았습니다.

10. 참고한 문헌과 서적은 『성경』, 『가톨릭기도서』, 『한국가톨릭대사전』, 『한국천주교회사 1-5권』, 『한국천주교회사 순교 연구논문집』, 『가경자 최양업 토마스 신부의 서한집』, 『희망의 순례자』, 『한국 순교자 영성』, 『새로운 복음화를 위한 한국교회의 영적 자세』, 『너는 주추 놓고 나는 세우고』, 『최양업 신부의 삶과 영성 기고문』, 『한국 천주교 순교성지를 찾아서』와 『103위 한국 순교성인 문답』, 『최양업 신부와의 새로운 만남』, 『사목정보 2024.9.10월호』 등이며, 그 밖에 각종 언론사 매체자료 및 인터넷 자료실 등을 참고하였습니다. 그리고 본문에서 인용한 최양업 신부님의 서한은 청주교구 배티성지 양업교회사연구소에서 펴낸 『가경자 최양업 토마스 신부의 서한집』을 참고하였음을 밝힙니다.

11. 독자 여러분들의 성지 순례길에 이 책이 친구가 되어 최양업 신부님의 발자취를 따라서 그분의 얼과 정신을 되새기며 현양하는 시간이 되기를 희망합니다. 이 책이 나올 수 있도록 허락해 주신 대전교구장 김종수 아우구스티노 주교님과 책 내용을 일일이 여러 차례 꼼꼼히 감수해 주신 박재만 타대오 신부님께도 깊은 감사의 인사를 드립니다. 아울러 원고를 교정해 주신 김영석 멜키올 형제님과 출판에 수고해 주신 도서출판 프린트샵 이재승 사장님과 편집 관계자께도 감사드립니다.

대전교구 반석동성당 / 김성열 마태오

| 감수사 |

최양업 신부님의 시복 시성 운동 참여를 촉구하고
안내하는 길잡이가 되길 바라며...

박재만 타대오 신부

    〈최양업 신부의 신앙과 영성 문답〉의 출간을 환영하고 축하드리며 이 책을 쓰신 김성열 마태오 회장님의 헌신적 노고에 감사드립니다.
    저자는 이 책을 쓰게 된 동기를 다음과 같이 표명하였습니다.
    첫 번째로 주님을 닮은 착한 목자로서 최양업 신부님의 굳은 신앙과 열정적인 사도직 활동 그리고 복음적 영성을 더 많은 이들에게 알리고 싶다는 것입니다.
    두 번째는 이 책이 최양업 신부님의 발자취를 따르는 순례자들을 안내하는 길잡이가 되어 그분의 믿음과 희망과 사랑을 되새기고 닮아가길 다짐하면서 주님께 찬미드리는데 도움이 되길 바란다는 것입니다.
    세 번째는 주님께서 최양업 신부님의 시복 시성의 은총을 어서 빨리 허락해주시도록 더 많은 신자들이 함께 마음을 모아 기도하기를 촉구하고 싶다는 것입니다

    최양업 토마스 신부님의 시복 절차는 이미 13년 전인 2011년부터 시작되었고, 교황청 시성성에서 2016년에 성덕심사를 마쳤으며, 같은 해 4월 26일 프란치스코 교황님은 최양업 신부님을 가경자(可敬者, 복자 전 단계)로 선포하셨습니다.
    순교자들은 성덕에 대한 증언과 순교의 사실이 확인되면 시복이 가능하지만, 증거자의 경우에는 확실한 기적이 증명되어야 시복대상이 될 수 있습니다. 따라서 순교자가 아니라 증거자인 최양업 신부님의 경우에는 확실한 기적이 증명되어야 시복대상이 될 수 있는 것입니다. 즉 최양업 신부님의 전구로 인해 기적이 일어나고, 그 기적이 교황청 시성성의 심사에서 통과되어야 그분은 복자품에 오르게 되는 것

입니다.

기적 심사는 최양업 신부님에게 전구를 청하여 얻은 은총 체험 가운데 과학적으로 설명할 수 없는 기적치유 사례를 수집하여, 질병의 심각성과 치료 이력에 관한 의학 자료를 통해 초자연적 치유임을 입증하는 절차로 진행하게 됩니다.

그러므로 한국 시복시성주교특별위원회는 전 신자들이 최양업 신부님의 전구를 청하는 기도를 바치도록 적극 권장하고 있습니다. 특별히 위중한 질병을 앓고 있는 본인이나 가족 그리고 지인의 기적적 치유를 위하여 최양업 신부님에게 전구를 청하는 기도를 바치도록 권장하고 있습니다.

한국 천주교회의 두 번째 방인 사제인 최양업 신부님은 첫 번째 방인 사제인 김대건 신부님에 비해 우리 신자들에게 잘 알려지지 않은 것이 현실태입니다. 첫 사제이자 피 흘려 순교하신 김대건 신부님과는 달리 최양업 신부님은 좀 늦게 사제성품을 받으셨고 피 흘려 순교하지 않으셨기 때문이라 여겨집니다.

그러나 두 분은 모두 주님의 출중한 증거자입니다. 김대건 신부님이 '피의 증거자'라고 한다면 최양업 신부님은 '땀의 증거자'라고 할 수 있습니다.

김대건 신부님은 13개월이라는 짧은 기간 동안 사제로 활동하다 순교하셔서 너무나 안타깝고 아쉬웠습니다만, 최양업 신부님은 12년 동안 조선 8도 중 5개도에 산재해 있던 120여 교우촌을 맡아 열정적으로 사도직을 수행하여 우리 교회의 든든한 기반을 닦으셨습니다. 최양업 신부님은 해마다 7천 리(2,800km)가 넘는 거리를 걸어 다니며 교우촌을 방문하면서 교우들을 격려하고 가르치며 모든 성사를 집전하셨습니다.

당시 교우촌 신자들은 조선 정부의 심한 박해를 피해 사람이 살기 어려운 산골짜기에 적게는 두어 명에서 많게는 몇 십 명씩 흩어져 살고 있었는데 그 인원이 거의 6천 명에 달했습니다. 이 교우촌 신자들을 위해 어려운 여건 속에서 사목활동을 하시다가 과중한 업무로 인한 과로로 탈진한 상태에서 장티푸스에 걸려 안타깝게도 연풍성지 근처 문경 일대에서 선종하셨습니다. 그때가 한창 사도직 수행을 능숙하게 하시던 40세였습니다.

최양업 신부님은 이미 하느님 나라에 계신 성인입니다. 그런데도 우리가 새삼 그분의 시복 시성을 위해 기도하고 추진운동을 하는 이유는 무엇이며, 또 어떤 의미를 지니는 것입니까? 그것은 그분이 틀림없이 하늘나라에서 하느님 곁에 계시는 성인이며 전구자시라는 하느님의 표지를 읽으며 교회가 공적으로 확인하고 선언하길 바란다는 뜻일 수밖에 없습니다. 그리고 우리도 그분을 본받을 수 있도록 은총을 전구해 주시길 청하며 쇄신된 삶을 다짐하는 계기로 삼겠다는 뜻이 당연히 포함되는 것입니다.

그러므로 우리가 진행하고 있는 시복 시성 운동은 최양업 신부님을 사랑하고 공경하며 그 영성을 본받는 운동으로 저변 확대되며 추진되어야 합니다. 그분에 대한 우리들의 관심과 애정 그리고 그분의 영성을 이해하고 본받고자 하는 자세 없이는 시복 시성 운동은 단지 복자나 성인의 숫자를 늘리는 일에 지나지 않기 때문입니다.

최양업 신부님의 시복 시성의 은총을 청하는 우리의 간절한 염원에 자비로우신 하느님께서 화답해 주실 것으로 굳게 믿으며 더욱 열렬히 기도해야 하겠습니다.

김성열 회장님은 예비신자 교리교육과 신자들의 재교육을 위해 〈가톨릭 교리문답〉과 〈103위 한국 순교성인 문답〉, 〈가톨릭교회의 미사와 전례 문답〉, 〈가톨릭교회 사회교리 문답〉, 〈가톨릭교회의 구약성경 문답〉 그리고 〈가톨릭교회의 신약성경 문답〉 등 여섯 권의 문답 책을 이미 쓰셨는데, 이 책들은 국내 본당과 공소, 성지 등 교회기관들뿐만 아니라 세계 여러 나라 한인교회공동체의 신자들로부터도 큰 호응을 받고 있습니다. 김성열 회장님이 이번에 일곱 번째로 출간하신 〈최양업 신부의 생애와 영성 문답〉도 많은 분들로부터 적극 환영받길 기대하며, 이 책을 통해 많은 분들이 최양업 신부님을 더 사랑하고 공경하며 그분의 사도직 열성과 영성을 본받으면서 시복운동에 적극 참여하기로 다짐하고 실행할 것이라 믿습니다.

박재만 타대오 신부(대전교구 원로사제)

| 목차 |

머리말 ················ 5
감수사 ················ 8

PART 1 한국 초기 천주교회 박해시대의 역사

1. 한국 천주교회사에서 일본을 통한 조선과 천주교의 만남은 언제인가요? ············ 19
2. 한국 천주교회사에서 중국을 통한 조선과 천주교의 만남은 언제인가요?(1) ········ 22
3. 한국 천주교회사에서 중국을 통한 조선과 천주교의 만남은 언제인가요?(2) ········ 25
4. 한국 천주교회사에서 조선과 천주교의 만남에 대한 다른 주장은 무엇인가요? ········ 27
5. 한국 천주교회사에서 서학(西學)과 천주교와의 만남은 어떤 의미가 있나요?(1) ······ 32
6. 한국 천주교회사에서 서학(西學)과 천주교와의 만남은 어떤 의미가 있나요?(2) ······ 34
7. 한국 천주교회사에서 조선 천주교회의 설립배경은 무엇인가요?(1) ··············· 40
8. 한국 천주교회사에서 조선 천주교회의 설립배경은 무엇인가요?(2) ··············· 44
9. 한국 천주교회사에서 초기 교회지도자들의 활동은 어떠했나요?(1) ··············· 49
10. 한국 천주교회사에서 초기 교회지도자들의 활동은 어떠했나요?(2) ··············· 55
11. 주문모 신부의 입국 후 조선 천주교회는 어떻게 변했나요? ······················· 59
12. 한국 천주교회사에서 천주교회의 교구가 설정된 시기는 언제인가요? ············· 62
13. 한국 초기 천주교회사에서 선교사 입국 과정과 활동은 어떠했나요? ·············· 63
14. 한국 천주교회사에서 최초의 대박해인 신유박해의 배경은 무엇인가요?(1) ·········· 66
15. 한국 천주교회사에서 최초의 대박해인 신유박해의 배경은 무엇인가요?(2) ·········· 67
16. 한국 천주교회사에서 최초의 대박해인 신유박해의 배경은 무엇인가요?(3) ·········· 69
17. 한국 천주교회사에서 최초의 대박해인 신유박해의 배경은 무엇인가요?(4) ·········· 70
18. 한국 천주교회사에서 최초의 대박해인 신유박해의 배경은 무엇인가요?(5) ·········· 72
19. 한국 천주교회사에서 신유박해를 통해 순교한 순교자들은 누구인가요?(1) ·········· 75
20. 한국 천주교회사에서 신유박해를 통해 순교한 순교자들은 누구인가요?(2) ·········· 77
21. 한국 천주교회사에서 신유박해의 교회사적 의의는 무엇인가요?(1) ················ 82
22. 한국 천주교회사에서 신유박해의 교회사적 의의는 무엇인가요?(2) ················ 85
23. 한국 천주교회사에서 신유박해의 교회사적 의의는 무엇인가요?(3) ················ 86

24. 한국 천주교회사에서 두 번째 대박해인 기해박해의 배경은 무엇인가요?(1) ········ 88
25. 한국 천주교회사에서 두 번째 대박해인 기해박해의 배경은 무엇인가요?(2) ········ 90
26. 한국 천주교회사에서 두 번째 대박해인 기해박해의 배경은 무엇인가요?(3) ········ 91
27. 한국 천주교회사에서 두 번째 대박해인 기해박해의 배경은 무엇인가요?(4) ········ 92
28. 한국 천주교회사에서 두 번째 대박해인 기해박해의 배경은 무엇인가요?(5) ········ 94
29. 한국 천주교회사에서 두 번째 대박해인 기해박해의 배경은 무엇인가요?(6) ········ 96
30. 한국 천주교회사에서 기해박해의 교회사적 의의와 순교자들은 누구인가요? ········ 98
31. 한국 천주교회사에서 세 번째 대박해인 병오박해의 배경은 무엇인가요?(1) ······ 104
32. 한국 천주교회사에서 세 번째 대박해인 병오박해의 배경은 무엇인가요?(2) ······ 113
33. 한국 천주교회사에서 세 번째 대박해인 병오박해의 배경은 무엇인가요?(3) ······ 115
34. 한국 천주교회사에서 병오박해의 교회사적 의의와 순교자들은 누구인가요? ······ 117
35. 한국 천주교회사에서 마지막 대박해인 병인박해의 배경은 무엇인가요?(1) ········ 119
36. 한국 천주교회사에서 마지막 대박해인 병인박해의 배경은 무엇인가요?(2) ········ 120
37. 한국 천주교회사에서 병인박해의 교회사적 의의와 순교자들은 누구인가요? ······ 122
38. 한국 천주교회사에서 초기 순교자들의 삶과 신앙은 어떠했나요? ················ 126

PART 2 최양업 신부 생애의 개관

39. 최양업 신부의 출생은 어떠했나요? (부록 2, 부록 3 참조) ······················ 131
40. 최양업 신부 탄생지인 청양 다락골은 어떤 곳인가요? ··························· 132
41. 최양업 신부의 유학기(신학생 시절과 사제수품)는 어떠했나요? ··················· 133
42. 최양업 신부의 탄생과 집안 신앙 내력은 어떠한가요?(1) ························ 136
43. 최양업 신부의 탄생과 집안 신앙 내력은 어떠한가요?(2) ························ 137
44. 최양업 신부의 탄생과 집안 신앙 내력은 어떠한가요?(3) ························ 138
45. 최양업 신부가 사제가 되는 과정은 어떠했나요?(1) ···························· 139
46. 최양업 신부가 사제가 되는 과정은 어떠했나요?(2) ···························· 140
47. 최양업 신부의 조선 귀국 경로는 어떠했나요? ································· 140
48. 최양업 신부의 귀국 후의 활동은 어떠했나요? ································· 141
49. 최양업 신부의 한국 천주교회 역사적 의미는 무엇인가요? ······················ 142

PART 3 최양업 신부의 서한에 담긴 신앙여정

50. 최양업 신부의 첫 번째 서한에 담긴 신앙여정은 어떠한가요? ·········· 147
51. 최양업 신부의 두 번째 서한에 담긴 신앙여정은 어떠한가요? ·········· 148
52. 최양업 신부의 세 번째 서한에 담긴 신앙여정은 어떠한가요? ·········· 149
53. 최양업 신부의 네 번째 서한에 담긴 신앙여정은 어떠한가요? ·········· 151
54. 최양업 신부의 다섯 번째 서한에 담긴 신앙여정은 어떠한가요? ······ 152
55. 최양업 신부의 여섯 번째 서한에 담긴 신앙여정은 어떠한가요? ······ 154
56. 최양업 신부의 일곱 번째 서한에 담긴 신앙여정은 어떠한가요? ······ 155
57. 최양업 신부의 여덟 번째 서한에 담긴 신앙여정은 어떠한가요? ······ 157
58. 최양업 신부의 아홉 번째 서한에 담긴 신앙여정은 어떠한가요 ········ 158
59. 최양업 신부의 열 번째 서한에 담긴 신앙여정은 어떠한가요? ·········· 159
60. 최양업 신부의 열한 번째 서한에 담긴 신앙여정은 어떠한가요? ······ 161
61. 최양업 신부의 열두 번째 서한에 담긴 신앙여정은 어떠한가요? ······ 162
62. 최양업 신부의 열세 번째 서한에 담긴 신앙여정은 어떠한가요? ······ 164
63. 최양업 신부의 열네 번째 서한에 담긴 신앙여정은 어떠한가요? ······ 165
64. 최양업 신부의 열다섯 번째 서한에 담긴 신앙여정은 어떠한가요? ··· 167
65. 최양업 신부의 열여섯 번째 서한에 담긴 신앙여정은 어떠한가요? ··· 168
66. 최양업 신부의 열일곱 번째 서한에 담긴 신앙여정은 어떠한가요? ··· 170
67. 최양업 신부의 열여덟 번째 서한에 담긴 신앙여정은 어떠한가요? ··· 171
68. 최양업 신부의 열아홉 번째 서한에 담긴 신앙여정은 어떠한가요? ··· 173
69. 최양업 신부의 나머지 두 통 서한에 담긴 신앙여정은 어떠한가요? ··· 174

PART 4 최양업 신부의 귀국과 사목활동

70. 최양업 신부의 귀국과 사목활동은 어떠했나요?(1) ·········· 179
71. 최양업 신부의 선교와 사목활동은 어떠했나요?(2) ·········· 180
72. 최양업 신부의 귀국과 사목활동은 어떠했나요?(3) ·········· 181

73. 최양업 신부의 귀국과 사목활동은 어떠했나요?(4) ……………… 183
74. 최양업 신부의 귀국과 사목활동은 어떠했나요?(5) ……………… 184
75. 최양업 신부의 귀국과 사목활동은 어떠했나요?(6) ……………… 186
76. 최양업 신부의 귀국과 사목활동은 어떠했나요?(7) ……………… 188
77. 최양업 신부의 귀국과 사목활동은 어떠했나요?(8) ……………… 189
78. 최양업 신부의 귀국과 사목활동은 어떠했나요?(9) ……………… 191
79. 최양업 신부의 귀국과 사목활동은 어떠했나요?(10) …………… 193
80. 최양업 신부의 귀국과 사목활동은 어떠했나요?(11) …………… 194
81. 최양업 신부의 귀국과 사목활동은 어떠했나요?(12) …………… 195
82. 최양업 신부의 귀국과 사목활동은 어떠했나요?(13) …………… 197

PART 5 최양업 신부의 영성

83. 최양업 신부의 참된 목자로서의 영성은 어떠했나요?(1) ……… 201
84. 최양업 신부의 참된 목자로서의 영성은 어떠했나요?(2) ……… 202
85. 최양업 신부의 참된 목자로서의 영성은 어떠했나요?(3) ……… 203
86. 최양업 신부의 참된 목자로서의 영성은 어떠했나요?(4) ……… 205
87. 최양업 신부의 참된 목자로서의 영성은 어떠했나요?(5) ……… 207
88. 최양업 신부의 참된 목자로서의 영성은 어떠했나요?(6) ……… 208
89. 최양업 신부의 참된 목자로서의 영성은 어떠했나요?(7) ……… 209
90. 최양업 신부의 참된 목자로서의 영성은 어떠했나요?(8) ……… 210
91. 최양업 신부의 참된 목자로서의 영성은 어떠했나요?(9) ……… 211
92. 최양업 신부의 참된 목자로서의 영성은 어떠했나요?(10) …… 213
93. 최양업 신부의 참된 목자로서의 영성은 어떠했나요?(11) …… 214
94. 최양업 신부의 참된 목자로서의 영성은 어떠했나요?(12) …… 214
95. 최양업 신부의 참된 목자로서의 영성은 어떠했나요?(13) …… 216
96. 최양업 신부의 참된 목자로서의 영성은 어떠했나요?(14) …… 217
97. 최양업 신부의 참된 목자로서의 영성은 어떠했나요?(15) …… 217
98. 최양업 신부의 참된 목자로서의 영성은 어떠했나요?(16) …… 219
99. 최양업 신부의 참된 목자로서의 영성은 어떠했나요?(17) …… 220

PART 6 최양업 신부가 한국 천주교회에 미친 영향

100. 최양업 신부가 한국 천주교회에 미친 영향은 무엇인가요?(1) ·············· 223
101. 최양업 신부가 한국 천주교회에 미친 영향은 무엇인가요?(2) ·············· 224
102. 최양업 신부가 한국 천주교회에 미친 영향은 무엇인가요?(3) ·············· 225
103. 최양업 신부가 한국 천주교회에 미친 영향은 무엇인가요?(4) ·············· 226
104. 최양업 신부가 한국 천주교회에 미친 영향은 무엇인가요?(5) ·············· 228
105. 최양업 신부가 한국 천주교회에 미친 영향은 무엇인가요?(6) ·············· 229
106. 최양업 신부가 한국 천주교회에 미친 영향은 무엇인가요?(7) ·············· 231
107. 최양업 신부가 한국 천주교회에 미친 영향은 무엇인가요?(8) ·············· 231
108. 최양업 신부가 한국 천주교회에 미친 영향은 무엇인가요?(9) ·············· 233
109. 최양업 신부가 한국 천주교회에 미친 영향은 무엇인가요?(10) ············ 234
110. 최양업 신부가 한국 천주교회에 미친 영향은 무엇인가요?(11) ············ 236
111. 최양업 신부가 한국 천주교회에 미친 영향은 무엇인가요?(12) ············ 237

PART 7 최양업 신부의 신앙후손인 우리들의 다짐

112. 오늘날 한국 천주교회 순교자들의 유해공경은 어떤 의미인가요? ············ 241
113. 한국 천주교회사에서 수많은 무명 순교자들을 어떻게 공경하고 있나요? ········· 242
114. 한국 천주교회에서 매년 순교자 성월을 보내는 의미는 무엇인가요? ············ 246
115. 오늘날 우리 신앙인이 지켜야 할 순교적 삶이란 어떤 모습인가요?(1) ········· 247
116. 오늘날 우리 신앙인이 지켜야 할 순교적 삶이란 어떤 모습인가요?(2) ········· 249
117. 우리 신앙선조들의 순교영성의 특성은 무엇인가요?(1) ·············· 252
118. 우리 신앙선조들의 순교영성의 특성은 무엇인가요?(2) ·············· 254
119. 순교에 대한 현대적 의미와 그 영성이 우리들에게 미치는 영향은 무엇인가요? ··· 256
120. 초기 박해시대에 신앙선조들은 미사 없이 신앙을 어떻게 지켰나요?(1) ········· 259
121. 초기 박해시대에 신앙선조들은 미사 없이 신앙을 어떻게 지켰나요?(2) ········· 260

122. 오늘날 최양업 신부의 시복추진은 어떻게 진행되고 있나요?(1) (부록 4참조) …… 263
123. 오늘날 최양업 신부의 시복추진은 어떻게 진행되고 있나요?(2) ……………… 264
124. 오늘날 최양업 신부의 시복추진은 어떻게 진행되고 있나요?(3) ……………… 266
125. 오늘날 최양업 신부의 시복추진은 어떻게 진행되고 있나요?(4) ……………… 267
126. 오늘날 순교자들을 기리는 성지와 순례지, 순교사적지는 어떻게 다른가요?……… 268
127. 성지순례를 하는 우리 신앙인들의 마음자세는 어떠해야 하나요? ……………… 270
128. 성지순례를 하면서 한국 순교자들에게 바치는 기도는 어떤 내용인가요? ………… 272
129. 우리가 바치는 최양업 신부의 시복 시성을 위한 기도문은 어떤 내용인가요? …… 273
130. 최양업 신부와 관련된 순례지는 어디인가요?(1) (부록 1 참조) ……………… 274
131. 최양업 신부와 관련된 순례지는 어디인가요?(2) ……………………………… 275
132. 최양업 신부와 관련된 순례지는 어디인가요?(3) ……………………………… 276
133. 최양업 신부와 관련된 순례지는 어디인가요?(4) ……………………………… 277
134. 최양업 신부와 관련된 순례지는 어디인가요?(5) ……………………………… 280

부록

부록 1. 전국 교구별 최양업 신부 관련 순례지 현황 ……………………………… 282
부록 2. 최양업 신부의 가계도 ……………………………………………………… 284
부록 3. 최양업 신부가 살아온 발자취 ……………………………………………… 285
부록 4. 최양업 신부 시복 시성 진행 상황 ………………………………………… 286

PART 1

한국 초기 천주교회 박해시대의 역사

한 마리의 잃은 양을 더 소중히 여기시는 예수 그리스도
"내가 너희에게 말한다. 이와 같이 하늘에서는, 회개할 필요가 없는 의인 아흔아홉보다 회개하는 죄인 한 사람 때문에 더 기뻐할 것이다."(루카 15,7)

1. 한국 천주교회사에서 일본을 통한 조선과 천주교의 만남은 언제인가요?

1. 1592년 음력 4월 13일(양력 5월 23일) 일본은 조선을 침략합니다. 도요토미 히데요시(豊臣秀吉)[1]는 일본 전국을 통일하였습니다. 그 후 해외 진출의 야망을 품고 전국시대(戰國時代)[2]에 크게 성장한 제후[3], 특히 천주교를 믿는 대명(大名)[4]들을 국외로 내보냈습니다. 그러면서 그들의 세력을 약화시키는 동시에 국내에서 자기의 세력을 강화하기 위하여 전쟁을 일으키고자 하였습니다. 우선 그는 조선 정부에 외교관계를 맺자고 제의하면서 명나라를 정복하기 위해 일본군이 한반도를 통과할 수 있도록 요청하였으나 조선은 이 요구를 거절합니다. 도요토미 히데요시는 이를 빌미로 조선을 침략하는데 이것이 임진왜란(壬辰倭亂, 1592-1598년)입니다. 1597년 정유재란(丁酉再亂)을 끝으로 다음 해 도요토미 히데요시가 사망하면서 일본군은 철수하고 7년간의 긴 전쟁은 끝나게 됩니다.

2. 그런데 당시 일본 침공군의 장군들과 병사들 중에는 많은 천주교 신자들이 있었습니다. 특히 열심한 천주교 신자인 고니시 유키나가(小西行長)[5]는 일본

---

1) 도요토미 히데요시(豊臣秀吉, 1537-1598년)는 16세기 오다 노부나가가 시작한 일본통일의 대업을 완수했고, 해외침략의 야심을 품고 조선을 침략해 임진왜란을 일으켰으나 정복에 실패했다. 일본의 세력자인 오다 노부나가 휘하의 보병이 되었는데 쾌활한 성격과 세련된 매너 그리고 총명한 두뇌로 인해 사무라이로 발탁되었다. 1582년 노부나가는 가신의 기습을 받고 할복자살했는데, 그는 그 가신을 처단함으로써 노부나가의 원수를 갚았다. 이어 그는 전국을 통일하고자 했던 노부나가의 대업을 완수하기 위해 일본 전역의 정벌에 나서 통일을 이뤘다. 1585년 천황으로부터 도요토미라는 성을 하사받아 도요토미 히데요시로 불리게 되었다. 일본 전역을 정복한 후 2차례에 걸쳐 조선을 침략했으나, 조선전투의 불리한 결과에 크게 상심하여 62세의 나이로 죽었다.
2) 무로마치 막부 말기의 혼란기로, 전쟁이 끊이지 않아 전국시대라 불린다.
3) 봉건시대, 일정한 영토를 가지고 그 영내의 백성을 다스리던 사람.
4) 널리 알려진 훌륭한 이름이라는 뜻으로, 남의 이름을 높여 이르는 말.
5) 고니시 유키나가(小西行長, 세례명: 아우구스티누스, 1555-1600년)는 일본 상인(商人) 출신의 무장이다. 임진왜란 당시 일본군 장수였으며, 도요토미 히데요시가 아꼈고, 당시 대조선 무역을 독점하고 있던 쓰시마 국주 소 요시토시의 장인이다. 가토 기요마사와는 앙숙 관계였다. 기리시탄(그리스도교) 신자이었으며, 그의 부장이자 사위인 소 요시토시를 비롯한 그의 휘하 책사를

예수회 장상에게 군종신부를 보내달라고 요청합니다. 1593년 12월 말에 예수회 일본 관구는 세스페데스(Gregorio de Cespedes, 1551-1611년) 신부와 일본인 수사 한칸 레온(Hankan Leon, 1538-1627년)을 조선으로 파견하였습니다. 세스페데스 신부 일행은 대마도를 거쳐 1593년 12월 27일 조선에 상륙하여 고니시 유키나가의 진영이 있던 곰개성(지금의 진해시 웅천동의 남산성)에 도착하여 1년 넘게 머물면서 군목의 임무를 수행하였습니다.

3. 세스페데스 신부의 첫째 임무는 군종신부였습니다. 그러나 조선인을 상대로 하여 선교 가능성이 있었는지에 대해 살펴본다면 세스페데스 신부의 활동 범위는 일본군의 진영 안에 국한되었다고 할 수 있습니다. 그나마 오래 체류하지 못하였던 사정에 비추어 직접 선교하는 기회를 갖지는 못했을 것으로 여겨집니다. 만약에 세스페데스 군종신부가 조선인에게 선교를 했다면 한국 천주교회의 역사는 여기서부터 시작되었을 것입니다. 따라서 세스페데스 신부는 16세기에 조선에 입국했던 최초의 천주교 성직자이긴 하지만, 그것이 천주교와 조선의 공식적인 접촉이었다고 보기는 어렵습니다. 따라서 임진왜란을 통해 한국 천주교회의 역사가 시작되었다는 예수회 선교사들의 일부 주장은 부정확한 정보나 소문 또는 다른 사람들의 의견을 그대로 옮긴 것으로 판단되어 현재로서는 받아들이기가 어렵습니다.[6]

4. 한편, 전란의 와중에 일본으로 끌려간 조선인 포로들 가운데 많은 사람들이 천주교 신앙을 받아들이고 세례를 받았습니다. 프로이스(Louis Frois)[7] 신부가 남긴 기록에 따르면, 1594년 한 해에 세례를 받은 조선인 포로가 2천 명이나 되었다고 합니다. 이들은 주로 나가사키 지방에 거주하여 살았는데, 1610년 이곳에 '성 라우렌시오 성당'이라는 조선인 교회를 건립할 정도로 열심한

포함, 병사들 역시 기리시탄으로 구성되었다.

6) 한국교회사연구소, 「한국천주교회사」, 2015, 1권 115-116 참조.

7) 루이스 프로이스(1532-1597년)는 포르투갈의 로마 가톨릭 예수회 사제이자, 선교사다. 그의 저서로는 「일본사」(Historia de Japam)가 있다. 프로이스의 일본사에는 임진왜란에 관련한 구절도 있는데, 전쟁 당시에 그는 중화인민공화국 마카오에 체류하고 있었으므로 실제로 목격하지는 못했다.

신앙생활을 하였습니다. 그렇지만 이 성당은 1620년 박해령으로 파괴되고 말았습니다. 1594년 일본 예수회 부관구장 고메스 신부는 세례 받은 조선인 그리스도 신자가운데 우수한 신자들을 선발하여 교리교사나 성직자로 양성하는 한편, 교리서를 번역시키기도 하였습니다. 선발된 조선인 도주쿠(同宿: 선교사를 도와 교리를 비신자들에게 가르치고, 일반 신자들을 대상으로 설교하며, 복음화를 위해 활동하는 전도사나 설교자를 가리킴) 중 일부는 예수회에 입회하기도 하였고, 조선인 그리스도 신자 가운데에는 박해를 통해 일본 천주교회 역사에 복자나 순교자로서 기록을 남긴 분들도 있습니다.[8]

8) 조선 출신 15인의 순교복자
① 일본 천주교회의 26위의 성인 순교자 말고, 393위의 순교자가 1867년과 2008년 두 번에 나누어 복자가 되었다. 그중 15위의 복자는 1592년 임진왜란 당시에 조선에서 끌려온 조선 출신 순교자들이다. 임진왜란 당시에 노예로 5만 명 정도의 조선인이 규슈로 끌려갔는데, 당시 나가사키 교구장이던 세루케이라 주교는 1598년 노예 매매에 가담한 신자들에 대한 파문과 전쟁으로 끌려온 노예에 대한 해방을 명시한 사목 교서를 발표한다. 이에 천주교 신자였던 일본인들은 노예 매매를 하지 못하게 되었으며 노예로 끌려간 조선인들도 자유를 되찾게 되었다. 약 7천 명의 조선인이 이로 인해 세례를 받은 것으로 전해지고 있고 나가사키에는 '성 라우렌시오 성당'이라는 조선인 성당이 생기기까지 하였다. 이러한 연유로 인해서 393위의 순교복자 중 조선 출신이 있을 수 있게 된 것이다. 15위의 순교복자 중에 카이요(Caius)와 빈센트 카운(Vincent Caun)이 있는데 이들은 조선인 첫 번째와 두 번째 예수회 수사이다. 빈센트 카운은 사제 양성을 받다가 순교하였으며, 조선 최초의 사제인 성 김대건(안드레아) 신부의 사제 서품이 1845년이므로 그로부터 220여 년 전에 조선인 최초의 사제가 일본에서 나올 수도 있었다. 이 이야기를 다르게 바꾸자면 막부가 가톨릭 박해를 하지 않았다면 한국의 천주교회의 역사도 충분히 바뀔 수 있었다는 것이다.
② 조선인 최초의 예수회 수사라고 일컬어지는 복자 카이요는 조선에서 승려로서 살고 있었는데 임진왜란이 일어나면서 전쟁 포로로 나가사키로 끌려오게 된다. 1598년 노예생활에서 해방되자 절에서 생활을 하던 중, 예수회 신부의 눈에 띄어 세례를 받았고 예수회에 입회하고 싶어 했지만 예수회 입회 허가는 나지 않았다. 대신 기리시탄 다이묘였던 복자 다카야마 우콘의 부하가 되었다. 도쿠가와 이에야스가 기리시탄 추방령을 내리자 다카야마 우콘은 필리핀 마닐라로 떠났는데, 카이요는 주군을 버리지 않고 마닐라로 따라가게 된다. 복자 다카야마 우콘이 사망하자 다시 나가사키로 돌아온 그는 선교 생활을 열심히 하던 중에 체포되었고 모진 고문과 협박을 견뎌야만 했다. 그는 결국 사형집행일이 가까이 다가오자 수도서원을 받을 수 있었고 결국 조선인 최초의 예수회 수도자가 될 수 있었다. 그 와중에 도미니코회 수사를 숨겨준 죄로

2. 한국 천주교회사에서 중국을 통한 조선과 천주교의 만남은 언제인가요?(1)

1. 조선과 서양의 의미 있는 만남은 명나라 말기 이래 북경을 왕래하던 사신을 통해 이루어졌습니다. 조선의 사신들은 북경에 체류하는 동안 본연의 임무인 외교 활동 외에도 당시 중국의 학자들을 만나 학문적인 교류를 했습니다. 그런데 당시 조선은 성리학(性理學)9) 에 대해 중국보다 훨씬 철저한 사회였습니

끌려온 일본인 농부 고이치 디에고와 같은 감옥에 투옥되었으며 깊은 신앙적 친교를 나누다가 같은 날 화형을 당하며 생을 마감한다. 2016년이 되어, 깊은 친교를 나누다가 함께 불길에 스러져간 두 사람을 기리는, "고이치 디에고와 조선인 복자 카이요 순교 현양비"가 일본 26위 성인 기념관 안에 세워졌다.

③ 두 번째 수사였던 복자 빈센트 카운의 행적은 복자 카이요 보다 조금 더 알려져 있다. 복자 빈센트 카운의 원래 성은 권씨로 세례명인 빈센트와 합쳐 빈센트 권이라고 불린다. 그는 원래 양반 가문의 자제였는데, 임진왜란에 휘말려 노예로 나가사키로 끌려가게 되었다. 하지만 예수회 신부는 그의 총명함을 보고 세례를 주고 예수회 신학교에 입학시켜 사제로 양성하기 시작한다. 하지만 금교령이 선포되고 빈센트 권도 사로잡혀 온갖 고문을 당했고, 사형집행 전날에 수도서원을 함으로써 예수회 수사가 될 수 있었다. 복자 빈센트 권은 1626년 6월 29일에 화형으로 생을 마감했다. 일본 26위 성인 기념관의 3층에 가면 다른 복자와는 다른 복장을 한 초상화가 한편에 있는데, 바로 복자 빈센트 권의 초상화이다. 평신도 수도 단체인 프란치스코 재속 3회 출신으로 전해지는 조선인 복자도 있는데, 복자 츠지 쇼보에 가스팔의 가족이다. 복자 츠지 쇼보에 가스팔은 정유재란 때 일본에 끌려가서 포르투갈 상인에게 팔렸다가 몇 년 후 다시 나가사키로 와서 부인인 마리아와 결혼하였고, 아들 키에몬 루카를 낳았다. 츠지 부부는 프란치스코 재속 3회에 입회했던 것으로 전해지고 선교에도 열정적이었으나 금교령 선포 이후 잡혀 1627년 8월 츠지 부부는 화형으로, 아들 키에몬 루카는 참수형으로 생을 마감하였다. 당초 츠지 쇼보에 가스팔을 제외하고 부인인 마리아와 키에몬 루카는 일본인으로 알려져 있었으나 2009년 일본 26위 성인 기념관에서 일하던 한국인 수녀가 마리아가 조선 출신이라는 것을 밝혀내었고, 이는 나가사키 대교구장과 한일 주교 교류모임에서 양국 주교들이 인정하여 공식화되었다. 그 이외에 도미니코회 성직자를 숨겨주다가 최초의 조선인 순교자가 된 다케야 소자부로 코스메 가족, 일본 최초의 신부인 세바스찬 키무라 신부를 숨겨주다가 순교한 하마노마치 안토니오 가족, 프란치스코 재속 3회 출신으로 글을 몰랐으나 누구보다도 열정적인 선교를 하다가 순교한 시네몬 토마, 예수회 신부인 발다살 토마스에게 집을 제공하고 여러 편의를 제공하다가 밀고로 붙잡혀 순교한 아카시지에몬 카요 등이 조선 출신 순교 복자이다.

9) 중국 송·명나라 때의 유학자들이 주장한 학설로, 훈고학(訓詁學, 漢·唐代)이나 고증학(考證學, 明·淸代)에 대립하는 학문이다. 북송의 주돈이, 정이 등에 의한 이기설(理氣說)을 바탕으로 남송

다. 이러한 조선에 서양 문명이 소개되었지만, 17-18세기 조선인들이 천주교에 대해 관심을 보인 것은 선교사가 아니라 주로 그들이 저술한 책에 대한 것이었습니다. 천주교는 당시 서학(西學)[10]이라는 이름으로 중국에서 수입된 서적과 물품들을 통해 조선의 지식인들에게 전파되었습니다.

2. 북경의 황실 천문역산 기관인 흠천감(欽天監)과 예수회 신부들의 선교 거점이었던 천주당(天主堂)은 해마다 몇 차례씩 중국으로 파견되었던 조선 사신들이 즐겨 찾던 관광 명소였습니다. 그들은 그곳을 통해 서구 문물에 대한 지식을 얻고자 하였고, 예수회 신부들도 조선 사신들의 요구에 응하여 서양의 문물이나 천주교의 성물(聖物)·한역서학서(漢譯西學書)[11]등을 주었습니다.

의 주희가 집대성하였다. 이기설은 사서(四書)와 역경(易經)을 근거로 천(天)을 이(理)로 규정하고, 이(理)는 인간에게 있어서는 성(性)으로 보고 천인합일(天人合一)을 주장한 것이다. 송학 또는 주자학이라고 하는 성리학은 이기 이원론을 주장하는데, 이(理)는 우주 세계를 형성하는 근본 원리이며, 기(氣)는 그 재료로 본다.

10) 조선후기 중국에서 도입된 한역 서양 학술서적과 서양 과학기술 문물과 이를 토대로 연구하던 학문. 명(明)·청(淸)과 조선(朝鮮) 등 유교적 전통사회의 일부 학자들이 서양 과학기술과 한역서학서(漢譯西學書)를 자료로 하여 전개했던 서양문명에 대한 학문활동과 그 내용을 뜻한다. 그것은 단순히 서방에 배우는(學), 서학이 아니라 유교 문화 세계에 있어서 전개되었던 학문활동을 가리키는 역사용어이다. 서학이라는 말을 서양문화와 연결해 사용한 것은 1601년부터 시작되는 중국 천주교회 관계의 예수회(Society Of Jesus, 耶穌會) 소속의 서양 전교 신부들이었다. 요컨대 서학이란 서양과 서양문명에 대한 유교적 전통사회의 학자들에 의한 학문적 연구와 그 내용으로 개념 지어진다. 당시 서학으로 불리던 천주교에 대한 반응은 3가지 유형으로 나타났다. 첫째는 서학의 이질성을 위험스럽게 보는 척사론자(斥邪論者) 들이다. 그들은 서학의 해독이 맹수보다도 더 크다고 경고한 안정복과 척사 문헌인 「서학변」(西學辯)을 저술한 신후담(愼後聃) 등이 이 유파에 속한다. 둘째는 서학이 갖고 있는 과학이나 기술의 분야는 수용하되 서학의 윤리나 종교적인 분야는 배격하는 경우였다. 그들은 서학이 갖고 있는 과학과 기술의 선진성을 높이 평가하고, 역사의 냉엄한 현실에서 이용후생(利用厚生)에 의한 부국유민(富國裕民)의 방도로 그것을 받아들이기 원하면서도, 서학의 종교성은 혹세무민(惑世誣民)의 유설(謬說)로 파악하려던 북학(北學)에 의해 대표된다. 셋째는 서학을 전면적으로 받아들이려는 이른바 서학도(西學徒)들이다. 이들은 주로 남인계의 젊은 학자들로서 이벽(李蘗, 세례자요한), 정약전(丁若銓, 안드레아), 정약종(丁若鍾, 아우구스티노), 정약용(丁若鏞, 요한) 등으로 대표된다.

11) 한역서학서(漢譯西學書)는 명말(明末)에서 청초(淸初)에 이르는 시기(16-18세기말)에 중국에

조선의 사신들과 예수회 선교사의 만남은 바로 유교와 그리스도교의 만남이었습니다. 이러한 교류는 조선에 서양 문명을 소개하고 문화적 영향을 끼침으로써 새로운 문화운동으로서의 실학운동(實學運動)[12]을 촉발시키는 계기 가운데 하나가 되었습니다.

3. 조선 사신들과의 접촉을 계기로 북경의 서양인 선교사들은 조선 선교에 희망

서 선교하던 서양 선교사들과 일부 중국학자들이 천주교의 전파와 서양문명의 소개·전달을 목적으로 서양의 종교·과학서를 한문으로 변역하거나 직접 저술한 서적들의 통칭. 일명 '천주교 동전문헌(天主敎東傳文獻)', 「동전한문서학서(東傳漢文西學書)」라고도 하며, 줄여서 '서학서(西學書)'라고도 한다. 최초의 한역서학서는 1584년 간행된 「천주성교실록」(天主聖敎實錄)이었다. 이러한 한역서학서는 중국에서뿐 아니라 우리나라를 비롯하여 일본, 베트남 등 한자를 사용하는 동양 여러 나라들에까지 유포되어 서양문명의 접촉과 전달의 계기가 되었고 또한 이들 나라들의 사상사적 발전에도 큰 영향을 미쳤다. 특히 우리나라에는 실학과 천주교 창설에 큰 영향을 미쳤다. 우리나라에서의 한역서학서 도입은 주로 북경을 왕래하던 사행원(使行員)들에 의해 이루어졌다. 1603년 사행원 이광정(李光庭)이 리치의 세계지도를 갖고 귀국했고 1631년 정두원이 과학기기들과 「치력연기」(治曆緣起), 「천문략」(天問略), 「원경설」(遠鏡說), 「직방외기」(職方外紀) 등의 한역서학서를 갖고 귀국한 이래 1636년 병자호란의 종식에서부터 1784년 북경에서 이승훈(李承薰, 베드로)이 영세하기까지 148년간 167여 회에 걸쳐 사행원들이 조선과 청나라를 왕래하며 각종 과학기기와 한역서학서들을 갖고 귀국, 국내에 소개하였다. 이렇게 소개된 한역서학들은 실학자들에게 열독되었고 점차 학문적인 연구가 이루어져 서학의 수용으로까지 발전하게 되었다. 그러나 다른 한편에서는 서학배척 운동도 일어나게 되는데 신후담(愼後聃), 안정복(安鼎福), 이헌경(李獻慶) 등 전면적 서학을 부정하는 입장과 박지원(朴趾源), 박제가(朴齊家) 등 북학파의 이적(理的) 측면을 부정하고 기적(氣的) 측면은 수용하는 입장 등 두 가지의 서학배척론이 대두되었다. 그리고 서학수용은 다시 발전하여 1777년 정약전(丁若銓), 이벽(李蘗) 등과 기호남인(畿湖南人) 소장학자들이 참가한 주어사강학(走魚寺講學)에서 최초로 한역서학서를 통한 천주교 교리연구가 시작되었고 이를 계기로 정약전(丁若銓)·정약종(丁若鍾)·정약용(丁若鏞) 형제, 이벽(李蘗), 이승훈(李承薰) 등은 천주교 신앙운동을 일으키게 되었다. 드디어 1784년 이승훈(李承薰)이 북경에서 영세(베드로)하고 귀국한 뒤 신앙 공동체가 탄생함으로써 한국 천주교회는 창설되었다. 결국 세계교회사상 유례없이 자생적으로 창설된 한국 천주교회는 한역서학서를 통한 서학의 수용과 교리의 연구에서 비롯되었다.

12) 실학(實學)은 18세기를 전후하여 당시의 사회모순에 대한 반성의 결과로 새롭게 나타난 사상이다. 유학의 해석에서 주자설(朱子說)을 유일한 기준으로 삼기를 거부한 범유학적(汎儒學的)·탈성리학적(脫性理學的) 경향의 사상으로서 선진(先秦) 유학 내지는 원초 유학에 입각한 왕도정치론 또는 왕정론에 기반을 두고 변법적 개혁을 추진한 국가재조(國家再造)의 사상이다.

을 품고 노력을 기울이기 시작하였습니다. 우선 예수회 선교사는 아니었지만, 광해군 12년(1620년) 무렵 명나라의 고위 관리였던 천주교인 서광계(徐光啟, 1562-1633년)는 조선의 원병이 후금에게 크게 패배한 것을 계기로 조선에 천주교를 전하고자 했습니다. 그래서 그는 황제에게 후금의 후방을 교란시킬 목적으로 조선의 군인들을 훈련시킬 필요성이 있다고 하면서, 이를 조선 국왕에게 요청하기 위한 사신으로 자신이 가기를 청하였습니다. 서광계의 건의를 황제가 받아들이자 예수회에서는 서광계와 동행할 예수회 회원의 인선과 필요한 서적들을 준비하였으나, 갑자기 서광계가 아닌 다른 인물로 교체되는 바람에 조선의 선교 계획은 무산되고 말았습니다.

3. 한국 천주교회사에서 중국을 통한 조선과 천주교의 만남은 언제인가요?(2)

1. 이후에도 조선에 대한 선교는 계속 시도되었습니다. 인조 14년(1636년) 병자호란[13]에서 패배한 탓에 소현세자(昭顯世子, 1612-1645년)[14]는 봉림대군(鳳林大君, 후위 孝宗, 재위 1649-1659년)과 함께 청의 볼모로 심양에 끌려가 9년간 있었습니다. 청의 볼모로 있는 기간에 약 70일 동안 예수회의 요한 아담 샬 폰 벨(Johann Adam Schall von Bell, 湯若望, 1591-1666년) 신부와

---

13) 1636년(병자년) 12월 청 태종이 2만 명의 대군을 이끌고 조선을 침략한 사건이다. 정묘호란의 약속을 지키지 않는다는 명분으로 침략하였으나 실제로는 명을 공격하기 전 조선을 군사적으로 복종시키는 것이 목적이었다. 인조는 남한산성으로 피하여 적의 포위 속에서 혹한과 싸우며 버텼으나 식량마저 끊어져 청에 항복할 수밖에 없었다. 1637년 1월 30일 인조가 삼전도에서 청에 항복하는 의식을 치르며 전쟁은 끝났다. 비교적 짧은 전쟁 기간에도 불구하고 항복 후 수많은 전쟁 포로가 발생하면서 조선은 막대한 피해를 받았다.

14) 조선후기 제16대 인조의 첫째 아들인 왕자. 본관은 전주. 이름은 이왕. 인조의 맏아들로 어머니는 영돈녕부사(領敦寧府事) 서평부원군(西平府院君) 한준겸(韓浚謙)의 딸 인열왕후(仁烈王后)이다. 1636년(인조14년) 병자호란 때 강화도로 옮겨 청나라에 항전하려 했으나, 청군의 빠른 남하로 인조와 함께 남한산성으로 들어가 항전하다가, 중과부적으로 삼전도에서 굴욕적인 항복을 하였다. 그 뒤 자진하여 봉림대군(鳳林大君) 및 주전파 재신(宰臣)들과 같이 인질로 심양에 갔다. 심양에 9년 동안 있으면서 1642년(인조20년) 3월과 1644년(인조22년) 정월에 두 차례 본국을 다녀가기도 하였다. 심양에서 단순한 질자(質子)가 아니라 대사(大使) 이상의 외교관 소임을 하였다.

사귀면서 천주교와 서학을 접하게 되었습니다. 소현세자는 서양 신부들이 지닌 유럽의 과학지식에 관심이 있었고, 요한 아담 샬 폰 벨 신부는 선교적인 관점에서 볼모로 잡혀와 있는 세자에게 관심이 많았습니다.

2. 그러나 이들의 교류는 길지 않았으며, 소현세자는 귀국한 지 두 달 만에 병이 들어 갑자기 사망하였습니다. 그래서 이들을 통해 조선에 천주교를 전파하려던 요한 아담 샬 폰 벨 신부의 시도는 실패로 돌아갔습니다. 이후에도 서양 선교사들의 조선 선교가 계속 시도되기는 하였지만, 1784년 **하느님의 종 이승훈(李承薰, 베드로, 1756-1801년)**[15]이 북경에서 그라몽(Grammont, J.J. de,

---

15) 한국 최초의 영세자이며 한국 천주교회 창설자 중의 한 사람. 세례명 베드로. 자는 자술(子述). 호는 만천(蔓泉). 본관은 평창(平昌). 이가환(李家煥)의 생질이며 정약용(丁若鏞)의 매부. 서울에서 태어났다. 1780년 진사시(進士試)에 합격했으나 벼슬길을 단념하고 학문 연구에만 전념하던 중 이벽(李蘗)과 사귀게 되어 이벽으로부터 천주교를 배웠다. 1783년 말 이벽(李蘗)의 권유로 동지사(冬至使)의 서장관(書狀官)에 임명된 부친을 따라 북경에 가 그곳의 북당(北堂)에서 예수회 선교사들에게서 교리를 배운 후 그라몽(Jean Joseph de Grammont, 중국명 梁棟材, 1736-1812년) 신부로부터 세례를 받고 한국 최초의 영세자가 되었다. 1784년 초 교리서적, 십자고상, 상본(像本)을 갖고 귀국하여 이벽(李蘗, 세례자요한), 정약전(丁若銓, 안드레아)·정약종(丁若鍾, 아우구스티노) 정약용(丁若鏞, 요한) 형제, 권일신(權日身, 프란치스코 하비에르) 등에게 세례를 베풀고, 다시 이벽(李蘗, 세례자요한)으로 하여금 최창현(崔昌顯, 요한), 최인길(崔仁吉, 마티아), 김종교(金宗敎, 프란치스코) 등에게 세례를 베풀게 하여 신자 공동체를 형성시켜 이들과 함께 한국 천주교회를 창설하였다. 1785년 명례방 김범우(金範禹, 토마스)의 집에서 종교집회를 갖던 중 형조(刑曹)의 관헌에게 적발되어 소위 을사추조적발사건(乙巳秋曹摘發事件)이 발생하자 친척과 집안 식구들의 탄압으로 배교, 천주교 서적을 불태우고 벽이문(闢異文)을 지어 자신의 배교를 공언하였다. 그러나 이듬해 다시 교회로 돌아와 가성직제도(假聖職制度)를 주도, 신자들에게 세례와 견진 등 성사를 집전했고, 1787년에는 정약용(丁若鏞, 요한)과 함께 반촌(泮村, 현재의 혜화동)에서 교리를 연구하였다. 1789년 평택현감(平澤縣監)으로 등용되어 선정을 베풀었고 1790년 북경에 파견되었던 조선교회의 밀사 윤유일(尹有一, 바오로)이 돌아와 가성직제도와 조상 제사를 금지한 북경 교구장 구베아(Alexander de Gouvea, 중국명 湯士選, ?-1808년) 주교의 명령을 전하자 조상 제사문제로 교회를 떠났다. 1791년 진산사건(珍山事件)으로 권일신(權日身, 프란치스코 하비에르)과 함께 체포되어 평택현감 재직 시 향교에 배례하지 않았던 사실과 1787년 반촌에서 서학서를 공부했던 사건(丁未泮會事件)이 문제되자 다시 배교, 관직을 삭탈당하고 석방되었다. 1794년 12월(음) 주문모(周文謨, 야고보) 신부가 입국한 후 이듬해 6월(음) 최인길(崔仁吉, 마티아), 윤유일(尹有一, 바오로), 지황(池璜, 사바) 등이 주문모(周文謨,야고

중국명 梁棟材, 1736-1812년) 신부로부터 세례를 받기 전까지는 조선의 어느 누구에게도 세례를 베풀지 못했습니다. 또한, 1794년 12월 24일 **복자 주문모(周文謨, 야고보, 1752-1801년)** 신부가 입국하기 전까지 어느 선교사도 조선에 입국하지 못하였습니다.

3. 한편, 프란치스코 수도회의 안토니오 수사 신부는 북경에서 선교하다가 조선에 복음을 전하려고 1650년에 국경 부근에 있는 항구까지 왔으나 경계가 삼엄하여 북경으로 되돌아가고 말았습니다. 또한 예수회 선교사인 노엘 신부가 청나라 황제의 아들을 통한 조선의 선교 계획을 세운 적도 있었습니다. 그러나 일본과 중국의 조선에 대한 선교계획이 실천에 옮겨지지 못한 것은 조선 정부가 해금정책(海禁政策)[16]을 시행하여 선교사들이 해로를 통해서 입국하는 것을 막았기 때문입니다. 결국 조선의 쇄국정책으로 말미암아 외국인의 입국이나 체류를 불가능하게 만든 결과입니다. 오로지 외국과의 유일한 접촉은 다만 조선의 부연사[17]를 통해 도입된 서구 문물과 학문에 대한 조선 학자들의 연구뿐이었습니다.

4. 한국 천주교회사에서 조선과 천주교의 만남에 대한 다른 주장은 무엇인가요?

1. 조선과 천주교와의 만남에 대한 다른 주장을 살펴봅니다. 「홍길동전」을 지은

보) 신부를 맞이한 죄로 처형되자 이에 연루되어 예산에 유배되었다가 얼마 후 풀려났다. 그러나 1801년 신유박해가 일어나 이듬해 1802년 3월 22일 이가환, 정약용(丁若鏞, 요한), 홍낙민(洪樂敏, 루카) 등과 함께 체포되어 의금부의 국청(鞠廳)에서 배교했으나 4월 8일(음 2월 26일) 정약종(丁若鍾, 아우구스티노), 홍낙민(洪樂敏, 루카), 홍교만(洪敎萬, 프란치스코 하비에르) 등 6명과 함께 참수되었다. 그 후 1856년 아들 이신규(李身逵, 마티아)의 탄원으로 신원(伸寃·원통한 일이나 억울하게 뒤집어쓴 죄를 풀어 버림)되었다. 이승훈(李承薰, 1756-1801년, 베드로)은 비록 여러 번 배교하고 교회를 떠났던 인물이지만 초기 한국 천주교회를 주도했고 가성직제도를 주도했던 인물로서 한국 천주교회의 첫 장을 연 인물로 평가되며, 그로부터 신앙을 찾은 아들 이신규(李身逵)와 손자 이재의(李在誼, 토마스)는 1866년에, 증손 이연구(李蓮龜), 이균구(李筠龜)는 1871년에 각각 순교하였다. 이승훈(李承薰, 베드로)의 유고 문집으로 「만천유고」(蔓川遺稿)가 있다.

16) 자기 나라 해안에 외국 선박이 들어오거나 그곳에서 고기잡이하는 것을 금지시킴.
17) 중국 연경(燕京)(지금의 北京)으로 파견되던 조선시대의 외교사절을 말한다.

허균(許筠, 1569-1618년)은 선조 18년(1585년) 17세의 나이로 초시(初試)에 급제하였습니다. 21세 때인 1589년에는 생원시(生員試)에 급제하였고, 선조 27년(1594년)에는 정시(庭試) 을과에, 1597년에는 문과 중시(重試)에 급제한 인물입니다. 관직으로 두 차례에 걸쳐 사신으로 명나라를 다녀오면서 여러 권의 천주교 관련 서적들[한영서학지도, 게십이장(偈十二章)[18]] 등을 구입하고 탐독하였지만, 이는 개인적인 혼자만의 믿음이었을 뿐 정식으로 세례를 받거나 대세를 받은 신자로서 신앙생활을 한 것은 아니었습니다. 천주교가 조선에 들어오던 시대에 이를 알고 '서학(西學)'이라는 말을 전한 사람은 유몽인(柳夢寅, 1559-1623년)과 이수광(李睟光, 1563-1629년) 그리고 허균이었습니다.

2. 유몽인은 「어우야담」(於于野談)에서 "일본을 비롯한 동남쪽의 여러 오랑캐들이 서교를 믿고 있는데도 유독 조선만이 알지 못하였는데, 허균이 중국에 가서 그들의 「한영서학지도」와 「게십이장」을 얻어가지고 왔다"고 기록하였습니다. 허균이 중국에서 가져온 「게십이장」과 「천주실의」(天主實義)[19] 등은 단순한 천주교 서적이 아니라 기도문이었습니다. 그렇다면 그는 분명히 서교를 학

---

18) 게십이장(偈十二章)은 천주교에서 사용하던 기도문으로 12단(十二端)을 말한다. 12단은 성호경·천주경·성모경·종도신경·삼종경·고죄경·소회죄경·영광경·천주십계·성교법규사규·삼덕송·봉헌경 등을 말한다.

19) 예수회 중국선교사 마테오리치(Matteo Ricci, 중국명 利瑪竇, 1552-1610년)가 저술한 한역서서학(漢譯西學書). 초명(初名)은 「천학실의」(天學實義)이며 구명(歐名)은 De Deo Verax Disputatio. 저술연대는 1593-1596년이며 간행 이전에 이미 초고본(草稿本)이 널리 소개되었고, 1601년 풍응경(馮應京)이 간행하려 했으나 재정상 여의치 않아 1603년에야 북경(北京)에서 공간(公刊)되었다. 우리나라에는 17세기 초에 전래되어 1614년 간행된 이수광(李睟光)의 「지봉유설」에 최초로 그 내용과 비판이 함께 소개되었고 이어 이익(李瀷)은 「천주실의발」(天主實義跋)을 지어 논평하였다. 또한 신후담(愼後聃), 안정복(安鼎福), 이헌경(李獻慶), 홍정하(洪正河) 등은 「천주실의」를 학문적 역사적으로 연구·고찰하고 척사적(斥邪的) 입장에서 「천주실의」와 천주교를 배척하는 이론을 펴 신후담은 「서학변」(西學辯)을, 안정복은 「천학고」(天學考)와 「천학문답」(天學問答)을, 홍정하는 「실의증의」(實義證義)를, 이헌경은 「천학문답」(天學問答)을 각각 저술, 척사 문헌들이 나오게 되었다. 그러나 한편에서는 「천주실의」와 기타 한역서학서(漢譯西學書)들을 긍정적으로 연구하여 서학(西學) 수용이 이루어지게 되었고 이는 다시 천주교 신앙운동으로 발전, 한국 천주교회 창설의 계기가 되었다.

문적으로만 탐구한 것이 아니라 그것을 일상적으로 외우고 믿었을 것이라는 주장입니다. 또한 조선후기 실학자 중에 이수광은 「지봉유설」(芝峰類說)에서 "허균은 총명하고 문장에 능하였다. 이 때문에 천박하고 경솔한 데로 흘렀고, 그의 글 때문에 그의 문도(文道)가 된 자들이 하늘의 학설을 외쳤는데 실은 서쪽 땅의 학(學)이었다. 그들과는 하늘과 땅을 같이할 수 없고 사람과 견주어 같다고 할 수 없다."라고 말합니다.

3. 이익(李瀷, 1681-1763년)[20]도 「성호사설」(星湖僿說)에서 "일본의 남쪽으로 여러 달 배를 타고 가면 구라파라는 나라가 있는데, 그 나라에 도가 있어 그리스도라고 하며 다른 말로 하늘을 섬긴다. 그 글에 「게십이장」이 있으니, 불교도 아니요 선교도 아닌 다른 도풍을 세워 마음 쓰고 이를 행하며 하늘에 어긋남이 없게 한다. 예수의 형상을 그려 그것을 받들어 섬기고 삼교(유·불·선)를 배척하기를 원수같이 한다.(…) 허균이 중국에 가서 「한영서학지도」와 「게십이장」을 구해왔다."라고 주장합니다.[21]

4. 한편, 한국 천주교회 최초의 수덕자인 홍유한(洪儒漢, 1726-1785년)은 본관은 풍산(豐山), 자는 사량(士良), 개휘는 유호(儒浩), 호는 농은(隴隱), 출생지는 서울, 거주지는 충남 예산, 경북 영주입니다. 고조부는 여주목사 홍주일(洪

---

20) 이조 중엽의 실학자. 자는 자신(自新), 호는 성호(星湖). 관직에 뜻을 두지 않고 일생을 학문에 전심하였다. 그는 아버지가 많은 장서를 토대로 경전 정주학(程朱學)을 설립하고 이황(李滉)의 글을 탐독하여 사회 현실을 역사적으로 고찰해야 하며, 그러기 위해서는 실증적, 비판적 태도로 학문에 접근해야 한다는 이론을 세웠으며, 모든 학문은 사회에 유용한 것이어야 한다고 주장하였다. 그는 서학에 대해서도 깊은 관심을 두어 유학자의 입장에서 비교적 편견 없이 이를 소화 소개하였다. 즉 이익은 마테오 리치(Matteo Ricci, 利瑪竇)의 「천주실의」(天主實義)의 발문(跋文)을 지은 바 있는데, 천주교의 천주와 유교의 상제를 비슷한 것으로 보았고, 또한 그의 저서 「성호사설」에서 디에고 데 판토하(Didace De Pantoja, 龐迪我, 1571-1618년)의 저서인 「칠극」(七克)에 대한 비판을 하는 가운데 「칠극」의 '七'자는 유학의 극기복례(克己復禮)의 기(己)를 풀이한 각주인 것이라 하여, 유교의 윤리와 천주교의 윤리가 비슷하다고 하였다. 이와 같이 이익은 순수한 학자적 입장에서 천주교를 비판 소개하였고, 지리학, 의학 등에 있어서도 서양의 새로운 지식을 수립 이를 연구하여 보급시켰다. 저서로는 「성호사설」, 「성호문집」 등이 있다.

21) 한국교회사연구소, 「한국천주교회사」, 2015, 1권, 125-128 참조.

柱一), 증조부는 통덕랑 홍만시(洪萬始), 조부는 증 사헌부지평 홍중명(洪重明), 부는 홍창보, 모는 성훤의 따님입니다. 이미 8세 나이에 「사서삼경」(四書三經)과 「백가제서」(百家諸書)에 통달한 신동으로 전해집니다. 그의 조부모는 손자의 장래를 위해 고향인 충청도 예산을 떠나 서울로 이사를 했고 16세 때인 1742년 그는 당시 유명한 실학자인 성호 이익의 문하에서 순암 안정복, 녹암 권일신, 복암 이기양(李基讓)[22] 등과 함께 수학했습니다.

5. 1750년경 성호 이익이 「천주실의」와 「칠극(七克)」 등 서학(西學)을 연구할 때 그의 제자들도 이 신학문과 종교 서적을 탐독하게 됐고 이때 그는 천주교 진리를 받아들이게 되었습니다. 당시 성호 이익은 서학을 받아들임에 있어 피상적인 보유론적(補儒論的) 입장에 머물렀고 함께 수학하던 순암 안정복은 천주교 신앙에 대해 극히 비판적이고 배격하는 입장이었습니다. 하지만 홍유한은 유교와 불교에서 발견하지 못한 진리를 여기에서 발견하고 1757년 충청도 예산으로 내려가 1775년까지 18년간 홀로 신앙을 연마했습니다. 그는 실학자 성호 이익의 문하에서 천주학을 처음 접한 뒤 유교와 불교에서 구할 수 없었던 진리를 발견하고 깨달은 신앙의 진리를 실천했습니다.

6. 그러던 중 다시 1775년 더욱 조용한 곳을 찾아 경상도 소백산 아래 있는 순흥 고을 구고리(현재 영주시 단산면 구구리)로 옮겨 가서 1785년 60세로 세상을 떠날 때까지 고행과 절식, 기도와 묵상으로 만년을 보냈습니다. 선종 후 그의 시신은 문수산 자락에 있는 우곡리에 안장되었습니다. 그는 천주교의 진리를 처음 깨달은 후부터 스스로 신앙생활을 시작해 「칠극」에서 터득한 덕행을 쌓기 위해 매월 7일째 되는 날을 주일(主日)로 정해 세속의 모든 일을 전폐하고 기도와 묵상에 전념했습니다. 나아가 욕정을 금하여 30세 이후는 정절(貞節)의 덕을 실천했습니다. 그리하여 천진암 강학회가 시작되기 전부터 그는 서학을 읽고 묵상하는 가운데 스스로 신앙생활을 시작했던 한국 천주교회 최초의 수덕자로 기록되었습니다.

---

22) 조선 후기 「복암유고」를 저술한 학자. 천주교도. 본관은 광주(廣州)이다. 자는 사흥(士興), 호는 복암(伏菴). 이덕형(李德馨)의 7대 손이다. 아버지는 증이조참판 이종한(李宗漢)이고, 어머니는 동래정씨로 정현서(鄭玄瑞)의 딸이다. 이가환(李家煥)·권철신(權哲身, 암브로시오)·홍낙민(洪樂敏, 루카)과는 사돈 간이며 교우가 두터웠다.

7. 그는 신유박해(辛酉迫害) 때 순교한 **복자 홍낙민(洪樂敏, 루카, 1751-1801년)** 의 재당숙(아버지의 육촌형제)입니다. 홍유한의 신앙은 그 집안의 후손들에게 이어져 13명이나 신앙을 증거하다 순교하였습니다. 그 중 **성 홍병주 베드로와 성 홍영주 바오로 형제**는 1984년 요한바오로 2세 교황에 의해 한국 천주교 103위 한국 순교성인의 일원으로 시성(諡聖) 되었습니다. **복자 홍낙민 루카, 복자 강완숙 골룸바, 복자 홍필주 필립보, 복자 홍재영 프로타시오, 복자 심조이 바르바라**는 2014년 8월 16일 서울 광화문 광장에서 프란치스코 교황에 의해 시복(諡福) 되었습니다. 한국 천주교회가 창립된 것이 1784년, 이보다 30여 년 전에 이미 천주교 신앙을 받아들여 심신을 연마한 선각자가 있었으니 그가 바로 농은 홍유한이었던 것입니다. 비록 세례를 받지는 않았지만 그가 천주교를 대하는 입장은 단순히 신학문으로서가 아니라 천지만물의 이치를 밝히는 종교적 요소를 갖고 있었다는 점에서 스스로 신앙생활을 시작한 첫 인물로 꼽힙니다. 경상북도 영주시 단산면 구구리 239-6번지는 바로 그의 자취가 남아 있는 곳입니다.

8. 안동교구는 홍유한 선생의 신앙을 기리기 위해 1995년 교구 설정 25주년과 홍유한 선생 선종 210주년을 맞아 효자문 안마당에 유적비를 건립하였습니다. 유적비 앞면에는 "한국 천주교회 최초 수덕자 풍산 홍공 유한 선생 유적지(韓國 天主敎會 最初 修德者 豊山 洪公 儒漢 先生 遺跡址)"라 기록하고, 옆과 뒷면에는 그의 생애를 상술하였습니다. 1874년 「한국천주교회사」[23]를

---

23) 「한국천주교회사」는 1874년 프랑스에서 프랑스어(語)로 간행. 저자는 파리외방전교회원 달레(Ch. Dallet) 신부. 상·하 2권(卷) 2책(冊)으로, 상권은 서설(序說)이 192면(面), 본문이 383면, 하권은 상권에 이은 본문이 592면, 총 1,167면으로 구성되어 있다. 서설(序說)에서는 조선의 지리·역사·황실·정부·재판·과거(科擧)·언어·신분제도·여성·가족·종교·조선인의 성격·오락·풍속·학문 등 15개 항에 걸쳐 한국학(韓國學)에 대한 개설이 소개되어 있고, 이어 본문에서는 1592년 임진왜란에서부터 1866년 병인(丙寅)박해 때까지 한국 천주교회의 통사(通史)가 서술되어 있다. 본문은 1592년에서 1831년 조선교구 설정까지가 제1편, 그 이후가 제2편으로 구성되어 있는데 다시 제1편은 4권 9장(章)으로, 제2편은 5권 26장으로 세분되어 있어 서설을 제외한 본문은 총 2편 9권 45장으로 구성되어 있다.

출판한 달레(Dallet) 신부[24]에 의하면 홍유한 수덕자는 한역서학서(漢譯西學書) 등을 접하면서 당시 서양과 서학에 어느 정도 인식과 관심을 가지고 있었습니다.

9. 그뿐만 아니라, 신앙을 열심히 실천하였고, 주일을 반드시 지켰으며, 소재(小齋)의 의무도 지켰습니다. 그는 금욕생활의 중요성을 가르쳤고, 깊은 산속에 들어가 13년 동안 묵상과 기도에 전념하다가 생을 마쳤다고 신부는 말하고 있습니다. 그러나 그를 한국 천주교회의 기원을 이룬 인물로 보기 어려운 것이 그는 정식으로 세례를 받은 자가 아니라 신학 해석상 화세(火洗)[25]를 받은 신자로서 개인적인 신앙생활에 그쳤을 뿐 공동체적 신앙생활을 하지 않았기 때문입니다. 따라서 이는 한국 천주교회의 탄생 이전의 '선행사적 의의'가 있는 것으로 보아야 합니다.[26]

5. 한국 천주교회사에서 서학(西學)과 천주교와의 만남은 어떤 의미가 있나요?(1)

1. 서학(西學)이란 조선 선조(宣祖, 재위 1567-1608년, 조선 제14대왕) 이후 중국에서 도입되었습니다. 한역(漢譯) 서양 학술서적과 서양 과학기술 문물과 이를 토대로 연구하던 학문으로써 '조선서학(朝鮮西學)'이라고도 합니다. 이

---

24) 달레(Dallet)는 파리외방전교회 소속 신부이며 선교사이자 교회사가이다. 그는 1829년 프랑스 디종 근교에서 태어나, 1852년 사제 서품을 받고 인도에 파견되었다. 그 후 병고로 잠시 귀국하였다가, 1871년 보불 전쟁으로 자신이 봉직하고 있던 신학교 경영이 어려워지자, 미주로 모금 운동에 나섰다. 한편 그는 한국 주재 파리외방전교회 선교사들이 보낸 자료와 다블뤼 주교의 비망록, 편지, 보고서 등을 중심으로 1874년 「한국천주교회사」를 출판하였다. 그 후 선교사로 열심히 일하다가 역사와 철학 방면에 많은 저서를 남기고, 1878년 안남(安南) 케소에서 선종하였다.

25) 하느님에 대한 믿음과 사랑을 가진 사람이 자기의 죄를 뉘우치고 영세를 받기 원할 때 그 사람에게 영세를 받은 사람과 같은 은총을 내려주는 성령의 세례. 수세(水洗)인 정식 세례를 대신할 수 있는 행위로 혈세(血洗)와 화세(火洗)가 있는데, 혈세는 순교로 능히 세례를 대신하는 것인 반면 화세는 비록 세례를 받지 못했더라도 완전한 속죄 행위가 있었을 때 세례 받은 것으로 간주하는 것이다. 화세는 하느님을 열심히 사랑하는 것으로서 상등통회와 세례 받을 원의(願意)를 겸하여 지니는 것이다.

26) 한국교회사연구소, 「한국천주교회사」, 2015, 1권, 128-133 참조.

용어가 처음 사용된 것은 명말·청초의 중국에서 포교활동에 종사하던 예수회(耶蘇會, Society of Jesus) 소속의 가톨릭 선교사들이 서양서적을 한문으로 번역, 간행하면서부터입니다. 이러한 서책들은 한역서학서(漢譯西學書) 혹은 서학서(西學書)라고 불리었습니다. 예수회 중국 선교사들이 이처럼 많은 한역서학서를 발간할 수 있었던 것은 그들이 철학과 신학뿐만이 아니라 과학기술에도 박학하였으며, 문화적 전교 의욕과 중국 사회에 서양 문물을 전수하려는 문화 의식이 강했기에 가능하였던 일이었습니다.

2. 예수회는 수사가 되기 전에 철학과 신학을 의무적으로 수학하도록 하면서 동시에 그 밖의 다른 하나의 학문활동을 할 수 있었습니다. 특수 기술의 전문적 능력을 갖춘 선교사들이었기에 가능하였다는 점 또한 간과할 수 없습니다. 북경의 4천주당을 비롯하여 각지의 천주당에 도서관 시설이 있었습니다. 이는 특히 1618년 트리겔(Trigaulus, 金尼閣) 신부가 공무로 로마에 출장을 갔을 때 하사 받은 7천 여 권의 귀중한 서적을 북경으로 가져와 도서관을 설립할 수 있었기 때문이기도 합니다. 과학기술관계의 한역서학서가 저술된 것은 당시 청나라 강희제(康熙帝, 재위 1661-1722년, 청나라의 제4대 황제)가 서학을 뒤따른 것과 농업 사회에서 꼭 있어야 될 천문 역산서(天文曆算書)[27]에 대한 중국 황실의 필요에 의한 것이기도 하였습니다.

3. 이처럼 한역서학서는 명 말엽부터 중국에서 선교활동을 시작한 예수회 선교사들이 천주교의 교리를 전파하고 서양과 서양 문명을 알리기 위해 한문으로 엮어 펴낸 서적들을 말합니다. 선교사들은 중국에서 활동하면서 중국이 유럽 못지않게 오랜 역사와 수준 높은 문화를 지니고 있음을 알게 되었습니다. 이에 그들은 일방적인 선교활동만으로는 목적을 달성할 수 없다고 판단하여 현지 적응주의 선교 원칙에 따라 문화주의적인 방법과 보유론적(補儒論的) 연구활동을 전개하였습니다. 이를 위하여 중국의 전통적인 가치 체계와는 다른 그리스도교의 가치 체계를 담은 유럽 문화를 중국에 널리 알려 그들의 의식을 변화시키고자 하였습니다.

---

27) 농업국가에 있어 계절의 변화와 그에 따른 농업생활에 도움을 줄 기본 정보를 실은 역서의 편찬을 뒷받침하는 역산추보(曆算推步)의 학문은 당시 '제왕지학(帝王之學)'이라 할 수 있다.

4. 이러한 현지 적응주의 선교 방식은 당시 극동 지역과 동남아시아 지역 예수회의 선교지도를 책임지고 있던 순찰사 발리냐노 신부의 방침에 따른 것이었습니다. 마테오 리치 신부를 비롯한 많은 예수회 선교사들은 이 방침에 따라 선교활동을 전개하는 한편, 많은 한역서학서들을 저술하여 보급하였습니다. 이러한 한역서학서들을 접한 중국의 지식인들 가운데 일부는 유교의 우주론·세계관·문화의식과는 전혀 다른 천주교 신앙을 받아들였습니다. 더 나아가 유럽 과학기술의 뛰어남을 알게 된 황실은 실용적 차원에서 유럽 문화를 받아들이기도 하였습니다. 그 결과 유럽의 실용적인 문물과 천주교의 우주론을 담은 한역서학서는 유교적인 전통을 고수하고 있던 당시 중국 사회에 문화적 자극제가 되었습니다. 특히 이것은 중국 중심의 세계관을 바꾸는 계기를 마련하였고, 유교·불교·도교의 전통적인 가치 체계에 젖어 있던 중국 사회를 변화시키는 단초를 제공하였습니다.

6. 한국 천주교회사에서 서학(西學)과 천주교와의 만남은 어떤 의미가 있나요?(2)

1. 한역서학서(漢譯西學書)의 조선 전래는 1603년 중국에 사신으로 갔던 이광정[28], 1631년에 중국을 다녀온 정두원[29], 1644년 북경에서 귀국한 소현세자 등이 여러 가지 서양 문물과 지도, 그리고 한자로 된 서학서(西學書)를 가져와 소개하면서 시작되었습니다. 이처럼 한역서학서는 정조(正祖)[30] 대에 들어 천주교를 탄압하면서 중국으로부터의 사서(邪書) 도입을 금지하는 조치가 취해지기까지 거의 2세기에 걸쳐 조용하게 조선으로 유입되었습니다. 그로 인해

---

28) 조선시대 지중추부사, 예조판서, 이조판서 등을 역임한 문신.
29) 조선후기 지중추부사를 역임한 문신.
30) 정조(正祖, 재위 1776-1800년) 본명 이산. 본관 전주. 조선 제22대 왕이자 영조의 손자, 사도세자의 아들로 이름은 산, 자는 형운, 호는 홍재. 즉위 후 규장각을 설치하고 신진 학자들을 등용하고 다양한 서적을 간행했으며 정치적으로는 인물 위주로 등용하는 준론탕평책을 펼쳐 관료제를 통한 왕권 강화를 추구했다. 전제 개혁 등을 통해 생산을 증가시키고 장용영을 설치해 군문을 정비했다. 재정을 튼튼하게 하기 위해 북학파를 중시해 재화를 늘리도록 했다. 사회 전반적으로 개혁을 해나갔지만 갑작스런 죽음으로 완성하지 못했다.

조선에도 서학(西學)을 연구하는 사람들이 생겨났으며, 조선에 천주교 수용이라는 커다란 변화를 가져오는 계기를 마련했습니다. 특히, 조선에 소개된 천주교 교리서는 「천주실의」, 「칠극」, 「교우론」, 「기인시편」, 「영언여작」, 「변학유독」, 「성경직해」[31], 「진도자증」 등을 비롯하여 60여 종에 이를 정도로 다양했습니다.

2. 또한 「기하원본」, 「치력연기」, 「서학범」, 「기기도설」 등의 과학기술서, 「곤여만국전람도」, 「양의현람도」 등의 한역 세계지도, 「직방외기」, 「서방요기」 등의 지리서도 있었습니다. 이처럼 17세기 초부터 꾸준히 유입된 한역서학서는 서양의 학문, 과학, 기술을 전했을 뿐만 아니라 조선에 천주교를 알리는 결과를 낳았습니다. 그로 인해 선교사가 입국하여 선교를 하기도 전에 조선에는 천주교를 서양의 학문이 아니라 신앙으로 받아들이는 사람들이 나타날 수 있었습니다. 그리고 마침내 한역서학서는 뿌리 깊은 유교 전통을 지닌 조선에 서양의 문물과 학문을 전했을 뿐만 아니라 급기야는 사회적인 변혁을 초래하는 자극제 역할을 하였습니다.

3. 서학에 대한 유학자들의 반응은 컸는데, 특히 천문 역산술과 관계되는 기술관과 대륙 문화에 관심이 컸던 북학론자 및 실학적 깨우침을 품게 되었던 재야의 실학 지식인들은 이러한 한역서학서에 문화적 호기심과 학문적 관심을 가졌습니다. 이러한 관심이 이어져 18세기 중반 실학자 이익을 중심으로 한 이른바 성호학파(星湖學派)[32]의 소장학자들이 한역서학서를 학문적으로 연

---

31) 「성경직해」(聖經直解)는 포르투갈 출신의 예수회 선교사 임마누엘 디아스(Emmanuel Diaz, 陽瑪諾, 1574-1659년)의 저술로 1636년 북경에서 전 14권이 초간 되었고 그 후 1642년과 1790년 북경에서, 1866년과 1915년 토산만(土山灣)에서 증간되었다. 내용은 주로 복음 성서의 해설을 위주로 하여 교회력에 따른 주일과 축일의 복음 성서를 한문으로 번역하고 주해를 붙였는데, 주일과 축일은 각각 한 장(章)을 이루고 있고 각 장은 해당 주일이나 축일의 성서 구절을 풀이한 부분인 '성경'부분과 그날의 '성경'구절을 읽은 후 묵상을 준비하기 위한 부분인 '잠(箴) 부분으로 구성되어 있다. 우리나라에는 1784년 교회 창설 시기를 전후하여 전래되었고, 교회 창설 직후 복자 최창현(崔昌顯, 요한)에 의해 일부가 한글로 번역되었다. 그 뒤 계속 필사되어 전해 오다가 신교(信敎)의 자유가 허락된 후, 1892년에서 1896년까지 5년에 걸쳐 전 9책의 활판본이 간행되었다.

32) 조선 후기 근기(近畿)지방을 중심으로 활동한 성호 이익(李瀷)과 그의 문도들로써, 성호학파는 이

구하게 되어 '조선 서학(朝鮮西學)'이 열린 것입니다. 안정복(安鼎福, 1712-1791년)이나 정약용(丁若鏞, 요한, 1762-1836년)의 기록으로 볼 때, 당시 서학서(西學書)에 대한 관심은 일부 지식인들 사이에 하나의 유행처럼 번졌던 것임을 알 수 있습니다.

4. 한역서학서를 연구한 학자들의 서학에 대한 태도는 결과적으로 세가지 흐름으로 갈라졌습니다. 첫째는 안정복, 신후담, 홍정하 등과 같이 서학을 거부하고 배격하는 입장을 취한 학자들입니다. 이들은 많은 젊은 학인들이 유학의 가르침을 떠나 사학으로 기울어지는데 대해 우려하며 서양의 학문과 종교가 조선의 전통적 가치관과 사회 질서를 해칠 것을 경계하고 비판했습니다. 둘째는 서양 과학기술의 효용성과 선진성은 인정하고 받아들이나, 종교나 윤리는 배격하는 이원적 태도를 취한 비판적 수용론자들입니다. 주로 조선시대 실학자 중 북학파 계열의 홍대용, 박지원, 박제가, 이덕무 등이 이에 속했습니다.

5. 셋째는 서학을 체계적으로 연구한 결과 학술과 종교 모두 받아들일 만한 가치가 있다고 이해함으로써 전면 수용하여 실천한 남인계(南人系)[33] 소장 학

익으로부터 비롯하여 18세기 한국 사상계에 새로운 방향을 부여하고 실학의 성립에 결정적 역할을 했으나 그 학파 내부에 진보적 측면과 보수적 측면의 양면성을 포함하고 있었다. 안정복 계열의 우파는 옛 성현의 말씀을 그대로 따라 성실히 실천하겠다고 한데 대해, 좌파는 권철신을 선두로 하여 정약전·정약용 등이 유교 경전에 대한 새로운 해석, 주자학에 대한 회의와 비판, 서양문화에 대한 급진적 수용 등 성호 학문의 진보적 측면을 발전·확대시켰다. 이와 같은 성호 좌파의 진보적인 사조는 당시의 조선 봉건 지배체제에 대한 민중저항의 한 반영이었다.

33) 남인(南人)은 조선시대 사색당파 중의 하나. 16세기 말인 선조(宣祖) 때, 중견 선비들 중에서도 조정에서 벼슬하는 선비들이 붕당(朋黨)을 지어 서로 싸웠다. 정권에서 소외된 남인들은 오직 학문 연구에 몰두하였는데, 우리나라의 유명한 실학파(實學派) 학자 중에는 남인 출신이 많았다. 남인의 학풍도 영남(嶺南) 남인과 기호(畿湖) 남인으로 구분된다. 영남 남인은 퇴계(退溪)의 학풍을 계승하는 전통적 주자학파요, 기호 남인은 퇴계의 학풍을 존중하면서도 정치적 현실 문제와 새로운 지식의 이해에 깊은 관심을 가졌다. 따라서 조선 후기에 중국으로부터 서양의 과학기술과 천주교 신앙에 관한 지식, 즉 서학(西學)이 들어왔을 때, 가장 진지한 관심과 적극적 수용태세를 보인 유교 지식층은 바로 기호 남인이라고 할 수 있다. 대체로 노론이 정권을 쥐고 보수적인 정치를 하던 시대에 청조 문물을 받아들이는 실학파 속에 북학파(北學派)도 있으나 천주교 신앙에는 접근하지 않았다. 서양과 천주교의 교리에 관한 지식을 최초로 소개한 사람도 남

자들이었습니다. **하느님의 종 권철신(權哲身, 암브로시오)**[34], 하느님의 종 권일신(權日身, 프란치스코 하비에르), 이가환(李家煥)[35], 정약전(丁若銓, 안드레아), **복자 정약종 (丁若鍾, 아우구스티노)**[36], 정약용(丁若鏞, 요한), 하느님

인에 속하는 실학파의 선구자 이수광(李晬光)이었다. 기호남인이 서학에 본격적인 관심을 갖게 되는 계기는 실학파의 거장 이익(李瀷)에서 비롯된다. 이익은 서양과학의 합리성과 천주교 교리의 윤리적 요소를 긍정적으로 받아들였다. 이익의 서학에 관한 관심은 그의 문하에서 양극적(兩極的) 형태로 나타났다. 신후담(愼後聃)·안정복(安鼎福)의 경우는 천주교의 교리를 비판하고 거부하는 입장을 취하였고, 권철신(權哲身, 암브로시오)·이가환(李家煥) 등은 천주교를 받아들이는 입장을 취하였다. 정조(正祖)시대에 최초의 천주교 신앙운동을 일으켰던 이벽(李蘗, 세례자 요한)·이승훈(李承薰, 베드로)·정약종(丁若鍾, 아우구스티노)·정약용(丁若鏞, 요한) 등은 바로 이익 문하의 이른바 신서파(信西派)에 속하는 기호 남인이었다. 이들 신서파 남인이 일찍부터 천주교 신앙에 몰입하게 된 것은 그 시대의 사회에 대한 개혁정신이 그들에게 깊이 숨겨져 있었기 때문이다.

34) 하느님의 종 권철신(權哲身, 암브로시오, 1736-1801년)은 조선의 학자, 순교한 천주교인이다. 호는 녹암이고 본관은 안동이다. 하느님의 종 이승훈(李承薰, 베드로)의 영향으로 천주교 신자가 되었으며 1777년 경기도 양주에서 정약용(丁若鏞, 요한), 하느님의 종 이벽(李蘗, 세례자 요한) 등 남인의 실학자들과 함께 서양의 학문 및 로마 가톨릭교회에 대한 연구회를 열면서 본격적인 신앙생활을 시작했다. 1801년 순조 1년 신유박해때 하느님의 종 이승훈(李承薰, 베드로), 복자 강완숙(姜完淑, 골룸바), 중국인 신부인 복자 주문모(周文謨, 야고보) 등과 같이 잡혀 사형되었다. 하느님의 종 권일신(權日身, 프란치스코 하비에르)의 형이고, 성호 이익(李瀷)의 문인이다. 하느님의 종 권철신(權哲身, 암브로시오)의 매제는 이윤하(李潤夏, 마태오)이고 이윤하(마태오)의 딸인 이순이(李順伊, 루갈다)와 사위 유중철(柳重哲, 요한)은 초선 천주교회 최초의 동정부부이며, 이윤하(마태오)의 아들인 복자 이경도(李景陶, 가롤로)와 복자 이경언(李景彦, 바오로)이 있으며, 권일신(프란치스코 하비에르)의 딸 복자 권천례(權千禮, 데레사)와 그 사위 복자 조숙(趙淑, 베드로)도 동정부부로서의 삶을 살다가 순교하였다.

35) 우리나라 최초의 영세 천주교도인 이승훈(李承薰, 베드로)의 외숙으로 신해박해 때 천주교도로 몰려 체포되었다가 석방되었다. 하지만 지방 관리를 할 때에는 천주교도들을 박해했다. 천문학과 수학에 능통했으며, 저서로 「금대유고」가 있다.

36) 복자 정약종(丁若鍾)은 세례명 아우구스티노. 본관은 나주. 경기도 광주(지금의 남양주시 조안면 능내리) 출신. 진주목사 정재원(丁載遠)의 아들이며, 정약현(丁若鉉)·정약전(丁若銓, 안드레아)·정약용(丁若鏞, 요한)의 4형제 중 셋째이다. 일찍이 이익(李瀷)을 사사하여, 천성이 곧고 모

의 종 이벽(李蘗, 세례자요한)37), 하느님의 종 이승훈(李承薰, 베드로) 등 성호

든 일에 정성을 다하는 성품을 지녀, 서학서를 접하게 되자 이에 심취하여 천주교 교리를 연구함으로써 당대에서 가장 교리지식이 뛰어났다. 1791년(정조15년) 천주교 박해로 형제와 친구들이 모두 배교 또는 멀리하여도, 끝까지 신앙을 지켰다. 복자 주문모(周文謨, 야고보) 신부가 입국한 뒤로는 명도회장(明道會長)으로 임명되어 많은 사람들에게 전교하는데 큰 구실을 하였는데, 특히 한문을 모르는 사람들에게 교리를 가르치기 위하여 한문본교리책에서 중요한 것만을 뽑아 누구나 알기 쉽도록 우리말로「주교요지」라는 책을 써서 전교하는데 큰 공을 세웠다. 그 뒤 교리서를 종합, 정리하여「성교전서」(聖敎全書)라는 책을 쓰던 중 박해를 당하여 뜻을 이루지 못하고 1801년 복자 주문모(周文謨, 야고보) 신부의 입국사건에 연루되어 2월에 체포되고 대역 죄인으로 다스려져, 2월 26일 이승훈(李承薰, 베드로)·복자 최창현(崔昌顯, 요한)·복자 홍낙민(洪樂敏, 루카) 등과 함께 서소문 밖에서 참수되어 순교하였다.

37) 한국 천주교의 선구자인 하느님의 종 이벽(李蘗, 세례자요한, 1754-1786년)은 경주 이(李)씨 부만(溥萬)의 둘째 아들로 경기도 광주에서 출생하였다. 덕조(德操), 혹은 벽(蘗)이라고도 하며, 호는 광암(曠菴), 세례명은 세례자요한이다. 건장한 신체에 무술에도 능했으며, 경서에 정통하고 언변도 좋아 물 흐르듯 했다고 한다. 아버지 이부만은 이벽(李蘗, 세례자요한)이 무관으로 출세하길 바랬으나 그는 완강히 거부하였기 때문에 아버지의 미움을 사서 벽(僻)이라는 별명을 얻기도 하였다. 1777년(정조 1년) 권철신(權哲身, 암브로시오)·정약전(丁若銓, 안드레아)과 함께 강학에 참가하여 하늘, 세상, 인성(人性)에 대해 토론하였다. 옛 성현들의 윤리서 등을 함께 검토함과 아울러 서양 선교사들이 지은 한역판(漢譯版) 철학, 수학, 종교 서적 등을 공부하였다. 이벽(李蘗, 세례자요한)은 이때 초보적인 신앙생활을 시작했고, 이후 천주교 교리 연구에 전념하였다. 1783년 정약전(丁若銓, 안드레아)·정약종(丁若鍾, 아우구스티노) 형제들과 함께 하느님의 존재와 그 유일성, 천지창조, 영혼의 신령성과 불멸성, 후세에서의 상선벌악(賞善罰惡) 등의 철학적 논제에 대해 토론하였다. 초보적인 지식 속에서 진리에 목말라 하고 있던 이벽(李蘗, 세례자요한)은 1783년 겨울 하느님의 종 이승훈(李承薰, 베드로)이 북경 사절로 임명된 아버지를 따라 북경에 들어가게 되었다는 소식을 듣고 이승훈(李承薰, 베드로)에게 찾아가 천주교에 대해 소개하고 북경에 가서 서양 선교사들을 만나 교리를 배우고 영세도 받아서 돌아오도록 부탁하였다. 이와 함께 천주교 서적을 구해 오라는 부탁을 잊지 않았다. 북경에서 그라몽(Grammont, 梁東材) 신부를 만나 교리를 배우고 영세를 받은 이승훈(李承薰, 베드로)이 1784년「천주실의」,「기하원본」과 같은 서학 서적, 상본, 망원경 등을 가지고 귀국하자 이것을 받아든 이벽(李蘗, 세례자요한)은 외딴 집을 세내어 천주교 교리 연구와 묵상에 몰두하였다. 이를 통해 이벽(李蘗, 세례자요한)은 종교의 진리에 대해 더욱 해박한 지식을 얻게 되었고, 중국과 조선의 미신에 대해 철저히 반박할 수 있게 되었으며, 칠성사와 연중기도, 성인의 행적에 대해서도 상당한 정도 연구하였다. 이벽(李蘗, 세례자요한)은 드디어 1784년 음력 9월경 수표교에 있던 자기 집에서 이승훈(李

承薰, 베드로)에게 세례를 받고 복음의 전파에 나섰다. 최창현(崔昌顯, 요한), 최인길(崔仁吉, 마티아), 김종교(金宗敎, 프란치스코), 김범우(金範禹, 토마스), 지황(池璜, 사바) 등의 중인 계급과 마현의 정약전(丁若銓, 안드레아)·정약종(丁若鍾, 아우구스티노) 형제, 양근의 권철신(權哲身, 암브로시오)·권일신(權日身, 프란치스코 하비에르) 형제 등의 양반 계층에도 복음을 전파하여 커다란 성공을 거두었다. 이러한 소식을 들은 유림(儒林)은 천주교 교리가 국가의 지도이념인 성리학적 윤리 체제를 송두리째 파괴한다고 생각하였다. 이 중 이가환(李家煥)은 "서교(西敎)가 비록 명설(明說)이긴 하지만 정학(正學)은 아니다"라고 하면서 이벽(李蘗, 세례자요한)을 토론으로써 설득하려 했으나 이벽(李蘗, 세례자요한)의 정치한 논리와 장하(長河) 같은 웅변에 오히려 설득 당했다 한다. 이기양(李基讓)도 이벽(李蘗, 세례자요한)과 토론했으나 이벽(李蘗, 세례자요한)이 세상의 기원, 우주의 질서, 하느님의 섭리, 영혼의 본성, 후세의 상벌과 조화에 대해 설명하자 아무 말도 못하고 물러 나왔다고 전해진다. 이로부터 1년 후인 1785년 중인 김범우(金範禹, 토마스)가 형조에 잡혀가 배교를 강요당하며 혹독한 형벌을 받다가 경상도 단장으로 귀양 가는 소위 을사추조적발사건(乙巳秋曹摘發事件)이 발생하였다. 이를 기화로 평소 천주교에 대해 못마땅하게 생각하던 유림들이 들고일어났다. 태학생(太學生) 정숙(鄭淑)은 천주교 신자들을 맹렬하게 공격하는 통문(通文)을 돌려 천주교인들과는 완전히 절교하라고 권고하였다. 천주교 신자가 있는 가정에서는 자기 집안에 불행을 가지고 올지도 모를 이 종교를 버리게 하기 위해 갖가지 방법을 썼다. 이벽(李蘗, 세례자요한)의 아버지도 이벽(李蘗, 세례자요한)을 배교시키기 위해 나섰다. 그는 성질이 급한 사람으로 천주교에 대한 이벽(李蘗, 세례자요한)의 이야기는 들으려고 하지도 않으면서 배교만을 강요하였다. 이벽(李蘗, 세례자요한)이 말을 듣지 않자 그는 목을 매어 자살하려고까지 하였다. 이에 이벽(李蘗, 세례자요한)은 두 가지 뜻을 가진 말을 써서 자신의 신앙을 감추었고 그 후로는 외부와 모든 연락을 끊은 채 살았다. 그는 자신의 배교적 행위에 대하여 무서운 양심의 가책을 느끼며 살다가 1786년 33세를 일기로 요절하였다. 교회사적으로 보아 이벽(李蘗, 세례자요한)은 조선 천주교 창설의 선구자로 위치 지을 수 있다. 물론 이벽(李蘗, 세례자요한) 이전에도 천주교에 접한 사람은 많았다. 조선 후기 사회적인 모순이 누적되면서 공리공론에 불과한 주자학에 대해 심한 반발을 느낀 많은 학자들이 서학을 연구하게 되었다. 성호 이익(李瀷)을 중심으로 하는 남인학자들은 서학의 과학기술을 유용한 학문으로 받아들여 연구하였다. 그러나 이들은 종교만은 이단시하였다. 이러한 분위기 속에서 서학을 학문으로써 뿐만이 아니라 종교로서 받아들인 이벽(李蘗, 세례자요한), 이승훈(李承薰, 베드로), 정약전(丁若銓, 안드레아)·정약종(丁若鍾, 아우구스티노) 형제, 양근의 권철신(權哲身, 암브로시오)·권일신(權日身, 프란치스코 하비에르) 형제 등이었다. 그중에서도 특히 조선 천주교 창설에 선구자적 역할을 한 사람이 이벽(李蘗, 세례자요한)이다. 그는 1777년 이래 주어사, 천진암에서 있었던 수사학적(洙泗學的, 儒敎的) 분위기의 강학을 그리스도교 진리 탐구와 실천적인 분위기로 바꿨고, 이승훈(李承薰, 베드로)에게 천주교를 소개하여 중국에 가 영세를 받게 함으로써 1784년 많은 조선인 신자 공동체를 이룩하게 하였다. 한국 천주교가 이 해를 천주교 창설의 원년으로 삼아 기념하고

학파의 일부 소장 학자들은 보유론적(補儒論的)으로 천주 신앙을 깨우치고 이를 수용·실천하기 시작하여, 마침내 천주 신앙을 실천하는 신앙 공동체가 생겨났습니다. 한편 서학의 천문 역산술을 도입을 주장하던 관상감 책임자 김육(金堉, 1580-1658년)과 관계 기술관들의 노력으로 1653년에는 시헌력(時憲曆)이 채용되기도 하였습니다. 그러나 이처럼 싹이 움트던 조선 서학(朝鮮西學)은 이(理, 종교와 윤리 사상)와 기(器, 과학과 기술의 실용)를 가리지 않고 무자비하게 강행된 천주교 탄압정책에 따라 채 자라지도 못하고 사라져 버렸습니다.

7. 한국 천주교회사에서 조선 천주교회의 설립배경은 무엇인가요?(1)

1. 조선에 천주교회가 설립된 것은 1784년입니다. 1783년 동지사(冬至使)[38]를 따라 북경에 갔던 하느님의 종 이승훈(李承薰, 베드로)이 이듬해 2월 북당

있음을 미루어 볼 때 이벽(李檗, 세례자요한)의 선구자적 역할은 의심의 여지가 없다. 남달리 짧았던 생애와 박해로 인한 유작(遺作)의 부족으로 이벽(李檗, 세례자요한)의 사상을 자세하게 알기가 어렵다. 이벽(李檗, 세례자요한)의 작품으로 주장되는 것은 「만천유고」(蔓川遺稿) 속에 수록되어 있는 「천주 공경가」(天主恭敬歌), 「성교요지」(聖敎要旨)에 불과하나, 이에 대한 문헌학적 연구와 사료 비판이 계속 요청되고 있다. 이와 아울러 정약용(丁若鏞, 요한)의 「중용강의」(中庸講義) 세주(細註)에 언급된 단편적인 사실들을 통하여 그의 사상을 엿볼 수 있을 따름이다. 이벽(李檗, 세례자요한)의 서학 사상도 다른 남인 신서파(南人信西派)와 같이 전통적인 주자학에 대한 비판을 그 출발점으로 삼고 있다. 경서(經書)에도 박학다식했던 이벽(李檗, 세례자요한)은 주자학을 선유(先儒)들의 사상에 비춰 비판하면서 진유사상(眞儒思想)인 수사학적(洙泗學的. 儒敎的)인 사상체계에 도달하였고, 마테오리치의 보유론(補儒論)을 흡수하여 그의 그리스도교 사상이 싹틀 수 있는 기반을 마련하였다. 보유론은 마테오리치가 「천주실의」에서 주장한 것으로 중국의 근세 사상계에 큰 파문을 던진 것이었을 뿐 아니라, 조선 후기 남인 신서파의 복고주의적인 사상체계에도 큰 영향을 미쳤다. 이벽(李檗, 세례자요한)은 「천주실의」와 함께 「칠극」(七克), 「영언여작」(靈言蠡勺), 「직방외기」(職方外紀) 등을 접하면서 신의 존재, 원죄, 영혼불멸, 사후(死後)의 세계, 서양의 신학에 대한 이해 등의 사상 폭을 넓히고 깊게 하였다. 이로써 이벽(李檗, 세례자요한)은 유교사상과 천주교 사상을 접맥시켜 한국의 천주교가 꽃필 수 있는 기반을 닦은 인물로 기록될 수 있게 된다. 이벽(李檗, 세례자요한)의 사상체계와 지식은 정약용(丁若鏞, 요한)에게 전달, 수용되었다.

38) 조선시대 동지에 명나라와 청나라에 보내던 사절 또는 파견된 사신.

(北堂)에서 예수회 선교사인 그라몽(J.J. de Grammont, 梁棟材, 1736-1812년) 신부로부터 세례를 받고 귀국한 후, 신앙 공동체를 형성한 것이 조선 최초의 천주교회입니다. 조선 천주교회는 18세기 말에 갑자기 형성된 것이 아니라, 17세기 이후 나라 안팎의 상황 변화와 밀접하게 관계되어 있습니다. 먼저 대외적인 상황 변화로는 근대 초기 지리상의 발견으로 초래된 서세동점(西勢東漸)[39]을 들 수 있습니다. 서학(西學)이라 불리던 천주교가 항해술의 발달로 복음 전파를 위해 선교사를 먼 지역에까지 파견하면서 중국과 일본에 천주교가 전래되었고, 이후 조선에 대한 선교가 시도되었습니다.

2. 즉, 임진왜란이 한참 진행 중이던 1593년 말, 일본의 예수회는 세스페데스 신부를 조선에 파견하여 일본인 장병들의 신앙을 돌보게 하였습니다. 1년 반 동안 부산 인근에 머물렀던 세스페데스 신부는 조선 사람들에게 복음을 전하려고 시도하였을 테지만 이에 대해 정확히 알려진 사실은 없습니다. 다만, 일본으로 끌려간 조선인 포로들 가운데 일본에서 세례를 받고 신자가 된 사람들이 있었고, 일본 예수회는 이들을 통해 조선 선교를 꾀하였지만 이루지는 못하였습니다.

3. 한편, 중국에 진출한 예수회 선교사들도 북경을 왕래하는 조선 사신들을 통해 조선 선교에 관심을 갖게 되었습니다. 당시 북경을 찾은 조선 사신들은 서양 문물에 대한 지식을 얻고자 선교사들과 자주 학문과 종교에 대한 필담(筆談)을 나누었습니다. 예를 들어 1631년 진주사(陳奏使) 정두원(鄭斗源, 1581-?)은 로드리게스(J. Rodriguez, 陸若漢, 1559-1633년) 신부를 만나 과학기구와 서적을 얻어 귀국하였습니다. 1720년에는 주청사(奏請使) 이이명(李頤命, 1658-1722년)이 쾨글러(戴進賢, 1680-1746년)·수아레스(J. Suarez, 蘇霖) 신부를 방문하여 역상(曆象)과 서교(西敎)에 관해 논담하였습니다.

4. 또한 1766년에는 홍대용(洪大容, 1731-1783년)이 서양의 학문과 종교에 관하여 흠천감정(欽天監正)이던 할러슈타인(A. von Hallerstein, 劉松齡, 1703-1774년) 신부와 필담을 나누었습니다. 그러나 서양 문물에 대한 지식은 한역

---

39) 서양이 동양을 지배한다는 뜻으로, 밀려드는 외세와 열강을 이르는 말.

서학서(漢譯西學書)를 통해 조선에 이미 알려져 있었습니다. 즉, 1603년 이광정(李光庭, 1552-1627년)·권희(權憘, 1547-1624년)는 마태오 리치(M. Ricci, 利瑪竇, 1552-1610년)의 「구라파국여지도」(歐羅巴國輿地圖)를 처음으로 전하였습니다. 이수광(李睟光, 1563-1628년)의 「지봉유설」(芝峰類說)에는 이러한 사실과 함께 「천주실의」(天主實義)·「교우론」(交友論)에 대한 논쟁이 실려 있습니다.

5. 이후에도 다양한 한역서학서가 전래되는 가운데 조선의 지식인들은 우주관·세계관의 변화를 경험하였으며, 서양 과학의 우수성을 인식하게 되었습니다. 1619년에는 서광계(徐光啓, 1562-1633년)가 조선 선교를 계획하였고, 1644년 병자호란 때 청나라에 잡혀간 소현세자(昭顯世子, 1612-1645년)가 북경에서 샬 폰 벨(J.A. Shall von Bell, 湯若望, 1591-1666년)을 만난 후 귀국 길에 선교사를 대동하려고 하는 등 천주교를 직접 선교하려는 움직임까지 나타났습니다. 이처럼 중국에 전해진 천주교는 중국을 왕래하던 조선의 사신과 한역서학서를 통해 서학이라는 이름으로 조선에 전해졌고, 그 과정에서 천주교도 조선에 알려지게 되었던 것입니다.

6. 조선에 천주교가 수용될 수 있었던 내적 요인으로는 조선 후기의 사회·경제적인 변화에 따른 사상계의 변동을 들 수 있습니다. 즉, 양란(兩亂) 이후 조선 사회는 농업 생산력과 상품 화폐 경제의 발전으로 광범위한 계층 분화가 일어났습니다. 그리하여 농민 중 일부는 광작(廣作) 등을 통해 지주화(地主化)되었습니다. 그와 동시에 영세 농민과 무전(無田) 농민이 다수 존재하게 되면서 이들은 유랑민 내지 임금 노동자로 전락하였습니다. 또한 소수 가문이 권력을 독점하는 벌열정치(閥閱政治)가 행해지면서 몰락하는 양반들이 속출하였습니다. 이들은 관리로 진출하지도 못하고 경제적으로도 빈궁하여 일반 양인보다도 열악한 처지가 되었습니다.

7. 여기에 삼정[三政: 나라의 정사 중 가장 중요한 전정(田政)·군정(軍政)·환곡(還穀)]의 문란(紊亂)으로 대표되는 국가의 가혹한 수탈은 백성들의 생활을 더욱 어렵게 만들었습니다. 이것이 당시 광범위하게 발생한 민란의 원인이 되었습니다. 이러한 사회적인 모순은 봉건 사회의 해체를 촉진하였으며, 이에

따라 지식인층에서는 이러한 현실에 대처하기 위한 학문적 반성으로 새로운 학풍인 실학(實學)이 대두되었습니다. 실학은 성리학(性理學)에 회의를 품고 당시 사회의 모순을 극복하려는 개혁 사상으로, 가장 큰 특징은 학문적 기반이 현실에서 출발한다는 점이었습니다. 그러므로 그들의 학문적 중심은 이기설(理氣說)에 있는 것이 아니라 농업, 상공업, 사회 제도 등 인간적인 현실적인 문제에 있었으며, 연구 방법 또한 실증적(實證的)인 것이었습니다.

8. 즉, 실학은 역사적으로 적체되어 온 모든 폐해와 비리 및 인습을 근원적으로 개혁함으로써 이상적인 국가 체계의 실현을 추구하였습니다. 이러한 특성으로 실학은 서학이 수용될 수 있는 사상적인 토대로 작용하였습니다. 그런데 여기서 주목되는 것은 조선의 실학이 성호(星湖) 이익(李瀷, 1681-1763년)에 와서 학파로 형성되었듯이, 조선의 서학도 이익에 이르러 학문적 단계로 발전하였다는 것입니다. 이수광(李睟光, 1563-1628년)·유몽인(柳夢寅, 1559-1623년)·김육(金堉, 1580-1658년)·이이명(李頤命, 1658-1722년) 등이 서학에 대해 단편적인 촌평을 하고 천문·역산에 관심을 나타냈습니다. 이와는 달리 이익은 한역서학서를 광범위하게 수집·섭리하고 이에 대해 체계적으로 이해하기 위해 노력하였습니다. 그는 서양의 과학기술을 실증·실용적인 것으로 높이 평가하였으며, 종교·윤리서인 「천주실의」와 판토하(D. de Pantoja, 龐迪我, 1571-1618년)의 「칠극」에 대해서도 보유론적(補儒論的)인 논평을 하였습니다.

9. 이러한 그의 관점은 이후 제자들에 이르러 서학을 사학(邪學)으로 몰아 배척하려는 측으로 갈라졌습니다. 즉, 신후담(愼後聃, 1702-1761년)은 「서학변」(西學辨)을 통해 일련의 서학서(西學書)를 논평하면서 천주교의 교리인 창조설과 영혼 불멸설을 일축하였습니다. 반면, 하느님의 종 이벽(李蘗, 세례자요한, 1754-1786년), 하느님의 종 이승훈(李承薰, 베드로, 1756-1801년), 하느님의 종 권일신(權日身, 프란치스코 하비에르, 1751-1792년), 복자 정약종(丁若鍾, 아우구스티노, 1760-1801년), 정약용(丁若鏞, 요한 1762-1836년) 등은 학문적 단계를 넘어 천주교를 신앙으로 받아들이게 되었습니다. 결국 조선 후기 실학이 발생할 수 있었던 사회적 분위기는 서학에 대한 학문적 관심 또한

불러일으켰고, 그 과정에서 천주교가 조선에 받아들여진 것입니다.

8. 한국 천주교회사에서 조선 천주교회의 설립배경은 무엇인가요?(2)

1. 17세기 초부터 조선에 소개된 한역서학서(漢譯西學書)는 시간이 지날수록 그 수와 종류가 늘어났으며, 그 결과 18세기 중엽에는 지식인들의 서재에 반드시 구비되어 있을 정도로 유행하였습니다. 이와 함께 한역서학서에 대한 이해도 단순한 소개가 아니라 보다 깊이 있는 논평이 나올 정도로 높은 수준에 이르렀습니다. 특히 서학(西學) 가운데에서도 서양의 윤리와 종교에 대한 학문적 탐구는 천학(天學) 또는 천주학(天主學)이라고 하면서 새로운 사상·윤리체계로 인식되었습니다. 이러한 과정에서 한역서학서를 통해 개인적으로 천주교 신앙에 눈을 뜨는 사람들이 생겨났고, 이어 관심을 가진 사람들이 함께 모여 새 종교에 관한 강학 모임을 가짐으로써 집단화하였습니다.

2. 그리고 단 한 사람의 선교사도 없이 자발적인 의지와 결정으로, 또한 150년 이상에 걸친 한역서학서의 도입과 연구의 결과를 바탕으로 천주교를 신앙으로 받아들이고 신앙 공동체를 형성하였습니다. 교조적 유교사상(教條的 儒教思想)[40]이 지배하던 당시 조선 사회에 대한 절망감이 그들로 하여금 밖으로 눈을 돌려 그리스도교의 복음과 신앙을 받아들이게 하였던 것입니다. 다시 말하면 유교가 지배하는 사회에서 태어나 유교교육을 받았으면서도 교조적(教條的)으로 흐르고 있던 성리학(性理學)에 회의와 염증을 품게 되었습니다. 그 대안을 모색하던 조선 후기의 일부 지식인들이 유교 정신의 근본을 이해하고자 유학의 본질을 다시 탐구하기 시작하였습니다.

3. 그들 가운데 일부가 그러한 탐구를 통해 터득한 고대 유교사상에 대한 이해를 토대로 「천주실의」등 한역 교리서들에 담긴 내용을 경이로움을 갖고 탄복하며 수용하게 되었습니다. 말하자면 18세기 전후 조선 사회의 일부 지식인

---

40) 조선의 500년은 유교가 통치한 시기라고 해도 지나친 말이 아닐 정도로 중·후기 300여 년 동안은 교조적 유교(教條的儒教)가 왕권이나 그 어떤 전통·사상보다 우위에 있어 유교의 교리를 다투는 싸움으로 국력을 낭비한 느낌이다.

들에 의해 추구되었던 유교 경전에 대한 새로운 연구경향이 천주교 신앙을 수용할 수 있는 토대를 제공해 주었던 것입니다. 그 결과 유교와는 전혀 다른 우주론과 인간관을 가진 가치 체계가 수용되었고, 따라서 유교를 믿고 따르던 당시의 주류 집단으로부터 박해를 받을 수밖에 없었습니다. 그렇지만 천주교 신앙 공동체의 등장은 유교로 무장된 당시의 조선 사회에 이질적인 그리스도교의 세계관과 가치관이 자리 잡기 시작했음을 의미합니다.

4. 조선 사회에 천주교 신앙 공동체가 창설된 18세기 말엽은 세계 교회사에서 가톨릭교회의 선교 사업이 활기차게 진행되던 때는 아니었습니다. 당시의 유럽 사회는 16세기 초 가톨릭교회에 대항하여 일어난 프로테스탄트(Protestant)[41]의 도전에 직면하여 전통적인 가톨릭의 권위가 위협받고 있었습니다. 또한, 과학혁명(Scientific Revolution)으로 이성(理性)에 대한 인식이 확산되면서 가톨릭의 영향력은 약화되고 있었습니다. 게다가 아시아 선교의 두 기둥이었던 스페인과 포르투갈의 교회도 국력의 쇠퇴로 이전처럼 아시아 선교를 정력적으로 진행시킬 처지가 되지 못했습니다.

5. 한편, 중국교회도 조상 제사문제로 교회활동이 거의 불가능한 상황이었습니다. 더욱이 조선은 유럽의 그리스도교 국가들에게 선교 대상지로 알려지지 않았거나 관심 밖의 나라였습니다. 현실적으로 조선은 중국과는 달리 경제적인 면에서도 유럽인들의 관심을 자극시킬 만한 특산품도 없었습니다. 그뿐만 아니라 지리적으로도 일본과 중국 사이에 있어 주목받기 어려웠습니다. 이러한 여건 속에서 탄생한 조선의 천주교 신앙 공동체는 선교사가 직접 찾아와 선교를 통해서 이루어 놓은 것이 아니라, 조선인의 자발적인 노력에 의한 결과였습니다. 이는 그리스도교의 선교 역사에서 대단히 독특한 사건인 동시에 유일한 사건이었습니다.

6. 초기에 천주교를 신앙으로 받아들이고 신앙생활을 하였던 중심인물들은 이

---

41) 프로테스탄트(Protestant)는 16세기 종교 개혁을 통해 로마 가톨릭에서 분리되어 나온 교파를 의미한다. '프로테스탄트'라는 단어는 1529년 독일 스파이어 회의의 판결에서 루터가 로마 가톨릭 세력에 저항한 데에서 유래하였다.

른바 성호학파 가운데에서도 녹암 하느님의 종 권철신(權哲身, 암브로시오) 계열에 속하는 젊은 지식인들이었습니다. 정치적으로나 사회적으로나 주류적 입지에서 배제된 데다가, 당시 교조주의(敎條主義)[42]로 흐르고 있던 성리학적 정통론에 회의를 품기 시작하였던 그들은 학문적·종교적으로 새로운 것을 갈구하고 있었습니다. 그리하여 그들은 외부로부터의 전교에 의해서가 아니라 천주교 서적들을 통하여 자생적으로 천주교 신앙을 깨우쳐서 신앙 공동체를 창설하였던 것입니다. 이는 그리스도교의 선교사(宣敎史)에서 유례가 없는 독특한 현상이었습니다.

7. 초기 신앙 공동체의 설립에 핵심적인 역할을 한 인물은 하느님의 종 이벽(李蘗, 세례자요한)과 하느님의 종 이승훈(李承薰, 베드로)이었습니다. 이벽 세례자요한은 교리적이고 이론적인 면에서, 이승훈 베드로는 교회 조직 면에서 천주교 신앙 공동체 설립에 공헌하였습니다. 게브리 앙(J.-B.-M. Budes de Guebriant, 1860-1935년) 주교는 중국 요녕성 건창(建昌)의 대목구장으로 활동(1910-1916년)하다가 1921년 파리외방전교회[43]의 총장이 되었습니다.

---

42) 종교나 종파의 교조를 맹목적으로 믿으려는 태도. 사실을 무시하고 원리·원칙만을 고집하는 태도.

43) 파리외방전교회는 1658년 7월 29일 창설되고, 1831년 9월 한국에 처음 진출하여 한국 천주교회의 초창기 발전은 물론 교회를 통하여 한국 민족과 고락을 같이 한 선교단체이다.

　① 창립과 창립정신: 17세기에 포르투갈과 스페인은 전 세계를 통하여 많은 영향력을 행사하였고, 아울려 종교적으로 로마와의 계약, 이른바 포교상의 '보호권'에 의하여 복음 전파활동에 있어서도 상당한 우위권을 갖고 있었다. 당시 교황청의 포교성성(布敎聖省)은 이러한 종교상의 우위권을 분쇄하기 위하여 프랑스 선교사들의 포교열(布敎熱)을 이용하여 1658년 선교단체의 설립은 물론, 1659년 팔뤼(F. Pallu)와 모트(P.L. de la Motte) 두 신부를 주교(代牧)로 임명한 뒤 그들을 샴(오늘의 태국)으로 파견하였다. 1664년에는 파리외방전교회의 신학교를 설립하였는데, 이는 교구사제뿐만 아니라 선교사제 희망자를 모든 교구로부터 모집하여 성직자로 양성한 후 아시아로 파견하였다.

　② 한국진출: 1825년 사제를 요청하는 한국인 교우들의 편지를 접하게 된 교황은 1827년 9월 1일 파리외방전교회에 선교사의 파견을 요청하였다. 그러나 당시 한국 내에서는 외국인의 입국을 금지하였고, 파리외방전교회 역시 프랑스혁명 때문에 회원이 10여 명밖에 없었고 돈도 없었기 때문에 어려운 형편이었지만 방콕의 보좌주교이던 브뤼기에르(Bruguiere,

蘇) 주교는 한국 선교사를 자원하였다. 그는 1831년 9월 9일 교황 그레고리오 16세에 의해 초대 조선대목(朝鮮代牧)으로 임명되자 즉시 입국하기 위하여 여행을 떠나 3년이 지난 뒤 만주에 도착하였지만 한국 입국의 많은 어려움 때문에 1835년 10월 한국을 바라보면서 만주의 교우촌 마가자(馬架子)에서 사망하였다. 그러나 1836년 성 나 베드로(모방, Maubant) 신부와 성 정 야고보(샤스탕) 신부가 입국하였고 1837년 5월에는 2대 조선대목인 성 범 라우렌시오(앵베르) 주교가 입국하였다. 그들은 곧 파리외방전교회의 본래 목적에 따라 3명의 소년을 선발하여 마카오에 보내 교육을 받고 사제서품을 받을 수 있게 함으로써 1845년 최초의 한국인 사제 성 김대건(金大建, 안드레아) 신부가 배출되었다. 이에 앞서 1839년 1월 기해박해가 시작되면서 많은 신자들이 순교하였고 1839년 9월에는 마침내 파리외방전교회 선교사 3명도 새남터에서 순교하였다. 그 후 파리외방전교회 선교사들은 죽음을 무릅쓰고 한국의 입국을 시도하여 1845년 10월 3대 조선대목 페레올(Ferreol, 高) 주교, 성 안 안토니오(다블뤼) 신부가 성 김대건(金大建, 안드레아) 신부와 함께 충청도 강경(江景) 바닷가에 도착하였다. 1846년 병오박해를 치른 뒤 1866년 병인박해가 일어날 때까지 성 장 시메온(베르뇌) 주교를 비롯하여 메스트르(Maistre, 李), 프티니콜라(Petitnicolas, 朴), 푸르티에(Pourthie, 申), 페롱(Feron, 權), 성 백 유스토(브르트니에르), 성 서 루도비코(볼리외), 성 김 헨리코(도리), 성 민 루카(위앵) 신부 등이 계속 입국하였다. 하지만 1866년 병인년 대박해가 일어나자 대부분 순교하고 살아남은 3명 선교사도 중국으로 피신할 수밖에 없었고, 10년이 지난 1877년이 되어서야 다시 한국에 입국할 수가 있었다. 1886년 한불조약(韓佛條約)이 체결되자 파리외방전교회의 선교사들의 생명은 보장되었고, 포교활동에 있어서도 그 전보다는 훨씬 자유스럽게 되었다. 그리하여 그들은 더욱 활발한 포교활동을 전개하여 1911년에는 대구 대목구(大邱代牧區)를 분할 선정하여 파리 외방전교회의 드망즈(Demange, 安) 신부가 초대 대목으로 취임하였다. 이 밖에 한국 천주교회의 교계제도가 정착할 수 있도록 원산 대목구, 평양·연길·의란·전주·광주 지목구(知牧區) 등을 분할 설정하여 1962년 한국인에 의한 정식 교계제도가 수립될 수 있도록 하였다. 또한 한국인 성직자 양성에도 주력하여 1910년 61명의 성직자중 15명이 한국인이었는데 1920년에는 총 71명 중 30명이 한국인이었다. 1961년에는 총 516명 중 275명이 한국인이었다.

③ 한국 내에서의 주요활동: 1836년 파리외방전교회의 선교사가 처음 한국에 입국한 뒤 제일 먼저 한국인 성직자 배출을 위하여 3명의 신학생을 선발하여 유학을 보낸 후 1853년 충청도 배론(舟論)에 신학교를 설립하여 성직자 양성사업에 착수하였다. 이는 오래되지 않아 폐쇄되었지만 1885년 10월 강원도 원주 땅 부흥골에 다시 신학교를 설립한 후 1887년 서울 용산에 예수 성심신학교를 개설하였다. 즉 오늘날 서울 혜화동에 소재한 가톨릭대학 신학부의 모체가 된 것이다. 아울러 1914년 대구교구에 성 유스티노 신학교를 설립하여 서울과 대구에서 각각 한국인 성직자를 배출하여 한국 천주교회의 근간을 이루게 하였다.

이 주교는 조선 순교복자 79위의 시복식을 앞두고 1925년 5월 9일 교황 비오 11세에게 조선 천주교회의 설립은 근대 선교의 역사에서 독특한 예라고 보고 하였습니다. 그는 조선 천주교회는 선교사가 직접 복음을 전파했던 것이 아니라, 조선인 학자들이 스스로 책을 읽고 깨닫고 노력하여 은총으로 세워진 것이라고 하였습니다.

8. 또한, 프랑스의 교회사가인 로네 (AdrienLaunay)는 일본인 학자 야마구치(仙口正之)가 조선교회의 시작에 관하여 이승훈 베드로와 같은 열성 있는 학자에 의해 탐구되어 종교적으로 나타났다고 말하는 것을 인정합니다. 하지만 야마구치가 그것은 단순하게 조선과 중국 간의 문화적인 종속관계에서 나온 자연스런 산물일 뿐이었다고 평가 절하한 것에 대해서는 반대하는 주장을 하였습니다. 그는 조선 천주교회가 하느님의 특별하신 계시로 창설된 것이지, 선교사의 열정에 의해서나 중국 또는 일본이나 베트남을 통해 선교함으로써 이루어진 것이 아니라고 주장하였습니다. 조선 사회에서의 천주교 신앙 공동체의 등장은 다른 나라에서의 교회 설립 과정과는 다른 특수성을 지니고 있습니다.

9. 무엇보다도 선교사의 입국활동도 없이 일부 지식인들이 스스로 배우고 깨우친 결과 보유론적(補儒論的)인 입장에서 천주교 신앙을 받아들여 신앙 공동체를 탄생시켰던 점이 그러합니다. 이런 상황 속에서 성직자도 미사 전례도 없이 첨례(瞻禮)[44]로 신앙생활을 시작하였으며, 자발적으로 신앙 공동체를 확산시켜 나갔습니다. 이와 같은 역사적 배경이 있었기 때문에 신앙 공동체 설립 이후 오랜 세월에 걸친 박해에도 중국교회처럼 퇴화되지 않았고, 일본

신학교 교육뿐만 아니라 일반 교육에도 참여하여 1922년 '남대문상업학교'를 시작하였고, 1924년에는 이 학교 내에 을조(乙組)를 편성하여 소신학교를 운영하기도 하였다. 현재는 동성중고등학교로서 존속하고 있다. 한편 박해시대 때 회장과 공소(公所)를 중심으로 포교활동을 전개하면서 회장들을 비롯한 많은 신자들이 볼 수 있는 한글 본 신심서적들을 저술해냈다

44) 천주교 신자의 가장 큰 의무는 주일과 파공첨례(罷工瞻禮), 즉 의무축일을 지키는 것이다. 이를 위해 박해시대의 신자들도 정기적으로 일정한 장소에 모여 기도문을 외우거나 성서 말씀을 들었는데, 이러한 의식을 보통 첨례(瞻禮)라고 불렀다.

기리시탄⁴⁵⁾ 교회(切支丹敎會)와 같이 지하로 숨어들어 가지도 않았습니다. 오히려 박해가 거듭될수록 신앙심이 심화되고 교세가 확대되었습니다. 말하자면 조선후기 천주교회는 이웃에 있는 중국·일본의 경우와는 다른 수용 과정과 발전 과정을 거쳤던 것입니다.

10. 자생적인 신앙 공동체가 성립된 이후에도 조선의 천주교회는 오랫동안 이른바 평신도 중심으로 신앙생활이 유지되었습니다. 성직자의 사목활동과 성사와 전례를 중심으로 이어지는 가톨릭교회의 특성에 비추어 볼 때 이러한 점도 조선 천주교 수용 과정에서 나타난 특성 가운데 하나로 볼 수 있습니다. 이처럼 신자들의 자발적이고 적극적 참여로 신앙생활이 유지되었기에 숱한 박해를 받으면서도 중국이나 일본의 경우와 달리 지속되고 확산될 수 있었습니다. 그런 점에서 오늘날 가톨릭교회에서 전 세계적으로 활발하게 추진하고 있는 **평신도 사도직운동의 선구자**는 바로 조선 천주교회였다고 할 수 있습니다. 또한, 18세기 후반 유교적 가치가 지배하고 있던 조선 사회에 그것과는 전혀 이질적인 가치를 신봉하는 천주교회가 설립되었습니다. 이와 같은 사실은 단순히 새로운 종교단체의 등장을 의미하는데 그치는 것이 아니라, 더 나아가 한국사에서 근대의 시작을 알리는 신호탄이기도 하였습니다.

9. 한국 천주교회사에서 초기 교회지도자들의 활동은 어떠했나요?(1)

1. 하느님의 종 이승훈(李承薰, 베드로)은 1785년(정조9년) 봄, 하느님의 종 이벽(李檗, 세례자요한), 이가환(李家煥), 정약용(丁若鏞, 요한), 복자 정약종(丁若鍾, 아우구스티노), 정약전(丁若銓, 안드레아)을 주축으로 명례동(현재의 명동)에 있는 **하느님의 종 김범우(金範禹, 토마스)**⁴⁶⁾의 집에서 조선 최초로 조선

---

45) 기리스탄(吉利支丹, Kirishitan). 일본에서 그리스도교 또는 그 신자를 가리키는 말. 그리스도교를 뜻하는 포르투갈어 'cristão'에서 따온 말로, 특히 16, 17세기에 건너온 가톨릭 선교사나 가톨릭으로 개종한 일본인을 말한다. 현대 일본에서 그리스도교는 '기리스토쿄'라 불리 운다.

46) 조선후기 을사추조적발사건과 관련된 천주교인. 한국 천주교회의 첫 번째 순교자. 세례명은 토마스. 역관의 집안에서 출생하였다. 학문을 좋아하여 하느님의 종 이벽(李檗, 세례자요한)과 친하게 지냈고, 그런 인연에서 이벽(李檗, 세례자요한)이 1784년 처음으로 천주교를 설교할 때 그

천주교회를 설립하였습니다. 이벽 세례자요한은 남산골 명례방(明禮坊) 장악원(掌樂院) 앞에 위치한 김범우의 집에서 그들과 함께 신앙 집회를 가졌으며, 성경 한글 번역판을 발간하여 천주교인들에게 배포하였습니다. 그러나 이러한 천주교활동은 오래가지 못했습니다. 이른바 을사추조적발사건(乙巳秋曹摘發事件)이 발생한 것입니다. 을사년(1785년) 형조판서 김화진(金華鎭)의 금리(禁吏)들이 명례방(명동성당 인근)에서 천주교 모임을 갖던 천주교인들을 적발하고 체포한 것입니다.

2. 금리(禁吏)들은 천주교 서적과 성화상 등 천주교 관련 서적과 물품들까지 모두 증거물로 압수하였습니다. 형조판서 김화진(金華鎭)은 이들이 사대부 가문의 자제들인 점을 고려하여 대부분 훈방조치하고 중인 출신인 김범우 토마스만을 투옥하였습니다. 이에 하느님의 종 권일신(權日身, 프란치스코 하비에

의 권고로 천주교에 입교하였으며, 하느님의 종 이승훈(李承薰, 베드로)으로부터 세례를 받았다. 입교 후 천주교 신앙의 열렬한 전파자가 되어 두 동생, 즉 복자 김이우(金履禹, 바르나바)와 복자 김현우(金顯禹, 마태오)를 입교시켰다. 중인과 양반은 물론 같은 역관 집안에서 여러 사람을 개종시켰다. 또한 장악원(掌樂院) 앞 그의 집에서 천주교 집회를 자주 가졌다. 하느님의 종 이승훈(李承薰, 베드로)과 정약전(丁若銓, 안드레아)·복자 정약종(丁若鍾, 아우구스티노)·정약용(丁若鏞, 요한) 삼형제 및 하느님의 종 권일신(權日身, 프란치스코 하비에르), 권철신(權哲身, 암브로시오) 형제 등 양반과 중인 수십 명이 모여 하느님의 종 이벽(李蘗, 세례자요한)의 설교를 듣고 있을 때, 마침 그곳을 지나던 형조의 관리가 도박으로 의심하고 수색한 끝에 예수 화상(畵像)과 천주교 서적들을 압수하여 형조에 바치게 되었다. 형조판서 김화진(金華鎭)은 사대부 자제들은 알아듣게 타일러 돌려보내고 하느님의 종 김범우(金範禹, 토마스) 만을 가두었다. 이것이 1785년 봄에 일어난 을사추조적발사건(乙巳秋曹摘發事件)이었다. 이에 하느님의 종 권일신(權日身, 프란치스코 하비에르)은 그의 아들 복자 권상문(세바스티아노)과 이윤하(李潤夏, 마태오)·이총억(李寵億)·정섭(鄭涉) 등 5인을 거느리고 형조로 들어가 하느님의 종 김범우(金範禹, 토마스)와 같은 교인이라고 하며 성상(聖像)의 반환을 요구하였다. 형조판서는 그들이 사대부의 자제이므로 그들을 타일러 돌려보내는데 그쳤고, 하느님의 종 김범우(金範禹, 토마스)만은 천주교 신봉 여부를 다짐하는 판서의 심문에 "서학에는 좋은 곳이 많고 그른 곳을 모른다."고 대답하여 마침내 경상도 밀양 단장(丹場)으로 유배되었다. 그리고 그가 소장했던 책자를 모두 형조의 뜰에서 불사르고 서학을 금하는 효유문을 전국에 돌렸는데, 이것은 천주교를 공공연하게 공격하고 금한 최초의 공문서가 되었다. 한편, 유배된 뒤에도 계속 천주교를 신봉하면서 큰소리로 기도하고 전도하였으나, 장형(杖刑)을 당한 상처의 악화로 유배된 지 1년 만에 죽었다.

르)과 이윤하(李潤夏, 마태오, 성녀 이순이 루갈다의 아버지, 이익의 외손), 이총억(李寵億), 정섭(鄭涉) 등 천주교 신도들이 형조로 가서 김범우 토마스의 석방과 함께 성화상과 천주교 서적 반환을 요구하였으나 김화진(金華鎭) 형조판서는 김범우 토마스를 문초하고 경상도 밀양 단장으로 유배하였습니다. 이 사건을 접한 반대파의 태학생[太學生: 조선 때, 성균관에서 기거하며 공부하던 유생. 주로 장의(掌議) 이하 생원(生員)·진사(進士)의 총칭]가운데 이용서(李龍舒), 정숙(鄭淑) 등이 위정척사(衛正斥邪)[47]의 통문을 배포하고 천주교 배척 수위를 한층 더 강화하였습니다.

3. 천주교가 조선 정부로부터 불신을 받고 제재대상이 되자 이벽 세례자요한과 이승훈 베드로는 가족들의 요구를 이기지 못하고 척사문(斥邪文)을 작성하는 등 배교를 선언하게 되었습니다. 그러나 이승훈 베드로로부터 토마스라는 세례명으로 세례를 받은 김범우 토마스는 유배생활 1년 만에 고문의 여독을 이기지 못하고 사망함으로써 한국교회 최초의 순교자가 되었습니다. 순교자가 된 김범우 토마스와 달리 이벽 세례자요한은 배교행위로 인한 양심의 가책을 극복하지 못한 채 1786년 봄 열병으로 사망하였습니다. 1786년 일시적으로 천주교 박해가 중지되었을 때 이승훈 베드로를 중심으로 천주교를 떠났던 사람들이 다시 모여들기 시작하였습니다.

4. 환난을 경험한 조선인 천주교도들은 교회를 이끌어 갈수 있는 지도자가 필요하다는 것에 공감하였습니다. 천주교 지도자들은 회의를 거듭한 끝에 이승훈 베드로, **복자 유항검(柳恒儉, 아우구스티노), 복자 최창현(崔昌顯, 요한), 하느님의 종 이존창(李存昌, 루도비코 곤자가)**, 권일신 프란치스코 하비에르, 복자 홍낙민(洪樂敏, 루카), 정약전 안드레아, 복자 정약종 아우구스티노, **복자 윤지충(尹持忠, 바오로)**, 하느님의 종 김범우 토마스 등 10여 명을 신부로

---

47) 위정척사(衛正斥邪)는 조선 후기에 일어난 사회운동으로, 정학(正學)인 성리학과 정도(正道)인 성리학적 질서를 수호하고(위정), 성리학 이외의 모든 종교와 사상을 사학(邪學)으로 보아서 배격하는(척사) 운동이다. 이 운동을 하는 정치세력을 위정척사파라 부르기도 하는데, 이는 유교학파이기도 하다. 또한 전통 사회 체제를 고수했으므로 수구당이라고 불렸으며, 이는 1870년대 이후의 수구당이나 수구파와는 다르다.

선정하여 활동하였습니다. 이것은 가성직제도(假聖職制度)[48]라는 독자적인

---

48) 한국교회사연구소, 「한국천주교회사」, 2015, 270-289 참조.

초기 한국 천주교회에서 평신도들이 성직자의 고유한 성무(聖務)를 집행했던 제도.

① 한국 천주교회 창설기인 1786년부터 1787년경까지 이승훈(李承薰, 베드로), 권일신(權日身, 프란치스코 하비에르), 유항검(柳恒儉, 아우구스티노), 홍낙민(洪樂敏, 루카) 등 10여 명의 지도급 인물들이 약 2년간 신품(神品)을 안 받은 채 사제(신부)로서 미사 성제를 드리고 고해 등 각종 성사를 집전하였다. 1784년 이승훈(李承薰, 베드로)이 북경에서 베드로라는 본명으로 세례를 받고 돌아온 이래 그를 북경으로 가게 했던 남인 학자 이벽(李檗, 세례자요한)을 중심으로 권일신(權日身, 프란치스코 하비에르), 정약전(丁若銓, 안드레아)·정약종(丁若鍾, 아우구스티노)·정약용(丁若鏞, 요한) 3형제, 이존창(李存昌, 루도비코 곤자가), 홍낙민(洪樂敏, 루카), 유항검(柳恒儉, 아우구스티노), 김범우(金範禹, 토마스) 등 양반 및 중인 신분 사람들이 차례로 입교함으로써 창설된 한국교회는 처음 서울 명례방(明禮坊)(지금의 명동성당 인근)에 있던 김범우(金範禹, 토마스)의 집을 집회 장소로 삼아 주일과 축일을 지내왔으나 그때까지는 아직 이런 제도는 실시되지 않았다.

② 이 제도는 1785년 일어난 박해, 즉 을사추조적발사건으로 김범우(金範禹, 토마스)가 유배되어 순교하고, 주도 인물이었던 이벽(李檗, 세례자요한)이 타의로나마 은거케 된 뒤, 북경에 가서 직접 성직자들의 성사 집행 광경을 보고 온 이승훈(李承薰, 베드로)에 의해 교회 발전책으로 제의되어 채택되었다. 달레의 「한국천주교회사」와 「사학징의」에 실린 「유관검 공초」를 보면 먼저 이승훈(李承薰, 베드로)이 신부로 선출되었고 권일신(權日身, 프란치스코 하비에르), 이존창(李存昌, 루도비코 곤자가), 유항검(柳恒儉, 아우구스티노), 최창현(崔昌顯, 요한), 홍낙민(洪樂敏, 루카), 정약전(丁若銓, 안드레아), 정약종(丁若鍾, 아우구스티노), 윤지충(尹持忠, 바오로), 김범우(金範禹, 토마스) 등이 신부로 활동하였을 것이다. 그러나 유항검(柳恒儉, 아우구스티노)이 교리서를 자세히 연구하여 본 결과 신부의 자격과 신부를 임명한 것이 효력이 있느냐 없느냐에 대하여 큰 의심을 품게 되어 성사를 중단하고 북경 주교에게 이 문제에 대해 문의하는 편지를 쓰기로 결정하였다. 이 편지는 이승훈(李承薰, 베드로)과 권일신(權日身, 프란치스코 하비에르)의 이름으로 쓰여 1789년 10월(음), 권일신(權日身, 프란치스코 하비에르)의 제자 윤유일(尹有一, 바오로)을 통해 북경의 북당 선교사들에게 전달되었으며 이승훈(李承薰, 베드로) 등은 1790년 윤유일(尹有一, 바오로)로부터 북당(北堂) 선교사들의 회답을 받을 수 있었다. 이 회답에서 선교사들은 성사를 마구 집전한 것을 무지로 돌리고 아무런 책망도 하지 않았다. 그러나 진정한 통회로써 구원을 얻도록 노력할 것이고, 구원의 가장 확실한 길은 성직자를 영입하는 것이므로 그 조속한 실현을 권고하였다. 이로써 한국의 평신도들은 성품성사를 받은 성직자가 교회에 필요함을 비로소 인식하고 북경교회에 선교사 파견을 요청하기 위해 윤유일(尹有一, 바오로)을 다시 밀사로 북경에 파견하게 되었다.

성직제도로서 조선 천주교회의 적극적인 활동을 위해서는 반드시 필요한 조치라고 판단하였습니다. 1790년 자치적 교회의 존재와 조상제사에 대한 교리해석과 성직자 파견을 부탁하러 북경을 방문하였던 **복자 윤유일(尹有一, 바오로)**은 열정적인 신앙에 대해 칭찬과 위로의 메시지를 전달받았습니다. 하지만 가성직제도는 교회법에 위배된다는 것과 제사금지령과 함께 자치교회에 대한 부정적인 답변을 기록한 북경 교구장 알렉산드르 구베아(Alexander de Gouvea) 주교의 서신을 갖고 입국하였습니다.

5. 청나라에서 선교를 시작한 예수회는 청나라의 유교적인 세계관과 문화융합정책으로 조상제사를 단순한 문화적 의식으로 간주하여 관용적 태도를 취했습니다. 그러나 후발주자로 청나라에 입성한 프란체스코회와 도미니크회 선교사들은 유교제사를 용납하지 않았습니다. 이러한 분열정책으로 청나라 내부의 천주교 신도들에게도 혼란이 초래되었습니다. 결국 로마 교황청으로 넘어간 이 논쟁은 17세기 동양선교 방법론적인 측면에서 논쟁이 있었습니다. 그러나 교황 클레멘스 14세는 제사문제와 관련하여 프란체스코회와 도미니크회를 지지하였고, 1773년에는 예수회를 해체하였습니다.

6. 이승훈 베드로는 1790년 음력 10월, 의금부 도사와 1791년 평택현감으로 재직 중 복자 윤지충(尹持忠, 바오로)의 모친상 제사 거부로 비롯된 진산사건(珍山事件)[49]이 발생하였습니다. 이기경 등의 유생들의 상소로 이승훈 베드

---

49) 1791년(정조 15년) 신해박해의 계기가 된 사건으로 전라도 진산(珍山)에서 천주교인 윤지충(尹持忠, 바오로)과 권상연(權尙然, 야고보)이 제사를 폐하고 신주(神主)를 불태워 버린 폐제분주(廢祭焚主) 사건을 말한다. 1790년 말 북경 교구장 구베아(Gouvea, 중국명 湯士選) 주교는 조선교회에 제사 금지령을 내렸다. 이 명령에 따라 윤지충(尹持忠, 바오로)은 1791년 5월(음) 모친 권씨의 상(喪)을 당한 후 이해 8월(음) 그믐에 제사를 폐하고 신주를 불태워 땅에 묻었고 윤지충(尹持忠, 바오로)의 외종사촌 권상연(權尙然, 야고보)도 죽은 고모의 신주를 불태워 윤지충(尹持忠, 바오로)과 보조를 같이 하였다. 그러나 이 사실을 안 친척과 이웃 주민들이 두 사람을 무군무부(無君無父)의 불효자로 고발함으로써 사건은 서울에까지 알려지게 되었는데 조정에서는 이 사건을 충효의 유교 이념을 국시로 하는 조선 사회에 대한 도전으로 받아들였다. 그리하여 척사자 홍낙안(洪樂安)이 진산 군수 신사원(申史源)에게 사건의 처리를 독촉하는 편지를 보내고 좌

로는 관직을 박탈당하고 투옥되었으나 세 번째 배교를 하여 석방되었습니다. 천주교의 제사금지령(1790년, 구베아주교 교지)에 따라 1791년 5월, 전라도 진산지역 윤지충 바오로 모친상에 대한 조상제례를 거부하고 외사촌인 **복자 권상연(權尙然, 야고보)**와 함께 신주를 불태우고 천주교 의식을 강행함으로서 이른바 신해 진산의 변이 발생하게 된 것입니다.

7. 천주교(신서파)에 대하여 공세적인 입장을 갖고 있던 공서파는 윤지충 바오로의 행위에 대하여 유교 사회의 근간을 흔들고 제례질서를 파괴하는 패륜임을 주장하였습니다. 동시에 불효 불충으로 처벌의 불가피성을 주장하였는데, 이에 따라 조선 정부에서는 그들을 체포하였습니다. 체포된 후에도 윤지충 바오로는 제사가 허례의식이라며 끝까지 천주교 교리의 정당성을 주장하다가 권상연 야고보와 함께 역모 죄로 순교하였습니다. 한편 1794년 청나라에서 복자 주문모(周文謨, 야고보) 신부가 한양에 도착하여 전도활동을 할 즈음에 이승훈 베드로는 교회와 다시 재출발을 다짐하였습니다. 그러나 1795년 윤유일 바오로, **복자 최인길(崔仁吉, 마티아)**, **복자 지황(池璜, 사바)** 등이 체포되어 순교하자 이들과 연루되었다는 이유로 다시 투옥, 충청도 예산으로 유배되었습니다. 1796년 유배지에서 돌아온 이승훈 베드로는 정치적인 이해관계 속에서 또다시 천주교활동이 족쇄가 되어 조선 정부로부터 극심한 탄압

상(左相) 채제공(蔡濟恭)에게는 윤지충(尹持忠, 바오로)과 권상연(權尙然, 야고보)의 처형을 요청하는 장서(長書)를 올리자 이를 시작으로 조정에서는 윤지충(尹持忠, 바오로)과 권상연(權尙然, 야고보)의 처형을 비롯하여 천주교 탄압의 상소가 끊이지 않게 되었다. 한편 홍낙안(洪樂安)의 편지를 받고 이미 광주와 한산으로 피신한 윤지충(尹持忠, 바오로)과 권상연(權尙然, 야고보)의 집을 수색하던 신사원은 신주함이 비어 있는 것을 발견하고 윤지충(尹持忠, 바오로)과 권상연(權尙然, 야고보)의 체포령을 내렸으나 피신해 있던 두 사람은 10월 26일(음) 신사원에게 자수했고 전주 감영으로 이송되어 그곳에서 문초를 받았다. 문초 중 두 사람은 제사를 폐하고 신주를 불태운 사실을 고백하고 그것이 천주교 교리에 따른 행동이었음을 밝혔고 결국 배교를 거부한 끝에 12월 8일(음 11월 13일) 처형당하였다. 사건은 이것으로 일단락되었으나 이 사건의 영향으로 이승훈(李承薰, 베드로), 권일신(權日身, 프란치스코 하비에르)이 체포되고 최필공(崔必恭, 토마스) 등 10여 명의 천주교인이 투옥되는 신해박해가 일어나게 되었다.

을 받게 되었습니다.

8. 1801년 순조왕 즉위 후 정순왕후와 삼환지 등 벽파세력은 남인 시파가 천주교와 밀접한 관련성이 있다고 주장하며 신유사옥(辛酉邪獄)을 일으켰습니다. 이 일이 계기가 되어 이승훈 베드로는 정약종 아우구스티노, 최창현 요한, 복자 최필공(崔必恭, 토마스), **복자 홍교만(洪敎萬, 프란치스코 하비에르)**, 홍낙민 루카 등과 함께 구서전법(購書傳法), 밀통양인(密通洋人), 잠모가환(潛謀家煥)의 죄목으로 서소문 밖에서 참수형을 당하였습니다. 그 후 아들 이신규(李身逵, 마티아)와 손자 이재의(李在誼, 토마스)가 1866년에 순교를 당하고 증손자인 이연구(李蓮龜), 이균구(李筠龜)가 1871년에 순교함으로서 4대에 걸친 순교자가 나왔습니다.

9. 이승훈 베드로는 천주교의 최초의 세례자로 천주교 신앙을 조선에 전파하는데 많은 공헌을 하였습니다. 또한 힘든 환경과 환난에 세 번씩이나 배교행위를 함으로서 자신의 세례명 베드로와 같은 굴절된 삶의 시간들을 겪었습니다. 그러나 그는 베드로라는 세례명처럼 조선 천주교회의 출발점을 이루었고, 결국 자신은 물론 4대를 이어가며 순교자를 계승한 것은 천주교 역사상 매우 이례적인 헌신이었음을 말해줍니다. 조선 천주교회는 북경에서 가지고 온 서적을 중심으로 자생적으로 공부하고 학습하며 전도함으로서 초기 선교의 횃불을 일으킨 선교사상 빛나는 역사가 되었습니다. 이것을 계기로 조선 땅에는 유교적 전통을 흔드는 새로운 종교탄생을 예고하고 있었습니다.

10. 한국 천주교회사에서 초기 교회지도자들의 활동은 어떠했나요?(2)

1. 초기 조선 천주교회의 지도자 중에 한 사람인 **하느님의 종 황사영(黃嗣永, 알렉시오, 1775-1801년)**은 남인 명문가문 황석범(黃錫範)의 유복자로 출생하였습니다. 1790년(정조14년) 16세 때 진사시에 급제하여 진사가 되었으며, 복자 정약종(丁若鍾, 아우구스티노)의 맏형인 정약현(丁若鉉)의 딸 정명련(丁命蓮, 丁蘭珠, 마리아)과 결혼하였습니다. 이듬해인 1791년 하느님의 종 이승훈(李承薰, 베드로)으로 부터 천주교 서적을 받아 탐독하고 복자 정약종

(丁若鍾, 아우구스티노), 복자 홍낙민(洪樂敏, 루카)과 상의한 후 알렉시오(Alexius)라는 세례명으로 영세 입교하였습니다. 그러나 그해 10월, 진산사건(珍山事件)을 계기로 신해박해(辛亥迫害)가 발생하여 친척들로부터 탄압을 받았으며 관직을 박탈하고 본격적인 천주교활동에 전념하였습니다.

2. 1795년에 그는 복자 최인길(崔仁吉, 마티아)의 자택에서 복자 주문모(周文謨, 야고보) 신부를 접견하고 자신이 조직한 명도회(明道會)[50](회장: 정약종 아우

---

50) 한국 천주교회 초기에 중국인 복자 주문모(周文謨, 야고보) 신부에 의해 세워진 평신도들의 교리 연구 및 전교 단체이다. 1795년 최초의 선교사로 조선에 입국하는데 성공한 복자 주문모(周文謨, 야고보) 신부는 오래전부터 북경에 세워져 있는 신심조직과 비슷한 회의 본을 떠서 천주교 교리를 가르치는 회라는 뜻의 이 회를 조직하고 초대회장으로는 복자 정약종(丁若鍾, 아우구스티노)을 임명하였다. 명도회원들은 우선 자신들이 천주교에 대해 깊은 지식을 얻도록 노력하고 다음으로는 그것을 교우와 외교인들에게 전파하도록 서로 격려하고 서로 도와주었다. 복자 주문모(周文謨, 야고보) 신부는 이 회를 위하여 개최되는 장소, 사회자의 임명, 남녀가 유별될 것 등을 규정해 주었으며 명도회는 점차 전국으로 확산되어 많은 성과를 거두었다. 엄격한 내용으로 되어있는 '명도회규(明道會規)'도 복자 주문모(周文謨, 야고보) 신부가 직접 만들어 시행케 했는데, 그 회규 자체는 오늘날 전해진 것이 없다. 복자 주문모(周文謨, 야고보) 신부에 의하여 임명된 명도회의 사회자는 회원들에게 매월 그 달의 주보성인(主保聖人)이 지정되어 있는 회원권을 나누어 주었다. 명도회에 가입하는 절차이기도 한 이러한 회원권 제도를 당시의 신자들은 보명(報名)이라고 불렀는데, 보명이란 열심한 신자를 신부에게 알리면 신부가 교회의 성인 이름을 따라 지어 보내고 연말에 가서 신자의 부지런함 여부와 전교 성과 등을 신부에게 보고하는 것을 의미하였다. 또한 이에 관해 다른 기록은 "먼저 이름자를 보고하고 신공(神功)을 하는데, 신공을 부지런히 한 사람은 입회가 허락되고 부지런히 하지 않은 사람은 제명된다."라고 말하고 있다. 당시 교회의 지도급 인사였고 명도회의 핵심 멤버이기도 했던 하느님의 종 황사영(黃嗣永, 알렉시오)에 의하면 명도회의 집회 장소로는 육회(六會), 즉 여섯 군데가 있었는데, 그중 다섯 곳은 복자 홍필주(洪弼周, 필립보), 복자 홍익만(洪翼萬, 안토니오), 김여행(金勵行), 복자 현계흠(玄啓欽, 플로로), 하느님의 종 황사영(黃嗣永, 알렉시오)의 집이었다고 한다. 그들은 첨례(瞻禮) 때마다 신도들과 같이 육회에 참석하여 포교에 힘썼으며 육회는 각각 3, 4명 내지 5, 6명의 회원으로 구성되어 있었다. 하느님의 종 황사영(黃嗣永, 알렉시오)에 따르면 그가 맡았던 모임은 자신을 필두로 남송로(南松老), 최태산(崔太山), 손인원(孫仁遠), 조신행(趙愼行), 이재신(李在新) 등 6명의 회원으로 구성되었으며 그중 조신행과 이재신은 양반, 손인원은 중인이었다고 한다. 지방에서의 명도회활동은 자료의 부족으로 분명치 않으나 서울에서만은 놀라운 성과를 거두었

구스티노)의 하부 조직인 육회(六會)의 지도자가 되었습니다. 남송로(南松老), 최태산(崔太山), 손인원(孫仁遠), 조신행(趙愼行), 이재신(李在新)과 함께 황사영 알렉시오는 육회(六會)를 운영하며 교리연구와 전도활동의 중심에 서 있었습니다. 1796년 북경 주교에게 해로를 통한 서양 선교사의 파견을 요청하는 서한을 발송하는 등 황사영 알렉시오의 천주교회 내 위치는 보다 확고해 졌습니다. 1801년 신유박해가 일어나자 정약종 아우구스티노 등 교회의 지도자들이 체포되었고, 황사영 알렉시오에 대한 체포령이 전국적으로 하달되었습니다.

3. 체포를 피해 충북 제천으로 피신한 그는 김한빈의 처소와 김귀동의 자택에서 은거하며 박해상황을 기록하였습니다. 1798년과 1799년 쇄마구인(刷馬驅人)[51]의 주선으로 주문모 야고보 신부의 서한을 구베아 주교에게 전달한 경험이 있는 **하느님의 종 황심(黃沁, 토마스)**을 통하여 백서를 북경 주교에게 전달하려다가 실패하고 1801년 11월 5일 서소문 밖에서 순교하였습니다. 황사영 알렉시오의 가산은 모두 몰수되고 모친은 거제도에, 아내는 제주도에, 자녀들은 추자도에 각각 뿔뿔이 흩어지는 유배형을 당하였습니다. 황사영 알렉시오의 백서로 인하여 천주교와 신도들이 모반대역(謀叛大逆)[52]에 연루되고 이로 인하여 감옥에서 300여명의 순교자가 나왔습니다.[53]

음이 확실한데「황사영백서」(黃嗣永帛書)는 이에 관해 "회원들은 물론이고 신자들도 이에 감화되어 모두 전교를 일삼았으므로 경신년(庚申年, 1800년) 가을과 겨울에 걸쳐 하루하루 입교자가 불어나갔다"고 기록하고 있다. 명도회는 1801년 신유박해 때 복자 주문모(周文謨, 야고보) 신부와 복자 정약종(丁若鍾, 아우구스티노) 회장 등 간부가 모조리 순교하는 바람에 자연 그 활동이 침체될 수밖에 없었으나 1827년의 순교자 복자 이경언(李景彦, 바오로)이 명도회원들에게 보낸 서한 등으로 미루어 그 후에도 이 조직이 꾸준히 존속된 것은 확실하다. 현재 각 교구 내에서 활동하고 있는 '명도회'또는 '명도원'같은 단체는 이름만 같을 뿐, 이 명도회와 직접 관계가 있는 것은 아니다.

51) 지방에 배치하여 둔 관용 말을 몰던 사람.
52) 모반대역(謀叛大逆)은 오늘날로 치면 쿠데타, 반란, 국가전복 행위 등을 의미하는데, 이때 대역 죄인을 능지처참에 처할 뿐만 아니라 죄인 가족들도 연좌 처벌을 하였다.
53)「황사영 백서」가 발각됨으로 말미암아 야기된 천주교 탄압 사건으로서, 신유박해의 마지막 단

4. 황사영 알렉시오의 백서(黃嗣永帛書)는 가로 62cm, 세로 38cm의 백색 명주에 122행 13,311글자에 달하는 방대한 비밀 보고서로 서론(1-6행), 본론(7-90행), 결론과 대안제시(91-122행)순으로 되어 있었습니다. 백서는 1785년 이후의 교회 사정과 박해와 교회관계 사건들을 정리한 보고서 형태로 되어 있습니다. 대안제시 부문에서는 현실적인 요구사항도 있지만 청나라가 종주권을 행사하여 조선인의 신앙자유를 획득해 줄 것과, 서양 군함 수백 척과 6만 명의

계에 해당된다. 이로써 복자 주문모(周文謨, 야고보) 신부의 자수와 처형 이후 소강상태에 들어갔던 천주교에 대한 박해가 다시 크게 일어났다. 1801년 9월 26일(음) 하느님의 종 황사영(黃嗣永, 알렉시오)이 체포됨으로써 이 사건은 본격적으로 전개되었다. 또한 이들의 체포에 앞서 황심(黃沁, 토마스)과 가까웠던 옥천희(玉千禧, 요한)가 체포되어 이들을 함께 국문하게 되었다. 사건이 발생한 직후 황심(黃沁, 토마스), 옥천희(玉千禧, 요한), 김한빈(金漢彬, 베드로) 등 관련인들은 형조에서 취조를 받았고, 사건의 주범인 하느님의 종 황사영(黃嗣永, 알렉시오)은 의금부에 구금되었다. 하느님의 종 황사영(黃嗣永, 알렉시오)에 대한 신문은 10월 9일(음)에 시작되었다. 그의 신문이 체포 이후 10여 일간 지체되었던 것은 사건의 중요성으로 인해 이 사건과의 관련사항을 파악하고 사건에 대한 대안을 사전에 마련하려 했기 때문이다. 신문은 주로 '대안제시'의 반역적 요소를 추궁하는 측면에서 진행되었다. 그리고 하느님의 종 황사영(黃嗣永, 알렉시오) 개인 및 그 사건과 관련된 인물들을 찾아내려 하였고, 백서의 사본이 청국에 전달되었을 가능성 등을 집중적으로 신문하였다. 신문의 결과 황심(黃沁, 토마스)과 김한빈(金漢彬, 베드로)은 10월 23일(음) 서소문 밖에서 처형되었다. 황심(黃沁, 토마스)에게 적용된 죄명은 모역동참죄(謀逆同參罪)였으며, 김한빈(金漢彬, 베드로)은 지정은장죄(知情隱藏罪)가 적용되었다. 그리고 11월 5일(음) 이 사건의 중심인물인 하느님의 종 황사영(黃嗣永, 알렉시오)은 궁흉극악 대역부도죄(窮凶極惡大逆不道罪)로 서소문 밖에서 능지처참되었다. 또한 김귀동 및 그 밖의 관계자와 가족들이 처벌됨으로써 이 사건은 마무리되었다. 한편, 조선 조정에서는 1801년 10월(음)에 파견된 동지사에게 천주교 탄압의 정당성을 설명하는 진주사(陳奏使)의 임무도 부여해 주었다. 이때 파견된 진주사 조윤대(曺允大) 일행은 토사주문(討邪奏文)과 함께 「황사영 백서」(黃嗣永 帛書)의 내용을 16행 923자로 축소하여 청국의 예부에 보고하였다. 이 축소본을 흔히 「가백서」(假帛書)라 부르고 있다. 이 「가백서」에는 청국의 조선 감호책(監護策)이나 종주권(宗主權) 발동 등에 관한 내용은 완전 삭제시켰으며, 서양 선박의 요청 사실과, 월경통신(越境通信) 등의 사실을 이조흉계(二條凶計)로 지적하였다. 「황사영 백서」가 발각된 이후 청국인 복자 주문모(周文謨, 야고보) 신부의 처형 사실이 청국에 알려질 가능성이 높다고 조정에서는 판단하게 되었다. 이에 조선 정부는 진주사를 파견하여 신유박해 전반에 관한 청국의 이해를 촉구하고, 복자 주문모(周文謨, 야고보) 신부의 처형에 따를 수 있는 청국 측의 반발을 예방하고자 하였던 것이다. 진주사 조윤대의 파견은 「황사영 백서」 사건을 외교적 측면에서도 마무리 짓는 것이었다.

군인을 동원하여 조선의 신앙자유를 강압해 줄 것과, 그리고 신앙자유를 위해 조선을 중국의 한 성으로 편입해 줄 것 등과 같은 다소 황당한 요구가 포함되어 있었습니다. 황사영 백서는 1801년 의금부에서 보관하던 것을 1894년에 조선 교구장인 뮈텔(Mutel, 閔德孝) 주교에게 전달되었습니다. 그 후 1925년 7월 5일 로마에서 거행된 한국 순교복자 79위 시복식 때 교황 바오로 11세에게 전달되어 현재에는 로마 교황청 민속박물관에 소장되어 있습니다.

11. 주문모 신부의 입국 후 조선 천주교회는 어떻게 변했나요?

1. 환난 속에서 어렵게 유지되던 조선 천주교회는 청나라 천주교회에 성직자를 보내 줄 것을 요청하였습니다. 1794년(정조18년) 청나라에 있던 천주교회 사제인 복자 주문모(周文謨, 야고보) 신부가 조선 천주교인 복자 윤유일(尹有一, 바오로)과 복자 지황(池璜, 사바)의 도움을 받아 최초로 입국하였습니다. 감시를 피해 북경에서 압록강까지 오는 데에 10개월이 걸렸는데, 마침내 한양도성 북촌 계동에 위치한 역관 복자 최인길(崔仁吉, 마티아)의 가택에서 처음으로 천주교 미사를 집전하였습니다.
2. 1795년 6월까지 세례성사와 전교를 실시하였으나 한영익(韓永益)이 배교하여 밀고를 함으로써 체포령이 내려졌습니다. 그러나 역관 최인길 마티아의 도움으로 겨우 피신하였고, 그 후 여성 교우 복자 강완숙(姜完淑, 골룸바, 1760-1801년, 신유박해 때 순교)이 자신의 집을 은신처로 제공하였지만 위험이 항상 계속되었습니다. 을묘박해 때 주문모 야고보 신부를 대신하여 검거된 역관 지황 사바와 윤유일 바오로가 체포되어 순교하였습니다. 그 후 주문모 야고보 신부는 자신의 생명을 구하고 은신처를 제공한 강완숙 골룸바에게 세례를 베풀고, 조선 천주교회 최초의 여성회장으로 임명하였으며 여성 선교활동을 가속화하였습니다.
3. 이로 인하여 강완숙 골룸바의 여종들과 은언군[54]의 부인 **하느님의 종 송(宋)**

---

54) 은언군은 사도세자의 서자로 10세에 은언군에 봉군되었다. 1771년(영조 47년) 바람직하지 않은 행실로 은신군 진과 함께 관직에 기용되지 못한다는 처벌을 받고, 이어 시전 상인들에게 진

마리아[55]씨, 자부 하느님의 종 신(申) 마리아[56]씨가 세례를 받는 등 많은 여성들이 천주교를 믿게 되었습니다. 강완숙 골롬바는 양반 신분인 점을 활용하여 천주교회는 양반 사회를 중심으로 확산되기에 이르렀습니다. 강완숙 골롬바는 충청 예산의 양반 가문의 딸로 출생하여 덕산 홍지영의 후실로 출가한 후 천주교에 입교하였습니다. 강완숙 골롬바는 덕산 자택 나무 광(세간이나 그 밖의 여러 가지 물건을 넣어 두는 곳) 은신처에 주문모 야고보 신부를 숨기고 선교활동 전면에 나서서 일을 대신하였습니다. 불신자인 남편의 반대로 시모와 딸과 전실 자녀들을 데리고 한양으로 이사한 후 주문모 야고보 신부

빚을 갚지 않았다 하여 은신군과 함께 충청도 직산에 유배되었다. 이어 제주도로 유배되었다가 1774년 풀려났다. 1776년 영조가 죽자 수릉관에 임명되고, 이듬해 흥록대부가 되었다. 당시 실권자이던 홍국영은 은언군의 맏아들 담을 죽은 원빈의 양자로 삼아 완풍군이라 하고 왕위를 잇게 하려 했다. 그러나 담은 홍국영과 틀어져 오히려 모반죄로 몰려 유폐되고, 1786년 독살되었다. 이 일로 은언군도 정조의 명에 따라 강화도로 옮겨져 살게 되었다. 1801년(순조1년) 신유사옥 때 처 송(宋)씨와 담의 처인 며느리 신(申)씨가 천주교도라 하여 붙잡혀 죽고, 그도 사사(賜死)되었다. 1849년 손자 원범이 철종으로 즉위하자 신원되었다.

55) 송(宋) 마리아(1753-1801년). 순교자. 이름은 미상. 순조의 서백부(庶伯父) 은언군 이인의 처. 여회장 복자 강완숙(姜完淑, 골롬바)의 전교로 며느리 신(申) 마리아와 함께 입교하였다. 남편 이인이 강화에 유배 중이었기 때문에 폐궁에 기거하면서 자주 복자 주문모(周文謨, 야고보) 신부와 접촉했다. 1801년 신유박해가 일어났을 때에는 복자 주문모(周文謨, 야고보) 신부를 숨겨주기도 하였다. 그러나 복자 주문모(周文謨, 야고보)가 자수한 후, 복자 주문모(周文謨, 야고보)를 숨겨준 사실과 천주교인이라는 사실이 탄로나 1801년 4월 19일(음 3월 16일) 며느리 신(申) 마리아와 함께 사약을 받고 순교하였다. 강화에 유배 중이던 은언군 이인도 천주교와 무관함에도 불구하고 이 사건으로 인해 사사(賜死)되었다. 133위 하느님의 종의 한 분으로 시복 절차가 진행 중에 있다.

56) 신(申) 마리아(?-1801년). 순교자. 이름은 미상. 순조의 서백부(庶伯父)의 은언군 이인의 맏아들 담의 처. 여회장 복자 강완숙(姜完淑, 골롬바)의 전교로 시모 송(宋) 마리아와 함께 입교하였다. 시부 이인이 역모에 연루되어 강화에 유배되었기 때문에 폐궁인 양제궁(良-宮)에 살면서 복자 강완숙(姜完淑, 골롬바), 복자 주문모(周文謨, 야고보) 신부와 자주 접촉을 갖고 열심히 신앙생활을 하였다. 그러나 1801년 신유박해가 일어나고 복자 주문모(周文謨, 야고보) 신부가 자수한 후, 복자 주문모(周文謨, 야고보) 신부와의 관계가 탄로나 이해 1801년 4월 19일(음 3월 16일) 시모와 함께 사약을 받고 순교하였다. 133위 하느님의 종의 한 분으로 시복 절차가 진행 중에 있다.

를 철저히 보호하며 선교활동을 계속하였습니다.

4. 여성이 천대받던 시절 강완숙 골룸바, 한 여인을 통하여 조선 천주교회는 급성장을 이루었고 주문모 야고보 신부의 선교활동도 가능하였습니다. 주문모 야고보 신부는 명도회(明道會)라는 교리연구회를 조직하여 복자 정약종(丁若鍾, 아우구스티노)을 초대회장에 임명하고 하느님의 종 황사영(黃嗣永 알렉시오), 복자 홍필주(洪弼周, 필립보), **복자 현계흠(玄啓欽, 플로로)**, 복자 홍익만(洪翼萬, 안토니오) 등을 명도회 하부조직인 육회(六會)의 책임자로 임명하여 교리연구는 물론 전도에 주력하도록 하였습니다. 은언군의 부인 송 마리아와 자부 신 마리아는 은언군이 강화도에 유배를 가자 더욱더 신앙생활에 증진하며 전도활동에 힘을 기울였습니다. 이에 정순왕후(貞純王后)[57]는 송 마리아와 신 마리아에게 독약을 내려 사형선고를 내렸습니다.(순조실록)

5. 강완숙 골룸바의 적극적인 전도활동에 힘입은 주문모 야고보 신부는 여주, 온양, 공주, 남포, 내포, 전주 등지에서 복음을 전파하여 5년 만에 천주교인이 4천 명에서 1만 명으로 증가하였습니다. 초기 천주교의 성장에는 '강완숙(姜完淑)'이라는 인물이 존재하였고 한 여성으로 인하여 천주교는 박해와 환난 속에서도 희망을 잃지 않았던 것입니다. 특히 강완숙 골룸바는 주문모 야고보 신부의 소재지를 알리라는 협박에 굴하지 않고 순교의 길을 걸어갔습니다.

6. 신유박해(辛酉迫害) 후 주문모 야고보 신부는 청나라로 가기 위해 황해도 황주로 피신하였습니다. 그러나 여의치 않아 1801년 4월 24일, 한양 의금부를 찾아가 직접 자수하였고 5월 31일 한강 새남터에서 참수형으로 순교를 하였습니다. 새남터에서 순교한 주문모 야고보 신부의 유해에 대하여 신도들이 장례식을 갖는 것을 우려해 의금부는 그의 시신을 비밀리에 암매장을 하였습니다. 주문모 야고보 신부가 순교를 당할 때 천주교 신자 300여명도 함께 순교를 당했는데, 이 박해사건을 신유교란(辛酉敎難), 신유사옥(辛酉邪獄), 신유박해라고 부릅니다.

---

57) 충남 서산 출신으로 조선 제21대 왕인 영조의 계비. 본관은 경주. 경주 김씨 김한구(金漢耉, 1723-1769년)와 원주 원씨의 장녀이다.

12. 한국 천주교회사에서 천주교회의 교구가 설정된 시기는 언제인가요?

1. 한국 천주교회의 교구가 설정된 시기는 1784-1831년까지로 보고 있습니다. 하느님의 종 이벽(李蘗, 세례자요한)의 권유를 받은 하느님의 종 이승훈(李承薰, 베드로)이 북경에서 베드로라는 세례명으로 세례를 받고 돌아옴으로써 조선에 교회가 설정되었다고 봅니다. 이승훈 베드로가 사람들에게 세례를 주었고 또 그들과 같이 주일이나 첨례를 지키기 위해 자주 모임을 가졌습니다. 이리하여 조선 땅에 처음으로 천주를 찬양하는 신자 공동체, 즉 성서적인 넓은 의미에서의 교회가 탄생했습니다. 이렇게 탄생된 조선 천주교회가 부딪힌 근본적인 문제점은 이른바 가성직제도(假聖職制度)와 관련된 것이었습니다. 이에 조선의 신자 공동체는 이러한 문제를 해결하기 위해서 1789년부터 북경교회에 밀사를 파견하면서 새로운 변화가 일어났습니다.

2. 그들은 북경 주교와 접촉하여 조선 천주교회의 사정을 전달하였으며, 조선 천주교회의 이러한 사정은 교황청에까지 보고되었습니다. 그와 함께 북경 주교는 우선 1794년에 중국인 선교사인 복자 주문모(周文謨, 야고보) 신부를 조선에 파견하였습니다. 주문모 야고보 신부의 입국으로 신자가 수년 만에 1만 명으로 불어났으나, 1801년의 신유박해(辛酉迫害)로 그동안 조선 천주교회가 이룩한 모든 발전이 물거품이 되고 말았습니다. 1801년 5월, 주문모 야고보 신부가 순교한 후 조선 땅에는 성직자가 더 이상 없었습니다. 1813년 말 북경에 밀사로 파견돼 성직자 영입을 주도한 이여진(李如眞, 요한, ?-1830년)은 1825년 역관 **성 유진길(劉進吉, 아우구스티노)**과 **성 정하상(丁夏祥, 바오로)**과 연서로 로마 교황에게 한국 천주교회의 위태로운 상황을 전하며 교회 지도자로서 신부를 보내줄 것을 간곡히 요청하였습니다. 긴박함과 간절함을 담은 편지가 북경을 경유하여 1827년 교황 레오 13세에게 전달되었지만 조선의 교회적 환경이 매우 위험하다는 이유로 신부의 파견은 연기되었습니다.

3. 그 후 교황청에서는 조선 천주교회에 직접 개입하기로 결정했습니다. 지속적인 선교사의 파견을 위해서 파리외방전교회와 교섭을 시작하였으며, 브뤼기에르 주교(조선교구 초대 교구장)가 조선 선교사를 자원함으로써 추진은 급

진전되었습니다. 1830년에 포교성성(현 인류 복음화성) 장관으로 있던 까페랄리 추기경은 그레고리오 16세 교황으로 즉위한 후, 1831년 9월 9일, 청나라 북경 주교로부터 독립된 교황대리감목구(敎皇代理監牧區)를 조선에 설치하고 완전히 독립된 교구로 승인한다는 교서(敎書)를 내렸습니다. 이에 교황청은 1831년에 조선 포교지를 조선 대목구 교구(朝鮮代牧區敎區)로 승격시키는 동시에, 초대 교구장으로 브뤼기에르 주교를 임명하기에 이르렀습니다. 그 결과 조선 천주교회가 제도적으로도 거의 완전한 교회가 되었으며, 교회 창설에서 교구 설정의 단계로 조선의 천주교회가 발전했습니다. 1784년이 일반적으로 교회가 시작한 때라고 한다면, 1831년은 법적인 의미에서 교회가 완성된 시기라고 할 수 있습니다.

13. 한국 초기 천주교회사에서 선교사 입국 과정과 활동은 어떠했나요?

1. 조선 천주교회는 북경에서 가져온 서학 관련 서적들을 통하여 천주교 신앙을 받아들였던 조선의 신자들이 자발적으로 교회를 설립한 것이 **첫 번째 단계**입니다. 조선인 신자들의 요청으로 북경 교구장 구베아 주교가 파견한 중국인 선교사 복자 주문모(周文謨, 야고보) 신부가 조선교회를 돌보던 시기는 **두 번째 단계**라 할 수 있습니다. 이제 북경 교구에서 독립한 조선 대목구가 선포되었고, 또한 파리외방전교회 소속의 프랑스 주교인 브뤼기에르가 와서 조선교회를 다스릴 **세 번째 단계**가 시작된 것입니다.

2. 초기 프랑스 선교사들은 조선으로 입국하기 위하여 험난한 여정을 겪어야 했습니다. 그리고 마침내 조선에서 선교활동을 시작할 수 있었지만 더 큰 어려움이 그들을 기다리고 있었습니다. 신생 조선 대목구를 안정화하기 위하여 이들이 펼쳤던 헌신적인 노력들은 많은 결실을 맺기도 하였지만, 머지않아 닥치게 되는 1839년 기해년의 박해로 말미암아 조선 천주교회는 또다시 시련을 겪게 됩니다. 초대 조선 대목구장으로 임명된 브뤼기에르 주교가 조선 입국을 목전에 두고 갑자기 병사하게 되면서 서만자(西灣子)[58]에서 대기하고 있

---

58) 하북성 서만자(西灣子, 시완쯔)는 몽골어로 시방(Sivang)이라 불리던 마을로 북경에서 활동하

던 **성 나 베드로(모방) 신부**[59]가 그의 발자취를 이어서 조선으로 들어오는데 성공하였습니다.

3. 1836년 1월 15일 한양에 당도한 모방 신부는 성 정하상(丁夏祥) 바오로 등이 마련하여, 유방제(劉方濟:중국이름 余恒德, 파치피코)신부가 거처하던 집에서 조선 선교사로서의 생활을 시작하였습니다. 모방 신부는 조선어에 익숙하지 않았기 때문에 조선인 신자들의 고해 내용을 알아듣고 조선어로 보속을 주는 일과 강론 및 교리를 가르치는 일이 힘들었을 것입니다. 모방 신부가 조선에 입국한 첫해에 이룬 가장 중요한 공헌은 바로 장차 조선교회를 이끌어 갈 성직자를 양성하기 위해 신학생들을(최양업, 최방제, 김대건) 선발하여 마카오로 파견한 것입니다. 1836년 11월에 **정 야고보(샤스탕)신부**[60]는 중국의 산동 지방에서 중국인 신자들을 대상으로 사목활동을 하고 있었습니다. 그러다가 1836년 12월 30일 밤에 샤스탕 신부와 조선인 신자들은 조선으로 들어오기 위해 출발하였습니다.

4. 봉황성 책문과 압록강 사이에 펼쳐진 약 50km의 평야와 황무지를 가로질러 압록강에 도착한 일행은 12월 31일 밤 얼어붙은 압록강을 걸어서 건넜습니다. 이리하여 샤스탕 신부는 조선 땅에 발을 들여 놓은 두 번째 프랑스 선교사가 되었습니다. 마침 조선 정부의 박해가 잠잠해지고 조선 신자들의 신앙생활을 안정적으로 돌볼 수 있는 기회가 주어지자 선교사들은 점점 활동 지역을 넓혀 나갔습니다. 주요 사목활동은 한양과 경기도 일원이었으며 6개월

던 프랑스 라자로회의 선교사들이 1800년대 초반, 북경 교구 보호권과 관할권을 갖고 있는 포르투갈의 제지를 받아 만리장성 밖으로 쫓겨나면서 북경과 몽골, 만주의 선교 거점으로 개발한 계획도시다.

59) 피에르 필리베르 모방[프랑스어: Pierre Philibert Maubant, 한국명: 나백다록(羅伯多祿), 1803-1839년] 신부는 프랑스인 사제로 파리외방전교회의 회원이며, 한국교회사 최초의 서양인 천주교 선교사로 여겨진다. 그는 조선의 천주교 박해로 인해 순교한 한국 천주교회의 103위 한국 순교성인 중 한 사람이다.

60) 자크 오노레 샤스탕[Jacques Honor Chastan, 한국명: 정아각백(鄭牙各伯), 1803-1839년]은 프랑스인 사제로서, 조선의 천주교 박해 때에 순교한 한국 천주교회의 103위 한국 순교성인 중 한 사람이다.

동안 이 지역을 돌아다니면서 8백 명 이상에게 세례와 보례를 베풀었습니다. 그리고 약 1천 명의 신자들로부터 고해를 들었으며, 성체를 영해 준 신자들은 9백 명 이상이었다고 합니다.

5. 한해 뒤인 1837년 5월 14일에 **성 범 라우렌시오(앵베르) 주교**[61]는 질병으로 사망하여 입국하지 못한 브뤼기에르 주교의 뒤를 잇고자 조선으로 출발한 제2대 조선 대목구장입니다. 그는 국경에서 13일 동안 걸어서 마침내 중국 변문을 통해 조선인 신자들이 준비한 육로로 입국을 할 수 있었습니다. 앵베르 주교는 국내와 외부사이의 상시적인 연락망을 구축하는데 힘썼습니다. 후임 선교사들을 위해 보다 안정적인 입국로를 개척하고자 다양한 시도를 하였습니다. 3개월 동안 조선어를 배운 앵베르 주교는 1838년 부활 대축일에 3백 명 이상의 신자들에게 고해성사를 주고 성체를 영하게 하였습니다. 1838년에는 앵베르 주교는 주로 한양과 인근지역에서, 모방 신부는 경기도 일원과 강원도 서부지역을 활동지역으로 삼았고, 샤스탕 신부는 충청도와 경상도 지역을 맡아 활동하였습니다. 1839년 기해박해(己亥迫害)가 일어나기 전까지 이 세명의 선교사들은 그리스도의 대리자이자 목자로서 자신의 목숨을 걸고 임무를 수행하는 데에 충실하였습니다.

---

61) 로랑 조제프 마리위스 앵베르(Laurent-Joseph-Marius Imbert, 1797-1839년)는 로마 가톨릭교회의 사제이며, 한국어명은 범세형(范世亨)이다. 주교로서 천주교 조선교구 제2대 교구장이며, 한국 천주교회의 103위 한국 순교성인 중 한 사람이다. 앵베르와 친구인 구노(Charles Francois Gounod)가 앵베르 주교가 순교했다는 소식을 듣고 친구이자 조선의 주교이자 순교자이며 후일 영광스러운 성인의 관을 쓰신 성 범 라우렌시오(앵베르) 주교를 기리며 작곡한 곡이 구노(Charles Francois Gounod)의 'Ave Maria'다. 'Ave Maria'는 성모송이다. 구노는 19세기 프랑스의 대작곡가이다. 아버지는 유명한 화가이며 어머니는 피아노를 잘 치는 예술적 환경에서 자라난 그는 한때 사제가 되려한 열심한 신자였다. 1841년에는 미사곡을 로마에서 초연하였으며, 레퀴엠 등의 종교곡을 작곡하였고, 1851년 "사포"를 작곡, 1859년 "파우스트"로 대성공하고, 1867년 "로미오와 줄리엣"을 작곡하는 등 사회적 명성을 얻었으나, 1855년 성녀 세실리아 장엄미사를 작곡하고는 세속적 명성을 버리고 종교 음악에 전념하였다. 파리외방전교회 성가 대장이었을 때, 당시 조선에서 전교하던 파리외방전교회의 사제였던 친구 앵베르의 순교 소식에, 영감을 받고 즉흥적으로 성가를 작곡하였는데, 이 곡이 바로 구노의 아베 마리아인 것이다. 이 성가는 조선교회와 순교자를 위한 성가이다. 우리나라를 위한 구노의 단 하나의 성가이다.

14. 한국 천주교회사에서 최초의 대박해인 신유박해의 배경은 무엇인가요?(1)

1. 한국 천주교회사에서 최초의 대박해인 1801년 신유박해(辛酉迫害)의 배경을 다시 한번 살펴봅니다. 한문으로 간행된 천주교와 서양 과학기술 관련 한역서학서(漢譯西學書)를 처음으로 조선에 전한 사람은 선조(宣祖) 대에 지봉(芝峰) 이수광(李睟光)이었습니다. 그러나 이들 한역서학서는 거의 100년 이상이나 유학자들의 관심을 그다지 끌지 못했습니다. 처음으로 한역서학서에 비상한 관심을 보인 유학자는 성호(星湖) 이익(李瀷)이었는데, 그는 서양 과학기술에 대한 이해를 선비가 반드시 갖추어야 하는 필수적인 소양의 일부로 생각하였습니다. 또한 사회의 도덕성을 제고하기 위하여 실천 위주의 도덕교육을 강조한 그는 천주교에 대해서도 유교를 보충하는 면이 있다고 인정하였습니다.

2. 이러한 남다른 생각을 바탕으로 다방면의 천주교 서적과 서양 과학기술 서적을 적극적으로 탐구한 결과 그는 서양 과학기술이 중국의 그것보다 우수하다는 것을 깨닫게 되었습니다. 중국 중심의 화이관(華夷觀)[62]을 극복하고 오히려 서양을 세계의 중심으로 이해함으로써, 서양의 선교사와 서학(西學: 천주교 포함)을 성인(聖人)과 성학(聖學)으로 인식할 수 있게 되었습니다. 이러한 서학에 대한 선진적인 인식을 바탕으로 이익은 제자들을 적극적으로 계몽하여 서학에 관심을 기울이게 만들었습니다. 이러한 이익의 영향으로 성호학파(星湖學派) 내에서 서학에 대한 학문적 탐구가 활발하게 이루어졌습니다. 그에 따라 서학에 대한 이해가 깊어지면서 마침내 소장 학자들이 천주교를 신앙으로 받아들이게 되었습니다.

3. 하느님의 종 이승훈(李承薰, 베드로)이 하느님의 종 이벽(李蘗, 세례자요한)의 권고로 북경에서 필담으로 교리공부를 한 후 영세하고 1784년 음력 3월 말경에 귀국하였습니다. 그 뒤 북경에서 가지고 온 여러 천주교 서적을 이

---

[62] 중국이 세계의 중심이며, 주변 국가들은 미개한 오랑캐라고 낮추어 보는 사상. 화이관(華夷觀)은 중국에서 중국이 세상의 중심이라는 중화사상을 바탕으로 한 주변 국가들에 대한 전통적인 우월의식을 말한다.

벽 세례자요한과 함께 연구하여 교리에 통달한 다음 친척과 친구들에게 전교함으로써 서울에 신앙 공동체가 탄생하게 되었습니다. 이후 천주교는 **빠른 속도로 전파**되어 경기, 충청, 전라도의 여러 지역에도 신앙 공동체가 만들어졌습니다. 또한 신자 층도 양반뿐만 아니라 중인이나 하층민까지 다양하게 포괄하게 되었습니다. 이와 같이 천주교가 급속도로 전파되어 나간 것은 서학이 당시 사회의 구조모순에 대한 희망의 메시지를 던져 주고 있었기 때문입니다. 천주교의 인격적이고 주재적인 천주의 설이나 서양 과학기술은 당시 사회의 도덕성을 극복하고 부국 강병을 이룩할 새로운 사상 체계를 모색하고 있던 남인 실학자들에게 매력적인 것으로 받아들여졌습니다.

4. 또한 찰나적인 현세보다 죽은 다음에 천당에 올라 누리는 영원한 복락(福樂)을 더 중시하는 천주교의 내세 사상은 사회적 모순의 심화로 더욱더 고통을 겪게 된 서민들에게 미래의 희망을 주는 복음이 아닐 수 없었습니다. 그뿐만 아니라 천주 앞에서는 만민이 평등하다는 천주교의 주장 또한 당시 사회적으로나 정치적으로 억압을 받고 있던 중인 이하의 신분 층에게 큰 위안이 되었습니다. 교회에서 교회법에 입각하여 축첩과 중혼을 엄격히 금지하고 결혼에 있어서 당사자의 의사에 반대되는 억혼(抑婚)을 금지하는 것, 그리고 재혼을 금지하지 않고 정당한 것으로 인정해 주는 것 등도 사회적으로 억압받는 여성들에게 커다란 희망을 주어 많은 사람들이 입교하게 되었습니다.

15. 한국 천주교회사에서 최초의 대박해인 신유박해의 배경은 무엇인가요?(2)

1. 그러나 천주교의 내용은 당시의 지배적인 사상인 성리학(性理學)과 정면으로 배치되는 것이었습니다. 성리학에서는 비인격적인 태극(太極)을 만물의 근원으로 보고 있습니다. 이에 반하여 천주교의 한역서학서(漢譯西學書)에서는 성리학의 태극에 관한 학설을 정면으로 배척하고 있습니다. 인격적인 천주가 천지만물을 창조하고 안배하고 다스린다고 주장하였습니다. 또한 천주교에서는 현세를 경시하고 죽은 다음에 천당에 올라가 영원한 복락을 누리는 내세에 주된 초점을 맞추고 있습니다. 죽은 다음에 복을 받고 벌을 면하기 위

하여 밤낮으로 천주께 기도하고 간구하며 미사를 드리는 등의 방식으로 천주를 공경합니다.

2. 성리학에서는 마음이 항상 이기적인 욕망에 이끌리지 않고 공정한 이치에 따라 발동하게 하는 공부를 통해 현세에 이상 사회를 건설하는 것을 인생의 주된 목표로 삼았습니다. 따라서 성리학의 입장에서 보면 현세를 경시하고 사적인 자신의 구원을 바라는 천주교는 반사회적이고 반교화적일 수밖에 없었습니다. 이 때문에 신후담(愼後聃), 안정복(安鼎福) 등의 유학자들은 일찍부터 「서학변」(西學辨), 「천학문답」(天學問答) 등을 저술하여 천주교를 불교와 같은 사설(邪說)로 배척하여 척사론(斥邪論)을 전개하였습니다. 이러한 척사론은 그 후 정치적인 문제와 어우러지면서 신유박해(辛酉迫害)를 초래한 척사운동(斥邪運動)으로 발전하였습니다.

3. 게다가 교회의 가르침에 따라 당시의 신자들은 조상의 신주를 불태우고 제사를 폐지함으로써 성리학에 정면으로 도전하였습니다. 조상에 대한 제사를 금지하는 북경의 구베아 주교의 사목 서한이 1790년(정조 14년) 조선에 전해질 때만 해도 소수의 신자들만이 그 금령에 따라 조상 제사를 폐지하였습니다. 그 후에 1794년(정조 18년) 복자 주문모(周文謨, 야고보) 신부가 입국하여 천주 신앙과 조상 숭배의 병행이 불가함을 명백히 하면서부터 신자들은 모두 다 조상 제사를 폐지하지 않을 수가 없었습니다.

4. 그러나 이러한 그들의 행동은 효를 중시하는 당시의 지배적인 이념인 성리학의 입장에서 볼 때 사회의 윤리 강령과 질서를 근본적으로 부정하는 패륜적인 것으로서 절대로 용납될 수 없는 것이었습니다. 하지만 천주교 신자들은 부모나 관장이나 군주보다 천주를 더 높이고, 천주의 법을 부모나 관장이나 군주의 명령보다 더 우위에 두었습니다. 천주교의 가르침을 절대적인 것으로 믿고 따르는 천주교 신자들은 배교하라는 부모나 관장이나 군주의 명령을 거부하고 순교의 길로 나아갔습니다. 이와 같이 부모와 관장과 군주를 상대화시키는 신자들의 태도는 당시의 통치 질서나 윤리 질서와 배치되는 것으로서 당시 사회에서 배척되지 않을 수 없었습니다.

16. 한국 천주교회사에서 최초의 대박해인 신유박해의 배경은 무엇인가요?(3)

1. 또한 천주교의 반체제적인 면들도 신유박해(辛酉迫害)를 초래하는 요인이 되었습니다. 천주교 교리 자체에서 신분 제도의 철폐를 주장하거나 직접적으로 사회적 평등을 요구하지는 않았습니다. 하지만 '모든 이는 천주의 자식이므로 형제같이 지내야 한다.'는 가르침에 따라 신자들 각자 양심 성찰을 통해서 평등사상을 실천하며 지냈습니다. 이러한 천주교의 평등사상은 당시의 신분 질서와 배치되는 것이었습니다. 교회의 최고 통치자인 교황이 현자(賢者) 중에서 선출된다는 「천주실의」(天主實義)의 설명이나 천주교에서는 재능을 근거로 한 관리의 충원이 시행되는 것으로 이해하였습니다. 그러므로 천주교가 조선에 널리 행해지면 서양의 교황이 과거 시험을 주관하여 인재를 취할 것이라는 신자들의 믿음도 당시의 통치 체제와 크게 다른 것이었습니다.

2. 그리고 상당수의 신자들이 정부 당국의 통제에서 벗어나 이향(離鄕)을 단행하고 산곡(山谷)에 은거하자 정부 당국자들은 천주교 세력을 황건적[63]이나 백련교[64]도들과 같이 국가의 질서에 대해 저항하는 반란자의 무리로 의심하게 되었습니다. 이와 같은 천주교의 반체제적인 면들은 집권 세력에게 천주교에 대해 강한 의구심을 갖게 만들었습니다. 천주교 신자들이 정조(正祖)의 개혁 정치를 뒷받침해 주던 세력과 깊이 연결되어 있었던 점도 집권 세력을 불안하게 만들었습니다. 정조는 노론(老論)을 중심으로 한 가문, 곧 벌열정치(閥閱政治)[65]로 인한 장기 집권을 타파하고자 하였습니다. 이 정치는 실권을 독점하고 부정 수단으로 자제들을 과거에 합격시켜 그 지위를 세습시켜 나감으로써 왕권을 제약하고, 백성들의 생활과 국가의 재정을 궁핍하게 만들었습니다.

---

63) 중국 후한(後漢) 말에 장각(張角)을 우두머리로 하여 허베이(河北)에서 일어났던 유적(流賊). 머리에 누런 수건을 쓴 데서 유래함.
64) 중국 송나라 때부터 성행한 비밀 종교 단체.
65) 나라에 공을 세우거나 큰 벼슬을 지낸 사람이 많은 집안을 중심으로 하는 정치.

3. 또한 많은 양반들을 몰락의 나락으로 떨어뜨리는 등 갖가지 사회적 모순을 야기하는 벌열정치를 타파하고자 하였습니다. 이와 같은 자신의 개혁 정치를 보필할 정치 세력의 하나로 정조는 남인을 선택하였습니다. 당시 남인의 영수인 채제공(蔡濟恭)은 성호학파(星湖學派)의 인물들을 중용하여 정조의 개혁 정치를 뒷받침하고자 하였습니다. 이에 따라 이가환(李家煥), 이기양(李基讓), 정약용(丁若鏞, 요한), 하느님의 종 이승훈(李承薰, 베드로), 정약전(丁若銓, 안드레아), 복자 홍낙민(洪樂敏, 루카) 등의 성호학파의 인물들이 대거 중앙 정계에 진출하여 크게 활약하게 되었습니다. 성호학파의 인물들은 당시 사회의 구조적 모순이 전적으로 노론의 벌열정치에서 비롯되었다고 보았습니다. 이와 같은 벌열정치를 타파하고 성리학의 한계를 극복하기 위해 노력한 성호 이익의 실학(實學)을 계승하였기 때문에 정조의 개혁 정치를 잘 뒷받침할 수가 있었습니다.
4. 그들은 서양 과학기술을 널리 탐구하고 더러는 천주교를 수용하기도 하였는데, 그들의 백과사전적인 지식은 정조의 개혁 정치를 돕는데 두루 활용되었습니다. 특히 정조가 왕권 강화의 일환으로 수원성을 축조할 때 정약용 요한은 서양 과학기술을 이용해 기중기를 제작하여 사용하게 함으로써 경비를 대폭 줄일 수 있게 하였습니다. 이는 경비 조달로 어려움을 겪고 있는 정조에게 큰 도움이 되었습니다. 이와 같이 실학과 서양 과학기술을 바탕으로 자신들을 직접적으로 위협하는 정치 세력에 대해 노론 벌열(老論閥閱)은 위기 의식을 느끼지 않을 수가 없었습니다.

17. 한국 천주교회사에서 최초의 대박해인 신유박해의 배경은 무엇인가요?(4)

1. 그런데 1791년에 전라도 진산에 사는 진사(進士) 복자 윤지충(尹持忠, 바오로)이 모친 권씨가 별세하자 그의 외종형 **복자 권상연(權尙然, 야고보)** 과 함께 정성으로 장례는 치렀습니다. 그러면서 혼백이나 신주는 세우지 않고 제사도 지내지 않는 진산사건(珍山事件)이 발생하였습니다. 그러자 정조(正祖)와 채제공(蔡濟恭) 일파에게 정치적 위협을 받고 있던 노론과 정치적으로 소외당하고 있던 일부의 남인들은 진산사건을 계기로 하여 채제공 일파를 신서

계(信西系)로 몰아 모두 제거하고자 하였습니다. 그들은 연일 상소를 올려 사건을 확대시키고자 노력하였습니다. 이 과정에서 홍낙안(洪樂安), 이기경(李基慶) 등의 공서계(攻西系)는 노론 벽파(僻派) 세력인 김종수(金鍾秀), 심환지(沈煥之) 등과 연결을 꾀하기도 하였습니다.

2. 그러나 채제공이 자파의 인물들을 보호하고자 하였습니다. 또한 정조도 자신의 개혁 정치를 뒷받침해 줄 세력을 보호하고자 노력하였기 때문에 사건은 크게 확대되지 않았습니다. 사건의 당사자인 윤지충 바오로와 권상연 야고보가 사형을 당하는 것으로 진산사건은 마무리되었습니다. 그 뒤에도 채제공 일파를 신서계(信西系)로 몰아 제거하고자 하는 노론벽파와 공서계(攻西系)의 공격은 계속되었습니다. 그러나 오히려 채제공은 1792년(정조 16년) 자신이 주도한 영남만인소(嶺南萬人疏)[66]와 이듬해 자신이 올린 상소에서 사도세자(思悼世子)[67]의 억울한 누명을 벗겨 주어야 한다는 임오의리(壬午義理)[68]를 남인의 공론으로 내세우며 노론 벽파와 공서계(攻西系)에 강력히 대항하였습니다. 그리고 정조도 사도세자의 죽음에 대한 영조(英祖)의 후회가 담긴 금등(金縢) 문자를 공개하여 채제공을 적극 옹호하였습니다.

3. 그뿐만 아니라 정조는 1795년 봄에 백관(百官)을 모아놓고 소인을 물리치고 군자를 등용하여 백성의 뜻을 크게 안정시키겠다고 선언하였습니다. 채제공을 좌의정(左議政)으로 삼고, 대사성(大司成) 이가환(李家煥)을 공조판서(工

---

66) 이만손을 중심으로 한 영남 지방의 유생들이 미국과의 조약 체결을 반대하며 올린 상소.
67) 조선 제21대 영조의 둘째 아들. 이름은 선(愃)이고 자는 윤관(允寬)이며 호는 의재(毅齋)이다. 어머니는 영빈 이씨이며 부인은 영의정 홍봉한의 딸인 혜경궁 홍씨이다. 이복형 효장 세자가 요절하자 2세 때 세자에 책봉되었다. 15세인 1749년(영조25년)부터 영조의 명을 받고 대리 기무(代理機務)를 보았다. 이때 당시 집권 세력이었던 노론과 반목하다가 1762(영조38년)년 김한구, 홍계희, 윤급 등에 의해 모함을 받아 영조에 의해 폐세자(廢世子)가 되었고 뒤주에 갇혀 8일 만에 굶어 죽었다. 영조에 의해 사도(思悼)라는 시호가 내려졌고 그의 아들 정조가 1777년(정조1년) 장헌(莊獻)으로 상시(上諡)하였으며, 1899년(광무3년) 다시 장조(莊祖)로 추존되었다.
68) 1762년(영조38년)에 발생한 임오화변에 관한 의리. 임오의리(壬午義理)는 임오화변 직후 영조가 확립한 '영조의 임오의리'를 말하지만, 정조가 평생에 걸쳐 수정하려고 한 '정조의 임오의리'도 함께 고려해야 한다.

曹判書)로 발탁하였습니다. 그리고 노론 벽파와 공서계가 채제공 일파를 공격할 경우 적극적으로 그들을 보호하고자 하였습니다. 게다가 정조 때에 크고 작은 박해가 서울과 경기, 충청도에서 계속 되었음에도 천주교에 대한 정조의 정책은 대체적으로 관대한 편이었습니다. 1794년(정조 18년)에 입국한 복자 주문모(周文謨, 야고보) 신부의 전도활동에 힘입어 오히려 교세는 더욱더 확대되었습니다. 1801년(순조 1년) 신유박해(辛酉迫害)가 일어날 무렵에는 신자 수가 1만 명을 돌파하게 되었습니다. 이러한 교세의 확대와 채제공 일파의 강경 대응, 그리고 그들에 대한 정조의 적극적인 보호 정책에 노론 벽파와 공서계는 강한 위기의식을 갖지 않을 수 없었습니다. 이러한 여러 이유로 정조가 세상을 떠날 경우 천주교에 대한 대대적인 박해가 일어날 것은 피할 수 없는 상황이었습니다.

18. 한국 천주교회사에서 최초의 대박해인 신유박해의 배경은 무엇인가요?(5)

1. 정조(正祖)가 1800년(정조 24년) 6월 28일 세상을 떠남으로써 천주교 신자들은 갑자기 불리한 상황에 놓이게 되었습니다. 정조의 뒤를 이어 순조(純祖)가 겨우 11세의 어린 나이로 즉위하게 되자, 대왕대비 김씨(정순왕후,貞純王后)가 후견인이 되어 모든 정사를 마음대로 하기에 이르렀습니다. 사도 세자를 뒤주에 가두어 죽게 한 영조(英祖)의 처사를 지지한 노론 벽파에 속한 대왕대비 김씨는 11월 하순 선왕의 장례식이 끝나자마자 사도 세자의 죽음을 동정한 시파(時派)의 사람들을 모조리 몰아내고 그 자리를 벽파의 사람들로 채웠습니다. 그런 다음 대왕대비 김씨는 1801년 1월 10일 회개하지 않고 엄한 금령을 어기는 천주교 신자들에게 역률(逆律)을 적용하여 역적으로 다스리도록 하였습니다. 아울러 오가작통법(五家作統法)[69]을 잘 시행하여 천주교 신자들을 철저하게 색출하여 처벌하라는 공식 박해령을 내렸습니다.

---

69) 오가작통법(五家作統法)은 조선시대에 주민 사찰을 위해 제정된 주민조직법의 하나로 5가(家)를 1통(統)으로 하여 통주(統主)를 두고, 5통을 1리(里)로 주민을 조직한 법이다.

2. 이에 따라 복자 최필공(崔必恭, 토마스), 복자 최창현(崔昌顯, 요한), 이가환(李家煥), 정약용(丁若鏞, 요한), 하느님의 종 이승훈(李承薰, 베드로), 복자 홍낙민(洪樂敏, 루카), 하느님의 종 권철신(權哲身, 암브로시오), 복자 정약종(丁若鍾, 아우구스티노), 정약전(丁若銓, 안드레아), 이기양(李基讓) 등이 차례로 붙잡혀 가 국문을 당하였습니다. 또한 내포 지방의 사도인 하느님의 종 이존창(李存昌, 루도비코 곤자가)과 포천 지방의 전교에 공이 큰 복자 홍교만(洪敎萬, 프란치스코 하비에르)도 붙잡혀 서울로 압송되었고, 여성 회장 복자 강완숙(姜完淑, 골룸바)도 체포되었습니다.

3. 대부분 남인의 중요한 지도자들이거나 천주교의 지도자급 인물들인 이들 가운데 복자 정약종 아우구스티노, 홍낙민 루카, 최창현 요한, 최필공 토마스, 이승훈 베드로, 홍교만 프란치스코 하비에르, 강완숙 골룸바 등은 서소문 밖에서 참수되었습니다. 이존창 루도비코 곤자가는 공주로 압송되어 처형되었으며, 이가환과 권철신 암브로시오는 고문을 받다가 죽었습니다. 천주교에 대한 박해는 3월 12일 복자 주문모(周文謨, 야고보) 신부의 자수로 더욱 가열되었습니다. 주문모 야고보 신부의 진술로 김건순(金健淳, 요사팟), 이희영(李喜英, 루카) 등이 계획했던 해도행(海島行)이 드러났습니다. 또한 주문모 야고보 신부가 강화도에 유배된 은언군(恩彦君) 이인(李䄄)의 처 하느님의 종 송(宋) 마리아와 하느님의 종 며느리 신(申) 마리아가 거처하는 폐궁(廢宮)을 출입한 사실이 드러났습니다. 그러자 정부 당국자들은 그가 나라를 원망하는 무리들을 모아다가 모반을 꿈꾸는 것으로 판단하여 박해에 더욱 박차를 가하게 되었습니다.

4. 특히 3월부터 시작된 전주 지역의 박해로 복자 유항검(柳恒儉, 아우구스티노), 유관검(柳觀儉)[70], 복자 윤지헌(尹持憲, 프란치스코), 이우집(李宇集) 등

---

70) 조선 후기 정조-순조 때의 천주교도로, 신유박해 때의 사망자. 세례명은 알려져 있지 않다. 본관은 진주이며, 거주지는 전라북도 전주이다. 아버지는 유동근(柳東根)이고, 어머니는 유씨(兪氏)이다. 호남지역 천주교의 사도로 불리는 유항검(柳恒儉, 아우구스티노)의 동생이기도 하다. 1768년(영조44년) 전주 초남이(현 전북 완주군 이서면 남계리 초남)에서 태어난 유관검(柳觀儉)은 1790년(정조14년) 과거를 보러 상경하던 중 청주에서 민도라는 사람으로부터 천주교 교

이 서양의 군함을 불러들이려고 했던 계획이 탄로 났습니다. 종교의 자유를 얻기 위해서 서양 군함의 파견 등을 요청한 하느님의 종 황사영(黃嗣永, 알렉시오)의 백서사건이 불거지면서 천주교에 대한 박해는 더욱더 치열한 양상을 띠게 되었습니다. 정부 당국자들은 유항검 아우구스티노와 황사영 알렉시오가 서양 군함을 불러들이려고 한 사건을 통해 천주교 신자들이 반란을 기도한 역적의 무리임을 입증하고 박해의 당위성을 확보하고자 하였습니다.

5. 황사영 알렉시오와 그와 관련된 자들에 대한 신문이 막바지에 접어들고 있을 무렵 동지사(冬至使)가 출발해야 할 시기가 다가왔습니다. 이때 조선 정부는 진주사(陳奏使)를 파견하여 신유박해(辛酉迫害) 전반에 관한 청나라의 이해를 촉구하고, 주문모 야고보 신부의 처형에 따른 청나라 측의 반발을 예방하고자 하였습니다. 조선 정부에서는 조윤대(曹允大)를 동지사 겸 진주사로 임명하고, 가지고 갈 "토사주문"(討邪奏文)을 대제학 이만수(李晩秀)에게 작성하게 하였습니다. 또한 주문 내용을 입증할 증거로 불리한 내용을 삭제한 백서, 곧 「가백서」(假帛書)도 갖고 가기로 하였습니다.

6. 이렇게 해서 황사영 백서사건이 일단락되자 대왕대비 김씨는 천주교를 박해한 일을 종묘(宗廟)에 고하게 하고, 이미 내려진 사형 선고를 즉시 집행할 것을 지시하였습니다. 또한, 미결 사학죄인의 심리를 연말까지 시급히 끝내고 더 이상 새로운 기소를 하지 말라고 명하였고, 국청(鞫廳)도 해체하게 하였습니다. 그리고 백성들에게 박해의 전말과 그 당위성을 알리는 '토역반교문(討逆頒敎文)'[71]을 12월 22일 반포하면서, 가혹하고 잔인했던 신유박해는 막을 내리게 되었습니다. 신유박해로 희생된 신자들의 수는 기록에 따라 약간 다르나 대체로 처형된 자 1백 명, 유배된 자 4백 명, 합하여 5백 명 정도로 추산되며, 기록에 누락된 자들까지 합치면 희생자 수는 그보다 훨씬 더 많았을 것으로 보입니다.

리서를 얻어 본 후 윤지충(尹持忠, 바오로)을 통해 천주교에 입교했다고 전한다.

71) 역적 토벌사실을 널리 알리는 교서.

19. 한국 천주교회사에서 신유박해를 통해 순교한 순교자들은 누구인가요?(1)

1. 신유박해(辛酉迫害)를 통해 순교한 순교자들을 지역별로 살펴보면, ①서울에서는 1800년(경신년) 12월 17일(음) 중인(中人) 복자 최필공(崔必恭, 토마스)이 체포되었습니다. 12월 19일(음) 새벽에는 그의 사촌 동생인 **복자 최필제(崔必悌, 베드로)**가 몇몇 신자들과 함께 서울의 큰길 옆에 있는 약국에서 기도를 드리다가 오현달(吳玄達, 스테파노)과 함께 체포되어 옥에 갇혔습니다. 이 무렵 두 양반 신자들이 양근(陽根)과 충주 읍내에서 잡혔는데, 한 사람은 조동섬(趙東暹, 유스티노)이었고, 또 한 사람은 **하느님의 종 이기연(李箕延)**이었으며, 1801년 1월 9일(음)에는 배교자 김여상의 밀고로 서울의 회장 복자 최창현(崔昌顯, 요한)이 체포되었습니다.

2. 순조 1년 1801년 1월 10일 대왕대비 정순왕후(貞純王后)는 사학엄금(邪學嚴禁)교서, 즉 「금교령」을 반포하였습니다. 대왕대비 정순왕후의 금교령이 내려진 이후 체포된 이는 주인의 책롱을 옮기다 적발된 임대인(任大仁, 토마스)이 있습니다. 1801년 1월 19일(음) 이 책 궤짝 사건이 있었으나, 채제공(蔡濟恭)의 외조카인 포도대장 이유경이 보고를 하지 않았기 때문에 10여 일 간 별 탈 없이 지나갈 수 있었습니다. 오히려 같은 해 2월 2일(음)에 새로 부임한 포도대장 신대현(申大顯)은 최필공, 최필제, 최창현, 임대인 등 주역 신자 4명만 남겨 놓고 옥에 가득 차 있던 배교자들을 모두 석방하였습니다.

3. 그러나 노론 벽파들의 잇단 상소로 인하여 신자들을 가볍게 처리한 신대현이 잡혀 들어갔고, 포도청에 갇혀 있던 네 사람도 의금부(義禁府)로 옮겨져 반역죄로 처리되었습니다. 아울러 그해 2월 9일(음)에는 이가환(李家煥), 정약용(丁若鏞, 요한), 하느님의 종 이승훈(李承薰, 베드로), 복자 홍낙민(洪樂敏, 루카) 등을 잡아다가 국문(鞫問)하기 시작하였습니다. 2월 11일(음)에는 하느님의 종 권철신(權哲身, 암브로시오)과 복자 정약종(丁若鍾, 아우구스티노)을, 2월 14일(음)에는 정약전(丁若銓, 안드레아)을, 2월 16일(음)에는 이기양(李基讓)을 잡아다가 의금부에 가두었습니다.

4. 남인의 중요한 지도자들과 천주교 지도급 인물들인 이들의 국문은 1801년 2월 10일(음)에 시작하여 26일(음)까지 계속되었습니다. 이들 가운데 정약종

아우구스티노, 홍낙민 루카, 최창현 요한, 최필공 토마스, 이승훈 베드로 등 5명은 서소문 밖에서 참수하였습니다. 이가환과 권철신 암브로시오는 옥사하였습니다. 이기양은 함경도 단천으로, 정약용 요한과 정약전 안드레아는 장기현(長鬐縣)과 신지도(薪智島)로 각각 유배되었습니다.

5. 경기·충청 지역에서도 박해가 있어 지도층 신자들이 대거 순교하였습니다. 충청도에서는 '내포(內浦) 지방의 사도(使徒)' 하느님의 종 이존창(李存昌, 루도비코 곤자가)이 1801년 2월 5일(음) 체포되어 서울로 압송되었습니다. 2월 26일(음)에 정약종 아우구스티노와 함께 사형 선고를 받은 후 다시 공주로 이송되어 참수되었습니다. 또 이 무렵 청주에서 체포된 이종국도 공주에서 처형되었습니다. 경기도 포천에서 복자 홍교만(洪敎萬, 프란치스코 하비에르)이 아들 **복자 홍인(洪鎭, 레오)**과 함께 붙잡혀 서울로 압송되었습니다. 그도 2월 26일(음) 정약종 아우구스티노와 함께 사형 선고를 받고 서소문 밖 형장에서 순교하였습니다.

6. 여주와 양근에서는 1800년에 이미 잡혀 온 신자들이 서울로 압송되어 결안(結案)이 확정된 뒤 각기 고향으로 이송되어 참수되었습니다. 1801년 3월 13일(음) 여주 성문 밖에서 **복자 원경도(元景道, 요한)**, 하느님의 종 임희영(任喜永), **복자 최창주(崔昌周, 마르첼리노)**, **복자 이중배(李中培, 마르티노)**, 하느님의 종 정종호(鄭宗浩) 등 5명이 처형되었고, 이때 같이 체포된 **복자 조용삼(베드로)**은 옥사하였습니다. 또한 양근에서 같은 무렵 하느님의 종 유한숙(兪汗淑)과 **복자 윤유오(尹有五, 야고보)** 등 13명이 처형되었습니다. 같은 해 4월 2일(음)에 정약종 아우구스티노의 아들 **복자 정철상(丁哲祥, 가롤로)**과 최필공 토마스의 사촌인 최필제 베드로, 중인(中人) **복자 정인혁(鄭仁赫, 타대오)**, **복자 정광수(鄭光受, 바르나바)**의 처 **복자 윤운혜(尹雲惠, 루치아)**, **복자 정복혜(鄭福惠, 칸디다)**, 이합규(李鴿逵)[72] 등 6명이 서소문 밖 형장에서 참수

---

72) 이합규(李鴿逵. ?-1801년). 신유박해 때의 순교자. 세례명은 미상. 노비 출신으로 모친에게서 교리를 들었다. 황사영(黃嗣永, 알렉시오)이 주도하던 명도회에 가입하여 활동하였다. 1801년(순조1년) 신유박해로 체포되어 그 해 5월 14일(음 4월 2일), 정철상(丁哲祥, 가롤로)·최필제(崔必悌, 베드로) 등 5명의 교우와 함께 서소문 밖 형장에서 참수 당해 순교하였다.

7. 1794년 말 조선에 입국한 복자 주문모(周文謨, 야고보) 신부는 조선에 입국한 이래 주로 복자 강완숙(姜完淑, 골룸바)의 집에 거처하면서 활동하였습니다. 포졸들이 그의 거처를 탐지하고 덮쳤으나 이를 미리 알아차리고 다른 곳으로 피신하여 체포를 면할 수 있었습니다. 이 와중에서도 주문모 야고보 신부는 북경에 오래 전부터 세워져 있는 모임의 본을 떠 '명도회(明道會)' 즉 천주교 교리를 가르치는 회를 세웠습니다. 명도회 설립 목적은 우선 회원들이 천주교에 대한 깊은 지식을 얻고, 그 다음 그것을 교우와 외교인들에게 전파하도록 서로 격려하고 서로 도와주는 데에 있었습니다.

8. 정약종 아우구스티노가 초대회장으로 임명되었습니다. 그런 다음 주문모 야고보 신부는 시내에서 회합을 가질 장소를 정하고 집회를 주관할 지도자들을 임명하였습니다. 주문모 야고보 신부의 열성에 감화되어, 모든 회원은 지도자들이 매달 각 회원에게 나누어주는 표지를 받으러 서둘러 모여들었습니다. 그 표지에는 교회에서 공경하는 성인들 중의 하나를 주보(主保)로 지정하였는데, 그것이 주보의 표지라는 것이었습니다. 이런 실천은 차차 전국에 퍼져서 신기한 결과를 냈습니다. 주문모 야고보 신부는 많은 신자들이 자기로 인하여 박해를 받고 순교하는 현실의 상황을 타개하기 위하여 많은 고뇌 끝에 포도청에 자수하게 됩니다.

9. 주문모 야고보 신부의 초사(招辭)에 따르면 1801년 2월 20일(음) 폐궁(廢宮=良娣宮)으로 피신했다가 2일 후 황해도 황주(黃州)로 북행, 거기서 서울로 되돌아와 자현(自現) 하였습니다. 주문모 야고보 신부는 1801년 4월 19일(음) 군문효수(軍門梟首)의 판결을 받고 새남터 형장에서 순교하였습니다. 주문모 야고보 신부의 유해가 땅에 묻혔을 때 신자들은 그 유해를 다른 곳으로 옮기려고 자리를 보아 두었으나 파수꾼들이 몰래 유해를 다른 곳으로 이장했기 때문에 그의 유해는 찾을 수 없게 되었습니다.

20. 한국 천주교회사에서 신유박해를 통해 순교한 순교자들은 누구인가요?(2)

1. 이후, 박해는 복자 주문모(周文謨, 야고보) 신부와 관계했던 인물들로 확대

되었습니다. 우선 주문모 야고보 신부를 한때 궁 안으로 피신시킨 사실과 세례 받은 은언군(恩彦君) 이인(李䄄)의 처 하느님의 종 송(宋) 마리아와 그의 며느리 하느님의 종 신(申) 마리아가 1801년 3월 16일(음) 사사(賜死) 되었습니다. 그 여파로 강화(江華)에 유배 갔던 은언군 이인도 그곳에서 사사되었습니다. 또 주문모 야고보 신부의 진술로 입교 사실이 밝혀진 노론인 양반 김건순(金健淳, 요사팟)의 종형 김백순(金伯淳)과 많은 종교화를 그린 이희영(李喜英, 루카)이 3월 29일(음) 서소문 밖에서 처형되었습니다. 김건순 요사팟도 4월 20일(음) 같은 장소에서 참수되었습니다.

2. 1801년 5월 22일(음)에는 주문모 야고보 신부를 6년간 헌신적으로 도왔던 여성 회장 복자 강완숙(姜完淑, 골룸바)과 궁녀 복자 강경복(姜景福, 수산나), 전(前) 궁녀였던 복자 문영인(文榮仁, 비비안나), 복자 최인길(崔仁吉, 마티아)의 동생 복자 최인철(崔仁喆, 이냐시오), 하느님의 종 김범우(金範禹, 토마스)의 일곱째 동생 복자 김현우(金顯禹, 마태오), 이희영 루카의 조카 복자 이현(李鉉, 안토니오), 복자 홍필주(洪弼周, 필립보)와 가까운 친척인 홍정호(洪正浩, 홍유한의 인척)[73], **복자 김연이(金連伊, 율리아나), 복자 한신애(韓新愛, 아가타)** 등 9명이 서소문 밖에서 참수되었습니다. 김범우 토마스의 셋째 동생 **복자 김이우(金履禹, 바르나바)** 도 이때 포도청에서 고문을 받다 죽었습니다.

3. 또 이날 복자 정광수(鄭光受, 바르나바)의 누이 **복자 정순매(鄭順每, 바르바라), 복자 윤유일(尹有一, 바오로)의 사촌 누이 복자 윤점혜(尹占惠, 아가타),** 평산 출신의 고광성(高光晟), 음성 출신의 **복자 이국승(李國昇, 바오로),** 봉산 출신의 황(黃) 포수 등도 사형 언도를 받았습니다. 이들은 자신들의 고향인 여주·양근·평산·봉산·공주로 각각 이송되어 처형되었습니다. 이들 외에도 이 시기에 공주에서 문윤진이라는 여종이, 양근에서는 배석골 전주 이씨 양반 집 이재몽과 이괘몽, 그리고 이들 중 한 사람의 두 딸, 지여울 사는 양반 집안 출신 김원성, **성 이광헌(李光獻, 아우구스티노)** 의 딸인 **성녀 이 아가타** 등

---

73) 순교자. 복자 홍필주(洪弼周, 필립보)의 가까운 친척으로 가족과 함께 복자 주문모(周文謨, 야고보) 신부에게 교리를 배워 입교하였고 1801년 신유박해로 체포되어 7월 2일(음 5월 22일) 8명의 교우와 함께 서소문 밖 형장에서 참수형으로 순교하였다.

많은 사람이 참수를 당하였습니다. 양근에서 순교자가 특별히 많았던 것은 군수 정주성(鄭周誠)이 잔인하게 신자들을 박해했기 때문이었습니다.

4. 전주에서는 3월(음)부터 박해가 시작되었는데, 전라도 지방에 복음을 전파하는데 크게 이바지한 복자 유항검(柳恒儉, 아우구스티노)은 박해 초에 체포되어 즉시 포도청으로 압송되었습니다. 그의 동생 유관검(柳觀儉)과 복자 윤지충(尹持忠, 바오로)의 동생 복자 윤지헌(尹持憲, 프란치스코), 유항검 아우구스티노의 집안과 인척간인 이우집(李宇集) 등도 체포되어 3월 28일(음)부터 전주 감영에서 문초를 받았습니다. 중인 김유산(金有山)도 유관검의 고발로 붙잡혀 4월 26일(음) 문초를 받았습니다. 또한 이들의 고발로 전주·금산·고산·영광·무장·김제 등 여러 고을에서 200명 이상의 신자들이 체포되어 문초를 받았습니다. 이때 이우집을 문초하는 과정에서 서양 선박을 불러들이려는 계획이 탄로되었고, 이 계획에 유항검 아우구스티노·유관검·윤지헌 프란치스코·이우집 등이 관련되었음을 알게 되었습니다.

5. 이에 배교자들은 석방하거나 귀양 보내고 중요한 인물들만을 의금부로 압송하여 판결을 받게 하였습니다. 이들 가운데 서양 선박을 불러들이려는 계획과 무관한 양반 집안 출신 **복자 한정흠(韓正欽, 스타니슬라오)**, 유항검 아우구스티노 집의 종 **복자 김천애(金千愛, 안드레아)**, **복자 최여겸(崔汝謙, 마티아)** 등은 7월 13일(음) 사형 선고를 받고 고향인 김제·전주·무장으로 각각 이송되어 처형당하였습니다. 그리고 서양 선박을 불러들이려는 계획과 관련된 유항검 아우구스티노·유관검·복자 윤지헌 프란치스코·이우집 등은 1801년 9월 11일(음) 사형 선고를 받고 전주로 압송되어 처형당하였습니다. 황사영 백서 사건의 하느님의 종 황사영(黃嗣永, 알렉시오)은 정약용(丁若鏞, 요한)의 고발로 1801년 2월 11일(음) 체포령이 내려졌으나, 7개월이 넘도록 붙잡히지 않고 도피 생활을 계속하였습니다.

6. 그는 피신 중 김한빈(金漢彬, 베드로)을 따라 충청도 배론으로 가 김귀동(金貴同)의 집에 은거한 뒤, 그곳에서 자신이 겪은 박해 상황과 김한빈 등을 통해 수집한 박해 과정을 기록하면서 교회의 재건 방안을 구상하였습니다. 이때 하느님의 종 황심(黃沁, 토마스)이 김한빈을 만나기 위하여 제천으로 찾아

왔습니다. 황사영 알렉시오는 1801년 8월 26일(음) 황심 토마스를 만나자 박해로 폐허가 된 조선교회의 실정과 조선교회의 재건과 종교의 자유를 얻기 위해 서양 군함의 파견 등을 요청하는 내용의 백서를 작성하여 북경 주교에게 발송하려고 하였습니다. 황심 토마스는 중국을 여러 번 왕래한 **하느님의 종 옥천희(玉千禧, 요한)**와 함께 백서를 북경에 가져가기로 결정하였습니다.

7. 그러나 옥천희 요한이 북경에서 돌아오는 길에 책문에서 체포되고 옥천희 요한의 고발로 황심 토마스가 1801년 9월 15일(음) 체포됨에 따라 발각되고 말았습니다. 이 백서사건으로 천주교에 대한 박해가 다시 크게 일어났는데, 황심 토마스의 고발로 황사영 알렉시오와 김한빈 베드로가 9월 29일(음) 제천에서 체포되었습니다. 동래 앞바다에 정박한 외국배에 올라가 본 적이 있는 역관 집안 출신 복자 현계흠(玄啓欽, 플로로)도 백서사건에 연루되어 체포되었습니다. 아울러 정약용(丁若鏞, 요한)·정약전(丁若銓, 안드레아) 등도 황사영 알렉시오와의 공모 여부를 캐기 위하여 다시 체포되었습니다.

8. 백서사건 관련자들 가운데 김한빈 베드로와 황심 토마스는 1801년 10월 24일(음) 판결을 받고 이튿날 참수되었습니다. 황사영 알렉시오·옥천희 요한·현계흠 플로로는 같은 해 11월 5일(음)에 처형되었습니다. 정약용 요한·정약전 안드레아 등은 공모의 증거가 발견되지 않았기 때문에 강진과 흑산도로 각각 유배되었습니다. 대왕대비 정순왕후(貞純王后)는 청나라에 진주사를 파견하여 백서사건을 마무리하고, 천주교를 박해한 일을 종묘(宗廟)에 고유(告由)하게 하였습니다. 아울러 아직도 죄상을 추궁하지 못한 사학죄인에 대한 신문을 연말까지 끝내도록 지시하였습니다. 그리고 백성들에게 박해의 전말과 그 당위성을 알리는 반교문(頒敎文)을 1801년 12월 22일(음) 반포하였습니다.

9. 이에 따라 1801년 12월 22일(음) 귀양 가 있다 다시 체포된 유항검 아우구스티노의 처 **하느님의 종 신희(申喜)**, 아들 **복자 유중성(柳重誠, 마태오)**, 며느리 복자 이순이(李順伊, 루갈다)와 동생 유관검의 처 **하느님의 종 이육희(李六喜)** 등이 모두 출신지인 전주로 압송되어 처형되었습니다. 12월 26일(음) 16명에 대한 사형 선고도 있었는데, 이윤하(李潤夏, 마태오, 성녀 이순이 루갈다의 아버지)의 아들 **복자 이경도(李景陶, 가롤로)·복자 손경윤(孫敬允, 제

르바시오) · 복자 김계완(金啓完, 시몬) · 복자 홍익만(洪翼萬, 안토니오) · 최설애(崔雪愛) · 김의호(金義浩) · 송재기(宋再紀) · 장덕유(張德裕) · 변득중(邊得中) 등 9명은 서울에서 처형되었습니다. 복자 정광수(鄭光受, 바르나바)는 여주에서, 김귀동(金貴同)과 **복자 황일광(黃日光, 시몬)**은 홍주에서, **하느님의 종 김일호(金日浩)**와 하느님의 종 권철신(權哲身, 암브로시오)의 양자인 **복자 권상문(權相問, 세바스티아노)**은 양근에서, **복자 한덕운(韓德運, 토마스)**은 광주에서, 복자 홍교만(洪敎萬, 프란치스코 하비에르)의 아들 복자 홍인(洪鏔, 레오)은 포천에서 각각 처형되었습니다.

10. 이렇게 해서 가혹하고 잔인했던 신유박해(辛酉迫害)는 막을 내렸는데, 황사영 알렉시오는 신유박해 때 서울에서 순교한 이들과 옥사한 이들이 300여 명이라 하였습니다. 이 숫자에는 지방에서 희생된 신자는 포함되지 않았으므로, 결국 이들까지 포함할 경우 신유박해 때 희생된 신자들의 숫자는 300여 명보다 훨씬 더 많았을 것입니다. 신유박해를 통해 순교한 순교자 중에 성인품에 오른 분은 한 분도 없으며, 복자품에 오른 성직자[74]는 1위, 평신도[75]는 85위

---

74) 복자 주문모 야고보(周文謨 James) 신부.

75) 복자 강경복 수산나(姜景福 Susan), 복자 강완숙 골롬바(姜完淑 Columba), 복자 고성대 베드로(高聖大 Peter), 복자 고성운 요셉(高聖云 Joseph), 복자 구성열 바르바라(具性悅 Barbara), 복자 권상문 세바스티아노(權相問 Sebastian), 복자 권상연 야고보(權尙然 James), 복자 권천례 데레사(權千禮 Teresa), 복자 김강이 시몬(金鋼伊 Simon), 복자 김계완 시몬(金啓完 Simon), 복자 김광옥 안드레아(金廣玉 Andrew), 복자 김사집 프란치스코(金-- Francis), 복자 김세박 암브로시오(金世博 Ambrose), 복자 김시우 알렉시오(金時佑 Alexius), 복자 김연이 율리아나(金連伊 Juliana), 복자 김윤덕 아가타 막달레나(金允德 Agatha Magdalene), 복자 김이우 바르나바(金履禹 Barnabas), 복자 김정득 베드로(金丁得 Peter), 김종교 프란치스코(金宗敎 Francis), 복자 김종한 안드레아(金宗漢 Andrew), 복자 김진후 비오(金震厚 Pius), 복자 김천애 안드레아(金千愛 Andrew), 복자 김현우 마태오(金顯禹 Matthew), 복자 김화춘 야고보(金若古排 James), 복자 김희성 프란치스코(金稀成 Francis), 복자 문영인 비비안나(文榮仁 Vivian), 복자 박경화 바오로(朴-- Paul), 복자 박취득 라우렌시오(朴取得 Lawrence), 복자 방 프란치스코(方 Francis), 복자 배관겸 프란치스코(裵-- Francis), 복자 서석봉 안드레아(徐碩奉 Andrew), 복자 손경윤 제르바시오(孫敬允 Gervase), 복자 심아기 바르바라(沈阿只 Barbara), 복자 안군심 리카르도(安-- Richard), 복자 원경도 요한(元景道 John), 복자 원시보 야고보(元-- James), 복자 원시장 베

로 총 86위입니다. 이 분들은 2014년 8월 16일 서울 광화문에서 현 프란치스코 교황에 의해 행해진 124위 한국 순교복자 시복 시 함께 시복되었습니다.

21. 한국 천주교회사에서 신유박해의 교회사적 의의는 무엇인가요?(1)

1. 복자 주문모(周文謨, 야고보) 신부는 「사순절과 부활시기를 위한 안내서」를 발간하여 신자들의 성사생활을 도왔습니다. 복자 정약종(丁若鍾, 아우구스티노)은 한글 교리서인 「주교요지」(主敎要旨)[76]를 번역하여 서민들과 부녀자

드로(元-- Peter), 복자 유문석 요한(柳文碩 John), 복자 유중성 마태오(柳重誠 Matthew), 복자 유중철 요한(柳重哲 John), 복자 유항검 아우구스티노(柳恒儉 Augustine), 복자 윤운혜 루치아(尹雲惠 Lucy), 복자 윤유오 야고보(尹有五 James), 복자 윤유일 바오로(尹有一 Paul), 복자 윤점혜 아가타(尹占惠 Agatha), 복자 윤지충 바오로(尹持忠 Paul), 복자 윤지헌 프란치스코(尹持憲 Francis), 복자 이경도 가롤로(李景陶 Charles), 복자 이경언 바오로(李景彦 Paul), 복자 이국승 바오로(李國昇 Paul), 복자 이도기 바오로(李道起 Paul), 복자 이보현 프란치스코(李步玄 Fransis), 복자 이순이 루갈다(李順伊 Lutgarda), 복자 이시임 안나(李時壬 Anna), 복자 이중배 마르티노(李中培 Martin), 복자 이현 안토니오(李鉉 Anthony), 복자 인언민 마르티노(印彦敏 Martin), 복자 정광수 바르나바(鄭光受 Barnabas), 복자 정복혜 칸디다(鄭福惠 Candida), 복자 정산필 베드로(鄭山弼 Peter), 복자 정순매 바르바라(鄭順每 Barbara), 복자 정약종 아우구스티노(丁若鍾 Augustine), 복자 정인혁 타대오(鄭仁赫 Thaddeus), 복자 정철상 가롤로(丁哲祥 Charles), 복자 조숙 베드로(趙淑 Peter), 복자 조용삼 베드로(Peter), 복자 지황 사바(池璜 Saba), 복자 최봉한 프란치스코(崔奉漢 Francis), 복자 최여겸 마티아(崔汝謙 Matthias), 복자 최인길 마티아(崔仁吉 Matthias), 복자 최인철 이냐시오(崔仁喆 Ignatius), 복자 최창주 마르첼리노(崔昌周 Marcellinus), 복자 최창현 요한(崔昌顯 John), 복자 최필공 토마스(崔必恭 Thomas), 복자 최필제 베드로(崔必悌 Peter), 복자 한덕운 토마스(韓德運 Thomas), 복자 한신애 아가타(韓新愛 Agatha), 복자 한정흠 스타니슬라오(韓正欽 Stanislaus), 복자 현계흠 플로로(玄啓欽 Florus), 복자 홍교만 프란치스코 하비에르(洪敎萬 Francis Xavier), 복자 홍낙민 루카(洪樂敏 Luke), 복자 홍익만 안토니오(洪翼萬 Anthony), 복자 홍인 레오(洪鐉 Leo), 복자 홍필주 필립보(洪弼周 Philip), 복자 황일광 시몬(黃日光 Simon).

[76] 「주교요지」(主敎要旨)는 초기교회의 창설자의 한 사람인 복자 정약종(丁若鍾, 아우구스티노)이 저술한 교리서. 우리나라에서 우리나라 사람 평신도가 우리나라 말로 지은 최초의 교리서라고 할 수 있다. 그의 저작연도는 확실치 않으나, 정약종이 1786년에 입교하여 1801년에 순교하였으므로 그 저작연도는 1786년에서 1801년 사이임을 알 수 있다. 다만 교리에 대한 연구와 저작을 위한 지식의 함양을 고려한다면 후기에 이루어졌을 것으로 판단된다. 상·하 두 권으로 되어 있는 「주

들의 교리 공부에 도움을 주었고, 복자 최창현(崔昌顯, 요한)은 「성경직해」를 번역하여 신자들의 성서 공부에 도움을 주었습니다. 하느님의 종 황사영(黃嗣永, 알렉시오)은 「백서」 기록을 통해 신유년 순교자들에 대한 정보를 교회 공동체에 남겼습니다. 김건순(金健淳, 요사팟)은 「천당지옥편」을 저술하였으며, 복자 이순이(李順伊, 루갈다)는 옥중에서 어머니와 언니·올케에게 두 통의 편지를 썼습니다. 이순이 루갈다의 오빠인 복자 이경도(李景陶, 가롤로)도 순교하기 전날 그의 어머니에게 편지를 써서 보냈습니다.

2. 또한 복자 강완숙(姜完淑, 골룸바)은 옥에서 주문모 야고보 신부가 순교하였다는 소식을 듣고서, 자기 옷자락을 찢어서 거기에 선교사의 사도적 업적을 썼습니다. 이 행적은 그 비단 조각을 맡았던 여교우의 소홀로 안타깝게도 분실되고 말았습니다. 순교자에 관한 한국 천주교회의 최초의 기록은 북경 교구의 구베아(de Gouvea) 주교가 1797년 8월 15일 중국 사천(四川) 교구장에게 보낸 서한일 것입니다. 그는 복자 주문모 야고보 신부의 편지와 조선 교우들의 편지를 참조하여 이 편지를 엮어서 후대에 「조선교회의 기원」과 「조선교회 초기 순교자들」에 대해 알게 해주었습니다.

3. 조선교구 제2대 교구장 성 범 라우렌시오(앵베르) 주교는 기해년(1839) 박해가 일어나자 곧 순교자들의 사적을 기록하기 시작하였습니다. 자신의 순교를 예상하여 성 정하상(丁夏祥, 바오로)과 **성 현석문(玄錫文, 가롤로), 성녀 현경련(玄敬連, 베네딕타)** 자매와 그리고 **성 이문우(李文祐, 요한)**, 최희원 등에게 순교자의 사적을 면밀히 조사하여 기록하도록 위임하였습니다. 달레 신부

교요지」(主敎要旨)는 상권은 천주의 존재, 사후의 상벌, 영혼의 불멸을 밝히면서 이단을 배척하는 일종의 호교서(護敎書)이고, 하권은 천주의 강생과 구속의 교리를 설명하고 있다. 이 교리서는 무식한 부녀자나 어린이까지도 읽어 알아들을 수 있도록 평이하게 한글로 서술하였다. 황사영(黃嗣永)은 그의 백서(帛書)에서 정약종이 이 책을 저술함에 있어 여러 가지 책을 인용하였고, 자기의 의견도 보태었다고 했으며, 주문모(周文謨, 야고보) 신부도 정약종의 「주교요지」(主敎要旨)를 아주 적절한 것으로 인준하였다는 사실로 미루어 보아, 「주교요지」(主敎要旨)가 단순한 한역서학서의 우리말 번역이 아님을 말해 주고 있다. 「주교요지」(主敎要旨)는 필사본(筆寫本)으로 전해져 오다가, 1864년 목판본으로 간행되었는데, 초기 교회 발전에 끼친 「주교요지」(主敎要旨)의 공헌은 절대적이었다.

가 「조선천주교회사」를 저술할 때에 조선 파견 선교사들의 편지나 보고서 등을 참조하여 저술하였습니다. 특별히 조선에 전교 신부가 들어오지 않았던 시기(1802-1835년)에 관해서는 **성 안 안토니오(다블뤼) 주교** 개인이 수집한 자료를 참조하였습니다. 다블뤼 주교는 허약한 건강에다 바쁜 사목생활로 직접 교회사 편찬을 하지 못하게 되자, 1862년 그동안 수집한 모든 수기와 문헌들을 그대로 파리외방전교회 본부로 보냈던 것입니다.

4. 한편, 순교자들은 신앙서적을 열심히 읽고 연구하였는데, 황사영 알렉시오는 친하게 알던 정약종 아우구스티노의 사람됨에 대해서 이렇게 묘사하였습니다. "그는 세속 사정을 조금도 돌보지 않고 특히 철학과 종교 연구를 즐겨 하였으며, 교리의 어떤 점이 분명치 않게 생각될 때에는 그것을 연구하느라고 침식을 잊고 그것을 밝혀내기까지는 휴식도 취하지 않았습니다. 그는 길을 가거나 집에 있거나 말을 타거나 배를 타거나 깊은 묵상을 그치지 않았고, 무식한 사람들을 만나면 온갖 정성을 들여 그들을 가르쳤으며, 아무리 피곤하더라도 그 일을 게을리 하지 않았고, 귀찮아하는 것을 볼 수가 없었습니다. 그는 그의 말을 듣는 사람들이 아무리 우둔하더라도 그들에게 자기의 말을 이해시키는데 신기하리만큼 능숙하였으며, 그는 조선말로 「주교요지」(主教要旨)라는 책 두 권을 저술하였습니다. 거기에는 그가 천주교 서적에서 본 것을 모아 놓고 거기에 자기의 생각을 덧붙였으며, 무엇보다도 명백히 설명하는데 힘썼습니다. 이 책은 이 나라의 새 교우들에게 귀중한 책이며 주문모 야고보 신부도 그것을 인정하였습니다.

5. 정약종 아우구스티노가 교우들을 만나면 관례적인 첫인사를 나눈 후 곧 교리 이야기를 하며 하루 종일 사람들은 쓸데없는 말을 끼울 수 없었습니다. 그가 통달하지 못하였던 어떤 어려운 점을 누가 풀어 주면 그는 마음에 기쁨이 넘쳐흘러 그 대화자에게 뜨겁게 감사하였습니다. 냉담자나 우둔한 사람이 구원의 진리를 기꺼이 듣지 않으면 그는 근심과 걱정을 억제할 수가 없었습니다. 사람들은 그에게 별문제를 다 질문하였는데, 그 머리의 기막힌 정확성과 단순하고 명쾌한 그의 말 덕택으로 그는 모든 사람의 마음속에 신앙을 굳게 하고 애덕을 더하게 하였습니다. "그의 덕이 총회장 최창현 요한의 덕보다 덜

할지도 모르고, 그의 명성도 최창현 요한의 명성보다 덜 빛날지는 모르나, 자질과 지식으로는 그보다 더 우수하였다."라고 표현하고 있습니다.(황사영 백서 36-38행 참조)

22. 한국 천주교회사에서 신유박해의 교회사적 의의는 무엇인가요?(2)

1. 순교자들은 순교하기까지 기쁨을 잃지 않았습니다. 백정 출신이어서 조선시대의 신분상의 차별로 인해 사람 취급도 못 받던 복자 황일광(시몬)은 하느님의 백성은 모두 평등하고 하나라고 하였습니다. 양반들이 신분상 똑같이 대해 주는 천주교를 믿게 된 것이 두 천국의 기쁨을 누리는 것이라고 했습니다. 하나는 살아서 있는 지금이 천국이요, 죽어서 가는 하늘나라 천국이 또한 천국이라 했습니다. 황일광 시몬은 포졸들에게 체포되는 순간에도 여유를 잃지 않았으며, 그는 체포될 때에 다음과 같이 말했다고 합니다. "나리들은 나를 남원 고을에서 살기 좋은 옥천 고을로 옮겨가게 하시니, 이 큰 은혜 대단히 감사합니다." 조선말에 '남원'은 나무를 가리키고, '옥천'은 옥(獄)을 가리키는 말로, 복자 정약종 (丁若鍾, 아우구스티노)을 모시던 그는 땔나무를 사러 나갔다가 포졸들을 만나 잡혀서 옥으로 끌려갔던 것입니다.

2. 여성 순교자들은 시대를 초월하는 모범적인 신앙생활을 하였습니다. 초기 조선 천주교회 여성 신자들은 자녀들에 대한 신앙교육, 선교활동, 여성신자들의 공동생활(오늘날의 수도회 공동체처럼), 자선사업, 동정녀들의 수정생활(守貞生活) 등 많은 모범을 보였습니다. 대표적인 여성은 복자 강완숙(姜完淑, 골룸바, 1760-1801년) 순교자라 할 수 있는데, 그녀의 활동을 보면 다음과 같습니다. ①여성단체를 조직하여 불행하고 의지할데 없는 여자들을 거두어 그의 집에서 살게 하고 교리를 가르쳤으며, ②복음을 전파하는 선교활동을 시작하여 시어머니와 남편의 전처 아들 복자 홍필주(洪弼周, 필립보)와 친정 부모를 입교시켰습니다. 그리고 지체 높은 양반집 여러 부녀자들이 그녀로부터 신앙을 전해 받아 입교하였고, 왕가의 부녀들과 궁내의 나인들에게도 전교하였습니다.[은언군 부인 하느님의 종 송(宋) 마리아와 며느리 하느님의 종 신(申) 마리아]

3. ③당시의 국법에 역적이 아니면 양반의 부녀자들은 형벌로부터 제외되었기에 그들은 금교령(禁敎令)을 걱정할 필요가 없어 신입교우들 위해 교리 강습회·강연회 등을 자주 개최하였으며, ④동정녀들이나 과부들을 모아 교육활동까지 지도하여, 교육과정이 끝나면 그들로 하여금 집집마다 방문케 해 천주를 믿도록 권유하게 하고 자기 자신도 밤낮으로 돌아다니며 남을 권유해서 감화시켰으, ⑤수도회적인 성격의 단체를 처음으로 조직하였으며, ⑥명도회의 여성회장을 수행하면서 남인 양반과 중인들로 구성된 남 교우들과 더불어 다양한 선교활동을 펼쳐 선교와 자선적인 교회 사업에 참여하였고, ⑦1791년 신해박해 시 음식을 만들어 옥에 갇힌 교우들을 방문하거나, ⑧교회 지도자와 회장인 남녀 교우들과의 잦은 교류를 통해 한국 천주교회의 성장과 확장에 공헌하였습니다.

23. 한국 천주교회사에서 신유박해의 교회사적 의의는 무엇인가요?(3)

1. 신유박해(辛酉迫害)로 조선의 교회는 엄청난 타격을 받았지만, 신유박해 이전에도 박해가 없었던 것은 아니었습니다. 하지만 그것들은 일부의 신자들에게 국한된 부분적인 박해였던 반면 신유박해는 조선의 교회에 가해진 최초의 대대적이고 전면적인 박해로 교회를 거의 폐허화시켰습니다. 어렵게 영입한 복자 주문모(周文謨, 야고보) 신부가 순교함으로써 유방제(劉方濟: 중국이름 余恒德, 파치피코) 신부가 1834년(순조 34년)에 입국할 때까지 목자 없는 교회의 상태를 유지해야 했습니다. 지도층 신도들이 거의 다 순교하거나 유배되거나 생명 유지를 위해 산간벽지로 피신하고 교회 서적들도 거의 다 압수됨에 따라 교회는 거의 빈사 상태에 놓이게 되었습니다.

2. 더욱이 1801년 신유척사윤음(辛酉斥邪綸音)인 토역반교문의 반포로 천주교를 언제라도 박해할 수 있는 법적인 근거가 마련됨에 따라 교회를 재건하는 데 큰 어려움을 겪게 되었습니다. 그리고 서양 군함 등을 요청하여 신교의 자유를 얻고자 하는 하느님의 종 황사영(黃嗣永, 알렉시오) 백서사건이 드러나면서 천주교는 반인륜적인 종교라는 인식에다 반국가적인 종교라는 인식까지 더하게 되어 천주교는 물론이고 발달된 서양 과학기술까지도 배척하게 되

었습니다. 이 때문에 조선의 과학기술은 낙후된 상황을 면치 못하게 되었고, 근대화의 기회도 놓치는 결과를 초래하고 말았습니다.

3. 그러나 노론 벌열(老論閥閱)의 천주교 탄압은 일시적인 성공에 불과하였습니다. 신유박해에 뒤이어 세도(勢道) 정권이 출현함에 따라 사회의 구조적 모순은 더욱더 심화되었습니다. 이미 한계를 드러낸 성리학은 여전히 지배적인 이념으로 기능하고 있는 상황이었습니다. 몰락할 처지에 놓여 있는 양반이나 양반 중심 신분제의 질곡에서 신음하고 있는 중인 이하의 신분층들에게 천주교와 서양 과학기술은 여전히 복음으로 받아들여질 수밖에 없었습니다. 이 때문에 대대적인 신유박해가 있었지만 오히려 천주교 신앙은 한층 더 넓은 지역으로 전파되어 나갔습니다. 살아남은 신자들은 박해를 피해 산간 지방으로 숨어들어 계속해서 복음을 전하였습니다. 또한 죽음을 눈앞에 둔 순교자들의 용기와 귀양 간 신자들의 인내가 사람들에게 큰 감명을 주었습니다. 그동안 신앙의 불모지였던 전라남도와 남쪽의 도서 지방, 그리고 경상도를 벗어나 강원, 황해, 평안, 함경도 등 온 나라의 아주 궁벽한 구석까지 천주교 신앙이 확산되었습니다.

4. 이렇게 전국에 걸쳐 널리 분포한 천주교 신자들은 신앙과 믿음 생활을 지속하기 위해 심산궁곡으로 숨어 들어가 산중 교회인 교우촌(交友村)[77]이라는 신앙 공동체를 본격적으로 형성하였습니다. 이렇게 형성되기 시작한 교우촌은 박해시기 내내 교회와 신앙을 지탱해 주는 바탕이 되었습니다. 신유박해는 일시적으로는 교회에 큰 타격을 주었지만, 궁극적으로는 오히려 천주교가 더욱 발전하는 밑거름이 되었던 것입니다. 또한 신유박해를 거치면서 민

---

77) 일반적으로 한국 천주교회는 순교자의 피를 바탕으로 성장해 왔는데, 그 순교자를 키운 것이 바로 교우촌(敎友村)이었다. 즉 신앙생활을 영위해 온 모든 구성원이 순교자의 배토(培土·농작물의 포기나 그루의 밑에 흙을 모아 북돋아 주는 일)였고, 그 생명의 터가 바로 교우촌이다. 그 속에서 살았던 신자들이 남긴 집단 메시지를 읽는 일이 중요하다. 역사의 조건이 공간, 사람, 사건이라고 할 때 교우촌은 하느님 말씀을 중심으로 친인척과 신친 등으로 얽혀, 전례력을 중심으로 이루어지는 기억과 실천으로 '우리 역사 안에 복음의 메시지를 재생해 내었다. 그러면서 교우촌 문화는 끊임없이 확대되었고, 동시에 교우촌마다 독특한 복음적 상징을 재생산해 내었다.

중 신앙으로서의 성격이 더욱더 강화된 점도 교회사적으로 의미가 크다고 하겠습니다. 물론 신유박해를 계기로 중인 이하 신분 층에 속한 신자들의 교회 내 역할과 비중이 이전보다 크게 확대되었지만, 여전히 양반 신자들이 적지 않는 비중을 차지하고 있었습니다.

5. 그러나 신유박해를 겪으면서 그들 양반 신자들 대부분이 순교하거나 배교하고 귀양을 감에 따라 스스로 양반의 자격을 포기한 민중적 양반이거나 중인 이하의 신분 층이 교회 구성원의 대부분을 차지하게 되었습니다. 이제 천주교 신앙은 주로 하층민들을 통하여 전파되어 나감으로써 교회의 민중적인 성격은 더욱더 뚜렷해지게 되었습니다. 신유박해는 조선의 교회나 사회에 커다란 영향을 미쳤으며, 교회가 받은 타격도 컸지만 정치적인 충격도 컸었습니다. 교회는 중요한 역할을 하던 대부분의 교역자들을 잃었고, 목자 없는 교회가 되어 30여 년 동안 또 다시 목자를 기다리는 인고의 삶을 살아야 했습니다. 대왕대비 정순왕후(貞純王后) 김씨의 금교령 반포는 종교의 유입을 차단하는 도구가 되었습니다. 하지만 아울러 서구 문명의 이기조차 유입되지 못하게 만들어 나라 발전의 기틀을 마련하는데 큰 실패를 하였습니다.

6. 정순왕후 김씨의 의도된 박해는 많은 순교자들을 낳았는데, 순교자들의 피는 오히려 교회 성장의 밑거름이 되어 전국 각 지역으로 교회가 확장되는 계기가 되었습니다. 교회의 지도층 인물들은 교회 공동체에서 순교나 배교로 떠나갔습니다. 하지만 중인 이하 신분의 교우들이 등장하여 그 맥을 이어가게 되었고, 또다시 성장하여 오늘의 교회 모습을 만들 수 있게 했습니다. 이제 이들 순교자들의 후손인 우리는 순교자들의 삶을 본받아 교회를 쇄신하고, 활발했던 초기 평신도들의 교회 모습을 다시 만들어야 합니다.

24. 한국 천주교회사에서 두 번째 대박해인 기해박해의 배경은 무엇인가요?(1)

1. 기해박해(己亥迫害)는 천주교 4대 박해 중의 하나로 1839년(기해년, 헌종 5년) 3월(음)에서 10월까지 계속되었습니다. 이 박해로 인해 참수된 천주교 신자는 70명이고, 옥중에서 죽은 신자는 60여 명이었는데, 그중 70명이 훗날 103위 순교성인품에 올랐습니다. 박해의 표면적인 원인은 사학(邪學)이라 불

리던 천주교를 배척한다는 것이었습니다. 하지만 직접적인 원인은 **시파(時派)·벽파(僻派)의 정치적 갈등**, 즉 시파인 안동 김씨의 세도를 빼앗기 위해 벽파인 풍양 조씨가 일으킨 것이라고 볼 수 있습니다. 순조(純祖, 재위 1800-1834년, 조선 제23대왕) 재위 초기에 정사를 마음대로 하던 대왕대비(大王大妃) 정순왕후 김씨(貞純王后, 1745-1805년)는 영조(英祖, 재위 1724년-1776년, 조선 제21대왕)의 계비요 순조의 계증조모(繼曾祖母)로 1801년 신유박해(辛酉迫害)를 일으킨 적이 있었습니다.

2. 대왕대비(大王大妃) 정순왕후 김씨는 천주교에 반감을 가지고 있던 노론(老論)의 벽파에 속했었습니다. 1802년 안동 김씨로 시파에 속해 있던 김조순(金祖淳)의 딸이 순조 비인 순원왕후(純元王后)가 되면서 정권이 바뀌었고 이후 36년간은 안동 김씨가 정권을 잡게 되었습니다. 그러다가 김조순이 1832년 4월(음)에 죽으면서 세도는 그 아들 김유근(金逌根 1785-1840년)에게 돌아갔습니다. 1834년 11월(음) 순조가 승하하면서 그의 손자인 헌종(憲宗, 재위 1827-1849년, 조선 제24대왕)이 8세로 왕위에 오르게 되었습니다. 이에 대왕대비 순원왕후가 수렴청정을 하게 되었는데, 이때 그의 오빠인 황산(黃山) 김유근이 판서로서 대비의 정사를 보필하였습니다.

3. 안동 김씨는 벽파와 달리 천주교에 대해 비교적 관용적이어서 순조 재위 기간과 헌종 초까지도 천주교 문제에 대해 개의치 않으려 하였습니다. 나이 어린 헌종이 성년이 될 때까지 현상을 유지하려 하였을 뿐만 아니라 김유근은 본래 천주교에 호의적이었습니다. 당시 역관이며 천주교 신자인 성 유진길(劉進吉, 아우구스티노)과 절친하여 1840년 12월 죽기 전에 그에게서 대세(代洗)를 받기도 하였습니다. 그러므로 조선 천주교회는 1836년 이후 조선에 입국한 프랑스 신부들을 중심으로 견고하게 될 수 있었고, 신자 수는 약 1만 명으로 증가하였습니다.

4. 이러한 상황은 풍양 조씨가 세력을 잡으면서 바뀌게 되었습니다. 풍양 조씨 세력은 조만영(趙萬永)의 딸이 효명세자(孝明世子) 익종(翼宗, 1809-1830년, 추존왕)의 비(妃)로 간택되었습니다. 1827년 익종이 대리청정을 하게 된 이후부터 새로운 세력이 등장하였습니다. 그러나 1830년 익종이 사망하고, 1837

년 안동 김씨 김조근(金祖根)의 딸이 헌종 비인 효현왕후(孝顯王后)로 간택되면서 다시 안동 김씨 세력에 밀리게 되었습니다. 그러던 중 김유근이 1836년 무렵부터 중풍에 걸려 제대로 정사를 돌보지 못하게 되면서, 정권은 다시 우의정인 이지연(李止淵)에게 넘어가게 되었습니다. 그는 풍양 조씨와 손을 잡고 천주교를 박해를 계획하는 동시에 이를 계기로 시파인 안동 김씨의 세도를 빼앗고자 하였습니다.

25. 한국 천주교회사에서 두 번째 대박해인 기해박해의 배경은 무엇인가요?(2)

1. 천주교에 대한 박해는 이미 1838년 말부터 시작되었으며, 조선 정부에서 공식적인 체포령이 내려진 것은 아니었지만, 일단의 포졸들에 의해 서울의 일부 지역에서 신자들이 체포되었습니다. 그리고 이듬해 1839년 1월 16일에 **성 권득인(權得仁, 베드로)**이 체포되었으며, 1839년 1월 말에는 강원도 서지 땅에 살던 **복자 최해성(崔海成, 요한)**이 체포되어 원주 감옥에 투옥되었습니다. 그 해 2월에는 한강변에 살던 **성녀 박아기(朴阿只, 안나)**가, 3월 21일에는 경기도 광주의 구산(龜山, 현 광주군 동부면 망원리)에서 **성 김성우(金星禹, 안토니오)**의 두 아우가 체포되었습니다.

2. 또 4월 7일에는 서울의 회장 **성 남명혁(南明赫, 다미아노)**, 성 이광헌(李光獻, 아우구스티노)과 그의 가족들이 모두 체포되었습니다. **성녀 이매임(李梅任, 데레사)**의 집에서 함께 생활하던 **성녀 허계임(許季任, 막달레나)**과 두 딸인 **성녀 이정희(李貞喜, 바르바라)**와 **성녀 이영희(李英喜, 막달레나)** 그리고 **성녀 김성임(金成任, 마르타), 성녀 김누시아(金累時阿, 루치아)** 등이 성 남명혁(南明赫, 다미아노)과 성 이광헌(李光獻, 아우구스티노)의 두 자녀들의 용기를 본받고자 포졸들에게 자수하였습니다.

3. 그뿐만 아니라 4월 12일에는 최 야고보 가족들이, 4월 15일에는 궁중 나인 **성녀 전경협(全敬俠, 아가타)**과 **성녀 박희순(朴喜順, 루치아)**이 체포되었습니다. 이에 앞서 제2대 조선교구장 성 범라우렌시오(앵베르) 주교는 갓등이(현 경기도 화성군 왕림리) 공소에 숙소를 정하고, 서울 성 남명혁(南明赫, 다미아노)의 집에서 성사를 주고 다시 갓등이로 돌아가고 있었습니다. 이처럼 각

지에서 천주교 신자들이 체포되면서 감옥은 이미 그들로 가득 차게 되었습니다. 당시의 형조 판서 조병현(趙秉鉉)은 가능하면 신자들의 목숨을 구해 주려고 배교를 권하였습니다. 그러나 아무런 효과가 없었고, 사정을 우의정 이지연(李止淵)에게 보고해야만 하였습니다.

4. 우의정 이지연은 이를 기회로 1839년 4월 18일(음 3월 5일) 천주교 박해를 허가해 주도록 대왕대비 순원왕후(純元王后)에게 아뢰었습니다. 대왕대비전에서 이를 재가하여 공식적으로 인정하게 되었는데, 이것이 일명 '사학토치령(邪學討治令)'입니다. 이때 우의정 이지연이 아뢴 내용을 보면, 천주교인은 무부무군(無父無君)의 역적 무리이니 좌우 포도청에 하명하여 조사와 기찰을 강화토록 하였습니다. 형조 판서는 신자들 가운데 뉘우치지 않는 자를 처형할 것이며, 서울과 지방에 다시 오가작통(五家作統)의 법을 시행하여 빠져나가는 사람이 없도록 해달라는 것이었습니다.

26. 한국 천주교회사에서 두 번째 대박해인 기해박해의 배경은 무엇인가요?(3)

1. 순원왕후(純元王后) 대왕대비전에서 내린 사학토치령(邪學討治令)은 이보다 더욱 엄하였으므로 이미 투옥되어 있던 신자들은 혹독한 형벌을 받아야만 했습니다. 그럼에도 불구하고 1839년 5월 3일(음 3월 20일)까지 새로 체포된 신자는 한 명도 없었습니다. 이날 사헌부 집의(執義) 정기화(鄭琦和)는 '만일 원흉을 잡지 못하면 천주교 근절을 기할 수 없다'는 요지의 상소를 올렸고, 같은 날 경기도 고양 용머리에서 **성녀 김효임(金孝任, 골룸바), 성녀 김효주(金孝珠, 아녜스)** 자매가 체포되었습니다. 한편 형조 판서의 그 해 5월 3일자 보고에 의하면, 포도청에서 형조로 이송된 천주교 신자가 도합 43명인데 그간 15명이 배교하여 석방되었다고 합니다. 또 동월 11일자 보고에 의하면, 나머지 28명 중 11명이 배교하여 곧 석방될 예정이라 하였습니다.

2. 이들 중 1839년 5월 24일(음 4월 12일) 사형 선고를 받고 서소문 밖에서 순교한 사람들은 성 남명혁(南明赫, 다미아노), 성 이광헌(李光獻, 아우구스티노), 성녀 박아기(朴阿只, 안나), 성녀 박희순(朴喜順, 루치아)입니다. 또한 이미 1836년 체포되어 오랫동안 옥중에서 고난을 겪어 오던 **성녀 이조이(李召**

史, 아가타), 성녀 김업이(金業伊, 막달레나), 성녀 한아기(韓阿只, 바르바라) 등 모두 9위이었습니다. 성 범 라우렌시오(앵베르) 주교는 3일 뒤 이들의 시신을 거두어 장사 지낼 수 있었습니다.

3. 이 밖에도 1839년 5월 26일에는 한강변 서강에서 살다 체포된 **성 장성집(요셉)**이 장사로 옥중에서 순교하였습니다. 다음 날에는 14살 된 어린 동정녀 **성녀 이 바르바라**가 포도청의 옥에서 굶주림과 열병으로 옥사하였으며, 같은 무렵에 **성녀 김 바르바라**와 정 아가타도 신앙을 지키다가 형조에서 옥사하였습니다. 그뿐만 아니라 조선 정부에서는 1827년 정해박해(丁亥迫害) 때 체포되어 대구 옥에 갇혔던 **복자 박사의(朴士儀, 안드레아), 복자 이재행(李在行, 안드레아), 복자 김사건(金思建, 안드레아)**과 전주 옥에 갇혀 있던 **복자 신태보(申太甫, 베드로), 복자 이태권(李太權, 베드로), 복자 이일언(李日彦, 욥), 복자 정태봉(鄭太峯, 바오로), 복자 김대권(金大權, 베드로)** 등에도 각각 1839년 5월 26일과 5월 29일에 참수형을 집행하도록 하였습니다.

27. 한국 천주교회사에서 두 번째 대박해인 기해박해의 배경은 무엇인가요?(4)

1. 기해박해(己亥迫害)는 1839년 5월 말부터 일단 누그러져 약 1개월 동안은 평온을 되찾았습니다. 그동안 성 범 라우렌시오(앵베르) 주교는 서울을 떠나 **하느님의 종 손경서(안드레아)**가 마련해 놓은 경기도의 피신처(현 화성군 양감면 용소리의 상계 마을)로 갔고, 성 나 베드로(모방) 신부와 성 정 야고보(샤스탕) 신부도 지방으로 피신하였습니다. 그러나 조선 정부의 세도가 조만영(趙萬永)을 위시한 풍양 조씨에게 넘어가게 되었고, 1839년 7월 5일(음 5월 25일) 천주교 신자 색출에 노력하라는 대왕대비의 전교가 있게 되면서 다시 상황이 바뀌어 박해가 시작되었습니다.

2. 이때 배교자인 김여상이 밀고자 역할을 하였고, 그의 제보로 며칠 사이에 샤스탕 신부의 복사로 있던 성 현석문(玄錫文, 가롤로), 조선교회의 지도자요 밀사 역할을 하던 **성 조신철(趙信喆, 가롤로)**, 성 정하상(丁夏祥, 바오로), 역관 성 유진길(劉進吉, 아우구스티노)이 체포되었습니다. 이때 정하상 바오로는 체포될 것을 예상하고 호교론서인 「상재상서」(上宰相書)를 지어 품안에 품고

있었는데, 그의 예상대로 이 글은 체포된 후 조선 정부에 보고되었습니다.

3. 이어 1839년 7월 20일에는 형조에서 문초를 받아오던 **성 이광렬(李光烈, 요한)**, 성녀 김장금(金長金, 안나), 성녀 김노사(金老沙, 로사), 성녀 원귀임(元貴任, 마리아) 등과 언제나 신앙을 함께해 오던 성녀 이정희(李貞喜, 바르바라)와 성녀 이영희(李英喜, 막달레나) 그리고 성녀 김성임(金成任, 마르타), 성녀 김누시아(金累時阿, 루치아) 등 8명이 서소문 밖에서 참수 순교하였습니다. 당시 앵베르 주교는 상계 마을 피신처에서 신자들로부터 전해지는 모든 소식을 듣고 있었고 그 해 7월 하순경 모방 신부와 샤스탕 신부를 자신의 거처로 오도록 하여 앞으로의 할 일을 의논한 다음 다시 교우촌의 신자들을 찾아보도록 하였습니다.

4. 같은 시기에 김여상을 앞세운 포졸들은 수리산(현 경기도 안양시 안양4동) 교우촌으로 몰려가 **최양업(崔良業, 토마스) 신부**[78]의 부모인 **성 최경환(崔京煥, 프란치스코)**과 **복자 이성례(李聖禮, 마리아)**, 이 에메렌시아 등 여러 교우

---

78) 한국교회가 배출한 두 번째 사제이자 '땀의 순교자로 불리는 최양업 토마스 신부가 2016년 4월 26일 '가경자(可敬者, Venerable)로 선포됐다. 이로써 최양업 토마스 신부는 한국교회가 추진하는 시복 시성 대상자 중 증거자로서는 첫 가경자가 됐다. 이후 기적심사만 통과하면 최양업 토마스 신부는 곧바로 시복된다. 프란치스코 교황은 4월 26일 교황청 시성성 장관 안젤로 아마토 추기경을 접견하고 최양업 토마스 신부의 '영웅적 성덕을 인정하는 시성성 교령을 승인했다. 이 소식은 바티칸 통신(VIS) 4월 27일자를 통해 공표됐다. '가경자란 교황청 시성성의 시복 심사에서 영웅적 성덕이 인정된 '하느님의 종에게 붙이는 존칭이다. 최양업 토마스 신부를 가경자로 선포한 것은, 보편교회가 그를 복자 위에 올려 '공경할 만한 인물'이라고 인정했음을 뜻한다. 이에 따라 앞으로 최양업 토마스 신부의 전구를 통해 기적이 일어났음을 입증하는 '기적 심사가 통과되면 시복이 결정된다. 최양업 토마스 신부의 시복이, 같은 시기에 추진해 지난 2014년 시복된 윤지충 바오로와 동료 순교자 123위보다 오래 걸리는 것은 바로 이 '기적 심사때문이다. 시복 시성에 관한 교황령과 교황청 시성성 지침에 따르면 가경자의 시복에는 기적 심사가 필요하다. 순교자는 순교 자체를 기적으로 보아 기적 심사가 면제된다. 한국 천주교회는 현재 최양업 토마스 신부 기적 관련 예비심사를 마무리하여 관련 자료는 교황청 시성성으로 전달하였다. 시성성의 본 심사는 매우 엄격하고 그 기간도 미리 가늠하긴 어렵다. 주교회의 시복시성주교특별위원회는 "교황청에서의 심사는 3~4년이 걸릴 것으로 예상된다."면서 "최양업 토마스 신부 탄생 200주년인 2021년 시복을 목표로 노력하고 있다"고 밝혔으나 그 후에 교황청의 1차 기적심사 결과 미흡한 것으로 되어 주교회의 시복시성특별위원회에서는 2차 기적심사를 준비중에 있다.

들을 체포하였습니다. 김여상은 이어 간계를 써서 앵베르 주교의 처소를 거의 알게 되었으나, 앵베르 주교는 포졸들이 들이닥치기 전에 자수를 결심하고 홀로 포졸들에게 자현(自現) 하였으니 이때가 1839년 8월 10일이었습니다.

4. 앵베르 주교의 자수는 조선 정부의 매우 놀라게 하였는데, 조선 정부에서는 모방 신부와 샤스탕 신부를 체포하도록 지시하였습니다. 한편, 8월 22일에는 이들을 잡기 위해 충청도에 오가작통법을 엄격히 적용하라는 훈령을 내렸습니다. 그러자 앵베르 주교는 교우들의 재난을 그치게 하기 위하여 두 신부에게 쪽지를 보내어 자수를 권고하였고, 이에 따라 두 신부는 충청도 홍주에서 자수하여 서울로 압송되었습니다.

28. 한국 천주교회사에서 두 번째 대박해인 기해박해의 배경은 무엇인가요?(5)

1. 이에 앞서 그들은 로마의 포교성성(현 인류 복음화성) 장관에게 교세 보고서를 올렸습니다. 여기에는 당시의 교세가 '신자 수 약 1만 명, 영세자 1,200명, 견진자 2,500명, 고해자 4,500명, 영성체자 4,000명, 혼배자 150명, 병자성사 60명, 예비 신자 600명'이라고 기록되어 있습니다. 성 나 베드로(모방) 신부와 성 정 야고보(샤스탕) 신부가 압송되어 오자, 성 범 라우렌시오(앵베르) 주교는 그들과 함께 포도청에서 심문을 받은 다음 의금부에서 다시 여러 차례에 걸쳐 심문을 받았습니다. 앵베르 주교는 그해 1839년 8월 14일(음)에 모방 신부와 샤스탕 신부와 함께 새남터에서 군문효수형으로 순교하였습니다.

2. 이튿날 성 정하상(丁夏祥, 바오로)도 서소문에서 참수를 당해 치명하였습니다. 이들의 시신은 그 후 20일쯤 뒤에 신자들에 의해 거두어져 노고산(老姑山, 현 서강대학교 뒷산)에 묻혔다가 박 바오로에 의해 삼성산(三聖山, 현 서울 관악구 신림동)으로 이장되었습니다. 1901년 다시 명동 지하 성당 묘지로 이장되었다가 시복에 앞서 1924년에 로마·파리 등지로 보내졌습니다. 선교사들의 순교에 앞서 1839년 8월 말에는 한 안나와 김 바르바라, 김 루치아 등이 포도청에서 옥사하였으며, 충청도 홍주에서도 유 바오로가 옥사하였습니다.

3. 그뿐만 아니라 9월 3일에는 이미 순교자를 낸 집안이거나 신앙이 굳기로 유

명한 **성녀 박 큰아기**(朴大阿只, 마리아), **성녀 권희**(權喜, 바르바라), **성 박후재**(朴厚載, 요한), 성녀 이정희(李貞喜, 바르바라), **성녀 이연희**(李連熙, 마리아), 성녀 김효주(아녜스) 등이 서소문 밖에서 참수형을 받고 순교하였습니다. 선교사들을 처형한 뒤 조선 정부에서는 나머지 신자들의 처형을 서둘렀는데, 그 결과 2개월여를 갇혀 있던 정하상 바오로, 성 유진길(劉進吉, 아우구스티노) 등이 1839년 9월 22일에 서소문 밖에서 참수되었습니다. 그 해 9월 26일에는 성녀 허계임(許季任, 막달레나), **성 남이관**(南履灌, 세바스티아노), **성녀 김유리대**(金琉璃代, 율리에타), 성녀 전경협(全敬俠, 아가타), 성 조신철(趙信喆, 가롤로), **성 김제준**(金濟俊, 이냐시오), **성녀 박봉손**(朴鳳孫, 막달레나), **성녀 홍금주**(洪今珠, 페르페투아), 성녀 김효임(金孝任, 골룸바) 등이 함께 서소문 밖에서 참수되었습니다.

4. 당시 선교사들은 신문을 받을 때에 국적과 입국 목적을 명백히 밝혔습니다. 그런 다음 입국 시 의주로부터 조신철 가롤로, 정하상 바오로의 인도를 받았고, 서울에서 정하상 바오로의 집에 거처했다는 사실만을 자백하고, 그 밖의 신문에는 입을 열지 않았습니다. 유진길 아우구스티노는 선교사가 천주교에 필요하므로 조선에 모셔 왔으며, 이것은 교회와 관련되는 일이지 반역이 아니라고 주장하였습니다. 부귀공명을 위해 천주교를 믿는 것이 아니며 이 모든 것은 교회법을 행하려는 절차였다고 하였습니다. 정하상 바오로도 「상재상서」(上宰相書)에서 밝힌 대로 사람은 만물의 조물주인 천주에게 복종할 의무가 있으며, 천주는 모든 민족의 기원이라고 대답하였습니다. 또 그는 외구(外寇)를 불러 본국을 해치는 일 같은 것은 교회법에는 없는 것이라고 덧붙였습니다. 선교사의 처형에도 박해는 끝나지 않았고, 밀고자 김여상은 교우들을 고발하는데 더욱 열을 올렸습니다. 그러는 사이에 서울의 옥중에서는 1839년 9월에 **성녀 이 카타리나**, **성녀 조 막달레나**, 조 바르바라 등이 순교하였습니다.

5. 그리고 10월 6일에는 원주에서 복자 최해성(崔海成, 요한)이 참수되고, 이어 그의 고모인 **복자 최 비르지타**도 옥중에서 교수되었습니다. 이것은 조선 정부에서 공적인 처형이 너무 많은 것을 두려워하여 옥중의 신자들은 교수형에

처하도록 지시한 때문이었습니다. 당시 우의정 이지연(李止淵)에 이어 우의정이 된 조인영(趙寅永)도 이러한 지시를 내렸다고 합니다. 이 지시의 최초의 희생자는 유진길 아우구스티노의 아들인 **성 유대철(劉大喆, 베드로)**과 최희득(필립보), 고집종(베드로) 등이었습니다. 그 중에서도 13세의 유대철 베드로가 보여준 신앙심은 매우 놀라운 것이었습니다. 또 이 무렵 충청도 해미에서는 전 베드로가 신앙을 지키다가 옥사하였으며, 전라도 전주에서도 송인원(야고보) 등 여러 신자들이 순교하였습니다.

29. 한국 천주교회사에서 두 번째 대박해인 기해박해의 배경은 무엇인가요?(6)

1. 이와 같이 서울과 지역에서 수많은 신자들이 죽임을 당할 즈음, 조선 정부에서는 1839년 12월 16일(음 10월 18일) 척사윤음(斥邪綸音)을 반포하였습니다. 그럼으로써 천주교가 사학임을 다시 한번 민중들에게 알리는 동시에 이 대대적인 박해를 끝내고자 하였습니다. 이것이 바로 검교제학(檢校提學) 조인영이 지어 올린 '기해 척사윤음(己亥斥邪綸音)'입니다. 당시 조선 정부에서 이를 반포한 이유는 여론이 학살을 중지하자는 쪽으로 기울게 되었고, 신유박해 때와 마찬가지로 이미 대부분의 주동자들이 체포 처형되었으므로 더 이상 박해를 끌어갈 필요가 없다고 생각한 때문이었습니다.

2. 이후 새로운 박해는 일어나지 않았으나, 기존에 체포된 신자들로 인해 순교자는 끊이지 않고 태어났습니다. 포도청에서는 성 정하상(丁夏祥, 바오로)의 모친 **성녀 유조이(柳召史, 체실리아)**가 옥사하였고, 전라도 나주에서는 이준화(베드로)가, 경기도 양근에서는 **하느님의 종 장사광(베드로)**과 **하느님의 종 손 막달레나 부부**가, 전주에서는 **복자 심조이(바르바라)**와 **복자 김조이(아나스타시아)**가 옥사하고, 12살쯤 된 **복자 이봉금(아나스타시아)**가 교수형을 받아 순교하였습니다.

3. 그뿐만 아니라 1839년 12월 29일(음 11월 24일)에는 서소문 밖에서 7명이 참수형을 받아 순교하였습니다. 이들 중 **성 최창흡(崔昌洽, 베드로)**은 초기 신자의 한 사람인 복자 최창현(崔昌顯, 요한)의 아우였고, **성녀 정정혜(丁情惠, 엘리사벳)**는 정하상 바오로의 여동생이자 유조이 체실리아의 딸이었고, 나머

지 다섯 사람은 순교자 성녀 허계임(許季任, 막달레나)의 딸이자 동정녀인 **성녀 이영덕(李榮德, 막달레나)** 그리고 **성녀 고순이(高順伊, 바르바라), 성녀 한영이(韓榮伊, 막달레나)**, 성녀 현경련(玄敬連, 베네딕타), **성녀 조증이(趙曾伊, 바르바라)** 등이었습니다.

4. 그러나 우의정 조인영(趙寅永)은 여기에 만족하지 않고 다시 옥중에 있는 신자들을 교수형에 처하라는 명령을 내렸습니다. 이에 따라 포도청의 옥에서 최 필립보와 동정녀 **성녀 이 아가타**, 순교자 **복자 김종한(金宗漢, 안드레아)**의 딸이요 손연욱(요셉)의 아내인 **성녀 김 데레사, 하느님의 종 이 막달레나**, 정 안드레아, 성 범 라우렌시오(앵베르) 주교의 피신처를 마련하는데 노력을 했던 하느님의 종 손경서(안드레아), **성 민극가(閔克可, 스테파노)**, 이사영(고스마) 등이 형벌로 순교하게 되었습니다.

5. 기해박해(己亥迫害)의 마지막 순교자는 전주와 서울에서 탄생하였는데, 기해년이 저물게 되자 조선 정부에서는 옥중에 갇혀 있는 나머지 신자들의 처형을 서둘게 되었습니다. 이에 전주에서 오랫동안 함께 신앙을 지켜오던 **복자 홍재영(洪梓榮, 프로타시오), 복자 오종례(吳宗禮, 야고보), 복자 이조이(막달레나), 복자 최조이(바르바라)** 등 4명이 1840년 1월 4일(음 1839년 11월 30일)에 참수되었습니다. 그리고 서울에서는 1840년 1월 30일(음 12월 27일)과 2월 1일, 당고개(堂峴, 현 서울 용산구 원효로 2가)에서 10명이 참수형을 받았으며, 이처럼 처형지가 서소문에서 당고개로 바뀐 이유는 상인들이 그 해 설날 대목장을 방해하지 않도록 조선 정부에 요청한 때문이었습니다.

6. 그 결과 이곳에서 첫날 회장 **성 박종원(朴宗源, 아우구스티노)**과 홍재영 프로타시오의 아들 **성 홍병주(洪秉周, 베드로), 성녀 권진이(權珍伊, 아가타), 성녀 이경이(李璟伊, 아가타)**, 최창흡 베드로의 아내 **성녀 손소벽(孫消碧, 막달레나), 성녀 이인덕(李仁德, 마리아)**, 성 최경환(崔京煥, 프란치스코)의 아내 복자 이성례(李聖禮, 마리아) 등이 순교하였습니다. 이튿날에는 홍병주 베드로의 아우 **성 홍영주(洪永周, 바오로)**, 손소벽 막달레나의 딸 **성녀 최영이(崔榮伊, 바르바라)**, 회장 **성 이문우(李文祐, 요한)** 등이 순교하였습니다.

30. 한국 천주교회사에서 기해박해의 교회사적 의의와 순교자들은 누구인가요?

1. 기해박해(己亥迫害)는 신유박해에 비해 체포된 신자 수는 적었으나 그 대상 지역은 넓었다는데 특징이 있습니다. 박해 이전의 신자들이 이미 서울과 경기도는 물론 충청도와 전라도, 그리고 강원도와 경상도 등지에 넓게 퍼져 있었기 때문입니다. 그중 서울과 경기도에서 가장 많은 순교자가 탄생했지만, 강원도에서도 많은 신자들이 체포되었고, 충청도와 전라도에서는 1백 명 이상의 신자들이 체포되었습니다. 당시의 기록인 「기해일기」(己亥日記)[79]에 의하면,

---

79) 성 현석문(玄錫文, 가롤로)이 지은 1839년 기해년 박해 때의 순교자전(殉敎者傳). 조선교구의 제2대 교구장인 성 범 라우렌시오(앵베르) 주교는 기해년에 박해가 일어나자, 곧 순교자들의 사적을 기록하기 시작하였다. 그러나 주교 자신도 조만간에 체포될 것을 우려하여, 성 정하상(丁夏祥, 바오로), 성 현석문(玄錫文, 가롤로) 등에게 순교자의 사적을 면밀히 조사하여 기록하는 일을 계속하도록 명하였다. 예상했던 대로 주교는 그해 1839년 7월 5일에 잡히는 몸이 되었고, 9월 21일에는 성 나 베드로(모방), 성 정 야고보(샤스탕) 등 두 선교사와 함께 순교하였으므로, 성 현석문(玄錫文, 가롤로)은 주교의 뜻을 받들어, 관헌의 눈을 피해 산간벽지를 돌아다니며 교우들로부터 모아들인 순교자의 거룩한 자료를 정리하고 기록하여 3년이란 세월에 걸쳐서 「기해일기」를 완성하였다. 그 후 한때 귀국한 김대건(金大建, 안드레아) 신부는 기해년 순교자에 관한 자료를 모아 이를 보충하였고, 페레올(Ferreol, 高) 주교도 입국하자마자 성 현석문(玄錫文, 가롤로)과 함께 이 「기해일기」를 재검토하여 더욱 완전한 것으로 만드는데 힘썼다. 제8대 교구장으로 임명된 뮈텔(Mutel, 閔德孝) 주교는 순교자의 자료를 열심히 모으던 중 우연히도 한글로 된 《긔해일긔》 한 벌을 1904년 전후에 입수하게 되었는데, 그것이 과연 성 현석문(玄錫文, 가롤로)이 지은 원본인지는 알 길이 없고, 더구나 오랫동안 땅에 묻혀 있던 탓으로 첫 장과 끝의 몇 장이 다 썩어 버려 알아볼 수 없게 된 것이었다. 그러나 이것 외에 다른 완전한 것을 얻을 수 없게 되자, 1905년에 이 책을 그대로 출판하게 되었다. 이 책은 246페이지에 달하는 큰 책으로 뮈텔 주교의 서문에 이어, 원문대로의 내용을 그대로 실렸는데, 총론과 순교자의 일기와의 두 부분으로 나뉘어 있다. 성 현석문(玄錫文, 가롤로)이 조사한 순교자의 수는 사형으로 순교한 자가 54명, 옥중에서 죽은 자가 60여명으로 도합 114명이 넘었으나, 그의 「기해일기」에는 78명의 순교사기만이 들어 있다. 이들은 거의 모두가 기해년에 순교한 사람들이었고, 그 중에 남자가 28명, 여자가 50명으로 그들은 거의 전부가 서울에서 치명한 것으로 되어있다. 「기해일기」에 올라 있는 78명의 순교자 중 1925년 7월 5일 복자위에 오른 순교자의 수가 69명에 이르고 있음으로 보아,

참수된 순교자가 54명, 옥사나 장사 또는 병사한 신자수가 60명이나 된다고 하였고, 달레의 「한국천주교회사」에서는 참수한 신자가 70명이 넘는다고 하였습니다.

2. 그러나 실제로 체포되었다가 배교하고 석방된 신자들, 자료가 없는 관계로 기록에서 누락된 신자들을 생각하면 그 숫자는 훨씬 더 늘어날 것입니다. 더욱이 한국 천주교회에서는 선교사와 지도자를 잃음으로써 일시 침체에 빠지게 되었고, 신앙 공동체는 이전보다 더 가난한 서민층으로 이루어지게 되었습니다. 그뿐만 아니라 조선 정부에서는 국경 감시를 강화했고, 살아남은 신자들은 깊은 산중으로 피신하거나 신자임을 감추고 생활해야 했습니다. 그 결과 신자들은 현실을 외면하는 경향이 짙어지게 되었고, 신앙 내용은 더 복음적이고 교리 실천적인 성격을 띠게 되었습니다. 또 교회 서적이 부족하게 되면서 후세나 이웃에게 구전으로 교리를 전수해야만 했으므로, 어린이나 예비신자들은 깊은 교리를 잘 이해하지 못하는 경우도 있었습니다.

3. 반면에 박해의 여파로, 또는 새로운 공동체의 형성으로 더 넓은 지역에 천주교가 전파되는 결과를 낳게 되었습니다. 다음으로 이 박해는 처음 시작과는 달리 박해가 진행되면서 정치적인 갈등이 큰 문제가 되지 않았다는 특징을 갖고 있습니다. 왜냐하면 신유박해(辛酉迫害) 때와는 달리 신자들 가운데는 정치적으로 보복을 받을 만한 인물들이 별로 없었기 때문입니다. 그러므로 박해가 진행되는 가운데서도 천주교인을 처단하라는 상소문이 거의 조선 정부에 올라오지 않았습니다. 조선 정부안에서도 박해를 강력히 주장하던 풍양 조씨 외에는 이 문제에 큰 관심을 가지거나 앞장서서 이를 주장한 경우가 거의 없었습니다.

4. 다만, 이 박해가 세도의 변화 즉 기존의 안동 김씨 대신에 풍양 조씨의 세도는 1849년 헌종(憲宗)이 죽고 철종(哲宗, 재위 1849-1863년, 조선 제25대왕)이 즉위할 때까지 계속 되었습니다. 기해박해·병오박해 순교자들의 시복 추진은 제3대 조선 대목구장 페레올 주교 때부터 시작됐습니다. 최양업 부제가

「기해일기」가 순교자의 사적을 기록하는데 있어 얼마나 정확을 기하였는가를 알 수 있다.

라틴어로 번역한 페레올 주교의 「기해·병오박해 순교자들의 행적」은 1847년 교황청 예부성성에 조선 순교자들의 시복 청원서로 접수됐습니다. 교황청은 이에 1857년 9월 24일 조사 심리를 위한 법령을 제정, 시복 대상자 83위를 가경자로 선포하고, 교황청 수속을 위한 조사 시작 명령을 통보했습니다. 교황청은 이후 1864년 12월 23일과 1866년 9월 17일 두 차례에 걸쳐 조선에 시복 조사 위임장을 발송했으나, 병인박해(丙寅迫害)로 전달되지 못했습니다.

5. 교황청은 1879년 5월 8일 '한국 순교자들에 대한 시복에 아무런 장애가 없음'을 선포했습니다. 교황청의 이러한 결정에 힘입어 조선 대목구 부주교 블랑 신부는 1883년 3월 18일 기해박해·병오박해 순교자 교구 예비심사를 개정해 (회기 2차) 1887년 4월 2일까지 총 102회 차에 걸쳐 증언자 42인을 소환해 증언을 들었습니다. 이후 12년간 시복 조사가 중단됐다가 1899년 5월 19일에 제8대 조선 대목구장 뮈텔 주교가 시복 조사를 마무리하고, 시복재판 기록을 라틴어로 번역해 1905년 7월 26일 교황청 예부성성에 제출했습니다. 기해박해·병오박해 시복 대상자 83위 중 79위의 시복이 확정돼 1925년 7월 5일 로마 성 베드로 대성전에서 비오 11세 교황에 의해 복자품에 올랐습니다.

6. 79위 복자들은 1984년 5월 6일 서울 여의도 광장에서 성 요한 바오로 2세 교황에 의해 103위[80] 한국 순교성인 시성식 때 함께 시성되었습니다. 한편 기해

---

80) 한국 천주교회의 103위 한국 순교성인을 총칭하는 말이다. 103위 중 79위는 1925년에, 그리고 24위는 1968년에 시복된 후 1984년 한국 천주교회 창설 200주년에 즈음하여 방한한 교황 요한 바오로 2세에 의해 1984년 5월 6일 모두 시성됨으로써 성인품에 올랐다. 한국 순교성인의 축일은 9월 20일이고, 축일의 명칭은 '성 안드레아 김대건과 바오로 정하상과 동료 순교자이다.

① 남녀
남성 56위, 여성 47위로 거의 반반이다. 박해시대가 남성 중심의 유교 사회라는 점을 감안한다면 사회적 지위가 극히 낮았던 여성이 절반 가까이를 차지한다는 것은 주목할 만하다. 남녀를 차별하지 않는 그리스도교 가르침이 천대받던 여성들에게 커다란 영향을 끼쳤음을 보여주는 결과라고 하겠다.

② 연령대
△10대 3위 △20대 18위 △30대 22위 △40대 26위 △50대 25위 △60대 6위 △70대 3위

로, 40·50대가 가장 많다. 최연소자는 13살에 순교한 유대철(베드로) 성인이며, 최연장자는 정하상(바오로)의 어머니 유조이(체칠리아)로 79살에 옥사했다.

③ 성직자와 평신도

성직자는 11위. 따라서 평신도는 92위이다. 성직자 가운데 주교는 앵베르(조선교구 제2대 교구장)·베르뇌(제4대 교구장)·다블뤼(제5대 교구장) 주교 등 3위. 사제는 모방·샤스탕·브르트니에르·도리·볼리외·위앵·오매트르·김대건 신부 등이며, 김대건 신부를 제외한 성직자 10위는 모두 파리외방전교회 소속 선교사들이다.

④ 직업

양반과 중인, 평민을 아우르는 한국 순교성인들 직업은 매우 다양하다. 관리는 남종삼(요한) 등 4위이며, 유진길(아우구스티노)·조신철(가롤로)은 역관이다. 농부 전장운(요한)과 목수 최형(베드로)은 교회 서적 출판에 참여했으며, 민극가(스테파노)는 교회 서적을 판매하는 일에 종사했다. 권득인(베드로)은 성물공이며, 박후재(요한)와 유정률(베드로)은 짚신 장사꾼이다. 조신철(가롤로)은 중국을 오가는 동지사 마부였으며, 남경문(베드로)·허협(바오로)은 군인 출신, 나머지는 대부분 상인과 농부이다.

⑤ 신학생으로는 정하상(바오로)과 이문우(요한)이 있었으며, 교회활동에 열심히 참여했던 회장은 남명혁(다미아노)·이호영(베드로) 등 모두 27위이다. 이 가운데는 삯바느질로 생계를 이어갔던 중인 계급의 여성 회장 현경련(베네딕타)도 있었다. 여성 중에는 동정녀 15위, 궁녀 3위, 과부 17위, 젖먹이가 딸린 어머니가 4위이다. 순교자들 신분과 직업이 이처럼 다양한 이유는 모든 인간은 하느님 앞에서 평등하다는 그리스도교 복음에 따라 남녀노소, 신분의 귀천을 떠나 수많은 이들이 그리스도교에 귀의했기 때문이다. 엄격한 신분 사회였던 당시에 이 같은 교리는 폭발적 반향을 불러일으키기에 충분했다.

⑥ 친족 관계

친족관계에 있는 순교자들이 많다는 것이 103위 한국 순교성인의 대표적 특징이다. 103위 가운데 45위(18가구)가 한 핏줄로 얽힌 관계.

▲아버지와 아들(父子)=김제준(이냐시오)과 김대건(안드레아) 신부, 유진길(아우구스티노)·유대철(베드로), 조화서(베드로)·조윤호(요셉) 등이 있으며, 김 데레사는 김대건 신부의 당고모(아버지의 사촌 자매)가 된다.

▲어머니와 딸(母女)=이 가타리나와 조 막달레나, 권진이(아가타)·한영이(막달레나)가 있다. 이광헌(아우구스티노)은 권희(바르바라, 아내)와 이광렬(요한, 동생) 그리고 이 아가타(딸)와 일가를, 정하상(바오로)은 유조이(체칠리아, 어머니)·정정혜(엘리사벳, 동생)와 일가를 이루고 있다.

▲부부(夫婦)=남명혁(다미아노)·이연희(마리아), 박종원(아우구스티노)·고순이(바르바라), 최창흡(베드로)·손소벽(막달레나), 조신철(가롤로)·최영이(바르바라) 등이 있으며, 조신철(가롤로)은 최창흡(베드로)의 사위다.

박해 순교자 중 18위가 2014년 8월 16일 서울 광화문에서 현 프란치스코 교황에 의해 124위[81] 한국 순교복자 시복 시 함께 시복되었습니다. 기해박해를

▲형제·자매=홍병주(베드로)·홍영주(바오로)가 형제 성인이며, 박희순(루치아)·박큰아기(마리아), 김효주(아녜스)·김효임(골롬바), 이영덕(막달레나)·이인덕(마리아)이 자매이다. 이 밖에도 이호영(베드로)과 이조이 아가타, 현경련(베네딕타)과 현석문(가롤로)이 남매 사이며, 이정희(바르바라)는 어머니 허계임(막달레나)과 고모 이매임(데레사), 동생 이영희(막달레나), 조카 이 바르바라와 함께 1893년 기해박해(己亥迫害) 때 순교해 모두 성인품에 올랐다.

⑦ 순교 시기

순교성인들은 모두 기해박해 때(1839년) 70위·병오박해 때(1846년) 9위·병인박해 때(1866년) 24위 순교했다. 헌종 5년에 일어난 기해박해는 신유박해(1801년) 이후 대규모 박해였다. 풍양 조씨가 안동 김씨에게서 권력을 탈취하려고 일으킨 기해박해로 정하상(바오로)과 유진길(아우구스티노), 조신철(가롤로) 등 평신도 지도자들과 앵베르 주교를 비롯한 모방·샤스탕 신부 등이 순교했다. 병오박해는 1846년 6월 5일 김대건 신부 체포를 계기로 일어났다. 김대건 안드레아 신부와 함께 현석문(가롤로)·남경문(베드로)·한이형(라우렌시오)·우술임(수산나) 등 평신도 8명이 목숨을 잃었다. 흥선대원군(興宣大院君)이 일으킨 병인박해는 1866년부터 1871년까지 5년간 이어졌다. 이 박해 때 베르뇌 주교와 다블뤼 주교를 비롯한 프랑스 선교사 9위와 평신도 8,000여 위가 순교했다.

⑧ 순교 형태

군문효수(16위), 참수(60위), 교수(15위), 장사(3위), 옥사(9위) 등 다양하다. 목을 베어 군문에 높이 매다는 군문효수는 대역 죄인에게 행하는 것으로, 성직자 11위는 모두 군문효수로 순교했다. 주로 서울 새남터와 충남 갈매못에서 행해졌다. 목을 치는 참수형은 서울 서소문 밖과 당고개, 전주 숲정이에서, 그리고 목 졸라 죽이는 교수형은 포도청 감옥에서 행해졌다. 장사는 곤장으로 볼기를 쳐서 죽이는 형벌이다.

81) 한국 천주교회가 103위 한국 순교성인에 이어 124위 한국 순교복자를 품에 안았다. 지난 1984년 성 요한 바오로 2세 교황에 의해 103위 순교자가 성인 반열에 오른 지 꼭 30년 만이다. 현 프란치스코 교황은 2013년 교황 좌에 오른 후 처음으로 찾은 한국에서 순교자 124위를 복자 반열에 올림으로써 아시아 대륙에 새로운 희망의 불씨를 선사했다. 124위 한국 순교복자는(평신도 123위와 사제 1위) 103위 한국 순교성인의 윗세대와 동료들로서, 103위 한국 순교성인 시복시 성때 제외됐던 초기 순교자들이 포함되어 있고, 한국 천주교회가 모든 것을 단독으로 추진한 첫 번째 시복 재판을 통해 탄생한 복자들이다. 이들 중 대표적인 순교자는 한국 천주교회 첫 순교자인 윤지충(바오로)과 권상연(야고보), 그리고 한국 천주교회에 첫 번째 선교사로 파견된 중국인 주문모(야고보) 신부이다. 또 「주교요지」를 집필한 정약종(아우구스티노)과 초대 여성 회장 강완숙(골롬바), 유중철(요한)과 이순이(루갈다), 조숙(베드로)과 권천례(데레사) 두 동정 부부와 최

통해 순교한 순교자 중 성인품에 오른 성직자는 3위[82]이고 평신도들은 67위[83]로 총 70위입니다. 한편, 기해박해를 통해 순교한 순교자 중 복자품에 오른

양업 신부의 어머니 이성례(마리아) 복자도 꼽을 수 있다. 124위 한국 순교복자 중에는 가족이 복자에 오른 이들이 유독 많은데, 이들은 또한 103위 한국 순교성인의 가족이거나 친·인척이어서 가정교회의 모범이 되고 있다. 대표하는 가정으로는 복자 정약종(아우구스티노) 가족으로써는 부인 성녀 유조이(체실리아), 장남 복자 정철상(가롤로), 아들 성 정하상(바오로), 딸 성녀 정정혜(엘리사벳) 등이다. 또 복자 정철상(가롤로)의 장인 복자 홍교만(프란치스코 하비에르)은, 아들 복자 홍인(레오), 홍교만의 사촌 동생 복자 홍익만(안토니오), 사위 복자 홍필주(필립보), 홍필주의 어머니 복자 강완숙(골롬바)은 친·인척관계이고, 그리고 복자 홍필주의 친·인척은 한국 최초의 수덕자인 농은 홍유한부터 복자 홍낙민(루카)과 복자 홍재영(프로타시오)은 부자지간, 홍재영(프로타시오)의 아들 하느님의 종 홍봉주(토마스), 그의 며느리 복자 심조이(바르바라), 성 홍병주(베드로)와 성 홍영주(바오로)는 형제지간이다. 복자 현계흠(플로로)은 아들 성 현석문(가롤로), 딸 성 현경련(베네딕타)이 성인이고, 복자 김진후(비오)와 복자 김종한(안드레아)은 성 김대건(안드레아) 신부 성인의 증조부와 작은 할아버지이다. 또 복자 유항검(아우구스티노)과 아들 복자 유중철(요한), 복자 유문석(요한), 조카 복자 유중성(마태오), 며느리 복자 이순이(루갈다), 이순이(루갈다)의 오빠 복자 이경도(가롤로), 동생 복자 이경언(바오로)이 함께 복자품에 올랐다. 복자 최창주(마르첼리노)와 복자 최조이(바르바라) 부녀, 복자 윤지충(바오로)와 복자 윤지헌(프란치스코)는 형제, 복자 윤유일(바오로)와 복자 윤유오(야고보) 형제, 복자 최인길(마티아)와 복자 최인철(이나시오) 형제, 하느님의 종 김범우(토마스)의 형제들인 복자 김이우(바르나바)와 복자 김현우(마태오) 형제가 함께 시복의 영광을 얻었다. 124위 한국 순교복자는 신분 차별과 불평등, 그리고 가난이 일상화됐던 시대에 그리스도의 형제애를 보여주었고, 특별히 신앙의 유산을 가족에게 물려주고 이웃과 함께 나누면서 복음의 증인으로 살았던 분들이다. 일제 강점기인 1925년(79위)과 제2차 바티칸 공의회 직후인 1968년(24위) 로마에서 열린 시복식에 이어 한국 천주교회 역사상 세 번째로, 한국 땅에서 열린 시복을 통해 믿는 이들은 한국 천주교회의 뿌리를 재확인하고 하느님 나라를 향한 새로운 여정에 나섰다. 이 땅의 그리스도인들이 지고 갈 십자가에 힘을 실어줄 새 복자 124위는 1791년 신해박해 3위, 1795년 을묘박해 3위, 1797년 정사박해 8위, 1801년 신유박해 53위, 1814년 갑술박해 1위, 1815년 을해박해 12위, 1819년 기묘박해 2위, 1827년 정해박해 4위, 1839년 기해박해 18위, 1866년과 1868년 병인·무진박해 19위, 1888년 무자박해 1위로, 죽음에서 영원한 생명으로 건너간 영광을 교회사에 아로새기게 됐다.

82) 범 라우렌시오(앵베르) 주교, 나 베드로(모방) 신부, 정 야고보(샤스탕) 신부.
83) 성 정하상(丁夏祥, 바오로), 성 이호영 베드로, 성 정국보 프로타시오, 성녀 김 아가타, 성녀 박 안나, 성녀 이 아가타, 성녀 김업이(金業伊, 막달레나), 성 이광헌(李光獻, 아우구스티노), 성녀 한(韓) 바르바라, 성녀 박희순(朴喜順, 루치아), 성 남명혁(南明赫, 다미아노), 성 권득인(權得仁, 베

성직자는 없고 평신도는 18위[84]입니다. 이들 중에는 1839년을 전후하여 이미 1838년에 순교한 이도 있고, 또 1840년과 1841년에 순교한 이들도 있으나 '기해박해'의 순교자라고 할 때 이들까지 포함해서 하는 말입니다.

31. 한국 천주교회사에서 세 번째 대박해인 병오박해의 배경은 무엇인가요?(1)

1. 병오박해(丙午迫害)란 1846년(헌종 12년) 6월 5일부터 9월 20일까지 일어난 천주교 박해로서, 이때 한국 천주교회사 최초의 한국인 사제인 **성 김대건 (金**

드로), 성 장성집 요셉, 성녀 김 바르바라, 성녀 이 바르바라, 성녀 김 로사, 성녀 김성임(金成任, 마르타), 성녀 이매임(李梅任, 데레사), 성녀 김장금(金長金, 안나), 성 이광렬(李光烈, 요한), 성녀 이영희(李英喜, 막달레나), 성녀 김 루치아, 성녀 원귀임(元貴任, 마리아), 성녀 박 마리아, 성녀 권희(權喜, 바르바라), 성 박후재(朴厚載, 요한), 성녀 이정희(李貞喜, 바르바라), 성녀 이연희(李連熙, 마리아), 성녀 김효주(金孝珠, 아녜스), 성 최경환(崔京煥, 프란치스코), 성 유진길(劉進吉, 아우구스티노), 성녀 허계임(許季任,) 막달레나), 성 남이관(南履灌, 세바스티아노), 성녀 김 율리에타, 성녀 전경협(全敬俠, 아가타), 성 조신철(趙信喆, 가롤로), 성 김제준(金濟俊, 이냐시오), 성녀 박봉손(朴鳳孫, 막달레나), 성녀 홍금주(洪今珠, 페르페투아), 성녀 김효임(金孝任, 골룸바), 성녀 김 루치아, 성녀 이 가타리나, 성녀 조 막달레나, 성 유대철(劉大喆 베드로), 성녀 유조이(柳召史, 체실리아), 성 최창흡(崔昌洽, 베드로), 성녀 조증이(趙曾이, 바르바라), 성녀 한영이(韓榮伊, 막달레나), 성녀 현경련(玄敬連, 베네딕타) 성녀 정정혜(丁情惠, 엘리사벳), 성녀 고순이(高順伊, 바르바라), 성녀 이영덕(李榮德, 막달레나), 성녀 김 데레사, 성녀 이 아가타, 성 민극가(閔克可, 스테파노), 성 정화경 안드레아, 성 허협 바오로, 성 박종원(朴宗源, 아우구스티노), 성 홍병주(洪秉周, 베드로), 성녀 손소벽(孫小碧, 막달레나), 성녀 이경이(李瓊伊, 아가타), 성녀 이인덕(李仁德, 마리아), 성녀 권진이(權珍伊, 아가타), 성 홍영주(洪永周, 바오로), 성 이문우(李文祐, 요한), 성녀 최영이(崔榮伊, 바르바라), 성 김성우(金星禹, 안토니오).

84) 복자 김대권 베드로(金大權 Peter), 복자 김사건 안드레아(金思健 Andrew), 복자 김조이 아나스타시아(金召史 Anastasia), 복자 박사의 안드레아(朴士儀 Andrew), 복자 신태보 베드로(申太甫 Peter), 복자 심조이 바르바라(沈召史 Barbara), 복자 오종례 야고보(吳宗禮 James), 복자 이봉금 아나스타시아(Anastasia), 복자 이성례 마리아(李聖禮 Mary), 복자 이일언 욥(李日彦 Job), 복자 이재행 안드레아(李在行 Andrew), 복자 이조이 막달레나(李召史 Magdalene), 복자 이태권 베드로(李太權 Peter), 복자 정태봉 바오로(鄭太奉 Paul), 복자 최 비르지타(崔 Brigid), 복자 최조이 바르바라(崔召史 Barbara), 복자 최해성 요한(崔海成 John), 복자 홍재영 프로타시오(洪梓榮 Protase)

大建, 안드레아) 신부[85]가 처형당하였습니다. 이처럼 병오박해는 김대건 안드

85) 1) 김대건(金大建, 보명 芝植, 안드레아, 1821-1846년)은 1821년 충남 당진군 우강면 송산리에 위치한 솔뫼[소나무 숲이 청정하다 하여 솔뫼(松山)라 불림]에서 천주교 신자 성 김제준 이냐시오와 고 우술라의 아들로 태어났다. 그의 굳센 성격과 진실한 신심을 보고 1836년 나 베드로(모방) 신부는 그를 신학생으로 뽑아 마카오로 유학 보냈다. 그는 6년 동안 신학 공부를 하고 1845년 8월 페레올 주교에게서 사제품을 받아 한국인 최초의 신부가 되었다. 고국에 돌아온 김 신부는 서울과 용인 지방에서 사목활동을 시작하였으나, 1846년 음력 4월 주교의 명에 따라, 선교사들의 편지를 중국 배에 전하고 선교사들의 입국로를 개척하기 위하여, 황해도 지방으로 가게 되었다. 김 신부는 편지를 중국 배에 전하고 돌아오는 도중 순위도에서 관헌에게 체포되어 서울 좌포도청으로 이송되어 사형을 선고받고 1846년 9월 16일 새남터에서 군문효수로 치명하였다.

2) 성 김대건 안드레아 신부 가문의 순교자들

김대건 안드레아 신부의 증조부인 복자 김진후(비오, 1739-1814년)가 50세에 영세한 이후 교우 마을이 되었다. 면천 군수로 있을 당시 복자 김진후 비오는 1784-1785년 3월 이전에 충청도 사도 하느님의 종 이존창(李存昌, 1752-1801년, 루도비코 곤자가)의 권유로 맏아들 종현과 둘째 아들 택현이 1784-1785년 3월 이전에 서울 명례방 김범우 토마스 집에서 신앙 집회를 할 때 김범우 토마스에게 교리를 배워 두 아들이 이존창과 함께 영세 입교함으로써 시작되었다. 천주교에 입교한 후 벼슬을 버리고 신앙생활에 전념하다가 신해·신유박해(辛酉迫害) 때 체포되어 10여 년을 옥살이하고 1814년 해미 감옥에서 옥사하였다. 김대건 안드레아 신부의 가문은 1791년 신해박해, 1801년 신유박해, 1846년 병오박해, 1866년 병인박해 등 역대 박해 때마다 많은 수난을 당했으며 순교자가 나왔다.

① 복자 김진후 비오(1739-1814년)

충청도의 면천의 솔뫼에서 태어난 복자 김진후 비오는, 성 김대건 안드레아 신부의 증조부이며, 1816년에 순교한 복자 김종한 안드레아의 부친이다. 족보에는 그의 이름이 '운조'(運祚)로 기록되어 있다. 그가 천주교 신앙을 처음 접하게 된 것은, 맏아들이 이존창으로 부터 교리를 전해 듣고는 이를 형제들에게 전하면서였다. 당시 그의 나이는 50세 가량이었다. 1791년과 1801년의 신유박해 때 체포되어 배교를 뜻하는 말을 하고 유배형을 받았지만, 1805년에 다시 체포되어 해미로 압송되었다. 그가 천주교 신자답게 행동한 것은 이때부터였다. 10년간 모범적인 인내심으로 옥중 생활의 고통을 참아냈으나, 결국 1814년 12월 1일(음력 10월 20일) 옥중에서 숨을 거두고 말았다. 당시 그의 나이는 76세였다.

② 복자 김종한 안드레아(? -1816년)

김종한 안드레아는 충청도 면천의 솔뫼에서 태어났다. 족보에는 그의 이름이 '한현'(漢鉉)으로 나온다. 1814년에 순교한 복자 김진후 비오의 아들로, 성녀 김 데레사의 아버지가 되며, 성 김대건 신부의 작은 할아버지가 된다. 맏형으로부터 천주교 교리를 배워 입교하였다. 그의 부친 복자 김진후 비오가 1814년에 해미에서 옥사로 순교하고 그는 가족과 함께 홍주를 거쳐 경상

도 영양의 우련밭(현 경북 봉화군 재산면 갈산리)으로 가서 오랫동안 숨어 살았다. 1815년의 을해박해가 일어난 뒤, 영양에서 체포되어 안동으로 끌려가서 문초와 형벌을 받은 뒤 대구로 이송되었다. 대구 관덕정 형장 참수 치명하였고 순교 후 그의 시신은 형장 인근에 매장되었다가 이듬해 3월 2일 친척과 교우들에 의해 그 유해가 거두어져 적당한 곳에 안장되었다.

③ 성 김제준 이냐시오(1796-1839년)

김대건 안드레아 신부의 아버지로 충청도 면천 땅 솔뫼에서 태어났다. 1814년에 순교한 할아버지 복자 김진후 비오와 큰아버지의 권면으로 입교한 뒤 자유로운 신앙생활을 위하여 경기도 용인으로 이사하여 농사를 짓고 살았다. 이 무렵 나 베드로(모방) 신부를 찾아가 세례와 견진성사를 받고 용인으로 돌아와 회장으로 활약하였다. 1836년 15세 된 아들 김대건을 모방 신부에게 맡겨 마카오에 있는 신학교로 유학 보냈다. 1839년 기해박해가 일어나자 김여상 일당의 밀고로 체포되었다. 포청에서 아들을 외국으로 보낸 국사범으로 간주되어 매우 혹독한 형벌과 고문을 받고 한때 배교하였으나, 형조로 이송된 후 배교를 취소하고 9월 26일 참수형으로 순교하였다. 그의 나이 44세였다.

④ 성녀 김 데레사(1796-1840년)

김 데레사는 1816년 대구에서 순교한 복자 김종한 안드레아의 딸로 충청도 솔뫼에서 태어났으며 김대건 안드레아 신부의 당고모이다. 17세 때 교우인 손연욱 요셉과 혼인하였으나, 1824년 남편이 해미에서 순교하자 가난하게 혼자 살면서 신앙생활에 전념하였다. 성 정정혜(엘리사벳)와 함께 유방제 신부와 성 범 라우렌시오 주교의 살림을 돌보던 중 1839년 기해박해가 일어나자 7월 11일 성 범 라우렌시오 주교의 집에서 성 정하상(바오로) 일가와 함께 체포되었다. 김 데레사는 포청에서 주교의 은신처를 알아내려는 형리들에게 여러 차례의 혹형과 고문을 받았으나, 순교한 할아버지와 아버지의 신앙을 본받아 꿋꿋이 참아 내고, 옥에서 만난 이광헌(아우구스티노)의 딸 성 이 아가타와 함께 서로 위로하고 격려하며 신앙을 굳게 지켰다. 1840년 1월 9일 포청에서 44세의 나이로 성 이 아가타와 함께 교수형을 받고 순교하였다.

3) 천주교 성인공파 가계도

김해 김씨 안경공파는 2000년 판 경진세보를 발행하며 천주교 성인공파를 분파하였다. 즉 김해 김씨 안경공파 아산공문중 천주교 성인공파이다. 천주교의 순교자 복자 김진후 비오를 파조로 하여 그의 네 아드님 김종현(부안), 김택현(대전/논산), 김한현(종한)안드레아, 김희현(익산)과 동생인 김귀조(정읍)와 그 후손을 천주교 성인공파로 분파한바, 파조 복자 김진후 비오로부터 시작하여 현재 11대의 후손에 이르고 있으며, 2002년 9월 15일(추석 전주일) 솔뫼 성지에서 창립 총회를 거쳐 천주교 성인공파 종회를 설립하였다. 후손들은 4개(부안, 대전/논산, 익산, 정읍)의 집안으로 분포되어 있다. 김대건 안드레아의 증조부 복자 김진후 비오의 가문은 김해 김씨(金海金氏) 안경공파(安敬公派)의 아산공파(牙山公派)에 속하며 시조 가락국 김수로왕의 66대 손(孫)이며 중시조 목경공(牧卿公)의 16대 손이며 그의 가문이 이곳 충청도 솔뫼에 산 것은 고조부 수완(守完) 때부터 인듯하며 6대조 아산공 희현(希賢)이 아산 현감(縣監)을 지내고 5대조 의

직(義直)이 또한 임진왜란 때 무과 급제하여 충청도 병마절도사를 지낸 이래 나라의 공신으로 대대로 벼슬을 한 사대부의 양반 집안이며 그도 또한 통정대부(通政大夫)로 공주 감영에 어떤 직을 맡고 있었다. 김해 김씨 「천주교 성인공파」 가문의 순교자는 주교회의 시복시성주교특별위원회가 시복 시성 추진 대상자로 확정한 순교자 124명에 포함된 복자 김진후 비오 순교자를 비롯해 을해박해 때 대구 관덕정 형장에서 순교한 복자 김종한 안드레아 순교자가 있으며, 기해박해 때 순교한 성 김제준 이냐시오와 성녀 김 데레사와 병오박해 때 순교한 성 김대건 안드레아 신부는 1984년 5월 교황 요한 바오로 2세에 의해서 서울 여의도 한국 천주교회 선교 200주년 신앙대회 때 시성되었다. 더욱이 김대건 안드레아 신부는 103위 순교성인의 대표 성인이다. 성 김대건 안드레아 신부 가문에서는 모두 14명의 순교자를 배출하였다.

① 김종현(淙鉉, 자 희안 1764-1824년) [부안 집안]

1764년 충청도 면천 고을 솔뫼에서 부친 파조 복자 김진후 비오와 모친 유씨(兪氏) 사이에 장남으로 태어났으며 법망을 피해 경상도와 전라도 산골로 피신을 다니며 포교활동을 했고 여러 지방으로 숨어 다니며 주문모 신부를 도와서 박해 중에서도 열심히 포교활동을 했으므로 훌륭한 신앙의 증거자였으며 나중에 큰아들 제광(1780-1863년) 가정과 함께 고향 솔뫼에 있다가 1824년에 세상을 떠났으며 그 후 후손들은 전북 부안에 터를 잡고 살았기에 지금도 종현의 후손들을 부안 집안이라 부르고 있다.

② 김택현(자는 春奉, 혹은 종원 1766-1830년) [대전/논산 집안]

파조 복자 김진후 비오와 모친 유씨(兪氏) 사이에 둘째 아들로 1766년 4월 7일에 충청도 면천 고을 솔뫼에서 태어났으며 본인도 순교하였고 아들 제준, 손자 지식(대건) 등도 순교하였다, 후손들이 대전과 논산에 터를 잡고 살았으므로 택현의 후손들을 대전/논산집안이라 부른다. [순교자: 김택현, 아들 제준(제린), 손자 지식(대건), 손자 근식, 손자 진식, 손자 선식]

③ 김종한(譜名 漢鉉) 안드레아(? -1816년) [절손됨]

충남 면천 솔뫼(현 당진군 우강면 송산)에서 파조 복자 김진후 비오의 셋째 아들로 태어났다. 1798년경에 처자와 자녀 김 데레사를 데리고 경상도 일월 산중인 안동 고을 우련밭(경상북도 봉화군 재산면 갈산리 우련전)으로 가서 17년 동안 열심한 신앙생활을 하며 살았다. 거기서 그는 오직 애긍에 힘쓰고, 기도와 성서 읽기와 그 밖의 모든 신자 본분을 지키는 일에만 부지런하였으며 1816년 11월 1일(음)에 대구 관덕정 형장에서 참수 치명을 당했다. [순교자: 김종한(宗漢), 딸 김 데레사, 사위 손연욱 요셉]

④ 김희현(자 秀元 1785-1839년) [익산 집안]

그는 1785년에 부친 파조 복자 김진후 비오와 모친 유씨(兪氏) 사이에 넷째 막내아들로 충청도 면천 고을 솔뫼에서 태어났다. 1815년 을해박해가 있은 후 1839년 기해박해 때 포졸들에게 체포되어 공주에서 순교를 했다. 그리고 그의 아들 명집(濟恒) 루도비코도 병인박해 때 순교를 했다. 후손들은 제항의 아들 경식의 부인이 순교한 후 천등산의 옥배 마을로 찾아들어 거기서 피난 생활을 하면서 숯을 굽고 옹기를 구우면서 살다가 고산 구제리등을 거쳐 익산으로

레아 신부의 체포를 출발점으로 촉발된 4개월에 걸친 비교적 짧은 기간의 박해사건이었습니다. 교황 그레고리오 16세(1831-1846년)가 1831년 9월 9일 천

나와 터를 잡고 살았으므로 지금도 희현의 후손들을 익산집안이라 부른다. [순교자: 김희현, 아들 김제항(明集) 루도비코, 무명인 손자, 경식의 처]

⑤ 김제교(濟敎: 1827- ?) [정읍 집안]
파조 복자 김진후 비오의 동생인 김귀조의 손자로써 김대건 신부의 7촌 아저씨이다. 김귀조 때부터 큰집과 함께 신앙을 받아들인 듯 하며, 1827년에 관현(1875-1835년)의 첫째 아들로 태어났다. 그의 가족들은 충청도 여사울(현 예산군)에 가서 살다가 1866년 병인박해가 일어나자 포교에게 잡혀서 배교하고 나와 살았다. 그러나 배교하고 나왔음을 항상 원통하다고 말하더니, 다시 공주 포교에게 가서 잡혀 치명하였다. 후손들은 제교가 순교한 후 여러 지방을 거치며 피난하다가 정읍에 터를 잡고 살았으므로 파조(派祖)의 동생인 귀조의 후손들을 지금도 정읍 집안이라 부른다. [순교자: 김준명(譜名 濟敎)]

4) 성인공파의 순교자
① 복자 김진후 비오: (김대건 신부의 증조부), 자 억금, 보명 운조, 1739-1814년 10.20(음), 갑술박해 순교
② 복자 김종한 안드레아: (김대건 신부의 작은 조부), 보명 한현, ?-1816년 11.1(음), 병자박해 순교
③ 김택현: (김대건 신부의 할아버지), 자 춘봉, 종원, 1766-1830년, 경인박해 순교
④ 손연욱 요셉: (복자 김종한 안드레아의 사위), (성녀 김 데레사의 남편), (김대건 신부의 당고모부), ?-1824년, 갑신박해 순교
⑤ 성녀 김 데레사: (김대건 신부의 당고모), 1796-1839년, 기해박해 순교
⑥ 성 김제준 이냐시오: (김대건 신부의 아버지), 자 신명, 보명 제린, 1796-1839년, 기해박해 순교
⑦ 성 김대건 안드레아: 보명 지식, 아명 재복, 1821-1846년, 9.16, 병오박해 순교, 새남터 군문효수, 26세
⑧ 김제항 루도비코: (김대건 신부의 당숙), 자 명집, 1814-1866년, 병인박해 공주에서 순교
⑨ 김근식 베드로: (김대건 신부의 사촌형제), 1825-1867년, 정묘박해 공주에서 순교
⑩ 김진식 프란치스코: (김대건 신부의 사촌형제), 1827-1866년, 병인박해 해미에서 순교
⑪ 김제교: (김대건 신부의 7촌 아저씨), 자 준명, 1827-1866년, 병인박해 공주에서 순교
⑫ 김경식의 부인: (김제항 루도비코 며느리), ?-1866년, 병인박해 순교
[순교자로 추증]
⑬ 김희현: (복자 김진후 비오의 넷째 아들)(김대건 신부의 작은 조부), 자는 수원, 1785-1839년, 기해박해 순교
⑭ 김선식 프란치스코: (김대건 신부의 사촌 형제), 1833-1866년, 병인박해 옥천에서 순교

주교 조선대목구(朝鮮代牧區)를 설정[86]한 이후, 파리외방전교회 선교사 성

---

86) 조선 대목구설정(朝鮮代牧區設定)

1) 전사(前史): 17-18세기 이래 우리나라에 도입된 서학서를 통해 남인학자들 사이에 천주 교리에 대한 연구가 있어, 주어사(走魚寺) 강학(講學) 등으로 천주교 신앙이 싹트기 시작하였다. 이 때 이벽(李檗, 세례자요한)의 권유에 의해 이승훈(李承薰, 베드로)이 북경에 가서 세례를 받고 1784년에 귀국하여 이벽(李檗, 세례자요한) 등과 더불어 포교를 시작하고 세례를 집전함으로써 서울에 비로소 신앙 공동체가 탄생하였다. 이어 그들은 가성직제도(假聖職制度) 아래 가성직단을 구성하여 영세는 물론 미사까지도 집전하였던바, 차차 이러한 가성직제도가 교회법에 어긋남을 깨닫고, 북경 교구에 선교사의 파견을 요청하기에 이르렀다. 이 요청에 따라 1795년에 중국인 복자 주문모(周文謨, 야고보) 신부가 입국함으로써, 조선 천주교회는 비로소 목자를 갖게 되어 천주교는 전국적으로 전파되었다. 이미 1782년에 조선 천주교회는 북경 주교의 보호를 받게 됨으로써 북경 교구에 예속되었다. 그러나 교회 창설과 더불어 박해는 끊임없이 계속되어, 1801년 신유박해(辛酉迫害) 때에는 복자 주문모(周文謨, 야고보) 신부를 비롯하여 수많은 순교자를 낳게 되니 조선 천주교회는 다시금 목자를 잃고 말았다.

2) 조선 대목구 설정(朝鮮代牧區設定): 이렇듯 박해 속에서 지하에서나마 자생적인 발전을 거듭하면서, 북경 주교와 교황청에까지 호소하는 성직자 영입운동은 끊임없이 추진되어, 마침내 1831년 9월 9일 교황 그레고리오 16세는 조선 천주교회를 북경 교구로부터 분리하여 독립된 대목구로 설정하는 한편, 파리외방전교회로 하여금 전교 사업을 담당케 함과 동시에 자원해서 조선에 나오기를 간청한 브뤼기에르(Bruguiere, 蘇) 주교를 초대 대목(代牧)으로 임명하였다. 이에 브뤼기에르 대목은 갖은 고난을 겪으면서 조선 입국을 시도했으나 끝내 뜻을 이루지 못하고 병사하였고, 뒤따르던 성 나 베드로(모방, Maubant) 신부와 성 정 야고보(샤스탕, Chastan) 신부가 1836년부터 조선 입국에 성공하고, 제2대 대목으로 임명된 성 범 라우렌시오(앵베르, Imbert, 范世亨) 주교도 1837년에 입국하니 조선 천주교회는 비로소 주교와 신부를 가져 견고한 기반을 갖출 수 있게 되었다.

3) 거듭되는 박해: 그러나 기해박해로 주교와 신부, 그리고 많은 교회 지도자들이 순교하니 조선 천주교회는 다시금 목자 없는 폐허가 되었다. 제3대 대목으로 임명된 페레올(Ferreol, 高) 주교와 우리나라 최초의 사제 성 김대건(金大建, 안드레아) 신부가 1845년 입국해서 조선교구 재건에 전력을 다했으나 성 김대건(金大建, 안드레아) 신부는 1846년 병오년에 잡혀 순교하였다. 그러나 페레올 주교는 다행히도 박해를 피해 숨어 다니며 전교에 힘쓰다가 1853년에 병사하였고, 그동안에 메스트르(Maistre, 李) 신부가 입국하여 성영회(聖嬰會)를 조직, 최초로 고아 구제 사업까지도 전개하였다. 이어 가경자 최양업(崔良業) 토마스 신부도 입국하여 전국 각지를 순회하며 전교에 힘쓴 결과 교세는 날로 신장되어 갔다. 제4대 대목으로 임명된 성 장 시메온(베르뇌, Berneux, 張敬一) 주교가 1855년에 입국하고 뒤이어 많은 선교사들이 입국하니 1866년 병인박해 때에는 국내에 모두 10명의 선교사가 있었다. 병인박해로 성 장 시메온(베르뇌 Berneux,

張敬一) 주교가 먼저 순교하자 보좌주교였던 성 안 안토니오(다블뤼, Daveluy, 安敦伊) 주교가 잠시 제5대 대목이 되었으나 곧 5명의 선교사들과 함께 순교하였다. 이때 요행히 살아남아 조선을 탈출한 리델(Ridel, 李福明) 신부가 제6대 대목이 되어 1877년에 다시 조선에 입국했으나 곧 체포되어 중국으로 추방되었다.

4) 문화활동: 이렇듯 박해가 끊이지 않는 가운데도 국내에서 각종 교리서의 번역 보급과 함께 「한불자전」(韓佛字典), 「한어문전」(韓語文典) 등의 편찬 작업이 진행되어 1880년과 1881년에 걸쳐 간행됨으로써 한국을 세계에 알리게 되었다. 또한 달레(Dallet)의 「한국천주교회사」(histoire de l'Eglise de Coree)가 1874년에 파리에서 간행됨으로써 한국 천주교회가 전 세계에 널리 알려지게 되었다. 1882년 신교의 자유가 어느 정도 허용되면서 제7대 대목으로 임명된 블랑(Blanc, 白圭三) 주교는 종현성당의 기지를 비롯하여 여러 성당의 건립을 위한 대지를 매수하는 등 교회 재건에 힘썼다.

5) 서울 대목구: 이어 1890년에 8대 대목으로 뮈텔(Mutel, 閔德孝) 주교가 임명되어 1898년에 명동 대성당의 축성식을 갖게 됨을 계기로, 여러 곳에 성당이 건립되어 전교 사업은 전국적인 규모로 확대 발전해 나갔다. 이렇게 해서 1911년에 조선 대목구에서 대구 대목구가 분리되고, 조선 대목구는 서울 대목구로 개칭되어 충청도 이북만을 관장하게 되었는데, 뮈텔 주교가 계속 서울 대목구를 맡아보았다. 그러는 가운데에도 해서교안(海西敎案) 등 적고 큰 교난(敎難)이 끊이지 않았으나, 교세는 날로 신장되어 전교 구역은 멀리 제주도와 간도에까지 뻗어 나갔다. 이에 1920년에 원산(元山) 대목구가 분리되어 함경도와 간도지방의 전교 사업은 독일의 상트 오틸리엔의 베네딕도회에 위촉하였고 1927년에는 서울 대목구 안에 평양 지목구를 독립시켜 미국 메리놀회에 위임하였다. 그리고 장차 한국인 교구 설정을 준비하고자 황해도를 감목 대리구로 설정하였다. 교세가 날로 성해지는 가운데 1925년 7월 5일에 로마 교황청에서 기해박해 70위와 병오박해 9위 총 79위의 시복식이 거행되어 조선 천주교회는 다시없는 영광을 갖게 되었다. 1933년 뮈텔 주교가 선종하고 라리보(Larribeau, 元亨根) 주교가 9대 대목으로 취임하였으나 일제의 강압으로 사임하고, 1942년 초 제10대 대목으로 노기남(盧基南, 바오로) 신부가 첫 한국인 주교로 임명되어 취임함으로써 비로소 서울 대목구의 자립을 보기에 이르렀다. 노기남 주교는 일제말기의 여러 가지 어려운 여건 속에서도 평양 지목구와 춘천 지목구장을 겸임하면서 난국을 타개하여 서울 대목구를 지켜 왔다.

역대 조선 대목구: 제1대 조선 대목구장(1831-1835년)-브뤼기에르(Bruguiere)/제2대 조선 대목구장(1836-1839년)-앵베르(Imbert)/제3대 조선 대목구장(1843-1853년)-페레올(Perreol)/제4대 조선 대목구장(1854-1866년)-베르뇌(Berneux)/제5대 조선 대목구장(1866년)-다블뤼(Daveluy)/제6대 조선 대목구장(1869-1884년)-리델(Ridel)/제7대 조선 대목구장(1884-1890년)-블랑(Blanc)/제8대 조선 대목구장(1890-1933년)-뮈텔(Mutel)/제9대 조선 대목구장(1933-1941년)-라리보(Larribeau)/제10대 조선 대목구장(1942-1967년)-

나 베드로(모방) 신부가 성 정하상(丁夏祥, 바오로)을 비롯한 교우들의 보호를 받으며 입국했습니다.(1836년 1월 12일·1835년 음력 11월 24일)

2. 모방 신부에 이어서 파리외방전교회의 성 정 야고보(샤스탕) 신부가 입국하였고(1836년 12월말), 또한 제2대 조선 교구장으로서 파리외방전교회의 성 범 라우렌시오(앵베르) 주교가 입국하였습니다(1837년 5월). 이들 파리외방전교회 출신의 선교사들은 선교하는 지역의 사람에게 신학을 가르쳐서 성직자로 키우는 파리외방전교회 전통에 따라, 김대건·최양업·최방제를 마카오 신학교에 보내서 공부하도록 하였습니다(1836년 12월). 1845년 상해 금가항(金家巷) 성당에서 사제서품을 받음으로써 조선 천주교회 처음의 천주교 사제가 된 김대건 안드레아 신부는 귀국 후에 페레올 주교의 지시에 따라, 1846년에는 만주에 머물고 있던 메스트르 신부 등의 입국을 돕기 위해 서해안에서 길을 탐색한 바 있었습니다.

3. 김대건 안드레아 신부는 이 활동을 하던 중에 1846년 6월 5일 서해안 순위도(巡威島)에서 관장과 사소한 시비가 벌어져 신분이 탄로 나는 바람에 체포되었습니다. 김대건 안드레아 신부는 1846년 9월 16일 한강 새남터에서 신앙을 고백하고 군문효수형으로 처형되었는데, 조선왕조실록에 따르면 천주교 신자이기 때문에 순교한 것입니다. 프랑스 해군의 장 바티스트 세실 제독은 김대

노기남(盧基南) 바오로

6) 광복 후의 성장: 1945년 광복이 되자 노기남(盧基南, 바오로) 주교는 전국 성직자와 신자들에게 고유(告諭·어떠한 사실을 널리 알려서 깨우침)하여 교회 조직을 정비하였다. 그러나 뜻하지 않은 6.25전쟁으로 다시 교회가 파괴되고 많은 신자를 잃는 비극을 초래하였으나, 휴전과 더불어 노기남(盧基南, 바오로) 주교는 세계 각국을 순방하여 원조를 청하다가 조국 재건과 교회 복구에 노력한 결과 1962년 3월 10일에는 교계제도 설정에 따라 서울 대목구가 대교구로 승격됨에 노기남(盧基南, 바오로) 주교는 대주교로 승품되었다. 1967년 노기남(盧基南, 바오로) 대주교가 은퇴하고 윤공희(尹恭熙, 빅토리노) 주교가 교구장 서리로 임명되었으나 곧이어 1968년 4월 9일에 김수환(金壽煥, 스테파노) 주교가 서울대교구장으로 임명되었다. 그 해 10월 6일에는 로마 교황청에서 병인박해로 순교한 24위의 시복식이 거행되어 다시 한번 한국 천주교회의 영광을 만방에 빛나게 했으며, 1969년 3월에는 김수환(金壽煥, 스테파노) 대주교가 추기경으로 임명되어 한국 천주교회에 영광을 더해 주었다.

건 안드레아 신부를 구하기 위해 조선으로 항해해 왔으나, 김대건 안드레아 신부가 순교하기 전까지 조선에 도착하지 못하였습니다. 이 병오박해 기간 동안의 모든 행적과 흐름은 김대건 안드레아 신부라는 인물을 중심으로 살펴보면 병오박해의 배경과 사건의 흐름을 알 수 있습니다.

4. 김대건 안드레아 신부는 1821년 8월 21일 충남 내포지방 솔뫼(현재 당진군 우강면 송산리)에서 천주교 신자 성 김제준(金濟俊, 이냐시오)과 고 우르술라의 아들로 태어났습니다. 부친은 열정적인 천주교 교인으로서 교회에 헌신적이었고, 1839년 기해박해(己亥迫害) 때 서소문 밖에서 참수되었습니다. '재복'이라는 아명으로 불리던 김대건 안드레아 신부는 김해김씨 안경공파(安敬公派)에 속하며 그의 집안은 대대로 순교의 치명자(致命者) 집안이었습니다. 김대건 안드레아 신부가 7세가 되던 해(1827년) 삼남지방에서 벌어진 정해박해(丁亥迫害)를 피해 그의 조부 김택현(金澤鉉)을 따라 용인군 골배마실(현 용인군 내사면 남곡리)에 옮겨와서 소년시절을 보냈습니다.

5. 1836년 그의 나이 만 15세 되던 해까지 서당과 조부 밑에서 한문을 익혔고, 열성적인 부모, 특히 독실한 어머니 밑에서 신앙교육을 받았습니다. 성장한 재복(대건)은 어려서부터 훌륭한 재능과 강한 의지력으로 경건한 신앙심을 보여주었습니다. 1836년 초에 내한한 모방 신부로부터 그해 1836년 6월 7일에 '안드레아'라는 이름으로 세례를 받았습니다. 1836년 7월 11일 예비 신학생으로 선발되어 입경(入京)하여 라틴어와 교양수업을 받았습니다. 국내정세로 인해 더 이상의 학업이 어려워지자 모방 신부는 예비신학생들(최방제, 최양업, 김대건)을 안전하고 효과적으로 신학교육을 실시하기 위해 마닐라 싱가포르 혹은 페낭에 있는 신학교에 보내기로 결정하였습니다.

6. 1836년 12월 2일, 김대건 안드레아는 두 동료와 함께 모방 신부 앞에서 성서에 손을 얹고 조선 천주교회 책임 신부들에 대해 순명(順命)할 것을 선서했습니다. 장상(長上)들의 허락 없이 다른 지방으로 가거나 수도회에 입회하는 행동을 하지 않겠다고 맹세하였습니다. 중국인 유방제(劉方濟:중국 이름 余恒德, 파치피코) 신부와 함께 서울을 떠나 1836년 12월 28일 변문을 통과하

였습니다. 1837년 6월 7일에 목적지인 마카오에 도착하여 파리외방전교회 지부에 도착하여 신학수업을 시작했습니다. 파리외방전교회 마카오 지부는 조선 신학교를 세워 깔레리(Callary)신부가 교장으로 있으면서 동료 신부들의 도움을 받아 세 명의 조선 신학생을 교육하기 시작했습니다.

7. 김대건 안드레아는 최양업 토마스와 함께 르즈 신부, 깔레리 신부, 리브와 신부, 데플레슈 신부, 메스트로 신부, **성 장 시메온(베르뇌) 신부**, 페레올 주교 등에게서 여러 과목을 배웠는데, 이들의 스승은 7명이었습니다. 그동안 마카오에는 제1차 중영전쟁(中英戰爭, 아편전쟁)이 발발하여 내란 상태에 빠져 조선 신학생들은 두 차례에 걸쳐 필리핀 마닐라로 피신을 하기도 했습니다. 김대건 안드레아는 어려서부터 영양실조에 시달려 크고 작은 질병에 시달렸습니다. 이러한 어려움 속에서도 김대건 안드레아는 라틴어와 스콜라 철학과정을 마치고 교리학과 조직신학에 본격적으로 매진했습니다.

8. 하지만 1842년 2월 15일 김대건 안드레아는 신학공부를 중단하였습니다. 조선 선교사로 임명된 메스트로 신부와 함께 조선 국왕과 통상을 맺으려는 프랑스 세실(Cécille) 제독의 통역관으로 에리곤(Erigon)호에 승선하여 마카오를 떠나 귀국길에 올랐습니다. 그러나 이들이 계획했던 일은 뜻대로 되지 못했습니다. 그래서 1842년 10월 20일 육로를 통해 조선에 잠입하기로 결정하고 요동지방의 백가점(白家店) 교우촌에 당도한 김대건 안드레아는 그해 12월 23일 혼자 국로를 개척하기 위해 국경지방으로 떠났습니다. 그는 도중에 북경으로 들어오는 조선 사절단 일행에 낀 김 프란치스코라는 교우를 만나 기해박해(己亥迫害)와 성직자 영입운동의 소식을 듣고 자신이 입국하여 메스트로 신부의 영입을 준비키로 결심했습니다. 김대건 안드레아는 의주를 통해 조선에 잠입하는데 성공하였습니다. 하지만 서울로 향하던 중 부자연스러운 언행으로 주민들의 의심을 사 신변의 위협을 느끼고 1843년 1월 6일에 백가점으로 되돌아와야 했습니다.(출생과 신학수업 1821-1844년)

32. 한국 천주교회사에서 세 번째 대박해인 병오박해의 배경은 무엇인가요?(2)

1. 김대건 안드레아는 백가점(白家店)에서 은신하던 중 1843년 4월에 소팔가자

(小八家子)로 옮겨와 신학공부를 계속했습니다. 1844년 2월 페레올(Ferréol) 주교의 명령으로 조선 동북부 입국로를 개척하기 위해 두만강을 건너 경원(慶源)에서 조선 교우를 만나 주교의 입국 절차를 논의했으나 안전하지 못하다고 판단했습니다. 그래서 압록강의 서북부 국경로를 이용하기로 합의하고, 그해 1843년 4월에 다시 소팔가자(小八家子)로 돌아왔습니다. 그 다음 해 1844년 12월 17일 김대건 안드레아는 드디어 신학공부를 마치고 부제품을 받았습니다.

2. 1845년 1월 1일 페레올 주교와 함께 중국 변문에 도착한 김대건 안드레아 부제는 조선 교우들과 상봉했습니다. 마중 나온 교우들이 외국 선교사들의 입국은 불가능하다고 하여 김대건 안드레아 부제 자신만 조선으로 출발했습니다. 무사히 국경을 넘은 김대건 안드레아 부제는 개성을 지나 1845년 1월 서울에 도착했습니다. 그는 성 현석문(玄錫文, 가롤로)이 마련한 집에 은신하면서 교회 사정을 파악하기 시작했습니다. 김대건 안드레아 부제는 곧 리보아(Libois) 신부에게 귀국 사실과 함께 성 범 라우렌시오(앵베르) 주교, 성 나 베드로(모방) 신부, 성 정 야고보(샤스탕) 신부 등의 순교상황에 대해 보고하고 천연두 약과 치료법을 문의했습니다.

3. 그는 페레올 주교와 성직자들이 내한하여 거주할 집을 충청도 해안지방에 마련코자 했습니다. 하지만 사정이 여의치 않자 서울 석관동에 집 한 채와 배를 한척 사서 상해로 여행할 교우를 선정하고 사공들을 구했습니다. 그리고 1845년 4월 30일에 11명의 교우들을 데리고 인천 제물포에서 상해로 출발하여 6월 4일 무사히 도착했습니다. 8월 17일에 김대건 안드레아 부제는 상해 금가항(金家巷) 성당에서 페레올 주교에게 사제서품을 받고 8월 24일 만당 소신학교 성당에서 첫 미사를 봉헌했습니다. 일주일 후에 김대건 안드레아 신부는 페레올 주교를 대동하고 상해를 떠났으나 풍랑으로 인해 9월 28일 제주도의 해안에 표류하여 닿게 되었습니다.

4. 이로부터 전라도 해안을 따라 금강으로 접어들었다가, 1845년 10월 12일에 충청도 강경 바닷가에 상륙했습니다. 김대건 안드레아 신부는 곧 상경하여 서울과 그 인근, 특히 용인지방을 중심으로 교우들을 방문하고 성사를 집행

했습니다. 서품 이후 김대건 안드레아 신부에게는 사목할 시간이 많지 않았습니다. 서품 즉시 상해를 떠나야 했고, 조선에 입국하여 1845년 11월 서울에 도착한 이후 이듬해인 1846년 5월까지 6개월 정도만 사목활동을 할 수 있었습니다. 왜냐하면 프랑스 신부들의 조선 입국로를 개척하라는 명령을 받고 다시 중국으로 건너갔기 때문이었습니다.

5. 그의 첫 사목은 서울 석정동(石井洞)을 중심으로 이루어졌고 용인의 골매마실에서 모친 고 우루술라와 상봉하였습니다. 이후 체포될 때까지 서울과 용인(은이 공소)을 오가며 신자들에게 성사와 미사를 베풀며 사목활동을 전개했습니다. 이러한 김대건 안드레아 신부의 사목활동에 대한 증언이 「일성록」[87]과 여러 신자들의 고증에서 잘 나타나고 있습니다. 그 고증에 따르면 김대건 안드레아 신부는 6개월 동안 서울의 미나리골, 김회장의 집, 무쇠막, 심사민의 집, 서빙고, 쪽우물골 등지를 방문하여 교우들에게 성사를 주었고 용인지역에서는 은이, 터골 등지에서 성사를 주었다고 합니다. 그뿐만 아니라 경기도 이천지역까지도 사목방문을 했다고 하며, 그러다가 1846년 부활 대축일 미사를 은이 공소에서 드린 다음 상경하여 서해로 개척 루트를 찾아 나서게 되었습니다.(사제서품과 사목활동 1845-1846년)

33. 한국 천주교회사에서 세 번째 대박해인 병오박해의 배경은 무엇인가요?(3)

1. 김대건 안드레아 신부는 메스트로 신부의 입국로를 찾아보라는 주교의 명을 받았습니다. 1846년 5월 14일 서울 마포에서 **성 임치백(林致白, 요셉)**의 아들 임성룡의 배를 타고 황해도로 떠났습니다. 5월 29일 백령도에 도착하여 조업 중인 중국인 어선들과 접촉하여 페레올 주교의 편지와 자신의 편지, 그리고 조선지도 등을 전달했습니다. 그러나 6월 5일 황해도 순위도의 등산진(登山鎭)에서 관헌에게 체포되었습니다. 김대건 안드레아 신부는 웅진군의 옥으로

---

87) 1760년(영조36년) 1월부터 1910년(융희4년) 8월까지 151년간의 국정에 관한 제반 사항들이 기록되어 있는 일기로, 필사본이며, 총 2,329책이다. 이 책은 1783년(정조7년)부터 국왕의 개인 일기에서 규장각 관원들이 시정(施政)에 관한 내용을 작성한 후에 왕의 재가를 받은 공식적인 국정 일기로 전환되었다.

끌려와 심문을 받고 5일 후에 황해도 감사가 있던 해주로 이감되었습니다. 6월 21일 황해도 감영에서 압송된 김대건 안드레아 신부는 네 차례에 걸쳐 심문을 받으면서 배교를 강요받았고, 다시 한양의 포도청에 이송되어 40여 차례에 걸쳐 혹독한 고문을 당했습니다.

2. 김대건 안드레아 신부는 포도청에서의 첫 번째 진술에서는 중국 광동사람으로 자백하였습니다. 그러나 여섯 번째 진술에서 마침내 자신이 조선 사람임을 밝히면서 아울러 중국으로 유학하게 된 경위를 진술했습니다. 허나 조선 정부에서는 이미 기해박해(己亥迫害) 때 조선 소년 3명이 외국으로 유학 간 사실을 알고 있었습니다. 그 당시 정부는 3명의 프랑스 선교사 성 범 라우렌시오(앵베르), 성 나 베드로(모방), 성 정 야고보(샤스탕)와 성 유진길(劉進吉, 아우구스티노), 성 정하상(丁夏祥, 바오로) 등을 심문하면서 '양인청래(洋人請來)'와 '삼아치송(三童治送)' 문제에 집중되었습니다.

3. 즉, 선교사 3명을 청해온 사실과 최방제, 최양업, 김대건 3인의 소년을 성직자로 양성하기 위해 국외로 보낸 사실을 일종의 모계(謀計)로 보았습니다. 또한 그 모계는 이미 하느님의 종 황사영(黃嗣永, 알렉시오)의 백서에서 계획되었던 것이 실현된 것으로 간주하려 하였습니다. 김대건 안드레아 신부가 중국 선박에 전한 서한들은 외국인과 내통했다는 더 할 나위 없는 증거가 되었습니다. 더군다나 조선 연안을 그린 지도는 외세를 불러들이는 음모를 드러내는 확실한 증거라고 여겨졌습니다. 하지만 재판관들과 대신들은 김대건 안드레아 신부의 뛰어난 외국어 실력(중국어, 라틴어, 불어 등)과 폭넓은 서양지식에 놀랐습니다.

4. 대신들은 그에게 지리서 편술과 영국제 지도의 해독을 지시하여, 옥중에서 두 장의 지도를 채색하고 한 부는 국왕에게 바치기도 했습니다. 이러한 재능은 조선 정부의 인정을 받아 일부 대신들은 김대건 안드레아 신부 구명운동을 벌여 판결을 3개월이나 늦추게 하기도 했습니다. 이러는 동안 김대건 안드레아 신부와 연관된 10여 명의 교우들이 서울에서 체포되었습니다. 그해 음력 6월에는 배 선주였던 임성룡의 부친인 성 임치백 요셉 등이 잡히고 음력 7월 10일에는 일찍이 「기해일기」를 지은 성 현석문(玄錫文, 가롤로) 등이 잡혔고,

8월에는 **성 한이형(韓履亨, 라우렌시오)**이 체포되면서, 김대건 안드레아 신부의 체포로 인해 병오박해(丙午迫害)가 일어나게 되었습니다.

5. 김대건 안드레아 신부는 사회를 어지럽히는 사문난적(斯文亂賊)의 이단 괴수로 여겼습니다. 개국 이래 처음 서양학문을 배워 서양인들과 교제하면서 서신을 왕래한 중대 시국사범으로 여겨져 1846년 9월 15일 군문효수형의 선고를 받았습니다. 김대건 안드레아 신부는 친구인 최양업 토마스 부제와 페레올 주교에게 자기 어머니를 부탁하는 마지막 효심을 보이고 교우들에게 신앙 강화를 권면하는 편지(회유문)를 썼습니다. "나는 이제 마지막 시간을 맞이하였으니 여러분 내 말을 똑똑히 들으십시오. 내가 외국인들과 교섭한 것은 나의 하느님과 종교를 위해서였습니다. 나는 천주를 위하여 죽으며 이제 내게는 영원한 생명이 시작되려고 합니다. 여러분이 죽은 후에 행복하기를 원하면 천주교를 신봉하십시오." 김대건 안드레아 신부는 형리에게 편하게 사형을 집행할 수 있는 자세를 묻고 그의 주문대로 자세를 취해 주기도 하였습니다. 그리고 1846년 9월 16일에 한강 새남터에서 26세의 나이에 순교했습니다.
[피체(被逮)와 순교(1846년)]

34. 한국 천주교회사에서 병오박해의 교회사적 의의와 순교자들은 누가 있나요?

1. 병오박해(丙午迫害)의 특징은 다른 박해들과 비교해 그 기간도 짧고 순교자 수도 적었다는 점입니다. 병오박해는 체포 대상이 김대건(金大建, 안드레아) 신부와 관련된 교인 중심으로 4개월간 진행된 박해로 이때 순교한 교인은 9명이었습니다. 전후로 전개된 다른 박해들과 비교했을 때 상대적으로 적은 숫자입니다. 순교자들은 모두 신부를 보좌한 인물이거나 회장인 성 현석문(玄錫文, 가롤로)을 중심으로 이루어진 신앙 공동체에 국한되었습니다. 그 원인은 기해박해(己亥迫害)가 종결 된지 불과 5년 만에 일어났다는 점과 박해 도중 기해박해 때 순교한 3명의 신부에 대한 프랑스 측의 책임 추궁으로 사건을 빨리 종결짓고자 하는 조선 정부 측의 입장 때문이었습니다.
2. 조선 정부는 지난 1839년의 기해박해를 통한 프랑스인 신부들의 살해에 대해 프랑스의 보복과 반응에 대해 예의 주시하고 있었습니다. 그래서 영국 선

박이 제주도에 나타났을 때 지난 프랑스 선교사의 살해에 대한 보복으로 온 줄로 잘못 알기도 했습니다. 백성들까지 기해박해의 여파로 일어난 사건으로 술렁거리기도 했습니다. 이렇듯 정치적으로 예민한 상황에서 이 사건을 길게 끄는 것에 대한 정치적, 외교적 부담감이 조선 정부 입장에서는 적지 않았던 것입니다. 그리고 이 사건을 외교적, 군사적 충돌로까지 확대시키지 않으려는 노력이 눈에 띄었습니다. 오히려 시선을 내부로 돌려 서양인과 내통하는 조선인들이 프랑스 군함을 오도록 부추기고 유인하였다고 보았습니다.

3. 그래서 서양 선박들의 연안 출몰 배경에 대한 백성들의 내응과 그 공모자 색출문제가 중요한 문제로 거론되었습니다. 집권층에서 문제로 본 것은 국외세력이 아니라 국내의 천주교인들이었던 것입니다. 이러한 인식의 틀을 김대건 안드레아 신부는 확실하게 구축시켜 주었습니다. 이처럼 조선 정부는 밖으로부터의 서양 세력의 접근에 대해 구체적인 대응론이나 개방론 보다는 안으로의 단속을 통해 외세를 물리칠 수 있다는 입장을 강화해 나갔습니다. 결국 이러한 과정을 통해 이후 전개되는 병인박해(丙寅迫害)와 흥선대원군(興宣大院君)의 쇄국정책(鎖國政策)은 자연스러운 결과로 이어지게 된 것입니다.

4. 기해박해 직후 1840년에 조선 천주교회는 성직자 없는 교회 상태로 오랫동안 지속되었습니다. 교회를 일으키고 신자들을 돌볼 성직자들의 필요성이 또다시 대두되었으며, 이들을 입국시킬 방안이 필요했습니다. 김대건 안드레아 신부는 이러한 두 가지 목적(①사목과 성사의 회복 ②성직자 입국 경로 개척)을 수행하기 위해 신부수업과 사제서품, 조선의 밀입국을 시도했습니다. 병오박해의 일련의 과정은 바로 이러한 조선 천주교회의 사제 중심적 구조와 성격이 그대로 반영된 결과라 하겠습니다. 그리고 이 박해가 진행되는 과정에서 단순한 국내 천주교 세력에 대한 박해의 성격을 넘어서서, 하느님의 종 황사영(黃嗣永, 알렉시오) 백서(帛書)사건 이후로 우려되었던 실질적인 외교적 충돌이 가시화되는 과정이 병렬적으로 진행된 특징이 있습니다.

5. 이 사건은 비록 자체적으로 소규모의 박해로 일단락되었지만, 이후에 전개될 병인박해의 불씨를 간직한 정치적, 외교적 특성을 지니고 있음을 알 수 있습

니다. 그동안 너무 순교사(殉敎史) 중심으로만 평가되어 온 병오박해와 김대건 안드레아 신부의 순교사건에 대한 보다 면밀한 정치, 경제, 사회사적 접근이 요청되는 것은 바로 이러한 이유 때문입니다. 병오박해를 통해 순교한 순교자 9위 중 성인품에 오른 성직자는 1위[88]이고 평신도는 8위[89]로 총 9위입니다. 한편, 병오박해를 통해 복자품에 오른 분은 성직자와 평신도 한 위도 없습니다.

35. 한국 천주교회사에서 마지막 대박해인 병인박해의 배경은 무엇인가요?(1)

1. 네 가지 대 박해 중 병인박해(丙寅迫害, 1866년)는 마지막이었지만 일시적인 천주교 금지령으로 그친 것이 아닙니다. 조선의 쇄국정책과 함께 천주교 탄압은 지속적으로 이어졌습니다. 일반적으로 한국 천주교회의 초기 역사를 100여 년이 넘는 박해시기로 설명하면서 네 개의 대 박해를 이야기합니다. 최초의 대 박해인 신유박해(辛酉迫害, 1801년)는 조선 천주교회의 순수하고 열정적인 믿음살이를 '무부무군(無父無君)의 가르침', '서양 세력에 의한 모반 집단', '사악한 학문' 등으로 규정하면서 교우들을 처벌하였습니다. 신자들에게 씌워진 이러한 누명은 박해 내내 계속되었습니다. 기해박해(己亥迫害, 1839년), 병오박해(丙午迫害, 1846년)를 거치며 성직자는 물론 교회의 주요 지도자들이 순교하자 조선 천주교회는 '목자 없는 양 떼'의 교회로 위축되었습니다.

2. 그러다가 김대건(金大建, 안드레아) 신부의 귀국 이후 거의 20여 년간 선교사 수는 적지만 성사생활과 교회 서적을 통해 꾸준히 복음 전교의 활동이 이어졌습니다. 병인박해 직전 조선 천주교회는 교리서, 기도서, 신심서적 등 중요한 서적들을 출판하였고, 선교사들이 더 많이 입국하면서 복음화의 열정이 가장 활발하던 시기였습니다. 먼저 병인박해의 배경은 1864년 철종(哲宗,

---

88) 성 김대건(金大建, 안드레아) 신부.
89) 성 현석문(玄錫文, 가롤로), 성 남경문(南景文, 베드로), 성 한이형(韓履亨, 라우렌시오), 성녀 우술임(禹述任, 수산나), 성 임치백(林致百, 요셉), 성녀 김임이(金任伊, 데레사), 성녀 이 아가타, 성녀 정철염(鄭鐵艶, 가타리나).

1831-1863년, 조선 제25대왕)이 후사 없이 죽자, 흥선군 이하응의 둘째 아들 명복(命福)이 고종(高宗, 1852-1919년, 조선 제26대왕, 대한제국의 초대 황제)으로 왕위에 오릅니다. 고종은 당시 열두 살 어린 나이였으므로, 아버지인 흥선군이 대원군(大院君)으로 봉해져 섭정을 하게 되었습니다. 1864년 2월(음) 러시아 사람들이 통상을 요구하자, 흥선대원군(興宣大院君)은 이를 막기 위해 '이이제이(以夷制夷)'의 방아책(防俄策)으로 프랑스 선교사들을 이용하고자 했습니다. 흥선대원군(興宣大院君)은 처음에 선교사들의 중재를 통해 러시아를 막아내고 종교의 자유를 주겠다며 신자들에게 희망을 주었습니다. 그러다가 그와는 정반대로 1866년 음력설 직후 성 장 시메온(베르뇌) 주교 등을 체포함으로써 병인박해를 단행했습니다.

3. 병인박해의 원인 몇 가지를 들면, ①러시아인들의 위협이 사라지자 더 이상 서양 주교를 만날 필요가 없어졌다는 점이며, ②1866년 1월 중국에서 서양인들을 처형하고 있다는 정보가 조선에 들어왔는데, 매우 지엽적인 정보가 과장되어 전달된 것이었고, ③당시 조선 정부에는 문호를 개방하려는 진보파와 쇄국정책을 고수해야 한다는 보수파가 맞서고 있었는데, 흥선대원군(興宣大院君)은 후자 편에 힘을 실어주었다는 것입니다. 분명한 것은 이 해에 병인양요(丙寅洋擾)[90]가 일어나면서 박해는 더 거세어지고, 서양인에 대한 증오심과 천주교 박해가 맞물리면서 쇄국정책으로 이어졌다는 점입니다. 또한 흥선대원군(興宣大院君)의 무리한 경복궁 재건과 흉년 등 악재가 겹친 것도 박해의 원인으로 작용했다고 볼 수 있습니다.

36. 한국 천주교회사에서 마지막 대박해인 병인박해의 배경은 무엇인가요?(2)

1. 1866년 병인박해(丙寅迫害)로 성 장 시메온(베르뇌) 주교, 성 안 안토니오(다블뤼) 주교를 비롯한 일곱 명의 선교사와 지도급 평신도들이 순교하고 9월 경(음력 8월 3일) 척사윤음이 반포되면서 박해가 일단락되는 듯싶었습니다. 그

---

90) 흥선대원군(興宣大院君)의 천주교 탄압으로 고종 때(1866년)에 프랑스 함대가 강화도를 침범한 사건.

러나 프랑스군이 양화진까지 진입하여 다시 강화도 일대를 점령하는 병인양요가 일어났습니다. 프랑스군의 섣부른 판단으로 조선에 충분한 경고도 되지 못한 채, 외규장각 도서를 약탈하고 백성들에게 큰 피해를 끼치고 돌아갔습니다. 프랑스 군대가 물러가자 천주교 박해는 더 심해졌고, 양화진(절두산)이 새로운 사형터가 되었습니다. 이외에도 1868년에 대원군(大院君)의 아버지 남연군의 묘를 파헤치려 했던 덕산의 굴총(掘塚)사건[91]이, 1871년에는 미국 함대가 조선을 침공한 신미양요(辛未洋擾)[92]가 발생하였습니다.

2. 이러한 사건들은 조선 정부에서 천주교를 더욱 박해하고, 백성들에게 척화사상(斥和思想)을 고취시키는 계기가 되었습니다. 지금도 절두산 순교성지에 가보면, 신미년에 세워진 척화비를 볼 수 있습니다. 양이침범 비전즉화 주화매국(洋夷侵犯 非戰則和 主和賣國) 즉 "서양 오랑캐가 침범한 때에 싸우지 않으면 곧 화친하는 것이니, 화친을 주장하는 것은 나라를 파는 것이다."라고 경계하였습니다. 1873년 12월 24일, 대원군(大院君)이 정계에서 물러나고 고종(高宗)이 직접 정치를 하게 되었으며, 이로써 8년에 걸친 긴 병인박해가 끝이 납니다. 1866년부터 시작된 이 박해로 전국에서 8,000명(기록상 이름이 전해지는 순교자는 2,000여 명이 조금 넘는다) 이상의 신자들이 희생된 것으로 알려져 있습니다.

3. 조선 천주교회는 이처럼 긴 박해에도 계속해서 일어설 수 있었습니다. 그러한 조선 천주교회의 저력에는 **평신도들에 의한 자발적인 신앙 공동체**로 출발한 역사가 있었습니다. 전국적인 천주교 박해령 이후에도 신자들은 모여서 교우촌(敎友村)을 형성하였고, 문서 선교를 통한 신앙 공동체로 발전하였습니다. 또한 선교사들에 의해 '회장제도' '공소제도' '신심단체'가 만들어졌습니다. 배론에는 성직자를 양성하기 위해 성 요셉신학교[93]가 세워지기도 했습니다. 그

---

91) 1868년(고종5년) 독일 상인 오페르트(Ernst J. Pooert, 載拔)가 충청남도 덕산에 있는 남연군의 묘를 도굴함으로써 흥선 대원군으로 하여금 쇄국 정책과 병인박해를 더욱 확대시키도록 한 사건. 일명 '남연군묘 도굴 사건(南延君墓盜掘事件)' 또는 '오페르트 도굴 사건'이라고도 불린다.
92) 조선 고종 8년(1871년)에 미국 군함 5척이 강화도 해협에 침입하여 소동을 일으킨 사건.
93) 한국의 신학교는 1855년 충청도 배론에 성 요셉신학교가 처음 설립되었다. 그러나 박해로 어려

러나 병인박해(丙寅迫害)로 말미암아 신앙 공동체는 대부분 파괴되었고 개항과 더불어 교회는 새롭게 재건되어야 했습니다. 병인박해를 끝으로 조불수호통상조약(朝佛修好通商條約)[94]이 맺어진 1886년에야 비로소 조선 천주교회는 종교의 자유를 얻게 되었습니다.

37. 한국 천주교회사에서 병인박해의 교회사적 의의와 순교자들은 누구인가요?

1. 병인박해(丙寅迫害) 직전 조선 천주교회에는 주교 2명과 신부 10명 등 12명의 선교사가 사목하고 있었습니다. 1866년 조선 천주교회 천주교 신자 수는 2만 5천여 명으로 추산되고 있습니다. 1865년 가을에는 미리내 교우촌에 상설 경당이 세워졌는데, 이는 선교사가 세운 첫 번째 경당입니다. **성 오 베드로(오매트르) 신부**는 이 경당 제대 벽에 성모상을 설치하고, 벽면을 십자가의 길 14처상으로 장식했습니다. 미리내 교우촌 신자들은 매일 이 경당에서 성모님께 기도하고 십자가의 길 기도를 바쳤습니다. 병인박해 직전까지만 해도 선교사들과 신자들은 신앙의 자유가 곧 닥칠 것으로 기대하고 있었습니다.

2. 새 임금인 고종(高宗)이 즉위했고, 1860년 영국, 프랑스, 러시아와 청나라가 맺은 북경조약[95]의 영향이 조선에도 미칠 것으로 여겼습니다. 또한 천주교 신앙이 전국적으로 급속히 확산돼 신자가 크게 늘었습니다. 무엇보다 왕족과 양반 등 상류층 사람들의 세례가 이어졌고, 조선 사회에서 천주교도 참된 종

움을 겪다가 1885년 강원도 원주 부흥골에 예수 성심신학교가 설립되었다. 이것이 가톨릭 신학대학의 전신이며, 1962년에는 광주 가톨릭 신학대학이 설립되었다.

94) 조불수호통상조약(朝佛修好通商條約) 또는 대조선국대법민주국통상조약(大朝鮮國大法民主國通商朝約)은 1886년(고종23년) 6월 4일(음력 5월 3일)에 조선과 프랑스가 맺은 조약이다. 쇄국정책을 펴던 흥선대원군(興宣大院君)이 하야하고(1874년) 고종의 친정이 시작되면서 미국 등에 뒤이어서 프랑스와도 우호 통상 조약을 맺게 된 것이다. 이 조약에서 천주교의 포교가 직접 규정되지는 아니하였으나, 프랑스 선교사들은 사실상 포교의 자유를 누리게 된다.

95) 북경조약(北京條約, 베이징 조약)은 제2차 아편전쟁의 결과로, 1860년 10월 18일에 청나라가 영국, 프랑스, 러시아 제국과 체결한 조약이다.

교라는 인식이 확산됐습니다. 그 당시 깔래 신부[96]가 쓴 편지에는 "베르뇌 주교님은 대단한 수확을 하셨습니다. 그분은 단 한 번 출행으로 북부 지방에서 성인 800명에게 세례를 줬습니다. 주교님은 체포되기 며칠 전 제게 보낸 편지에서 조선 정부의 가장 높은 사람들 집에서 여러 사람이, 심지어 궁 안에서도 천주교를 알거나 공부하거나 실천하고 있는 사람이 여럿 있다고 알려주셨습니다. 궁 안에서, 지방의 여러 관청에서 우리 종교의 선함에 관해 이야기하고 있답니다. 한마디로 지금이 과거보다 커다란 발전을 내딛게 됐고, 종교 자유가 이 나라에 꽃피게 될 듯한 전조를 보이고 있었습니다."(깔래 신부가 쇠학골에서 1866년 10월 6일 자로 쓴 편지 참조)

3. 조선 정부에서도 선교사들의 활동을 명확히 파악하고 있었고, 성 장 시메온(베르뇌) 주교가 키가 크고 수염을 멋지게 길렀으며, 상복 차림으로 교우촌을 방문하고 있다는 것을 알고 있었습니다. 또 주교가 사는 집이 다른 사람이 주인 행세를 하지만 주교가 실소유자인 것도 묵인하고 있었습니다. 선교사들이 중국 내에서 여행, 재산 소유, 전교를 허락하는 여권을 가지고 있다는 사실도 알고 있었습니다. 다만 유럽인을 사형에 처하도록 규정한 법을 집행해야 하는 상황에 이르지 않도록 방관할 뿐이었습니다.

4. 조선 정부에서도 병인박해는 1866년 2월 19일 **성 최형(崔炯, 베드로), 성 전장운(全長雲, 요한)**에 이어 2월 23일 베르뇌 주교와 **하느님의 종 홍봉주(洪鳳周, 토마스)**가 체포되면서 시작됐으며, 그 도화선은 러시아의 진출이었습니다. 러시아의 통상 요구는 당시 정권 실세인 흥선대원군(興宣大院君)으로 하여금 천주교와 접촉하도록 빌미를 제공했습니다. 선교사의 중재로 프랑스의 힘을 빌려 러시아의 남하를 막아 보자는 방아책(防俄策)이 그를 흔들었습니다. 하지만 대원군(大院君)은 천주교와의 교섭을 비난하고 선교사들과 신자

---

96) 깔래 강 신부는 1861년부터 1866년까지 5년 동안 문경 지역을 중심으로 사목활동을 하다 1866년 병인박해 이후 프랑스로 되돌아간 뒤 다시 조선 땅으로 돌아와 신앙선조들과 함께하려 했지만 그 뜻을 이루지 못했다. 마지막까지 조선 천주교회를 걱정하고 조선 천주교회를 위해 기도하다 51살의 나이로 모벡의 씨토 수녀원에서 선종했다.

들을 색출해 처형해야 한다는 조선 정부의 대세에 따라 자신의 지위를 유지하기 위해 병인박해를 일으켰습니다.

5. 이렇게 시작된 병인박해는 단기간에 끝나지 않았습니다. 1866년 10월 프랑스 함대에 의한 병인양요, 1868년 5월 남연군묘를 파헤친 덕산 사건, 1871년 5월 미 군함 제너럴셔먼호의 신미양요 등이 이어지면서 1873년 대원군 실각 때까지 지속됐습니다. 병인박해로 조선 천주교회는 황폐해졌고, 선교사들은 순교하거나 중국 요동으로 피신하여 단 한 명도 조선에 남아 있지 못했습니다. 신자들은 8,000여 명이 순교했으며, 공식적으로 병인박해 기간 「포도청등록」에 기록된 체포 신자 수는 2,116명이었습니다. 이 중 1,549명(73.2%)이 순교했고, 300명(14.2%)이 배교했으며, 267명(12.6%)은 미상으로 처리돼 있습니다.

6. 체포된 신자 수는 덕산 사건이 있던 1868년에 가장 많았습니다. 신자의 85%가 1866년부터 1868년 사이에 체포됐으며, 남자는 1866년도, 여자는 1868년도에 가장 많이 희생됐습니다. 이는 병인양요와 덕산 사건이 박해에 가장 큰 영향을 미쳤다는 것을 알려 주는 것입니다. 교우가 잡힌 후 배교하면 놓아 주는 법인데, 덕산 사건 후에는 잡힌 다음 배교를 해도 마구 죽였습니다. 문제는 병인양요와 덕산 사건 모두 선교사들이 깊숙이 관여했다는 것입니다. 선교사들의 배타적 문명관과 조선 출병론[97]이 박해를 자초했다는 비난을 면할 수 없습니다. 복음 선포와 신앙의 자유를 위해 무엇이라도 하겠다는 선교사들의 이중적 인식이 결국에는 조선 천주교회를 황폐화하는데 기름을 붓는 역할을 했습니다.

7. 1873년 12월 흥선대원군(興宣大院君)이 실각했다는 소식을 들은 제6대 조선 대목구장 리델 주교는 중국 요동 차쿠에서 조선 입국을 시도했으나 뜻을 이루지 못했습니다. 1876년 2월 조선과 일본이 수호통상조약을 맺으면서, 개항시대가 열리고 그해 5월 10일 블랑 신부와 드게트 신부가 서울에 입국하면

---

[97] 일본 정계에서는 조선침략을 위한 출병론이 1870년경에 일어났었다. 당시 조선의 집권자였던 흥선대원군(興宣大院君)이 일본배척정책을 실시하자 정한론이 세차게 일어났던 것이다. 그렇지만 아직 중국의 조선에 대한 영향력 때문에 어찌 할 수는 없었다.

서 조선 천주교회 재건 사업을 시작할 수 있었습니다. 병인박해를 통해 순교한 순교자 중 한국 성인품에 오른 분은 성직자 7위[98]와 평신도 17위[99]를 합쳐 총 24위가 시성되었습니다. 또한, 복자품에 오른 한국 순교복자 20위(1888년 1위 포함)[100]는 모두 평신도였으며, 하느님의 종 95위(1878-1879년 4위 포함)[101]는 시복 절차가 진행 중에 있습니다.

---

98) 장 시메온(베느뇌) 주교, 백 유스토(브르트니에르) 신부, 김 헨리코(도리) 신부, 서 루도비코(블리외) 신부, 안 안토니오(다블뤼)주교, 민 루카(위앵) 신부, 오 베드로(오매트르) 신부.

99) 유정률(劉正律, 베드로), 남종삼(南鍾三, 요한), 전장운(全長雲, 요한), 최형(崔炯, 베드로), 정의배(丁義培, 마르코), 우세영(禹世英, 알렉시오), 장주기(張周基, 요셉), 황석두(黃錫斗, 루카), 손자선 토마스, 정문호 바르톨로메오, 조화서 베드로, 손선지 베드로, 이명서 베드로, 한재권 요셉, 정원지 베드로, 조윤호 요셉, 이윤일(李尹一, 요한).

100) 복자 구한선 타대오(具漢善 Thaddeus), 복자 김기량 펠릭스 베드로(金耆良 Felix Peter), 복자 김원중 스테파노(Stephen), 복자 김종륜 루카(金宗倫 Luke), 복자 박경진 프란치스코(Francis), 복자 박대식 빅토리노(朴大植 Victorinus), 복자 박상근 마티아(Matthias), 복자 송 베네딕토(宋 Benedict), 복자 송 베드로(宋 Peter), 복자 신석복 마르코(申錫福 Mark), 복자 양재현 마르티노(梁在鉉 Martin), 복자 오 마르가리타(吳 Margaret), 복자 오반지 바오로(吳盤池 Paul), 복자 윤봉문 요셉(尹鳳文 Joseph), 복자 이 안나(李 Anna), 복자 이양등 베드로(李陽登 Peter), 복자 이정식 요한(李廷植 John), 복자 장 토마스(張 Thomas), 복자 정찬문 안토니오(鄭燦文 Anthony), 복자 허인백 야고보(許仁伯 James).

101) 홍봉주 토마스, 서태순 아우구스티노, 이조여 요셉, 김면호 토마스, 박래호 요한 사도, 김이쁜 마리아, 이의송 프란치스코, 이붕익 베드로, 김한여 베드로, 김진구 안드레아, 김큰아기 마리아, 이기주 바오로, 이용래 아우구스티노, 박성운 바오로, 김준기 안드레아, 원윤철 세례자요한, 박아기 막달레나, 정여삼 바오로, 최천여 베드로, 최종여 라자로, 고의진 요셉, 배문호 베드로, 황 요한, 안여집 사도요한, 김선양 요셉, 심원경 스테파노, 김조이 수산나, 최 마리아, 김 아우구스티노, 서유형 바오로, 박 루치아, 윤평심, 홍창룡, 민윤명 프란치스코, 김사범, 여기중, 고시수 야고보, 유 바오로, 권중심, 이 요한, 문 막달레나, 정은 바오로, 정 베드로, 서태순 베드로, 김홍범 요한, 박의서 사바, 박원서 마르코, 박익서, 김화숙 베드로, 강 요한, 김양범 빈첸시오, 박 안드레아, 전 야고보, 이제현 마르티노, 정덕구 야고보, 고선양, 송백돌 베드로, 최사관 예로니모, 김윤심 베드로 알칸타라, 김성희 암브로시오, 정치도 요한, 심능석 스테파노, 서여심, 김입돌 베드로, 서응권 요한, 한용호 베네딕토, 손 빅토리아, 이유일 안토니오, 김조이 바르바라, 조치명 타대오, 김 우르시치나, 최제근 안드레아, 윤자호 바오로, 김 필립보, 박 마리아, 이 알로이시오 곤자가, 최용운 암브로시오, 김 마르티노, 박태진 마티아, 김 마테오, 박선진 마르코, 이문홍 바오로, 지 타대오, 방 데레사, 유 베드로, 김성실 베드로, 이 요한, 원 프란치스코, 유문보 바오로,

38. 한국 천주교회사에서 초기 순교자들의 삶과 신앙은 어떠했나요?

1. 조선 초기에 발생했던 큰 박해를 통해 순교한 수많은 순교자들은 목숨을 걸고 하느님의 진리와 자신의 신앙을 증거한 분들입니다. 그렇게 자신의 목숨을 내 걸 수 있었던 까닭은 그들이 자신의 뜻이 아니라, 하느님의 뜻을 따르고자 했기 때문입니다. 그렇게 함으로써 그들은 신앙인으로서 그리스도와 일치하고 그리스도께 의지하며 자신을 온전히 내어 맡기는 믿음의 삶을 살 수 있었습니다. 그들은 당시 사회 구조 안에서 천주교의 참된 가치를 발견했고, 이를 삶으로 드러내고자 노력했던 분들이었습니다. 그분들의 삶은 하느님을 향한 믿음과 희망과 사랑의 실천에서 나온 결실이었음을 알 수 있습니다.

2. 그분들의 영성은 박해 중에도 하느님을 믿고, 하느님을 희망하면서 극기와 절제의 생활을 통해 타인의 고통에 깊은 관심을 가지도록 이끌었습니다. 결국 그분들이 보여준 삶은 하느님에 대한 믿음과 희망에서 비롯되었고, 천주교 교리에 대한 실천에서 나온 것임을 증명했습니다. 또한 순교자들이 지닌 내면의 가치는 외양으로도 드러났음을 확인할 수 있습니다. 이분들이 보여준 외양은 재화의 나눔, 공동체적 신앙생활 그리고 개인적 순결에 대한 지향 등을 통해 확인했습니다. 순교자들의 삶은 이처럼 당시 불합리한 유교적 신분 질서나 남녀 차별에서 벗어나, 그리스도교 신앙의 가르침에 따라 실천하는 삶이었습니다.

3. 모든 인간은 하느님 앞에서 평등하며, 존엄한 존재임을 깨닫고, 이를 생활 안에서도 구체적으로 증명하고자 노력했던 분들이었습니다. 그리고 순교자들이 보여준 행동은 순교자들이 갖고 있는 순교 인식에서 비롯되었으며, 이와 같은 순교 인식에는 계명 실천에 대한 철저함이 있었습니다. 그리고 순교자들은 순교가 하느님을 사랑하고 이웃을 사랑하라는 계명을 따르는 행위로 보았습니다. 그러므로 순교자들은 체포된 이후 신앙과 배교의 양자택일을 강요받을 때에 순교의 길을 선택했습니다. 또한 순교자들이 추구한 완덕의 삶은 결국 순교를 향한 열망으로 드러났습니다. 순교자들이 가졌던 순교 열망은 첫

유치성 안드레아, 강영원 바오로, 피 가타리나, 최지혁 요한, 이아기 루치아, 이병교 레오이다.

째로 그들에게 하느님 개념이 분명했고, 둘째로 그들은 순교 자체를 하느님의 부르심이자 명령으로 받아들였으며, 마지막으로 그들은 천주교 신앙을 받아들이는 순간부터 순교를 각오하고 믿었다는 데에서 그 근원을 찾을 수 있습니다.

4. 이 분들은 당시 불합리한 사회 구조와 성리학적 가치 체계 안에서 천주교의 참된 가치를 발견했고, 이를 삶으로 드러내고자 노력했습니다. 결국 순교자들에게 신앙은 실천이었고, 하느님에 대한 믿음만큼이나 이웃 사랑을 구체적으로 증거하며 살았습니다. 이분들은 사랑의 삶을 통해 하느님에 대한 믿음과 희망을 간직했습니다. 자신들의 삶은 천주교 신앙에서 나오는 것이며, 이 삶은 결코 그릇되지 않다는 사실을 실천적 행동으로 세상과 사회에 웅변해 주었습니다. 이러한 외양으로 나타난 실천의 내면세계는 천주교의 가르침이었습니다. 그 당시의 교회에서는 남녀 간의 순결을 강조했고, 이 순결은 비단 미혼 여성의 순결이나 과부의 정절만을 의미하는 일은 아니었습니다.

5. 그것은 남녀노소 모두에게 요구되는 새로운 가치가 되었습니다. 박해시대 강조되던 순결은 이제 개인 윤리의 차원을 넘어 새로운 사회를 전망하는 윤리로 발전해 나갔습니다. 이처럼 조선교회의 순교자들은 향주삼덕(向主三德)의 실천을 통해서 내면적 완성을 추구했고, 외양적으로도 신자로서의 새로운 행동을 가능하게 해주었습니다. 그분들은 순교에 대한 열망을 간직한 만큼 일상생활 속에서도 순교의 은혜를 청원했고, 순교의 그날을 기다리면서도 일상생활을 충실하게 살았습니다. 이처럼 순교자들이 가지고 있었던 순교 인식은 그 안에 향주삼덕이 응축되어 있습니다. 순교를 일상생활 안에서 완덕을 구현하는 행위로 이해했음을 뜻하므로, 19세기 조선 천주교회 순교자들은 완덕의 지향을 통해서 하느님과의 합일과 자기완성을 바랐던 사람들입니다.

6. 「한국가톨릭대사전」은 "순교는 최상의 은총으로서 하느님께 대한 최상의 표현이며, 가장 그리스도를 가까이 닮고 그분과 일치하는 방법이며 최고의 성성에 이르는 길이다"라고 순교를 정의하고 있습니다. 이 정의처럼 조선 초기 천주교회의 큰 박해를 통한 많은 순교자들은 철저히 예수 그리스도의 삶을 따

른 분들입니다. "친구를 위하여 목숨을 내놓는 것보다 더 큰 사랑은 없다." (요한 15,13)라는 예수님의 가르침과 그분의 몸소 보여주신 십자가의 사랑의 모범을 따라 그대로 증거한 분들입니다. 이처럼 순교자들은 하느님의 부르심에 철저히 응답한 예수님의 뒤를 따른 삶을 살았기에 이 순교자들이 바로 주님의 '얼굴을 찾는 세대' (시편 24,6 참조)라고 말할 수 있습니다.

PART 2

최양업 신부 생애의 개관

39. 최양업 신부의 출생은 어떠했나요? (부록 2, 부록 3 참조)

1. 최양업(崔良業) 신부님은 부친 성 최경환(崔京煥, 프란치스코, 1805-1839년)과 모친 복자 이성례(李聖禮, 마리아, 1801-1840년) 사이에서 1821년 3월 1일 충청도 홍주의 청양 다락골(현 충남 청양군 화성면 농암리 누곡)에서 6형제의 장남으로[102] 출생하였습니다. 본관은 경주이고, 세례명은 토마스입니다.

2. 최양업 신부님의 증조부 최한일(崔漢馹)은 아우 최한기(崔漢驥)와 함께 이존창(李存昌, 루도비코 곤자가, 1752-1801년)으로부터[103] 세례를 받았습니다. 그 후 최한일은 경주 이씨와 혼인하여 아들 최인주(崔仁柱)를 낳았는데, 순박함과 신심이 뛰어났던 최인주는 1791년 신해박해 때 많은 고초를 겪고 석방된 후 모친인 경주 이씨와 함께 청양 다락골로 피신하여 이후 4대가 이곳에서 생활하였습니다.

3. 진정한 신앙의 실천자이자 강인한 성품을 타고난 부친 최경환은 가족들의 신앙심이 냉담하게 되자 친척과 재산이 있던 고향을 떠나 서울의 낙동(현 회현동)으로 이주하여 살다가 다시 이곳을 떠나 여러 산골지방을 전전하였습니다. 그러다 과천의 수리산 뒤뜸이(현 경기도 안양시 안양 3동)에 정착하였고, 훗날 교우촌의 회장으로 임명되었습니다.

4. 그는 그리스도를 위하여 자진하여 가시덤불과 돌 자갈밭을 개간하는 등 극도의 궁핍과 재난을 기쁘게 받아들였고, 자주 깊이 묵상하고 신심 독서를 함으로써 열렬한 애덕과 하느님 신비에 대한 해박한 지식을 얻었으며, 과일을 추수할 때면 가장 좋은 것을 골라 가난한 이웃들에게 나누어 주기도 하였습니다. 모친 이성례도 남편 못지않은 극기와 신심을 지니고 있었으며 신앙생활에

---

102) 둘째 의정(義鼎, 야고보)은 3남을 낳았는데, 그의 증손이 원주교구 최기식(베네딕토) 신부이다. 셋째 선정(善鼎, 안드레아)은 2녀를 낳았고, 넷째 우정(禹鼎, 바실리오)은 2남 2녀를 낳았는데, 그의 외손이 서울대교구 박우철(바오로, 1884-1956) 신부이다. 다섯째 신정(信鼎, 델레신포로)은 2남 1녀를 낳았는데, 그의 외손이 서울대교구 김휘중 신부(요셉, 1884-1918)이다. 막내 스테파노는 1839년 기해박해 때 형조 감옥에서 옥사하였다.

103) 최양업 신부의 조모 경주 이씨는 충청도 내포의 사도라고 불리는 이존창 집안의 딸이고, 모친 이성례(마리아)도 이존창의 사촌 누이인 이 멜라니아의 조카딸이다.

도 충실하였습니다.

5. 부친 최경환은 1839년 기해박해 때 포도청 감옥에서 40일 이상 혹독한 고문을 받았으나 요지부동한 항구심으로 견디다 9월 11일 최후로 곤장 25도를 맞고 그 이튿날 포청옥에서 순교하였습니다.[104]

40. **최양업 신부 탄생지인 청양 다락골은 어떤 곳인가요?**
1. 칠갑산 굽잇길을 켜켜이 돌아 충남 청양군 화성면 농암리에 들어서면 다락골이라는 고즈넉한 시골 마을이 나옵니다. 최양업 신부님 일가가 일군 교우촌입니다. 청양 다락골에는 최양업 신부님의 생가터인 '새터'와 160여 년 전 병인박해 때 홍주 감영이나 공주 황새바위에서 순교한 무명 순교자들이 묻힌 '줄무덤'이 성지로 조성돼 있습니다.
2. 홍주 감영(지금의 홍성군청)에서 20여㎞ 거리에 있는 이 마을은 해발 791m의 오서산에 둘러싸여 형세가 마치 누각의 기둥 같아 '다락골'이라 불렀습니다. 박해자들의 근거지인 감영으로부터 걸어서 반나절 거리에 있어 근황 파악이 쉽고, 앞은 틔어 있어 감시 또한 용이하며, 주위가 험한 산이어서 피신하기 좋아 교우촌으로서는 천혜의 입지 조건을 갖춘 곳입니다.
3. 청양 다락골 새터는 17세기 초반부터 360여 년간 경주 최씨네가 살았던 집성촌으로 박해를 피해 서울에서 이주해 온 최양업 신부님 일가가 증조모, 조부모, 부모, 최양업 신부님 형제까지 4대에 걸쳐 새터를 이루고 살던 곳입니다. 최양업 신부님 일가가 이룬 이 새터는 교우촌으로 성장했습니다.

---

104) 모친 이성례도 같은 해 포도청에 갇히게 되었는데 아이들이 굶주리는 모습을 보고 모성애를 이기지 못해 배교한다고 말했으나 즉시 그 결정을 후회하고 철회하였습니다. 다시 형조 감옥에 갇힌 그녀는 엄청난 고통을 겪고 1840년 1월 31일(음 1839년 12월 27일)에 용감하게 순교하였습니다. 최경환(프란치스코)는 1925년 7월 5일 79위 시복식을 통해 복자품에 올랐고, 1984년 5월 6일 103위 시성식을 통해 성인품에 올랐다. 이성례(마리아)는 배교한 것 때문에 성인품에 오르지 못했으나 2014년 8월 16일 동료 순교자 123위와 함께 시복되었다.

4. 1839년 기해박해 때는 모방 신부[105]와 샤스탕 신부[106]가 이곳에 피신해 있다가 앵베르 주교[107]의 권고로 자수했습니다. 또 청양 다락골 출신의 복자 최해성(요한)과 순교자 최대종(요셉)도 두 신부와 같은 시기에 체포돼 순교했습니다. 병인박해 때 관원들이 이 마을을 불태워버린 후부터 교우촌 기능이 쇠락해졌습니다. 하지만 청양 다락골 새터는 최양업 신부님 일가의 신앙의 못자리로 성인 최경환(프란치스코)과 복자 최해성(요한), 복자 이성례(마리아), 최양업(토마스) 신부님을 배출한 성지로 순례자들의 발길이 끊이지 않고 있습니다.

41. 최양업 신부의 유학기(신학생 시절과 사제수품)는 어떠했나요?

1. 교우촌에서 열심히 신앙생활을 한 부모와 함께 성장한 최양업 신부님은 경기도 부평에서 살 때 교회 지도자들과 1836년 1월 15일(음 1835년 11월 25일)에 귀국한 파리외방전교회 모방 신부에 의해 신학생으로 선발되었습니다.[108] 그는 동료 김대건[109], 최방제[110]와 함께 1836년 12월 3일(음 10월 25일) 모방

---

105) 모방(Maubant, Pierre Philibert, 1803-1839년): 파리 외방전교회원으로서 최초로 조선에 입국한 선교사가 되었다. 한국명은 나백다록(羅伯多祿)이며 프랑스 선교사로서는 최초로 조선에 입국하여 약 3년 8개월 동안 사목을 했다. 기해박해 때 모방 신부는 여러 차례 신문과 고문을 받고 앵베르 주교와 샤스탕 신부와 같이 군문효수형이 언도되어 1839년 9월 21일 기해박해 때 군문효수형으로 한강 새남터에서 순교하였다. 1984년 성인품에 올랐다.
106) 샤스탕(Chastan, Jacques Honore, 1803-1839년): 한국 이름은 정아각백(鄭牙各伯)이며 모방 신부에 이어 서양인 선교사로서 두 번째로 입국하여 1839년 9월 21일 기해박해 때 군문효수형으로 한강 새남터에서 순교하였다. 1984년 성인품에 올랐다.
107) 앵베르(Imbert, Laurent Marie Joseph, 1796-1839년): 한국명 범세형(范世亨)이고 주교이며 조선교구 제2대 교구장이다. 1837년 5월 14일 주교 서품식을 갖고 1837년 12월 18일 조선에 입국한 뒤 약 1년 10개월 간 사목하였다. 모방, 샤스탕 신부와 함께 1839년 9월 21일 기해박해 때 군문효수형으로 한강 새남터에서 순교하였다. 1984년 성인품에 올랐다.
108) 모방신부의 거처인 서울 후동(後洞)에 최양업은 1836년 2월 6일에, 최방제는 1836년 3월 14일에, 김대건은 1836년 7월 11일에 도착하였다.
109) 김대건(金大建, 1821-1846년): 한국 천주교 최초의 신부이자 순교자이며 세례명은 안드레아이고 내한한 교황 요한 바오로 2세에 의해 1984년 5월 6일 시성(諡聖)되어 성인품에 올랐다.
110) 최방제(崔方濟, 1820?-1837년): 세례명은 프란치스코 사베리오이며 성 최경환의 조카이며, 최

신부가 보는 가운데 십자가 앞에서 순명과 복종 서약을 한 후 서울을 출발하여 같은 해 12월 28일(음 11월 20일) 봉황성 책문(柵門)을 거쳐 이듬해인 1837년 6월 7일(음 5월 5일) 마카오의 파리외방전교회 극동대표부에 도착하였습니다.

2. 이곳에서 그는 극동대표부의 대표 르그레즈와(Legrégeois) 신부[111], 부대표 리브와(Libois) 신부[112], 교장 칼르리(Callery 신부, 메스트르(Maistre) 신부[113]와 베르뇌(Berneux) 신부[114], 사천(四川) 선교사인 데플레슈(Desflèches) 신부 등의 지도를 받기 시작하였고, 1839년 4월부터 11월까지는 필리핀 마닐라와 롤롬보이(Lolomboy)에서 신학교육을 받기도 하였습니다. 이때 리브와

양업 신부의 사촌이다.

111) 르그레즈와(Pierre Louis Legrégeois, 1801-1866년): 파리외방전교회 선교사로 일찍부터 중국으로 건너와 활동하다가 1830년 마카오 극동 대표부의 대표가 되었다. 이어 1837년에는 대표부 안에 임시 조선교구 신학교를 설립한 뒤 세 명의 조선 신학생들을 받아들여 지도했으며, 1841년 말 파리외방전교회 신학교의 지도자로 선출되어 프랑스로 귀국하였다. 최양업 신부는 생전에 남긴 21통의 서한 가운데 13통은 스승 르그레즈와 신부에게, 1통은 르그레즈와 신부와 리브와 신부에게 공동 명의로 보냈다. 여기서 알 수 있듯이 최양업 신부의 르그레즈와 신부에 대한 존경과 애정은 각별한 것이었고, 그가 보낸 편지는 순명과 애정으로 시작하여 순명과 애정으로 끝났다고 할 수 있다.

112) 리브와(Libois, Napoleon, 1805-1872년): 파리 외방전교회 신부이며 극동지역 파리 외방전교회 경리부장으로 1832년 선교사로 중국에 입국하여 마카오의 극동지역 경리부 부경리로 활동하였다. 1837년 마카오에 유학온 김대건, 최양업, 최방제 등 3명의 조선 신학생에게 교회음악을 가르쳤고, 1842년 르그레즈와 신부의 후임으로 극동지역 경리부장이 되어 극동지역에 파견된 파리 외방전교회의 선교사들을 지원하였다.

113) 메스트르(Joseph A Maistre, 李, 1808-1857년): 파리외방전교회 선교사로 1840년 마카오에 도착한 뒤 조선 신학생들을 가르쳤으며, 1842년 조선교구 선교사로 임명되었다. 이후 최양업 신부가 사제품을 받을 때까지 오랫동안 함께 생활하면서 지도해 주었고, 1852년 조선에 입국해서 사목하다가 덕산 황모실(현 예산군 고덕면 호음리)에서 선종하였다.

114) 베르뇌(Berneux, Simeon Francois, 1814-1866년): 한국명은 장경일(張敬一)이며 파리 외방전교회 선교사이고 주교이며 제4대 조선교구장이다. 1856년 3월 29일 서울에 도착, 사목활동을 하다가 1866년 병인박해 때 새남터에서 순교하였고 1984년 5월 6일 시성되어 성인품에 올랐다.

신부는 "브뤼니에르(de la Bruniére)[115] 신부는 조선 학생(최양업)을 교육하는 임무를 맡고 있습니다. 그는 이 학생에게서 많은 재능, 무엇보다도 좋은 판단력을 발견하였음을 말씀드립니다. 그래서 브뤼니에르 신부는 그를 가르치기에 아주 적절한 학생으로 생각하고 있습니다."라고 말하였습니다.

3. 아편전쟁으로 인해 중국이 한창 혼란스럽던 1842년 7월에 최양업 신학생은 만주 선교사인 브뤼니에르 신부와 함께 북상하는 프랑스 함선 파보리트(Favorite)호의 통역을 맡아 마카오를 떠나게 되었습니다. 그해 9월 11일 상해에 도착하여 김대건 신학생 일행과 합류하였고, 이들은 요동의 태장하(太莊河)·백가점(白家店)·양관(陽關)을 거쳐 11월에는 3대 교구장인 페레올 주교[116]가 있던 길림성의 소팔가자(小八家子) 교우촌[117]으로 가서 공부를 계속하였으며, 1844년 12월 10일 김대건 신학생과 함께 부제품을 받았습니다.

4. 최양업 부제는 메스트르 신부와 함께 훈춘과 의주 변문[118]을 통해 귀국을 시도했으나 실패하였고, 1847년 초에는 파리외방전교회 극동대표부가 있는 홍콩으로 가서 페레올 주교가 보낸 프랑스어본 '기해·병오박해 순교자들의 행적'을 라틴어로 번역하여 파리로 보냈습니다. 1847년 7월에는 메스트르 신부와 함께 중국·인도 해군기지 분함대장인 라피에르(Lapierre)가 지휘하는 글로와

---

115) 브뤼니에르(Maxime de la Bruniére, 寶, 1816-1846년): 파리외방전교회 소속 중국 선교사로 1842년 최양업 신학생이 마카오를 떠날 때 프랑스 군함에 동승했으며, 임지인 만주교구에서 사목하다가 1846년 7월 7일 지방민에게 살해당했다.

116) 페레올(Jean Joseph Ferréol, 高, 1808-1853년): 주교. 파리외방전교회 선교사로 1838년 8월 14일 조선교구 부주교로 임명되고, 다음해 9월 21일 제3대 조선교구장을 승계했으며, 1843년 12월 31일 요동의 양관에서 주교로 서품되었다. 1845년 10월 12일 조선에 입국해서 활동하다가 과로로 선종하여 미리내에 안장되었다.

117) 1838년 북경교구에서 분리 설립된 요동교구(1840년 만주교구로 개칭)의 초대 교구장 베롤 주교가 일찍이 팔가자(현 길림성 장춘시 합륭진)의 교우촌 안에 성당을 건립하고 북방 선교의 거점으로 삼았다.

118) 평안북도 의주성(義州城) 밖 만주(滿洲)와의 국경지역에 있던 관문(關門)이다. 예로부터 중국으로 가는 조선 사신은 물론 조선으로 가는 중국 사신들이 꼭 거쳐 가야 하는 유일한 관문으로, 일종의 국경을 표시하는 역할로 세워졌는데 변문과 만주 봉황성의 책문(柵門)까지의 장소에서는 무역이 이루어지기도 하였다.

르(la Gloire)호를 타고 귀국을 시도했으나 배가 신시도(新侍島) 인근에서 좌초함으로써 세 번째 귀국 시도도 실패하였습니다. 상해에 도착한 최양업 부제는 예수회의 서가회(徐家匯) 신학원에서 마지막 신학수업을 마친 뒤 1849년 4월 15일 예수회 마레스카(Marecca)[119] 주교에 의해 사제로 수품되었습니다.

42. 최양업 신부의 탄생과 집안 신앙 내력은 어떠한가요?(1)

1. 최양업 신부님 집안의 신앙 내력은 최양업 신부님의 조카 최상종(원선시오)이 쓴 「최양업 신부 이력서」와 「최우정 바실리오 이력서」, 최양업 신부님의 넷째 제수 송 아가타가 구술한 「송 아가타 이력서」를 통해 비교적 상세히 알 수 있습니다.
2. 최양업 신부님은 1821년 3월 1일 충청도 청양 다락골 새터에서 태어났습니다. 최양업은 이곳에서 만 6세까지 살았습니다. 최양업 신부님은 경주 최씨 최치원(崔致遠)의 41대손이며, 조선 시대 평정공신(平定功臣)으로 이조판서를 지낸 최확(崔確)의 11대손입니다.
3. 그의 부모는 성 최경환(프란치스코)과 복자 이성례(마리아)입니다. 둘은 장남인 양업(良業, 토마스)과 의정(義鼎, 야고보), 선정(善鼎, 안드레아), 우정(禹鼎, 바실리오), 신정(信鼎, 델레신포로) 그리고 두 살 때 옥사한 막내 스테파노 등 6명의 자녀를 두었습니다.
4. 최양업 신부님 일가가 서울에서 다락골로 이주해 '새터'를 이룬 때는 1791년 진산사건[120] 이후입니다. 최양업 신부님 집안에 처음으로 가톨릭 신앙을 받아들인 이는 증조부 최한일(崔漢馹)인데, 그는 정조 재위 11년 되던 해인 1787년 서울 본가에서 동생 최한기(崔漢驥)와 함께 하느님의 종 이존창(루도비코

---

119) 마레스카(Franciscus Maresca, 趙方濟, 1806-1855년): 나폴리 성가회 소속 선교사로 1840년 중국에 도착했으며, 1847년 금가항 성당에서 강남교구(1922년 남경교구로 개칭) 부주교로 서품되었고, 같은 해 말 산동교구장 겸 강남교구장 서리 베시 주교가 유럽으로 돌아간 뒤 강남교구장을 승계하였다.

120) 조선 정조 15년(1791년)에 발생한 최초의 천주교도 박해사건으로 신해사옥(辛亥邪獄)이라고도 한다.

곤자가)으로부터 세례를 받았습니다.

5. 그 후 최한일은 경주 이씨와 혼인해 외아들 최인주(崔仁柱)를 둔 채 사망했습니다. 최양업 신부님의 조카 최상종의 말에 의하면 최양업 신부님의 증조모인 경주 이씨는 1791년 박해가 일자 화를 피하려 12살 된 아들 최인주를 앞세워 충청도 홍주 누곡(樓谷)이라 불리던 청양 다락골로 숨어들었다고 합니다.
6. 그리고 동생 최한기 집안은 강원도 홍천으로 피신했다가 여러 순교자를 배출한 후 지금의 풍수원에 자리를 잡았다고 합니다. 하지만 최상종의 증언과 달리 최양업 신부님은 조부 최인주가 1791년 박해 때 체포돼 많은 고초를 받은 후 석방된 후 다락골로 이주했다고 말하고 있습니다.[121]

43. 최양업 신부의 탄생과 집안 신앙 내력은 어떠한가요?(2)

1. 청양 다락골에는 경주 최씨들이 오래전부터 대를 이어 살고 있었습니다. 경주 최씨 화숙공파의 족보와 묘를 참조하면 적어도 1600년대 초반부터 이곳에 최씨들이 살고 있었던 것을 알 수 있습니다. 경주 최씨 집성촌에 정착한 최인주는 다락골에서 농사 품팔이를 하고, 어머니 경주 이씨는 가을걷이 품앗이와 바느질품을 팔아 생활했습니다.
2. 이렇게 생활한 지 1년도 되지 않아 둘은 초가를 마련하고 그나마 안정적으로 정착하게 됩니다. "가세가 날로 늘어 불과 수십 년 내에 몇 백 석을 추수하므로 남들이 말하기를 천석 추수는 하리라 했다"(「최바실리오 이력서」중에서) 하고 전합니다.
3. 그렇게 4-5년이 지난 후 최인주는 어머니 경주 이씨와 함께 다락골에서 700여m 떨어진 지금의 새터로 옮겨 주인 없이 버려진 땅을 개간하며 살림살이를 늘렸습니다. 차츰 이웃이 늘어 교우촌을 이루고 이름도 '새터'라 불렀다고 합니다.
4. 조부 최인주는 이곳에서 이존창(루도비코 곤자가) 집안의 딸인 경주 이씨와 혼인해 영열, 영겸, 영눌 3형제와 네 딸을 낳았습니다. 그중 막내 영눌이 최양업 신부님의 아버지인 최경환입니다. 아버지 최경환은 15살 되던 해에 새터에

---

121) 르그레즈와 신부에게 보낸 최양업 신부의 1851년 10월 15일 자 서한 참조

서 이성례와 혼인했습니다. 어머니 이성례는 하느님의 종 이존창(루도비코 곤자가)의 사촌 누이인 이 멜라니아의 조카딸입니다. 이 멜라니아는 성 김대건 안드레아 신부님의 조모입니다. 따라서 최양업 신부님과 김대건 신부님은 진외[122] 6촌간이 됩니다.

5. 결혼 3일 후 최경환은 인사차 처가에 갔는데 처가 식구들이 "구(舊)교우 집안 사람이니 교리를 듣자." 하며 청했습니다. 그러나 당시 최경환은 교리를 잘 알지 못했습니다. 그래서 집으로 돌아온 즉시 그는 며칠 밤을 새워 「칠극」을 다 외우는 등 교리를 익히는 데 전념했습니다.

44. 최양업 신부의 탄생과 집안 신앙 내력은 어떠한가요?(3)

1. "아버지 최경환 프란치스코는 천성적으로 진정한 신앙의 실천자였고, 정직과 순박을 애호하면서도 강력한 성품을 타고났습니다. 그는 소년 시절부터 세속의 오락을 경멸하고 오로지 천주교 교리를 듣거나 읽는 것만을 즐거워하였습니다."[123]

2. 최양업 신부님의 아버지 최경환은 나이가 들면서 가족의 신앙심이 냉담해지는 것을 보고 심각한 고민에 빠졌습니다. 그래서 여러 번 부모와 형제들에게 고향과 재물을 버리고 마을을 떠나 영혼을 구원하기 편한 곳으로 이사하자고 제안했습니다. 가족들이 그의 말을 듣지 않자 최경환은 긴 편지를 장남인 최양업에게 주면서 자기가 떠난 후 엿새 되는 날에 어른들에게 전해 주라고 일렀습니다. 그리고 교리에 더 밝은 신자들을 찾아 집을 나갔습니다.

3. 최경환이 사라지자 온 집안이 난리가 났습니다. 가족들이 당황해 하자 최양업은 아버지가 준 편지를 어른들에게 보여드렸습니다. 편지를 읽고 난 삼촌들이 그를 찾아 나서서 결국 그를 데려왔습니다. 그러고 나서 가족 전체가 만장일치로 합의해 재산을 모두 버리고 고향과 친척을 떠나 25명이나 되는 전 가족이 서울 낙동(현 회현동)으로 이사했습니다. 이곳에서 살던 최경환 일가는

---

122) 아버지의 외가
123) 르그레즈와 신부에게 보낸 최양업 신부의 1851년 10월 15일 자 서한

다시 이곳을 떠나 강원도를 거쳐 부평으로 이주합니다. 최양업이 신학생으로 선발된 것이 바로 이곳 부평에서 살 때입니다. 이후 최경환은 다시 과천 수리산 뒤뜸이(현 경기도 안양시 안양3동)로 옮겨 정착하게 됩니다.

45. 최양업 신부가 사제가 되는 과정은 어떠했나요?(1)

1. 경기도 부평에 살던 15살 최양업은 1836년 2월에 모방 신부로부터 한국인 첫 신학생으로 선발됐습니다. 뒤를 이어 신학생으로 선발된 최방제, 김대건과 함께 그해 12월 3일 마카오 유학길에 올랐습니다. 정하상(바오로), 조신철(가롤로), 이광렬(요한)이 국경 넘어 변문까지 동행했습니다. 이후 중국 서만자(西灣子)[124] 출신으로 앵베르 주교와 샤스탕 신부의 조선 입국 길을 안내했던 서만자와 마카오 사이의 파발꾼 투안 마리아노와 첸 요아킴이 세 신학생을 데리고 마카오까지 갔습니다.

2. 1837년 6월 7일 마카오 파리외방전교회 극동대표부에 도착해 신학 공부를 시작한 세 신학생에 대한 신부들의 평은 좋았습니다. 교장 칼르리 신부는 "3명의 조선 소년들은 훌륭한 사제로서 바람직스러운 덕목이나 신심, 겸손, 면학심, 스승에 대한 존경 등 모든 면에서 완전하다"하고 평했습니다.

3. 그러나 곧 시련이 닥쳤습니다. 1837년 11월 27일 최방제(최양업 신학생의 사촌)가 열병으로 숨진 것입니다. 또한 마카오 민란으로 인해 1839년 4월부터 11월까지 최양업과 김대건은 교수 신부들과 함께 필리핀 마닐라 근교 롤롬보이로 피신할 수밖에 없었습니다. 이때 조선에서는 기해박해(1839년)로 아버지 최경환이 서른다섯의 나이로 순교했습니다. 또 이듬해인 1840년 1월 31일(음 1839년 12월 27일)에는 어머니 이성례마저 순교했습니다. 이 사실도 모른 채 최양업은 피난지 롤롬보이에서 아버지에게 그리움을 담은 편지를 보냈습니다.

---

124) 내몽고에 있는 마을로 북경과 가까운 거리에 있는 이 고을에는 일찍이 프랑스 계통의 라자리스트(Lazaristae)회가 진출하여 전교함으로써 주민의 거의 다수가 가톨릭이었다. 그러므로 조선에 입국하고자 하는 선교사와 조선 교우와의 연락이 이곳에서 많이 이루어졌다.

46. 최양업 신부가 사제가 되는 과정은 어떠했나요?(2)

1. 김대건 신학생이 1842년 2월 마카오를 떠나고, 최양업 신학생은 1842년 7월 파리외방전교회 브뤼니에르 신부와 함께 마카오를 떠나 요동반도 남단 태장하 해안에 있는 백가점 교우촌을 거쳐 11월 소팔가자에 이릅니다. 최양업 신학생은 이곳 소팔자가에서 김대건 신학생과 함께 신학교육을 받고 1844년 12월 제3대 조선 대목구장 페레올 주교에게 부제품을 받습니다. 이후 김대건 부제는 조선 귀국에 성공한 후 배를 타고 다시 상해로 건너와 페레올 주교에게 사제품을 받고 주교와 함께 조선 재귀국에 성공합니다.

2. 반면, 최양업 부제는 소팔가자에 머물면서 두만강과 압록강을 통한 조선 귀국 루트를 개척했습니다. 그러다 1846년 겨울에 그해에 있었던 병오박해로 김대건 신부가 순교한 소식을 듣게 됩니다. 최양업 부제는 1847년 초 홍콩 극동대표부로 돌아가 페레올 주교가 프랑스어로 쓴 「기해·병오박해 순교자들의 행적」을 라틴어로 번역해 파리로 보냈습니다. 이 문서에 기록된 기해년(1839년)·병오년(1846년) 순교자 82위 중 79위가 시성됐습니다.

3. 그해 7월 최양업 부제는 메스트르 신부와 프랑스 군함을 타고 세 번째 조선 귀국을 시도하다 서해 고군산도 인근에서 난파하는 바람에 상해로 돌아갑니다. 1849년 최양업 부제는 백령도를 통해 귀국을 네 번째로 시도했으나 또 다시 실패하고 맙니다. 상해로 돌아온 그는 1849년 4월 15일 상해에서 강남대목구장 마레스카 주교에게 사제품을 받습니다. 두 번째 한국인 사제였고, 그의 나이 28살이었습니다.

47. 최양업 신부의 조선 귀국 경로는 어떠했나요?

1. 사제 수품 후 1849년 5월 최양업 신부님은 다시 육로 귀국을 시도하고자 요동으로 떠났습니다. 연말을 기다리며 그는 요동지방 양관(陽關, 현 개주시 나가점)과 차쿠(岔溝, 현 장하시 용화산)[125]에서 베르뇌 신부를 보좌해 중국 신

---

125) 양관과 차쿠는 1838년 요동 대목구가 설정된 후 초대 대목구장으로 임명된 파리외방전교회 베롤(Verrolles, 方若望) 주교가 1840년 이후에 성당을 건립한 곳이다. 양관의 '성 후베르토 성당'

자들을 사목했습니다. 이로써 최양업 신부님은 한국인 첫 해외 선교사로, 차쿠는 한국인 첫 해외 선교지로 기록됩니다. 최양업 신부님이 차쿠에서 사목한 기간은 1849년 5월 말부터 12월 말까지 7개월가량입니다.

2. 최양업 신부님은 1849년 12월 압록강을 넘어 13년 만에 귀국합니다. 1850년 1월 서울에 도착한 최양업 신부님은 다블뤼(Daveluy)[126] 신부에게 병자성사를 집전하는 것으로 조선에서의 첫 성무를 시작했습니다. 이후 최양업 신부님은 잠시도 쉬지 못한 채 교우촌 순방에 들어갔습니다. 페레올 주교는 서한에서 "최양업 신부가 돌아오지 않았다면, 제가 무거운 짐을 다 짊어져야 했을 텐데, 최 신부의 귀국으로 하느님께서 저에게 얼마나 큰 도움을 주셨는지 잘 짐작하실 것"이라고 썼습니다.

48. 최양업 신부의 귀국 후의 활동은 어떠했나요?

1. 최양업 신부님이 1년 중 순방해야 할 교우촌은 전체 교우촌의 약 70%에 해당하는 120여 곳으로 해마다 2,800여km(7,000리길)를 걸어야 했습니다. 교우촌을 다니던 최양업 신부님은 우리말 교리서의 필요성을 절감했습니다. 그의 여덟 번째 서한에서 "쉬운 한글 덕분으로 세련되지 못한 산골에서도 신자들이 빨리 천주교 교리를 배우고 구원을 위한 훈계를 받을 수가 있다"라며 주요 교리와 기도문을 가사체로 노래한 천주가사를 편찬합니다. 그는 1859년 여름 다블뤼 주교를 도와 한국 천주교회 최초의 공식 교리서인 한문본 「성교요리문답」과 한문본 기도서인 「천주성교공과」를 우리말로 옮기는 작업을 완

과 차쿠의 '눈의 성모 성당'은 아주 아름다운 모습을 간직하고 있었다. 양관성당에서 페레올 주교의 성성식이 있었고, 조선 신학생들과 선교사들도 만주를 여행할 때에 자주 이곳에 머물렀다. 이 일대는 1868년 이래 조선 선교사들이 만주 대목구로부터 사목재치권을 이관 받아 사목활동을 하기도 하였다.

126) 다블뤼(Daveluy, Marie Antoine Nicolas, 1817-1866년): 파리 외방전교회원으로 한국명은 안돈이(安敦伊)이며 조선교구 제5대 교구장을 지냈다. 그의 가장 큰 업적은 한국천주교회사와 조선 순교사의 편찬이었다. 1866년 3월 11일 전교 중 체포되어 그해 3월 30일 군문효수로 참수되었으며 1984년 5월 6일 성인품에 올랐다.

성했습니다. 한글본 「성교요리문답」은 1934년에 「천주교 요리문답」이 나오기까지 공식 교리서로 쓰였습니다. 한글본 「천주성교공과」는 1972년 「가톨릭 기도서」가 출간되기까지 110년간 사용됐습니다.

2. 최양업 신부님은 갈수록 몸이 쇠약해졌습니다. 12년간 해마다 7,000여 리를 걸어 교우촌을 순방한 그는 지쳤습니다. 1861년 6월 15일, 최양업 신부님은 과로와 장티푸스가 겹쳐 경북 문경 일대에서 쓰러지고 맙니다. 그는 배론(舟論)[127]에서 급히 달려온 프르티에(Pourthie)[128] 신부에게 병자성사를 받고 예수 마리아의 이름을 되뇌다 선종했습니다.

3. 당시 그의 나이 만 40살이었고, 조선에 들어와 사목한 지 12년 만이었습니다. 최양업 신부님의 유해는 선종지에 가매장됐다가 훗날 배론에 안장됐습니다. 최양업 신부님의 죽음은 '조선 교회 전체의 초상'이었습니다. 베르뇌 주교는 1861년 9월 4일 자 서한에서 "최 신부는 12년간 거룩한 사제의 모든 본분을 지극히 정확하게 지킴으로써 사람들을 감화하고 성공적으로 영혼 구원에 힘쓰기를 그치지 않았다" 하며 안타까워했습니다.

49. 최양업 신부의 한국 천주교회 역사적 의미는 무엇인가요?

1. 최양업 신부님이 활동했던 19세기의 천주교 신앙 공동체는 사회운동 단체가 아닌 종교적 공동체였습니다. 당시 천주교인들은 천국을 갈망하며, 그곳에 들기 위해서는 신분을 떠나 인간 평등의 가치 안에서 이웃을 사랑해야 한다고 믿었습니다. 사랑이라는 새로운 가치의 실천을 통해 들어갈 수 있는 곳이 천

---

127) 배론(舟論)은 교회의 성지이며 유서 깊은 교우촌이다. 현 지명은 충북 제천군 봉양면 구학리이고 이곳은 1791년 신해박해를 피해 온 교우들이 농사와 옹기를 구워 생활하며 신앙 공동체를 이룬 곳으로, 마을이 위치한 계곡이 배(舟)밑창을 닮았다 하여 배론으로 불렸다.

128) 프르티에(Jean Antoine Pourthie, 1830-1866년). 순교자이며 파리 외방전교회 소속 선교사로 한국명 신요안(申妖案)이다. 1856년 베르뇌 주교, 프트니콜라 신부와 함께 상해를 거쳐 해로로 한국에 잠입, 충청도 배론의 성 요셉신학교 교장으로 한국인 신학생 양성을 위해 일하다가 1866년 병인박해 때 체포되어 그해 3월 11일 새남터에서 군문효수로 순교하였으며 그의 유해는 명동성당 지하에 안치되어 있다.

50. 최양업 신부의 첫 번째 서한에 담긴 신앙여정은 어떠한가요?

1. 최양업 신부님의 서한 내용을 이해하려면, 우선 첫 번째 서한이 작성되기 전까지 그의 행적을 이해해야 합니다. 앞서 여러차례 언급을 하였지만 1821년 태어난 최양업은 1836년 모방 신부에 의해 신학생으로 간택되어 동료 최방제, 김대건과 함께 라틴어 수업을 받고 정하상(바오로), 조신철(가롤로), 이광렬(요한) 등의 인도를 받아 변문으로 출발합니다. 1837년 중국 대륙을 남하해 마카오에 도착한 그들은 파리외방전교회 극동대표부의 조선 신학교에서 수학합니다. 그해 8월, 마카오의 민란으로 인해 필리핀 마닐라로 피신했다가 마카오로 돌아오지만 안타깝게도 1837년 11월 27일에 최방제 신학생이 열병으로 사망합니다. 1839년에 4월에 또 다시 발생한 마카오의 민란으로 다시 마닐라 근교 롤롬보이로 피신한 후 11월 마카오로 귀환합니다.

2. 최양업 신학생의 첫 번째 서한은 1842년 4월 26일에 작성된 서한으로 마카오에서 스승 르그레즈와 신부에게 보내는 것으로 시작됩니다. 최양업 신학생이 1821년생임을 감안할 때, 21살의 나이에 라틴어로 된 첫 번째 서한을 작성한 것입니다. 첫 서한의 수취인인 르그레즈와 신부는 최양업 신학생이 1837년 마카오에 처음 도착했을 때 파리외방전교회 극동대표부의 대표로서 그를 가르쳤던 스승입니다. 스승에게 보낸 그의 첫 번째 서한은 이렇게 시작합니다.

3. "우리가 서로 작별 인사를 나누었을 때, 얼마나 외로워하고 애달파하였는지를 회상하시면, 제가 신부님의 여행에 대하여 얼마나 조바심을 가지고 염려하였는지 충분히 이해하실 것입니다. 저는 하루라도, 아니 단 몇 시간이라도 신부님을 생각하지 않고 지낸 일은 없다고 고백하기를 주저하지 않습니다." 르그레즈와 신부는 1842년 초 파리외방전교회 신학교의 지도자로 선임돼 본국으로 귀국합니다. 그러므로 최양업 신학생은 스승 르그레즈와 신부에게 '순명'과 '애정'이 각별히 담긴 서한을 보내고 있는 것입니다.

4. 최양업 신학생의 첫 서한에서 또 하나 발견할 수 있는 점은 김대건 신학생과 스승 메스트르 신부가 세실 함장이 이끄는 프랑스 함대의 에리곤(Erigone)호에 승선해 마카오를 출발한 사실입니다. "모든 사람들이 저에게서 떠나고 또 마침내 저의 유일한 동료 안드레아(김대건)와도 떨어져 있는 저는, 작은 방

에 외톨이로 남아있습니다만 하느님과 홀로 있기가 소원입니다. 신부님이 떠나신 다음 우리 조국으로부터는 아무런 소식도 들려 온 것이 없습니다."

5. 그는 서한을 통해 르그레즈와 신부에게 '작은 아들'인 자신을 기억해 줄 것과 한 가지 부탁을 더 청합니다. "또 한 가지 신부님께 바라는 바는 진짜 십자가 나무(寶木)의 한 조각이나 성인들의 유해를 주셨으면 합니다. 지극히 공경하고 경애하올 신부님, 항상 편안하십시오. 신부님께 대한 추억은 제가 살아있는 한 결코 사라지지 않을 것입니다. 공경하올 스승님께, 지극히 비천하고 순종하는 아들 토마스 양업이 엎드려 절합니다."

51. 최양업 신부의 두 번째 서한에 담긴 신앙여정은 어떠한가요?

1. 최양업 신학생의 두 번째 서한은 첫 번째 서한과 마찬가지로 그의 스승 르그레즈와 신부에게 보내는 것으로 시작합니다. 그러나 서한의 발신지는 다릅니다. 마카오에서 서한을 보낸데 이어 두 번째 서한은 외몽고의 팔가자[129]에서 보낸 것이기 때문입니다. 외몽고의 팔가자는 최양업 신학생이 귀국 도중 들러 메스트르 신부 밑에서 신학공부를 계속 한 곳입니다.

2. 한국교회사연구소에 따르면 팔가자에서 1844년 5월 19일에 작성된 두 번째 서한을 통해 최양업 신학생이 두 가지 사실을 언급한다고 전합니다. 한 가지는 최양업 신학생이 첫 번째 서한을 쓴 마카오를 떠나 요동까지는 왔으나 아직 귀국을 못하고 있다는 사실입니다.

3. "신부님과의 애절한 서한 교환을 못하고 지낸 지 어느덧 3년이나 흘렀습니다. 육신으로는 비록 신부님과 멀리 떨어져 살고 있으나, 마음과 정신으로는 잠시도 신부님을 떠난 적이 없습니다. (…) 신부님께서 우리를 떠나신 지 얼마 안 되어 저는 저의 조국을 향하여 파견되었는데 기대와는 달리 요동(遼東)에 도착하였습니다."

4. 그는 서한을 통해 이곳에서 김대건 신학생을 만나 함께 있다는 것과 귀국의 설렘을 안고 조선의 동포들을 생각하고 있다는 것 또한 밝혀둡니다. 서한에

---

129) 현 길림성 장춘시 합륭진 소팔가자.

서 알 수 있는 두 번째 사실은 고국의 박해소식에 대해 최양업 신학생이 토로하는 자신의 심정입니다.

5. "저의 동포들의 딱한 사정을 생각하면 탄식과 눈물을 쏟지 아니할 수 없습니다. (…) 저의 부모들과 형제들을 따라갈 공훈을 세우지 못하였으니 저의 신세가 참으로 딱합니다. 그리스도의 용사들의 그처럼 장렬한 전쟁에 저는 참여하지 못하였으니 말입니다. 정말 저는 부끄럽습니다!"

6. 두 번째 서한은 조국에서 벌어지는 박해에 대해 슬퍼하고 자신의 미숙함에 대해 고뇌하는 최양업 신학생의 내면을 잘 보여줍니다. 그는 또 미약한 자신의 지위만 아니라면, 자신의 '글'을 통해 이러한 난관을 헤쳐 나갈 수 있을 것이라고 고백합니다.

7. '서한'에 대해 적극적인 최양업 신학생의 생각을 알 수 있게 하는 대목입니다. "만일 저의 미소한 지위와 능력 부족이 가로막지 않았더라면, 틀림없이 많은 글을 써서 우리 회의 장상들과 지도자들에게뿐 아니라, 전 세계의 모든 형제 신자들에게 이 사정을 두루 알려드렸을 것입니다."

8. 기해박해에서 자신의 부모와 김대건 신학생의 부친을 포함한 많은 교우들이 순교했다는 사실은 김대건 신학생이 1842년 말 변문 부근에서 조선 사절단의 일원인 김 프란치스코를 만남으로써 비로소 알려진 것입니다. 최양업 신학생은 첫 번째 서한에 이어 두 번째 서한에서도 르그레즈와 신부에게 부탁했던 것을 다시 한번 청합니다. "전번 서한에 우리 구세주 예수님의 지극히 거룩한 십자가 나무 한 조각을 청한 일이 있습니다. 신부님께서 그것을 장만하신다면 틀림없이 저에게 보내주실 줄로 기대하고 있습니다."

52. 최양업 신부의 세 번째 서한에 담긴 신앙여정은 어떠한가요?

1. 두 번째 서한을 작성했던 1844년 외몽고의 팔가자에 이어, 최양업 부제의 세 번째 서한은 1846년 심양[130]에서 스승 르그레즈와 신부에게 보내는 것으로

---

130) 심양(瀋陽): 중국 요녕성의 성도로 만주어 이름은 묵덴(Mukden)이고, 옛 이름은 봉천(奉天)이다. 1846년에는 만주교구의 사목 관할 지역이었으며, 현재는 그 후신인 요녕교구의 주교좌 예

시작합니다. 팔가자에서 신학공부를 마친 최양업 신학생은 김대건 신학생과 함께 1844년 12월에 페레올 주교로부터 부제품을 받습니다. 두 사람 모두 사제서품을 받을 수 있는 법정 연령인 만 24세가 되지 않았으므로 사제서품까지는 받지 못했습니다.

2. 이후 여러 과정을 거쳐 1845년에 서품을 받은 김대건 신부와 페레올 주교는 조선 귀국에 성공했지만, 최양업 부제와 메스트르 신부는 조선 국경 근처에서 만주 군인들에게 붙잡혀 문초를 당합니다. 다시 팔가자로 돌아온 그는 다른 귀국로를 탐색하기 위해 우선 조선에서 가까운 요동으로 갔습니다. 이 세 번째 서한은 조선 국경을 향해 떠나기 하루 전, 르그레즈와 신부에게 받은 뜻밖의 서한에 대한 최양업 부제의 진심어린 답장입니다.

3. 심양에서 1846년 12월 22일에 작성된 세 번째 서한은 최양업 부제가 르그레즈와 신부에게 그동안 간절히 청했던 십자가 나무 한 조각과 성인의 유해인 '성해(聖骸)'를 받았음을 알려줍니다. "드디어 12월 21일에 신부님의 서한과 거룩한 유해를 받고 더할 수 없이 기뻤습니다."

4. 이 서한에서 최양업 부제는 아직도 자신이 귀국하지 못하고 있는 슬프고 답답한 심정을 토로합니다. 귀국하게 되면 더욱 자유로운 마음으로, 더욱 긴 서한을 써 보낼 것도 약속하고 있습니다. "지금까지도 저는 우리 포교지 밖에서 떠돌고 있으니 저도 매우 답답하고, 신부님의 마음도 괴로우실 것입니다. (…) 우리가 무사히 조국에 귀국했다는 소식을 신부님께 전한다면 이 소식을 듣고 반가워하실 신부님의 기쁨에 못지않게 저에게도 큰 기쁨이 될 것입니다. 그때에는 기뻐 용약하는 마음으로 더 자유롭고 자세하게 신부님께 서한을 올리겠습니다."

5. 최양업 부제는 서한에서 '귀국하지 못하는 것을 자신의 죄악과 허약함 때문'이라고 겸허히 말하며 자신을 낮춥니다. 또 그렇기 때문에 자신의 죄와 연약함을 깨닫고 하느님의 섭리에 자신을 완전히 맡기겠으며 희망을 잃지 않겠다고 다짐합니다. 조선에 부는 박해의 칼바람에도 불구하고 '사제'를 향해 꿋꿋

수성심성당이 있다.

이 나아가는 최양업 부제의 더욱 굳어진 믿음을 볼 수 있는 대목입니다.

6. "그러므로 저의 빈곤과 허약을 의식하고 있는 저는 매우 두렵고 겁이 납니다만, 하느님께 바라는 희망으로 굳세어져서 방황하지 않으렵니다. 원컨대 지극히 강력하신 저 십자가의 능력이 저에게 힘을 응결시켜 주시어, 제가 십자가에 못 박히신 예수님 외에는 다른 아무 것도 배우려 하지 않게 하시기를 빕니다. 저의 이 서원을 신부님의 기도로 굳혀 주시고 완성시켜 주시기를 청합니다."

53. 최양업 신부의 네 번째 서한에 담긴 신앙여정은 어떠한가요?

1. 르그레즈와 신부에게 보내는 네 번째 서한의 발신지는 홍콩입니다. 최양업 부제가 세 번째 서한을 보냈던 요동의 심양에서 홍콩으로 왔음을 알 수 있습니다. 이번 서한은 동료 김대건 신부의 순교로 동료를 잃은 슬픔이 최양업 부제에게 얼마나 큰 아픔으로 전해지는지에 대해 나타내고 있습니다. 메스트르 신부와 변문에 도착한 최양업 부제는 그곳에서 귀국을 하기는커녕 김대건 신부와 교우들이 순교했다는 충격적인 소식을 듣게 된 것입니다.

2. 이 서한은 또한 최양업 부제가 1839년의 순교자 전기를 번역한 사실을 말해줍니다. 당시 최양업 부제와 함께 메스트르 신부도 1846년 순교한 8명의 전기를 번역했는데 한국교회사연구소는 '귀국을 위한 출발로 인해 시간에 쫓겼기 때문이었을 것'이라고 전합니다. 홍콩에서 1847년 4월 20일에 작성된 네 번째 서한입니다.

3. "마침내 지루했던 기나긴 포로생활에서 해방되어 저의 동포들한테 영접을 받으리라 희망하면서 크게 기쁜 마음으로 용약하며 변문까지 갔습니다. 그러나 변문에 도착하여 보니 이 희망이 산산이 무너졌습니다. 너무나 비참한 소식에 경악하였고, 저와 조국 전체의 가련한 처지가 위로받을 수 없을 만큼 애통하였습니다."

4. 여기서 최양업 부제가 말하는 '비참한 소식'이란 동료 김대건 신부가 1846년에 일어난 병오박해 때 순교한 것을 말합니다. 그는 르그레즈와 신부에게 '기쁜 소식'을 알리고 싶었으나, '귀양살이하는 눈물의 골짜기'에서 서한을 올리

게 됨을 슬퍼합니다.

5. "특히 저의 가장 친애하는 동료 안드레아(김대건) 신부의 죽음은 신부님께도 비통한 소식일 것입니다. 그런 중에도 존경하올 페레올 고(高) 주교님께서 프랑스어로 기록해 보내주신 순교자들의 행적을 읽는 것은 저에게 더할 수 없는 큰 위로가 됩니다."

6. 최양업 부제는 프랑스어로 된 '순교자들의 행적'을 자신이 라틴어로 번역했음을 이야기합니다. 그는 여행 중 사전도 없이 번역했음을 밝히고 문장도 서툴고 문법에 거슬리는 곳도 많아 너무나 초라하다고 말했습니다. 하지만 그의 번역은 훌륭했습니다. 르그레즈와 신부가 몇 개의 오자를 고쳤을 뿐 그의 번역 원고를 그대로 복사해서 로마로 보냈기 때문입니다. 그만큼 그는 라틴어와 프랑스어에 능통했습니다.

7. "지금은 지루하고 긴 여행을 한 후 메스트르 신부님과 함께 홍콩으로 돌아와서, 여기서 하루하루 프랑스 함선을 기다리고 있는 중입니다. 우리는 그 함선을 타고 존경하올 페레올 주교님께서 명하신 대로 조선에 상륙하는 길을 다시 찾아보려 합니다."

8. 최양업 부제의 조선 귀국의 길은 멀고도 험했습니다. 하지만 수많은 난관과 역경에도 불구하고 그는 '지극히 가난한 우리 포교지'에 도착하기를 염원합니다. 그리고는 다음과 같이 편지글을 끝맺습니다. "공경하올 스승님께, 예수 그리스도의 성심을 통하여 미약하고 쓸모없으며 부당한 아들 조선 포교지의 부제 최 토마스가 올립니다."

54. 최양업 신부의 다섯 번째 서한에 담긴 신앙여정은 어떠한가요?

1. 다섯 번째 서한은 네 번째 서한에 이어 5개월 만에 쓴 서한입니다. 최양업 부제가 서둘러 서한을 쓴 이유는 조선에 귀국할 뻔했던 큰 사건을 스승 르그레즈와 신부에게 말하고 싶었던 것이라고 추정됩니다. 지난 서한에서 그는 '프랑스 함선을 기다리고 있다'고 했습니다. 그 배가 마침내 마카오에 입항한 것입니다. 배는 군함 두 척이었는데 그들은 1839년 조선 정부가 3명의 프랑스 선교사를 살해한 사건에 대한 해명을 받아내고자 조선에 가려고 했습니다.

2. 절호의 기회를 잡은 최양업 부제와 메스트르 신부는 군함을 탔지만 전라도 연안 고군산도 부근에 이르러 강풍을 만나 완전히 난파했습니다. 최양업 부제는 어떻게든 조선으로 들어갈 방법을 강구했지만 결국 영국 구조선을 따라 중국 상해로 떠나야만 했습니다. 이 서한은 그가 상해로 돌아온 지 한 달 후에 쓴 서한입니다. 당시 페레올 주교는 군함이 도착했다는 소리에 나룻배를 보냈지만 그 배 또한 고군산도에 이르기 전 바위에 부딪쳐 파선됐다고 합니다.

3. 상해에서 1847년 9월 20일에 작성된 다섯 번째 서한 내용을 보면 "왕푸에서[131] 7월에 출범한 우리는 다행히 조선 근해에서 첫 섬을 발견할 때까지 별 탈 없이 무사히 항해하였습니다. 그러나 바다에서 육지로 들어가는 포구에서 심한 돌풍을 만나 함선이 파도에 휩쓸려 모래 위에 좌초되었고 이내 파선되었습니다. (…) 우리는 피신한 섬에서 한 달 이상 천막을 치고 살았습니다."

4. 조국으로 들어가기 위한 길은 험난하기만 했습니다. 군함을 타고 조선으로 들어가려던 노력은 군함이 파선되는 바람에 실패로 돌아갔습니다. 그러던 중, 가까운 고을의 관원들과 어떤 일에 대해 협상하며 최양업 부제는 우연히 조선 신자 한 명을 만나기도 합니다.

5. "저는 혹시 저의 본색이 탄로날까봐 조선말을 하지 않고 손바닥에 한자를 써 가면서 대화하였습니다. 그들 중 한 사람이 저에게 가까이 와서 '예수님과 마리아를 아느냐?'라고 물었습니다. 알고 말고요! 나는 잘 압니다. 당신도 압니까? 당신은 그들을 공경합니까?' 하고 제가 그에게 대답하는 동시에 조급하게 물었습니다."

6. 그는 자신의 온 집안이 모두 신자이고, 자신의 작은 배 한 척이 모레 이리로 올 것이라고 귀띔해 주었습니다. 최양업 부제는 그때부터 희망과 조바심을 안고 기다렸으나 끝끝내 아무도 오지 않았습니다. 고군산도에라도 남아 있기를 원하여 여러 번 청했으나 군함의 함장은 동의하지 않았습니다.

7. "저는 서원까지 하면서 간절히 소망하여 마지않았고, 또 천신만고 끝에 가까

---

131) 왕푸: 광동성 광주의 황포(黃浦, Huangpu), 즉 주강(珠江) 남쪽의 황포섬을 말한다.

스로 여기까지 왔는데, 이제 손 안에까지 들어온 우리 포교지를 어이없이 다시 버리고 부득이 상해로 되돌아오지 않을 수 없게 되었으므로 저도 모르게 눈물을 줄줄 흘렸습니다. 그러나 우리는 아직도 희망을 잃지 않고 낙담하지 않으며, 여전히 하느님의 자비를 바라고, 하느님의 전능하시고 지극히 선하신 섭리에 온전히 의지하고 있습니다."

55. 최양업 신부의 여섯 번째 서한에 담긴 신앙여정은 어떠한가요?

1. 여섯 번째 서한 가운데 핵심이 되는 부분은 최양업 부제가 부제가 아닌, 사제의 신분으로 스승 르그레즈와 신부에게 서한을 썼다는 점입니다. 이번 서한은 최양업 신부님이 지난번 조선 귀국에 실패한 이후 조선에 재귀국하기 위해 갖은 애를 썼지만 또 다시 실패했다는 것과 사제품을 받은 후 더욱 믿음이 굳세어졌다는 것을 여실히 보여줍니다.

2. 그는 또한 이번 서한에서 결코 실망하지 않으며 그간 단념했던 육로 귀국을 다시 감행하고자 곧 요동으로 떠날 것이라는 희망도 함께 실어 보냈습니다. 상해에서 1849년 5월 12일에 작성된 여섯 번째 서한에서 최양업 신부님은 상해에서 머무르는 것을 '귀양살이'로 표현하며 조선에 귀국하지 못한 비탄한 심정을 서한에 상세히 토로하고 있습니다. 그는 이 같은 어려움들을 자신에게서 찾습니다.

3. "아마도 저는 천상의 도움을 애원하는 데는 너무나 소홀하였고, 인간적인 희망에 너무 의존하였으며, 또한 무수한 죄를 범하였습니다. 그 때문에 하느님께서는 우리의 기도를 들어주지 않으시는 것이라 여겨집니다. (…) 지극히 좋으신 하느님, 저의 주님이시여, 만일 제가 당신 분노의 원인이라면 저를 바닷속 깊이 던져 주시고, 당신 종들의 참상을 불쌍히 여기소서."

4. 최양업 신부님은 지난번 서한에 이어 다시 두 번째 해로(海路) 원정 시도를 이야기 합니다. 조선의 신자들과 미리 약속을 한 후 마카오의 선박 한 척을 타고 백령도로 향한 것입니다. 그는 서한에서 그곳이 김대건 안드레아 신부가 체포된 곳이었음을 강조합니다. 하지만 이번에도 최양업 신부님은 조선 땅에 발을 디딜 수 없었습니다.

5. 정확하지 못한 해로를 따라 운행한 탓에 다른 섬에 정박하게 된 것입니다. 백령도에서 만나기로 약속한 그들은 이렇게 엇갈렸습니다. 위험에 빠진 그들은 다시 상해로 돌아올 수밖에 없었습니다. "금년에 하느님께서 허락하신다면 다시 한번 육로로 다른 길을 모색해 보겠습니다. 며칠 후 페레올 주교님께서 지시하신 대로 요동으로 떠나겠고, 다가오는 겨울에는 변문으로 가겠습니다."
6. 최양업 신부님은 조선 귀국이 실패했다는 것을 알린 후 자신의 사제서품에 관해서도 언급합니다. "사백주일(卸白主日, 부활 제2주일, 4월 15일)에 지극히 공경하올 마레스카 주교님으로부터 저는 사제 서품을 받았습니다. 제가 그토록 고귀한 품위에 언제나 합당한 자로 처신하게 되기를 바랍니다. 저의 미천함과 연약함을 생각하면 너무나도 크고 도저히 감당할 수 없는 무거운 짐을 짊어지게 된 것입니다."
7. 하지만 최양업 신부님은 사제 서품 이후 더욱 굳센 믿음을 갖게 됩니다. 또한 사제라는 신분에 맞갖은 본분과 행동을 잊지 않겠다고 다짐합니다. "이제 저에게 주어진 본분은 하느님 앞에서 모든 신부님들과 저의 동료들을 더 자주 더 열렬히 기억하는 것입니다. 신부님들도 저와 우리 불쌍한 포교지를 위하여 같은 일을 하고 계시고 또 하실 것이라고 믿습니다."

56. 최양업 신부의 일곱 번째 서한에 담긴 신앙여정은 어떠한가요?

1. 최양업 신부님의 일곱 번째 서한에서 가장 눈에 띄는 것은 서한 머리에 '도앙골에서, 1850년 10월 1일'이라고 밝혀 놓았다는 점입니다. 여섯 번째 서한이 '상해에서, 1849년 5월 12일'임을 미루어 볼 때, 일 년여 만에 '조선 귀국에 성공'했다는 것을 알 수 있습니다. 여러 차례 조선 귀국에 실패하며 큰 아픔을 삼켜야 했던 그가 조선 귀국 후 얼마나 기뻐했을지 짐작해볼 수 있습니다.
2. 최양업 신부님이 서한을 작성한 '도앙골'은 현재 충남 부여군 내산면 금지1리로 추정되며, 1866년 병인박해 때 김 루카 등이 이곳에서 체포돼 공주에서 순교했습니다. 도앙골에서 1850년 10월 1일에 작성된 최양업 신부님의 일곱 번째 서한은 분량이 깁니다. 아마도 조선 귀국 과정과 이곳에서 일어난 모든

일을 스승 신부에게 전하다 보니 길어진 것으로 보입니다.

3. 그는 여섯 번째 서한을 썼던 상해를 떠나 요동으로 왔으며 당시 만주교구장 직무대행 베르뇌 신부의 명령에 따라 성무를 수행했다고 밝힙니다. 이후 그는 메스트르 신부와 변문을 통해 조선에 들어갈 준비를 하고 페레올 주교가 보낸 밀사들을 만납니다. 그가 묘사한 조선 귀국 과정은 실로 눈물겹습니다.

4. "저에게는 관문 경비 초소의 경계망을 들키지 않게 피해갈 수 있는 가능성이 전혀 보이지 않았습니다. (…) 하느님의 도우심에 의지하고 체포될 각오를 단단히 하고서 밤중에 관문 경비 초소에 다가갔습니다. (…) 그날 밤은 칠흑같이 캄캄한 밤이었고, 게다가 광풍이 참으로 거세게 불었으며, 혹독한 추위에 몸이 얼어붙을 것 같았습니다."

5. 날씨 때문에 제대로 경비를 서지 않은 경비병들의 눈을 따돌린 최양업 신부님은 서울까지 무사히 도착했습니다. 이후 그는 전라도에서 공소 순방을 한 것을 시작으로 6개월 동안 5개도(경기·충청·전라·경상·강원도로 추정)를 돌아다녔다고 전합니다. 최양업 신부님은 서한에서 9개월 동안의 사목활동을 바탕으로 조선교회의 다양한 면을 자세히 보고합니다.

6. 교우들의 참혹한 실상을 목격한 그는 '가슴이 미어진다'는 말로 심정을 대신하고 있습니다. "저는 교우촌을 두루 순방하는 중에 지독한 가난에 찌든 사람들의 비참하고 궁핍한 처지를 자주 목격하게 됩니다. (…) 저들은 포악한 조정의 모진 학정 아래 온갖 종류의 가렴주구에 시달리고 있습니다. (…) 동포들로부터 오는 박해, 부모들로부터 오는 박해, 배우자들로부터 오는 박해뿐 아니라, 친척들과 이웃들로부터도 박해를 받습니다."

7. 그는 불쌍한 처지에 놓인 교우들을 위해 몰래 성사를 집전해준 사례들을 계속해서 전합니다. "신자들은 성물을 갖고 싶어 하는 욕망이 불같습니다. 상본이나 고상이나 성패를 장만하기 위해서는 아끼는 것이 없습니다. (…) 그러니 만일 신부님께서 성물을 살 만한 여분의 돈이 있으시면, 얼마간의 크고 작은 십자고상과 성패와 상본 등을 사서 보내주시기 바랍니다."

57. 최양업 신부의 여덟 번째 서한에 담긴 신앙여정은 어떠한가요?

1. 최양업 신부님의 여덟 번째 서한은 조선 귀국에 성공한 후 두 번째로 쓴 서한으로, 최양업 신부님의 서한 중 가장 길고 동시에 가장 난해합니다. 최양업 신부님은 절골에서 이 서한을 보냈는데, 이곳은 현재 충북 진천군 백곡면 용덕리의 절골로 추정됩니다.

2. 이 서한에서 그는 바쁜 사목활동에도 불구하고 부모 최경환·이성례의 순교에 대한 증언을 자세히 옮겨놓았습니다. 아버지, 어머니의 순교 상황을 서한으로 알리는 아들의 찢어지는 가슴을 짐작해볼 수 있는 서한입니다. 이후 이 서한의 증언은 달레[132]의 한국천주교회사에 그대로 수록됐습니다.

3. 절골에서 1851년 10월 15일에 작성된 최양업 신부님의 서한은 우선 8개월 동안 공소를 순방했던 이야기를 전하며 박해의 어려움을 토로하고 있습니다. 다블뤼 신부의 병환으로 그는 더 많은 교우촌을 혼자 순방해야 했습니다. "제가 담당하는 조선 5도에는 매우 험준한 조선의 알프스 산맥이 도처에 있습니다. 저의 관할 신자들은 깎아지른 듯이 높은 산들로 인하여 다른 사람들이 도저히 근접할 수 없는 깊은 골짜기마다 조금씩 흩어져 살고 있습니다. 사흘이나 나흘씩 기를 쓰고 울퉁불퉁한 길을 걸어가 봐야 고작 40명이나 50명쯤 되는 신자들을 만날 뿐입니다."

4. 그는 당시 그가 담당하는 공소 교우촌이 127개가 되며 세례명을 가진 이들은 5,936명이 된다고 했습니다. 또 외교인들 모르게 교우촌에 도착해야 하고 한밤중에 모든 일을 끝마친 뒤 새벽녘 동이 트기 전에 떠나야 한다고 전합니다. 당시 조선의 상황이나 법률 등은 최양업 신부님에게 너무나 큰 장애물이었습니다. 하지만 그 중 도움이 되는 것도 있었으니 '상복'과 '한글'이었습니다.

5. "첫째, 상복이 전교 활동을 도와주는 풍속입니다. 부모의 상을 당하면 자식들은 (…) 방갓을 머리에서부터 어깨까지 덮어써서 땅만 내려다볼 수 있게 하

---

132) 샤를르 달레(Claude-Charles Dallet, 1829-1878년): 프랑스의 선교사로 랑그르 태생이며 파리 외방전교회의 선구자이다. 1877년 동양 선교를 위해 출발하여 한국·일본·중국·인도차이나 등지에서 포교하다가 하노이에서 선종하였다. 시인으로서 그가 쓴 「조선 교회사」는 1,000페이지에 달하는 방대한 책으로 한국 기독교와 역사를 연구하는 데 중요한 문헌이 된다.

고, 작은 막대기를 낀 얼굴 가리개로 입에서부터 코와 눈까지 얼굴 전체를 가리고 다닙니다. 이러한 풍속은 서양 선교사 신부님들을 위해 발명된 도구라 할 만합니다. (…) 둘째, 한글이 교리 공부하는데 매우 유용합니다. (…) 쉬운 한글 덕분으로 세련되지 못한 산골에서도 신자들이 빨리 천주교 교리를 배우고 구원을 위한 훈계를 받을 수가 있습니다."

6. 그는 자신의 아버지 최경환과 어머니 이성례에 대해서도 전합니다. 주위의 증언을 통해 부모의 출생부터 신앙생활, 순교의 과정 등을 적었습니다. 부모의 참혹한 이야기를 서한에 적는 아들의 마음은 어떠했을까요? 걷잡을 수 없이 밀려왔을 슬픔에도 불구하고 그는 당시 부모와 마을 사람들이 체포되던 상황을 담담하고 상세히 전합니다.

7. "마리아(어머니)는 포졸들에게 줄 밥상을 차렸습니다. 포졸들이 잠에서 깨어나서 식사를 마치자, 프란치스코(아버지)는 장롱에서 옷을 모두 꺼내 포졸들 한 사람 한 사람에게 다 입혀 주었습니다. 어른부터 어린이까지 40명이 넘는 남녀 신자들이 한자리에 모인 다음 오랏줄에 묶이지 아니한 채 길을 떠났습니다."

58. 최양업 신부의 아홉 번째 서한에 담긴 신앙여정은 어떠한가요?

1. 최양업 신부님의 아홉 번째 서한은 1990년 이전 출간된 책에서는 찾아볼 수 없습니다. 그동안 알려지지 않았던 최양업 신부님의 비공개 서한이 1989년 10월 명지대학교 박태근 교수에 의해 영국의 외교문서에서 추가로 발견되었기 때문입니다.

2. 1990년 1월 14일자 가톨릭신문에서 '최양업 신부 비공개 서한 햇빛'이라는 제목으로 "최양업의 서한은 영국 주중공사 겸 홍콩 총독 바우링(John Bowring)이 외무장관 클라렌든(Clarendon)에게 보낸 1854년 8월 25일 자 서한에 발췌본의 형태로 포함됐다"라고 전한 바 있습니다. 발췌본의 형태로 발견된 이 아홉 번째 서한의 원본은 현재 전해지지 않고 있으며, 이는 당시 바우링 총독이 이 서한을 입수한 후 회수시키지 않았기 때문으로 추정됩니다.

3. 1853년 10월 23일에 작성된 내용을 살펴봅니다. "마카오의 스승 신부님께,

(…) 온 나라가 온갖 재앙 때문에 비참한 상태에 놓여 있습니다. 가난한 사람, 부자, 천주교인, 외교인, 양반, 상민, 강자, 약자 할 것 없이 누구도 무사하지 못합니다. 약자는 강자에게 먹히고, 강자와 약자는 서로 싸우고 있습니다. 그러는 동안 조정의 신하들은 늘 평화, 평화를 외치고 있지만, 계속 노름과 폭음과 추잡한 연회로 자신과 백성들을 죽이고 있습니다."

4. 최양업 신부님이 아홉 번째 서한에서 서한의 수신인으로 명기한 '마카오의 스승 신부님'은 당시 파리외방전교회 마카오 대표부의 리브와 신부로 추정됩니다. 발췌본으로 남겨진 최양업 신부님의 서한의 몇 줄은 철종 시대 지배층의 도덕적 부패, 정치적 타락상을 고발하는 내용 등을 고스란히 담고 있어 혼란했던 시대상을 짐작케 합니다.

5. 당시 바우링 총독은 영국 정부에게 영국이 쇄국상태의 조선을 개항시키자는 제안과 함께 자신에게 조약체결권을 부여해 줄 것을 요청해야 했습니다. 따라서 조선개항의 필요성을 영국 정부에 설득하기 위해 그에 대한 자료로서 최양업 신부님의 서한을 동봉한 것이며, 서한 가운데서도 정치적 고발성이 짙은 내용만을 발췌했을 가능성이 높습니다.

6. 원본으로 전해지지 않고 있어 아쉽게도 몇 줄 되지 않는 발췌본의 형태로 남은 최양업 신부님의 아홉 번째 서한은 시대의 끔찍함과 백성들의 탄식을 전하며 끝을 맺습니다. "왕은 이름뿐이고 아무 실권도 없습니다. 관리들은 대신들에게 더 많은 돈을 바쳐야 출세합니다. 그래서 바친 돈을 보충하고, 자기 재산을 불리고, 은인들에게 사례하기 위해 가난한 이들을 수탈하는데 여념이 없습니다. 우리 형편이 얼마나 끔찍합니까!"

59. 최양업 신부의 열 번째 서한에 담긴 신앙여정은 어떠한가요?

1. 최양업 신부님의 열 번째 서한은 그가 리브와 신부에게 서한을 받은 후 답장을 보낸 최초의 서한입니다. 이에 앞서 그는 스승 르그레즈와 신부에게도 서한을 보냈으나(1854년 9월) 그 서한은 지금 남아있지 않습니다. 1853년 중풍을 앓고 있던 페레올 주교가 세상을 떠나자 그는 교구장도 없이 전국에 있는 신자들에게 성사를 집전해야만 했습니다.

2. 1854년 장수(Jansou)[133] 신부가 입국하자 최양업 신부님은 그를 통해 리브와 신부의 서한을 받고 소식을 들을 수 있었던 것입니다. 하지만 장수 신부는 오랜 여행과 병으로 기진맥진해 3개월 만에 세상을 떠났습니다. '이 기간 동안 잦은 박해로 성무집행이 가장 어려웠다'면서 '공소에서 습격을 받고 체포의 위기를 모면하는 등 파란이 많았다'고 전하고 있습니다.

3. 동골[134]에서 1854년 11월 4일에 작성된 열 번째 서한은 장수 신부의 슬픈 선종 소식에 관한 내용으로 시작하고 있습니다. "우리 가련한 포교지는 왜 이다지도 불행합니까! 장수 신부님이 우리나라에 들어오시기 위해 그렇게도 많은 고초를 그처럼 여러 해 동안 겪으시다가 천신만고 끝에 겨우 입국하셨으나, 단 하루도 성한 몸으로 편안히 지내지 못하고 고생만 하시다가 우리 곁을 떠나셨습니다."

4. 그는 조선에서는 조선 정부나 백성들이 선교사와 교회를 비난한다고 전합니다. 은밀하게 입국하여 가르치는 것이 못마땅하며, 선교사들이 함선을 타고 들어온다면 조선 정부가 이것을 들어줄 것이 아니냐고 백성들이 말한다고 했습니다. 최양업 신부님은 사제 양성에도 관심을 나타냅니다. 그는 1854년 3월, 장수 신부가 타고 온 배를 이용해 이 바울리노, 김 사도요한, 임 빈첸시오 등 세 명의 신학생을 상해로 보낸 사실이 있었습니다. 서한에서도 나타나다시피 최양업 신부님은 그들의 성격과 행실 등에 대해 설명하며 여러 부분을 염려하고 있습니다.

5. "지난봄에 배티[135]의 세 학생을 강남의 거룻배를 태워 상해로 보냈는데, 그들이 말레이시아의 페낭 신학교까지 무사히 도착하였는지 모르겠습니다. 그들은 건강하게 잘들 있는지요?" 최양업 신부님은 또 조선에서 일어나고 있는 신

---

133) 장수(Jansou, 1826-1854년): 파리외방전교회 소속 조선교구 선교사로 1851년 중국에 도착했고, 1854년 3월 조선에 입국하였다. 그러나 뇌염에 걸려 조선 입국 3개월 만인 6월 18일에 사망했다.

134) 동골: 현 충북 진천군에 있던 교우촌으로 진천읍 문봉리 동골, 진천읍 연곡리 동골, 백곡면 용덕리 동골 가운데 하나로 추정되고 있다.

135) 충북 진천군 백곡면 양백리의 배티(梨峙) 교우촌을 말한다.

분과 계급의 문제, 신덕과 형제애의 부족, 계속되는 논쟁과 암투, 신자 공동체의 와해 등 다양한 조선 사회의 폐단도 짚고 있습니다. 하지만 그는 그릇된 것에 분노하면서도 결코 '희망'을 놓지 않는 사제였습니다.

6. "우리가 분노의 그릇이 되지 말고 하느님 자비의 아들들이 되기를 바랍니다. 마침내 언젠가는 천국에서 만나 뵙게 될 하느님 아버지를 이 세상에서도 뵙게 되기를 바랍니다. 그리고 비록 목숨을 버리는 한이 있더라도 낙심하지 말고 적어도 하느님 아버지를 영원히 떠나지 아니하도록, 저와 가련한 조선 신자들을 위해 많이 기도해 주십시오."

60. 최양업 신부의 열한 번째 서한에 담긴 신앙여정은 어떠한가요?

1. 지난해인 1854년 진천 동골에서 리브와 신부에게 서한을 보낸 최양업 신부님은 이번에는 제천의 배론에서 르그레즈와 신부에게 서한을 보냅니다. 배론에는 '성 요셉 신학교'가 설립되어 6명의 신학생을 받은 바 있습니다. 물론 이때까지 국내에서 신학생 교육을 하지 않은 것은 아닙니다. 신학생 교육은 계속되고 있었지만 일정한 곳에 신학교가 세워진 것은 배론이 처음인 것입니다.

2. 배론에서 1855년 10월 8일에 작성된 열한 번째 서한에서 최양업 신부님은 자신이 느낀 '큰 기쁨'을 이야기합니다. "하느님께서 많은 새로운 형제들을 우리에게 보태 주시어 하느님 아버지의 밭에도 풍년이 들었습니다. 저 혼자서 어른에게 세례성사를 집전한 숫자만 해도 자그마치 240명이나 되었습니다." 그러나 '분통' 터지는 일도 있었습니다. 영세자들 가운데 양반으로 불리는 사람들이 처음에는 다른 이들보다 열심히 하는 것처럼 보이다가 쉽게 시들어버리는 데에 대한 것입니다. 또 조선의 정부에서는 여전히 다툼과 음모 등이 존재했습니다.

3. "양반 계급의 사람들은 대개가 한가로운 생활을 합니다. 아무리 찌들고 가난해서 먹고 살아갈 것이 없어도 차라리 굶어 죽으면 죽었지 결코 일을 해서 최소한 생계비라도 벌 생각을 안 합니다. (…) 저들이 입교하여 그리스도의 멍에를 짊어지게 되면 하느님의 법에 따라 그전의 방탕한 생활을 버리도록 강요됩니다. 그런데 그들은 정직한 직업을 가지고 생계를 꾸려나가기에 유익한 전문

기술이 전혀 없거나 전문 기술자가 될 소질이 없습니다. 그래서 벌어먹을 것이 없는 처지이니 만큼 굶주림에 못 이겨 이전의 못된 버릇으로 되돌아가는 경우가 흔합니다. 그렇게 되면 이전보다도 더 나쁜 사람들이 됩니다."

4. 최양업 신부님은 이어 자신의 부모인 최경환과 이성례에 대해서도 이야기합니다. 그는 이전 서한에서 부모의 순교행적과 함께 다른 순교자들과 그 밖의 주목할 만한 사건에 대해 자세히 보고하라는 명을 받은 바 있습니다. 따라서 최양업 신부님은 증인들을 찾아 증거를 수집하고 더욱 자세히 조사한 다음, 이 서한에 자신의 부모의 순교행적에 대한 글을 옮깁니다. 또 다른 순교자들에 대한 것은 충분한 증거를 확보하지 못했기 때문에 차후에 보고를 드릴 것도 약속합니다.

5. 또 새 교구장에 대한 임명 소식을 듣고 그에 대한 '기다림'을 서한을 통해 나타내고 있습니다. 만주교구의 베르뇌 보좌주교가 조선교구장으로 임명된 후 최양업 신부님은 그를 영입하기 위해 배를 서해안으로 보내 상해로부터의 소식을 기다렸으나 아무런 연락을 받지 못했습니다. "우리는 새 주교님께서 오시기만을 초조히 기다리고 있습니다. 새 주교님을 통하여 신부님들에 대한 기쁜 소식을 듣게 될 것을 고대하고 있습니다. (…) 한 가지 드릴 말씀이 있습니다. 기도 중에 저와 저의 불쌍한 조선 신자들을 잊지 말아 주시기 바랍니다."

61. 최양업 신부의 열두 번째 서한에 담긴 신앙여정은 어떠한가요?

1. 최양업 신부님의 열두 번째 서한은 소리웃에서 작성됩니다. 열두 번째 서한 지인 소리웃에 대해서는 현재 충청도 남부 혹은 전라도 북부나 경상도 지역에 있던 교우촌으로 추정될 뿐입니다. 열두 번째 서한에서 가장 눈에 띄는 점은 페레올 주교 선종 후 최양업 신부님이 그토록 기다리던 베르뇌 주교를 영접했다는 사실입니다. 베르뇌 주교는 1856년 1월 17일 중국 상해를 떠나 3월 27일 서울에 도착했습니다.

2. 소리웃에서 1856년 9월 13일에 작성된 열두 번째 서한에서 최양업 신부님은 스승 르그레즈와 신부에게 보내는 서한 머리에서 베르뇌 주교의 영접을 말합니다. 오랜 기다림 끝에 이뤄진 베르뇌 주교와의 만남을 그는 이렇게 이야기

합니다. "일찍이 큰 서원으로 갈망하였으나, 그 갈망이 실망으로 변하여 잊어버린 지 벌써 오래된 주교님을 하느님의 무한하신 자비로 마침내 우리 안에 모시게 된 것입니다."

3. 뿐만 아니라 베르뇌 주교는 프르티에 신부와 프티니콜라(Petitnicolas) 신부를 새로운 선교사로 동반하고 입국했습니다. 최양업 신부님은 열두 번째 서한에서도 조선의 선교사정에 대해 낱낱이 고백합니다. 그는 사목순방을 별 탈 없이 마쳤으며, 180명이 넘는 어른이 샘터에서 몸을 씻고 양 무리에 끼어들었다고 말합니다. 최양업 신부님의 사목에 방해와 어려움도 많았습니다. 그는 전라도의 진밭들[136)]이라는 곳을 예로 들며, 세례성사를 집전하는 가운데 갑자기 백 명이 넘는 포졸들이 마귀 떼같이 몽둥이를 들고 쳐들어왔다고 전합니다.

4. 포졸들은 미사 가방과 성작 등을 가져가기 위해 덤볐지만, 신자들의 대항으로 난투극이 벌어졌고 그 틈을 타 최양업 신부님은 도망칠 수 있었습니다. "관가에 잡혀간 우리 신자들은 용감하게 하느님께 대한 신앙을 증거하였습니다. (…) 그들은 '이 세상의 임금님을 비방하여도 죄악이 되거늘, 하물며 우주 만물을 영원히 지배하시는 하늘의 임금님이신 창조주께 욕을 한다는 것은 천상천하에 용납받지 못할 극악 대죄입니다. 우리는 죽어도 이런 큰 죄악을 범할 수 없습니다.' 하고 대답하였습니다."

5. '유럽 신자들에게 감동이 되거나 표양이 될 만한 조선 순교자들의 행적을 적어 보내 달라'는 르그레즈와 신부의 부탁에 대해서 최양업 신부님은 1839년 기해박해 때 원주에서 참수당한 최해성 요한[137)]의 약전도 이 서한에 담습니다. 이어 다른 순교자들에 대해서도 충분한 증거를 수집해 보고하겠다는 말도 잊지 않았습니다. 최양업 신부님은 이 서한을 마치고 소리웃에서 700리 떨어진 새 교우촌(황해도로 추정)으로 출발할 예정이라고 밝혔습니다.

---

136) 진밭들: '진밧들'로도 적으며 현 충남 금산군 진산면 두지리를 말한다.
137) 최해성(崔海成, 1811-1839년): 일명 '양박'으로 불리었으며 최경환 성인의 7촌으로 홍주 청양 다락골 출신이며, 기해박해 때 원주 서지(현 강원도 원주시 부론면 손곡 2리)에서 체포되어 원주에서 참수형으로 순교하였고 2014년 복자품에 올랐다.

6. 이 교우촌은 귀양 간 한 신자가 마을 사람들에게 복음의 씨를 뿌려 교우촌을 형성한 곳이었습니다. "신부님께서는 또 다른 분부로 저에게 아쉬운 것이 있으면 청하라고 말씀하셨는데, 제가 전에 아쉬워서 청했던 것과 같은 것들을 다시 청합니다. 아쉬운 것 투성이어서 어느 것을 먼저 청해야 할지 모를 지경입니다. 무엇이든지 보내만 주시면 저에게는 다 필요하고 소용이 되겠습니다. 그러나 다른 것보다 더 하느님의 자비가 저와 우리에게 필요합니다. 이를 위하여 저와 저의 가련한 조선 신자들을 신부님의 사랑이 넘치는 기도에 다시 의탁합니다."

62. 최양업 신부의 열세 번째 서한에 담긴 신앙여정은 어떠한가요?

1. 최양업 신부님은 1857년에만 두 통의 서한을 썼는데 하나는 르그레즈와 신부에게, 하나는 리브와 신부에게 보냈습니다. 서한을 작성한 불무골은 현 충남 서천군 판교면 흥림리, 전북 부안군 산내면 중계리의 불무동, 충북 진천군 백곡면 갈월리의 풀무골 중 하나로 추정됩니다. 그는 또 이 서한에서 페롱 신부의 입국 소식(3월 13일)과 다블뤼 신부의 주교 서품식(3월 25일) 등을 기쁨에 넘쳐 전하고 있습니다.

2. 불무골에서 1857년 9월 14일에 작성된 열세 번째 서한입니다. 최양업 신부님은 1857년 3월 입국한 페롱 신부와 많이 친숙해진 것으로 보입니다. 고대하던 신부들의 서한을 페롱 신부에게서 받았고, 직접 많은 이야기를 전해 들었기 때문입니다. 게다가 르그레즈와 신부를 통해 이미 페롱 신부에 대해 들었고, 페롱 신부도 최양업 신부님의 외로운 처지를 알고 있어 '우정'이 싹텄다고 이야기합니다.

3. 최양업 신부님은 자신이 수집한 조선 순교자들의 행적을 다블뤼 주교에게 전했으며, 다블뤼 주교가 전반적 역사를 편찬하고 있다고 전합니다. 이것이 다블뤼 주교가 편찬한 조선 주요 순교자 약전과 조선 순교사 비망기의 바탕이 되는 셈입니다. 이 서한에서 최양업 신부님은 또다시 조선 교우들의 상황과 교우촌에 대해 자세히 설명하고 있습니다.

4. "가련한 몇 가족이 사는 작은 교우촌이 있었습니다. 그 가족들은 금방 이사

를 와서 아직 거처할 만한 움막 하나도 짓지 못하였고, 따라서 공소집을 마련할 시간 여유가 없었습니다. 그래서 그 신자 가족들은 모두가 성사를 받기 위해 만산(현 강원도 화천군 상서면 구운리)으로 와야 했습니다. (…) 이 연약한 무리가 단지 하루 사이에 110리를 걸어야 했습니다. 그래서 꼭두새벽에 집을 떠나 반 이상 되는 곳에 있는 어떤 촌락을 지날 무렵이었습니다. 그 마을의 장정 20여 명이 지팡이와 몽둥이를 갖고 나타나 어린 처녀와 소녀들을 겁탈하려 덤벼들었습니다."

5. 최양업 신부님은 신자들이 다행히 구출돼 공소집에 도착했다는 것과 자신이 얼마만한 기쁨과 연민의 정으로 그들을 맞이하고 하느님께 감사드렸는지 상상해보라고 말합니다. 또 새롭게 입교한 한 청년의 이야기와 마귀로 인해 괴롭힘 당하던 한 가족을 교우촌으로 인도해 지금은 잘 살고 있는 일, 한 마을 전체가 개종한 일 등 많은 소식을 전합니다. 최양업 신부님은 되도록 많은 조선의 상황과 어려운 상황에 처해있는 교우들의 이야기를 전하고자 하는 참된 목자였습니다.

6. 그는 교우들을 언제나 '불쌍하다'고 표현했습니다. "신부님께서 이제 제가 부자가 될 것이라고 말씀하시고 저에게 보내주신 많은 성물을, 페롱 신부님이 갖고 오시다가 불행하게도 외인 거룻배에서 모두 잃어버렸습니다. 그러니 페롱 신부도 저도 가난뱅이가 되어 버렸습니다. 그런데 성물들을 달라고 아우성치는 교우들의 요구를 달랠 방도가 없습니다. (…) 이제 편지를 끝내면서 또다시 저와 우리 불쌍한 교우들을 신부님의 신심 깊은 기도에 맡깁니다."

63. 최양업 신부의 열네 번째 서한에 담긴 신앙여정은 어떠한가요?

1. 불무골에서 1857년 9월 15일에 작성된 열네 번째 서한에서도 최양업 신부님은 조선시대의 사회구조 가운데 양반제도에 대해 강조합니다. 또 선종한 페레올 주교의 사목이 당시 조선 신자들에게 어떻게 작용했는지에 대한 최양업 신부님의 생각과 이야기도 흥미롭습니다. 최양업 신부님은 특히 이 서한에서 페낭에 있는 조선 신학생들에게 서한을 보냈다고 밝히고 있는데, 그 서한들은 아직까지 발견되지 않고 있습니다. 다만 최양업 신부님의 서한이 20통이

넘는다는 사실만 알 수 있을 뿐입니다.

2. 열네 번째 서한 역시 불무골에서 작성됐으며, 이전 서한(1857년 9월 14일)을 작성한 다음날 쓴 것을 알 수 있습니다. 다만 열세 번째 서한은 스승 르그레즈와 신부에게, 열네 번째 서한은 리브와 신부에게 쓴 것입니다. 최양업 신부님은 이 서한에서 다블뤼 주교가 조선교회의 역사, 특히 우리 순교자들의 역사 편찬에 전력을 기울이고 있다고 전합니다. 또 프르티에 신부는 배론 신학교 교장이 됐으며 페롱 신부는 조선말을 배우고 있고 메스트르 신부와 프티니콜라 신부, 그리고 자신만이 베르뇌 주교를 도와 사목에 열중하고 있다고 이야기합니다.

3. 이 서한에서 한 가지 흥미로운 것은 최양업 신부님이 베르뇌 주교의 선임 페레올 주교의 사목방안에 대해 전하고 있다는 것입니다. 그는 매우 조심스럽게 이야기하면서도 리브와 신부가 이런 것을 알아야 다음 일을 처리하는데 도움이 될 것이라고 조언합니다. "페로올 고(高) 주교님이 생존하셨을 때, 신자들 사이에 말이 많아 주교님을 원망하는 소리가 높았습니다. 가장 큰 이유는 페레올 주교님께서 당신을 보좌하는 복사들을 잘못 쓰셨기 때문입니다. 그 복사들은 크게 비난받을 짓을 많이 범하고서도 양반임을 내세워 항상 너무 거만한 행세만 부리므로 모든 교우들한테 미움을 샀습니다."

4. 최양업 신부님은 페레올 주교가 그들만 사랑하고 신임하여 모든 일을 그들하고만 논의하였으므로 그들을 내보내라고 진언했지만 꾸중만 들었다고 전합니다. 최양업 신부님의 이러한 고백은 당시 주교와의 관계, 조선시대의 분위기를 전하는데 그치지 않고 오늘날 사제와 평신도들에게 던져주는 메시지의 역할을 합니다. 페레올 주교가 양반계급만을 편애해 비참하고 억눌려있는 일반 서민들을 보지 못했다는 것입니다. 최양업 신부님의 말에 따르면, 신자들은 그로 인해 불화가 심해지고 자포자기에 빠졌다고 합니다.

5. 여러 서한들에 따르면, 최양업 신부님은 시대의 사회구조에 많은 의문을 가지고 고심하며 '약자'인 서민들의 편에 섰습니다. 그가 말하고자 했던 것은 조선 사람들이 합리적인 순리를 수긍하고 이성과 정의의 바른 길을 잘 파악하므로 동일한 이론으로 백성들을 계몽하자는 것이었습니다. "만일 어떤 높은 벼슬

에 사람을 등용할 때 그 사람의 출생 성분을 따지지 않고, 재능과 인격만 평가하여 등용한다면 양반제도는 강제적인 노력이 없더라도 저절로 쉽게 무너지리라고 생각합니다."

64. 최양업 신부의 열다섯 번째 서한에 담긴 신앙여정은 어떠한가요?

1. 열네 번째 서한에 이어 최양업 신부님은 오두재(현 전북 완주군 소양면 대흥리의 오도재 아랫마을 혹은 경북 상주시 모동면 수봉리의 오도재 아랫마을로 추정)에서 두 통의 서한을 씁니다. 오두재에서 1858년 10월 3일에 작성된 열다섯 번째 서한은 르그레즈와 신부에게 보낸 것이고, 다음 서한인 열여섯 번째 서한은 리브와 신부에게 보낸 것입니다.

2. 이 서한에서 최양업 신부님은 슬픈 소식이라며 '메스트르 신부의 선종'을 알립니다. 메스트르 신부는 최양업 신부님의 스승 신부로 조선 입국을 위해 7년간 고생했으며, 함께 조선 신자들의 사목을 도왔던 인물입니다. 선교사들의 죽음에 따라 힘든 시간을 보내고 있는 베르뇌 주교의 건강도 최양업 신부님은 진심으로 걱정하고 있습니다.

3. "우리는 베르뇌 주교님과 두 분 선교사들의 입국으로 기쁨에 도취되어, 페레올 주교님과 장수 양(楊) 신부님의 선종에 대한 슬픔을 너무 빨리 잊어버렸습니다. 작년에는 메스트르 신부님의 선종으로 또 다시 쓰라린 슬픔을 맛보았습니다." 최양업 신부님은 르그레즈와 신부에게 메스트르 신부의 선종을 알리며, 조선 천주교회를 이끌어 줄 목자인 베르뇌 주교의 건강도 매우 염려하고 있음을 밝힙니다.

4. "만일 우리의 죄악을 기억하신다면, 우리에게 어떠한 재난으로든지 벌하시더라도 다만 우리에게서 우리 목자만은 앗아가지 마시기를 빕니다." 최양업 신부님은 이 서한에서 현재 조선에 흉년이 들어 물가가 크게 올랐으며, 서양 함선이 쳐들어와 조선을 전복시킬 것이라는 소문이 돌아 민심이 흉흉하다고 전합니다. 또 이 가운데에는 아예 서양 함선이 들어와 조선을 개혁해주길 바라는 사람도 있다고 했습니다.

5. "떠도는 소문으로는 머지않은 장래에 종교의 자유가 선포되리라고 예언하는

사람이 많다고 합니다. 그 종교의 자유가 왔을 때 별다른 손해 없이 자기의 구원을 얻으리라고 계산하는 것입니다. 그러나 종교 박해의 위험을 대수롭지 않게 여기고 모든 난관을 극복하며, 용맹하고 굳세게 하느님의 부르심에 응하는 사람들도 있습니다."

6. 최양업 신부님은 서한에서 '하느님의 부르심에 응한 사람들'에 대해 소개합니다. 그리스도의 뜻을 따라 모든 것을 버리고 부자에서 가난뱅이가 된 김 베드로, 관장의 첩으로 다른 이와 사랑에 빠져 함께 쫓겨났지만 산골에서 신앙을 찾고 모범이 된 부부, 신앙을 방해하는 남편에게서 달아나 걸식으로 살아가는 여인 등의 이야기를 전하는 것입니다.

7. 최양업 신부님은 당시 신자들이 얼마나 열심히 교리를 공부해야 세례를 받을 수 있는지에 대해서도 언급합니다. "그 해에 예비 신자들이 상당히 많아서 400명이 넘었으나, 영세자는 많지 않았습니다. 왜냐하면 주교님께서 '사본문답'(四本問答)을 전부 완전히 배우지 못한 자에게는 세례성사를 주지 말라고 명하셨기 때문입니다. (…) 사본문답을 전부 배우자면 몇 해가 걸려야 하는 사람이 대다수입니다. 심지어는 죽을 때까지 교리공부를 해도 사본문답을 다 떼지 못하는 사람도 있습니다."

65. 최양업 신부의 열여섯 번째 서한에 담긴 신앙여정은 어떠한가요?

1. 오두재에서 1858년 10월 4일에 작성된 리브와 신부에게 보내는 열여섯 번째 서한의 내용을 살펴봅니다. "작년에 신부님께 서한을 보내고 또 르그레즈와 신부님과 페낭에 있는 우리 신학생들에게도 서한을 보냈는데 신부님께서 다 받으셨는지 모르겠습니다. 신부님께 대해서는 파선당하였다가 생환한 제주도 사람[138]한테 들은 것 외에는 아무것도 없습니다. 그는 상해에서 중국 관원에 의하여, 북경으로 인도되었고, 거기서 조선에까지 무사히 도착하였습니다."

---

138) 김기량 (펠릭스 베드로, 1816-1867년). 제주 출신의 순교자로 제주도와 육지를 오가면서 제주의 복음화를 위해 노력하다가 병인박해 때 통영에서 순교였으며 2014년 복자품에 올랐다.

2. "그는 (이) 바울리노[139]가 전해준 서한과 신자들을 찾기에 필요한 안내 정보를 가지고 교우들을 찾았습니다. 그는 크게 고생은 하였으나 하느님의 은혜로 다행히 (배티) 교우촌을 발견하고, 또 그곳을 거쳐 저와 페롱 권(權) 신부님이 함께 있던 교우촌에까지 무사히 도착하였습니다. 우리는 그가 겪은 모든 이야기를 듣고 참으로 하느님의 무한하신 인자와 섭리에 대해 감탄해 마지않았습니다. 하느님께서는 참으로 기묘한 방법으로 그 사람에게뿐만 아니라 제주도의 주민들에게까지 구원의 길을 열어 주셨습니다."

3. "그 사람의 말과 행동과 교우를 찾으려는 열성을 보면, 그는 진실한 사람이고 믿을 만한 사람이며, 장차 좋은 교우가 될 사람임을 의심할 여지가 없습니다. 아직까지 복음의 씨가 떨어지지 않은 제주도에 천주교를 전파할 훌륭한 사도가 될 줄로 믿습니다. 그는 우리와 작별하면서 자기가 제주도 고향에 돌아가면 먼저 자기 가족에게 천주교를 가르쳐 입교시킨 후 저한테로 다시 오겠다고 말하였습니다."

4. 최양업 신부님이 르그레즈와 신부에게 보낸 열다섯 번째 서한과 리브와 신부에게 보낸 열여섯 번째 서한은 하루 간격으로 쓴 것이기 때문에 크게 다른 내용을 전하지는 않습니다. 다만 열여섯 번째 서한에서 최양업 신부님은 김 펠릭스 베드로를 만난 사실과 그로 인해 제주도에 복음이 전파될 희망을 말하고 있습니다. 김 펠릭스 베드로는 제주도 사공으로 중국 해안에서 난파된 후 혼자 살아남아 상해와 북경을 통해 본국으로 송환된 사람이었습니다. 제주도 출신 김 펠릭스 베드로는 서한에서 밝힌 것처럼 앞으로 제주도의 복음 전파자로 적합한 자이고 열심한 신자임을 확인하면서 그에 대한 커다란 희망을 가지고 있습니다. 제주도에 들어갈 수 없는 현재의 상황에서도 선교사 신부가 들어갈 수 있는 희망을 놓지 않습니다.

5. "정부로부터 파견된 관원들이나 관청으로부터 허가를 받은 장사꾼들 외에는 누구도 제주도 상륙이 금지되어 있습니다. 또 제주도에서 육지로 나가는 것도

---

139) 이 바울리노는 페낭 신학교에서 공부하던 조선 신학생인데, 그 당시 홍콩에 소재한 파리외방전교회 대표부에서 요양 중이었다.

남자들은 관청으로부터 허가가 있어야 하고, 여인들에게는 엄금하고 있습니다. 그러므로 그 섬에 교우가 있다 하더라도 현재로서는 선교사 사제가 들어갈 방도가 없습니다. 그러나 만일 하느님께서 저들에게 복음을 전해 받을 은혜를 주신다면, 선교사 사제가 들어갈 수 있는 길도 열어주실 것입니다."

6. 이와 같이 최양업 신부님은 장소를 불문하고 하느님의 백성을 만나고 싶은 열망으로 가득 차 있음을 엿볼 수 있습니다. 열여섯 번째 서한 마지막 서한 내용에는 스승 신부님 르그레즈와 신부님과 리브와 신부님께 "저를 결코 잊지 마시기 바랍니다. 저도 신부님을 결코 잊지 않겠습니다."라는 간곡한 부탁의 말씀으로 마칩니다.

66. 최양업 신부의 열일곱 번째 서한에 담긴 신앙여정은 어떠한가요?

1. 1859년 10월 11일에 작성된 최양업 신부님의 열일곱 번째 서한은 안곡에서 작성되었는데, 안곡은 현재 위치로 경북 구미시 무을면 안곡리 혹은 상주시 모동면 금천리 등지로 추정되고 있으나 정확하지는 않습니다. 안곡에서 쓴 최양업 신부님의 열일곱 번째 서한은 스승 르그레즈와 신부에게 보내는 것입니다. 그는 서한에서 '조선 순교자들이 공적으로 온 세계에 가경자(可敬者)로 선포됐다'고 말합니다.

2. 실제로 '기해·병오박해 순교자들의 행적'에 수록된 82명의 순교자들은 1857년 9월 23일 가경자로 선포됐습니다. 이 가운데 3명을 제외한 79명은 1925년 7월 5일 시복, 1984년 5월 6일 시성됐습니다. "언젠가 우리 순교자들도 성인 반열에 오르시어 세계의 모든 교회에서 공식으로 공경을 받으시는 날이 올 때 우리에게 얼마나 기쁘고 영광된 날이 되겠습니까? (…) 아직까지는 조선 순교자들의 전구로 공적 기적이 일어났다는 말은 못 들었습니다. 아마 순교자들을 공경하는 우리의 정성이 미약하고, 우리가 순교자들에게 전구할 줄 몰랐기 때문에, 또한 그것을 신자들에게 계몽하는 노력이 부족하였기 때문인 것 같습니다."

3. 최양업 신부님은 신자들 사이에서 형제처럼 착하게 어울려 다니다가 악인의 본색을 드러내는 이들 때문에 곤혹을 치렀던 일도 고백합니다. 또 성사를 받

을 마음 준비가 덜 된 신자들에게 성사를 주지 않았다가 그들이 분노를 터뜨린 일도 말합니다. 하지만 그는 언제나 조선 신자들의 편에 서는 착한 목자였습니다.

4. "이런 이야기를 하면 제가 언제나 박해와 환난만 당하고, 또 우리 조선 사람들은 전부 극악한 사람들이요, 배신자들이요, 강도들이요, 잔학무도한 난동자들이요, 폭도들인 줄로 생각하실지도 모르겠습니다. 그러나 저에게는 다른 한편으로 이러한 비참을 능가하는 더 큰 위안이 있습니다. (…) 우리에게는 비록 배신자들도 많고 원수들도 많지만, 좋은 친구들도 많고 하느님의 은총에 충실한 신자들도 많이 있습니다."

5. 이처럼 악인들로 인해 곤경에 처하기도 했던 최양업 신부님이었지만 조선 신자들에 대한 애착과 굳건한 믿음을 잃지 않았던 것입니다. 그는 이어 그리스도의 신앙을 착실히 살아가는 사람들에 대해 전하는 것도 잊지 않습니다. "우리의 가련한 참상을 이야기하기 시작하면 끝이 없을 것이기에 이번에는 이쯤에서 끝내겠습니다. 사부님과 경애하올 신부님들께 청하오니 우리를 잊지 마시고, 인자하신 하느님께 더욱 간절히 탄원하기를 그치지 마시기 바랍니다."

67. 최양업 신부의 열여덟 번째 서한에 담긴 신앙여정은 어떠한가요?

1. 최양업 신부님의 열여덟 번째 서한은 1859년 10월 11일 스승 르그레즈와 신부에게 보내는 열일곱 번째 서한 작성 하루 후에 쓴 것으로 리브와 신부에게 보내는 서한입니다. 안곡에서 1859년 10월 12일에 작성된 이 서한에서 그는 리브와 신부의 건강과 국내 선교사들, 특히 교구장의 건강이 걱정된다고 밝히고 있습니다. 실제로 베르뇌 주교는 지병인 신장 결석으로 6월부터 3개월간 병석에 누워 있었습니다.

2. 열일곱 번째 서한과 열여덟 번째 서한은 모두 '안곡'에서 작성되었는데, 안곡에서 최양업 신부님은 교리문답의 교정을 하고 있었고, 기도서의 번역도 여름까지 끝내기로 되어 있어서 저술활동을 하기 위해서는 안곡이 적지였던 것으로 추정됩니다.

3. "항상 건강이 좋지 못하신 존경하올 우리 베르뇌 장(張) 주교님에 대해서도

무척 걱정이 됩니다. (…) 어떤 선교사 신부님들은 여름 더위에 매우 지쳐 계시지만 다른 신부님들은 그럭저럭 건강히 잘 지내고 계십니다. 저는 항상 건강하게 잘 지냅니다. 그러나 저 혼자 여행을 하기에는 너무 허약합니다. 하루에 고작 40리 밖에 못 걷습니다. 그래서 갈 길이 먼 공소 순방 때에는 항상 말을 타고 갑니다."

4. '40리'면 16km에 달하는 거리입니다. 최양업 신부님은 멀리 떨어진 지방들은 전부 자신이 순방할 지역들이라며 해마다 다니는 거리가 7천리(약 2,800km)가 넘는다고 했습니다. 자신의 관할 구역은 다섯 도(道)에 걸쳐있고, 방문해야 할 공소가 127곳에 달해 휴식을 취해야 함에도 쉴 만한 안전한 장소를 찾을 수가 없다고 전합니다.

5. 최양업 신부님은 모든 서한에서 그러하듯 백성들의 한숨과 한탄에 대해서도 빠트리지 않습니다. "참 하느님을 섬기고 자기 영혼이 구원되기를 원하면서도, 천주교를 엄금하는 조선 법령에 대한 공포 때문에 천주교 신앙을 고백할 만한 용기와 담력이 모자랍니다. 얼마나 많은 영혼들이, 특히 남편과 부모들 지배 아래 있는 여인들이 장애를 받고 날마다 울음으로 지내며 한숨으로 쇠약해지고 있는지 모릅니다."

6. 최양업 신부님은 천주교 신자들의 힘겨운 일상들을 보며 '어떻게 하면 그들에게 신앙의 자유를 안겨줄 수 있을까'를 늘 고민해온 듯합니다. 천주교를 믿는 다른 국가들의 도움을 빌릴 방법까지도 생각하며 동분서주하는 사제를 보며 우리는 애련함과 애틋함을 동시에 느낍니다.

7. "천주교 국가의 군주들이 우리나라에서 이처럼 많은 영혼들의 안타깝고 참혹한 처지를 조금이라도 안다면 지체 없이 도와줄 수 있을 것입니다. 그들로서는 그렇게 많은 사람들의 구원을 마련해 주기가 별로 어렵지 않을 텐데 말입니다. 프랑스 정부에서 한 번만 공식으로 우리 조선 정부에 대해 백성들에게 천주교를 믿을 신앙의 자유를 주라고 강력히 요구하는 경고문을 보낸다면 그것으로 충분할 것입니다."

68. 최양업 신부의 열아홉 번째 서한에 담긴 신앙여정은 어떠한가요?

1. 열아홉 번째 서한은 최양업 신부님이 1861년 6월 15일 선종하기 전 쓴 마지막 서한으로 선종 약 9개월 전에 작성된 것입니다. 서한은 죽림에서 작성됐습니다. 죽림은 현 울산광역시 울주군 상북면 이천리의 간월산중 교우촌이나 죽전(대밭) 혹은 간월산 중턱의 죽림굴 등으로 추정됩니다. 수신인은 '리브와 신부님과 르그레즈와 신부님께, 지극히 공경하고 경애하올 신부님'입니다.

2. 죽림에서 1860년 9월 3일에 작성된 서한의 내용을 살펴봅니다. "먼저 두 분 신부님들께 공동 서한을 보내드리는 것에 대하여 용서를 청합니다. 이 작은 서한을 두 분께뿐 아니라 모든 경애하올 신부님들께 이렇게 한꺼번에 보내드릴 수밖에 없는 절박한 처지에 놓여 있습니다."

3. 최양업 신부님은 왜 리브와 신부와 르그레즈와 신부에게 동시에 서한을 썼던 것일까요? "저는 경신박해(庚申迫害)의 폭풍을 피해 조선의 맨 구석 한 모퉁이에 갇혀서 교우들과 아무런 연락도 못하고 있습니다. 벌써 여러 달 전부터 주교님과 다른 선교사 신부님들과도 소식이 끊어져, 그분들이 아직 살아 계신지 아닌지조차도 모릅니다."

4. 박해의 칼날이 휘몰아치던 때, 최양업 신부님은 불안과 초조함의 시간을 보내고 있었습니다. 그는 자신의 관할구역에서 17명의 신자들이 체포됐다는 것, 교우들의 전답과 생활필수품을 빼앗겼다는 것 등을 상세히 보고하고 있습니다.

5. "전국적으로 천주교 신자들이 대단히 많다고 추정되고 있습니다. (…) 깊은 산골짜기마다 꼭꼭 숨어 사는 천주교 신자를 모두 체포할 뜻은 없어 보입니다. 그 대신에 포졸들을 여기저기 사방에 파견하여 그들로 하여금 모든 천주교 신자들을 혼란케 하고 또 주민들을 선동하여 천주교 신자들을 핍박하도록 충동하고 있습니다."

6. 최양업 신부님은 끝까지 신앙을 증거하다 순교한 이들의 이야기를 전합니다. 혹독한 매를 맞고 그 상처로 순교한 노파, 아버지와 함께 형장에 나가게 해달라고 간청한 16세 소년, 포졸에게 잡혀 고생하다 병석에 누워 숨진 동정녀 등 신앙선조들의 '살아있는 이야기'입니다.

7. "박해 전에는 천주교에 대한 인기가 상승하여, 사방의 많은 외인들 중에서 예비 신자들이 속출하였으므로 우리는 큰 위안을 받고 희망에 부풀었습니다. (…) 어떤 마을에서는 주민 전체가 기도 경문과 교리문답을 얼마나 열성적으로 배우는지 서로 경쟁이 되었습니다. 그러나 이번 박해로 인하여 모든 외교인들이 천주교를 박멸하기 위해 무장하게 되었고, 마을마다 천주교의 상습적 동조자들을 추방하는데 전력을 기울이고 있습니다."
8. 최양업 신부님은 조선 정부나 백성이 천주교 신자들에 대해 적개심을 갖고 있다는 것을 안타까워합니다. 그는 이어 '주님, 저희를 불쌍히 여기소서.'를 시작으로 기도를 봉헌합니다. "저희를 재난에서 구원하소서. 엄청난 환난이 저희에게 너무나 모질게 덮쳐 왔습니다. 원수들이 저희에게 달려들고 있습니다. (…) 당신이 높은데서 도와주지 않으면 저희는 그들을 대항하여 설 수가 없습니다."

69. 최양업 신부의 나머지 두 통 서한에 담긴 신앙여정은 어떠한가요?

1. 기존에 발견된 최양업 신부님의 서한 19통 외에 추가로 2통이 더 발견되었습니다. 이 2통의 서한은 1857년 10월 20일 자로 소리웃[140]에서 보낸 서한과 1859년 10월 13일 자로 안곡[141]에서 보낸 서한으로 모두 당시 만주 대목구장으로 있던 파리외방전교회의 베롤[142] 주교에게 보낸 것으로 밝혀졌습니다.
2. 이로써 최양업 신부님의 서한은 파리외방전교회 선교사 스승 르그레즈와 신부에게 보낸 13통, 리브와 신부에게 보낸 4통, 르그레즈와 신부와 리브와 신부 공동 명의로 보낸 1통, 수신 미상 1통 등 19통에서 이후 발견된 2통을 더

---

140) 1856년 9월 13일 르그레즈와 신부에게 보낸 12번째 서한과 발신지가 같다.
141) 1859년 10월 11일 르그레즈와 신부에게 보낸 17번째 서한 및 1859년 10월 12일 리브와 신부에게 보낸 18번째 서한과 발신지가 같다.
142) 베롤(Verolles, 1805-1878년): 프랑스 파리 외방전교회원으로 초대 만주교구장이고 주교로 중국성(姓)은 방(方)이다. 프랑스 출신으로 1830년 이후 중국 사천에서 선교하였다. 조선의 선교를 적극 지원하여 조선 교우들이 보내 온 박해 상황과 소식들을 교황청에 보고하였고, 메스트르, 프티니콜라, 프르티에, 김대건, 최양업 신부 등의 입국을 도왔다.

해 모두 21통이 되었습니다. 기존 19통은 파리외방전교회가 1997년 6월 한국 천주교회에 기증하여 현재 서울대교구 절두산순교성지 한국천주교순교자박물관에 소장되어 있습니다. 새로 발견된 2통은 파리외방전교회 고문서고에 그대로 보관되어 있고, 사본만 국내에 들여온 것으로 확인되었습니다.

3. 이번에 새롭게 공개된 2통의 서한은 모두 최근 서울대교구 원로사목자 신부가 파리외방전교회에서 새로 입수한 것들로, 파리외방전교회 고문서고 중국 관계 관련 문서철에서 찾아냈다는 점이 매우 뜻 깊은 일이라 할 수 있습니다. 이로써 최양업 신부님의 또 다른 서한뿐만 아니라 한국천주교회사와 관련한 새로운 사료들을 중국이나 일본 관계 문서철에서 찾아낼 가능성과 희망을 한국 천주교회에 안겨주었기 때문입니다.

4. 특히 기존에 조선 천주교회 관련 사료들이 분류되어 있는 파리외방전교회 고문서고 562권(1840-1860년)과 563권(1824-1865년), 566권(1838-1898년) 외에도 조선 천주교회와 관련된 시기의 중국관계 문서철 438권(1780-1787년) 등 11권 전체를 재검토할 필요성이 커졌습니다.

5. 2통의 서한에서는 조선말기 박해시대에 국가와 양반들의 폭정에 시달리는 가난한 백성들을 측은히 여기는 최양업 신부님의 자애로운 아버지 상을 엿볼 수 있으며, 기존 서한에서와 같이 신앙의 자유를 얻기 위해서는 프랑스 정부의 역할이 필요하다는 견해를 재차 밝히고 있습니다.

6. 추가로 발견된 2통의 서한은 내용면에서 기존 19통 서한과 크게 다른 점은 없는 것으로 분석됩니다. 그러나 기존 서한 중 19통이 파리외방전교회 한국 관계 문서철(제577권, 제579권)에서 발견된 것과 달리 2통의 서한은 한국관계 문서철에 없었고 수신자인 베롤 주교와 관련된 문서철에 있었던 것으로 밝혀지면서 한국 천주교회와 관련된 자료가 반드시 한국관계 문서철에만 있는 것은 아님을 알게 해 주었습니다.

7. 1857년 10월 20일 소리웃에서 작성한 서한지 2장짜리 서한은 1857년 9월 15일 불무골에서 리브와 신부에게 보낸 기존 열네 번째 서한과 1858년 10월 3일 오두재에서 르그레즈와 신부에게 보낸 기존 열다섯 번째 서한 중간에 위치합니다. 소리웃은 현재 충청도 남부 혹은 전라도 북부나 경상도 지역에 있

던 교우촌으로 추정되며, 최양업 신부님의 1857-1858년 사목 경로 중 일부 지역으로 판단할 수 있습니다.

8. 소리웃 서한에는 1856년 베르뇌 주교와 프르티에 신부, 프티니콜라 신부가 입국한 사실, 1857년 다블뤼 신부의 주교 서품식, 그리고 1856년 자신이 성무를 집행할 때 외교인들과 충돌한 사건 등이 담겨 있습니다. 또한 '외교인들을 포함한 모든 조선인은 프랑스 배가 와서 조선 사회를 변화시켜 줄 것을 바라고 있다'고 말해 조선 말기 조선 정부를 불신하는 민중들의 동향도 전하고 있습니다.

9. 1859년 10월 13일 안곡에서 작성한 서한지 2장짜리 서한은 1859년 10월 12일 역시 안곡에서 리브와 신부에게 보낸 기존 열여덟 번째 서한과 1860년 9월 3일 죽림에서 르그레즈와 신부와 리브와 신부를 공동 수신인으로 해서 보낸 마지막 서한 사이에 쓴 것입니다. 최양업 신부님은 안곡에서 열일곱 번째-열여덟 번째를 포함해 집중적으로 서한을 남겼음을 알 수 있습니다.

10. 새로 발견된 안곡 서한에는 베롤 주교가 1858년 12월 21일 자로 보낸 서한에 대한 자신의 느낌을 적고, 당시 조선에서 박해가 공적으로는 중단됐지만 박해령이 살아 있어 사람들이 입교를 미루고 있다는 사실을 밝히고 있습니다. 최양업 신부님은 박해의 외면적인 중단 사유를 중국에 주둔한 프랑스군의 영향 때문이라고 분석함으로써 조선이 종교의 자유를 얻기 위해서는 프랑스의 도움이 필요하다는 입장을 분명히 했습니다.

PART

4

최양업 신부의 귀국과 사목활동

70. 최양업 신부의 귀국과 사목활동은 어떠했나요?(1)

1. 널리 알려진 바와 같이 김대건 신부님과 최양업 신부님은 최초의 한국인 신학생이요 사제였으며, 조선인 중에서 가장 먼저 서양의 새로운 학문을 직접 배운 사람들이었습니다. 또 그들은 외국 땅에 이르기까지 가장 멀리, 그리고 아주 오랫동안 고난의 여행을 경험하였습니다. 이처럼 그들이 새로운 길을 개척하려고 노력한 이유는 바로 이 땅의 복음을 지켜 나가야 한다는 생각 때문이었고, 그들로서는 이것이 곧 억압받는 민초들과 조선을 위하는 길이라고 생각하였습니다.

2. 1836년 초부터 신학생으로 선발되어 서울 후동(后洞)의 모방 신부 댁에서 라틴어를 배우던 최양업과 김대건, 그리고 최방제는 그해 12월 3일(음력 10월 25일)에 모방 신부 앞에서 성서에 손을 얹고 신학생으로서 선서를 하였습니다. 모방 신부는 당시 선발된 지 4-5개월밖에 되지 않은 김대건은 제외하려고 하였지만, 다시는 기회가 없을 것으로 생각하여 마지막에 그를 포함시켰습니다.

3. 조선 신학생들은 이어 중국으로 돌아가는 여항덕 곧 유방제(파치피코) 신부[143]와 함께 조선 밀사들의 안내를 받아 중국의 국경 관문인 봉황성의 책문으로 떠났습니다. 이에 앞서 조선 선교사로 임명된 샤스탕 신부는 약속대로 12월 25일에 이미 책문에 도착하여 그들 일행을 기다리고 있었습니다. 조선의 신학생 일행이 압록강을 건너 책문에 도착한 것은 12월 28일이었습니다.

4. 이후 그들은 샤스탕 신부가 정해 준 2명의 중국 밀사들과 함께 대륙을 횡단하여 1837년 6월 7일(음력 5월 5일) 마카오에 도착하였습니다. 당시 그곳에 있던 파리외방전교회의 극동대표 르그레즈와 신부는 모방 신부로부터 신학생들의 교육을 부탁받고는 대표부 안에 임시로 '조선 신학교'를 설립하였습니다. 이로써 마카오 대표부는 비록 중국 땅에 있었지만, 최초의 조선 신학교 역할을 하게 되었습니다.

5. 사실, 모방 신부는 조선에 입국하기 전에 초대 조선교구장 브뤼기에르 주교와

---

143) 우리나라에 두 번째로 입국한 중국인 신부이다.

의논하여 '요동 신학교'의 설립을 계획했었는데, 라틴어 공부와 박해의 위험 때문에 실효성이 없다고 판단하여 이 계획을 취소하였습니다. 이후 김대건과 최양업 신학생은 1842년에 프랑스 군함을 타고 마카오를 떠날 때까지 4년여 기간 동안 이곳에서 공부를 하면서 두 차례의 큰 변화를 겪게 되었는데, 동료 최방제 신학생의 죽음과 마닐라로 피신하게 된 것이 그것입니다.

71. 최양업 신부의 귀국과 사목활동은 어떠했나요?(2)

1. 최방제 신학생은 마카오에 도착한 지 얼마 안 되어 위열병에 걸렸습니다. 그리고 1837년 11월 27일에 친구들의 슬픔을 뒤로 한 채 십자고상에 입맞춤을 하면서 죽고 말았습니다. 이어 1839년에 김대건과 최양업 신학생은 광동과 마카오에서 아편 문제로 소요가 일어나자, 몇몇 선교사들과 함께 4월 6일 마카오를 떠나 소서양(小西洋)으로 불리던 마닐라에 도착하였습니다. 그리고 도미니코 수도회의 도움을 받아 마닐라에서 50km 정도 떨어진 수도회의 롤롬보이 농장으로 가서 계속 수업을 받게 되었습니다.

2. 그들이 마카오 신학교로 귀환하기 전까지 이곳에 체류한 것은 5월 3일부터 약 6개월 반이었습니다. 롤롬보이에 있는 동안 조선 신학생들은 조선의 밀사들인 성 조신철(가롤로)과 성 유진길(아우구스티노)이 북경에서 보낸 1839년 3월(3월 10일 또는 3월 11일)의 서한 1통을 받고 기해박해 이전의 조선 소식을 들을 수 있었습니다. 이 때 최양업 신학생은 부친 성 최경환(프란치스코)에게 서한을 썼는데, 이 서한은 훗날 성 조신철(가롤로)을 통해 전달되었습니다.

3. 사실 마카오 신학교는 따로 교사(校舍)가 갖추어진 것도 아니었고, 전담 교수가 임명된 것도 아니었습니다. 초대 교장 칼르리 신부를 제외하고는 모두 임지로 가기 전에 잠시 머물던 중국 선교사들이나 대표부의 신부들이 겸하여 신학생들을 지도하였습니다. 따라서 신학생들의 거처와 교실은 대표부 안에 있던 작은 방에 불과하였습니다. 그렇지만 이곳은 틀림없는 조선 신학교였고, 김대건과 최양업 신학생은 여기에서 배운 신학 교육을 바탕으로 훗날 사제품에 오를 수 있었습니다.

4. 마카오에 있던 파리외방전교회의 대표부 건물은 지금은 아파트로 바뀌어 옛 모습은 자취도 없이 사라졌습니다. 반면에 조선 신학생들이 잠시 거처하던 롤롬보이 농장의 한 쪽에는 조선 천주교회의 사적지가 조성되어 있으며, 1986년에 건립한 김대건 신부의 동상이 서있습니다. 또 그들이 고향에서 온 서한을 읽었다는 자리에는 오래된 '망향의 망고 나무'가 자라고 있습니다.

72. 최양업 신부의 귀국과 사목활동은 어떠했나요?(3)

1. 아편전쟁이 일어나고 프랑스 함대가 이권을 차지할 목적으로 중국에 입항하게 되자, 김대건 신학생은 1842년 2월 15일에 스승이자 조선 선교사로 임명된 메스트르 신부와 함께 군함 에리곤호에 몸을 싣게 되었습니다. 이어 최양업 신학생도 7월 17일에는 만주 선교사인 브뤼니에르 신부와 함께 군함 파보리트호를 타고 마카오를 떠나게 되었습니다. 이 무렵 프랑스 함대에서는 통역이 필요했고, 조선 신학생들과 메스트르 신부는 이 기회에 조선에 입국하는 길을 얻게 되기를 바랐던 것입니다.

2. 최양업과 김대건 신학생은 8월 말에 양자강 하구에서 상봉할 수 있었습니다. 그러나 세실(Cecille) 함장이 더 이상의 북상을 꺼려하였으므로 할 수 없이 메스트르 신부와 함께 상해를 떠나 10월 23일에는 요동반도 남단에 있는 태상하에 상륙하였습니다. 이곳에서 체포될 위험을 가까스로 면한 그늘 일행은 이웃 백가점 교우촌으로 가서 그곳 회장 집에 유숙하게 되었습니다. 이후 최양업 신학생은 먼저 요동반도 북단의 개주 인근 양관 교우촌을 거쳐 11월에는 길림성의 장춘(長春) 서북쪽 70리 지점에 위치한 소팔가자 교우촌으로 가서 신학 공부를 계속하였습니다. 이 중에서 양관 교우촌은 그 후 1843년 12월 31일에 제3대 조선교구장 페레올 주교의 주교 서품식이 개최된 곳입니다.

3. 한편 백가점에 남아있던 김대건 신학생은 조선 귀국로를 알아보기 위해 홀로 봉황성 책문으로 갔습니다. 이곳에서 그는 조선 천주교회의 밀사 김 프란치스코[144]를 만난 뒤 12월 29일에는 압록강을 건너 의주 땅을 밟게 되었으나,

---

144) 김 프란치스코는 1831년경부터 조선 천주교회의 밀사로 활동하였으며, 1844년에는 만주 봉천

신분이 노출되자 곧 바로 백가점 교우촌으로 되돌아가 그곳에서 새해를 맞이하였습니다. 그런 다음 1843년 3월에는 다시 책문으로 가서 조선의 밀사를 만난 뒤 소팔가자 교우촌으로 가서 최양업 신학생과 합류하였습니다.
4. 소팔가자 교우촌은 본래 만주의 한 작은 교우촌일 뿐이었는데, 파리외방전교회 회원으로 만주교구의 초대 교구장에 임명된 베롤 주교가 1841년에 이 일대의 광대한 토지를 매입한 뒤 성당을 건립하고 만주 전교의 거점으로 삼은 곳입니다. 조선 선교사 페레올 주교와 메스트르 신부, 그리고 최양업과 김대건 신학생이 이곳에 거처할 수 있었던 이유도 바로 이 때문이었습니다. 이곳 성당은 훗날 폐허가 되었다가 유명한 의화단 사건을 겪은 뒤인 1908년에 재건되었습니다.
5. 페레올 주교 아래서 신학 공부를 계속하던 김대건 신학생은 1844년 초에 북방 귀국로를 탐색하라는 주교의 명에 따라 2개월 동안 훈춘을 거쳐 조선 동북방 국경에 있는 경원까지 가서 조선의 밀사를 만난 뒤 소팔가자 교우촌으로 귀환하였습니다. 그런 다음 그해 12월 초에는 최양업 신학생과 함께 부제품을 받았으며, 김대건 부제는 1845년 1월에는 책문에서 조선의 밀사를 만나 귀국하게 되었습니다. 이때 김대건 부제가 서울에 잠입하여 매입한 집이 바로 '돌우물골'(石井洞)의 초가집이었습니다.
6. 이곳은 지금의 서울 소공동에 있는 조선 호텔 옆으로, 기록에는 "돌우물골의 남별궁(南別宮) 뒤편 우물가를 지나 두 번째 초가집"으로 나옵니다. 훗날 페레올 주교도 조선에 입국한 뒤 이 집을 주교관으로 삼아 거처하였습니다. 돌우물골에서 약 3개월을 지낸 김대건 부제는 4월 30일에 마포를 떠나 상해로 가서 페레올 주교를 만난 뒤, 8월 17일에는 그곳 '금가항'(金家港) 성당에서 조선 선교사로 임명된 다블뤼 신부와 조선 신자들이 지켜보는 가운데 사제로 서품되었습니다. 그런 다음 그곳에서 약 30리 떨어진 '횡당'(橫堂) 성당에서

(奉天)으로 와서 페레올 주교를 만났고, 그 해 말에는 김대건 부제를 조선에 영입하였다. 그리고 1882년부터 기해박해, 병오박해 순교자들의 시복을 위한 교회 재판이 시작되자 1884년에 73세로 법정에 나와 김대건 신부에 대해 증언을 하기도 하였다.

첫 미사를 집전하였습니다. 현재 이곳 금가항과 횡당 성당에서는 정기적으로 김대건 신부의 업적을 기리는 미사를 봉헌하고 있으며, 한국인 신자들도 자주 이곳을 방문하고 있습니다.

73. 최양업 신부의 귀국과 사목활동은 어떠했나요?(4)

1. 김대건 신부는 1845년 8월 31일에 페레올 주교, 다블뤼 신부와 함께 라파엘(Raphael)호를 타고 상해를 출발하여 귀국길에 올랐습니다. 그 배는 앞서 김대건 신부가 신자들과 함께 마포에서 타고 간 것으로 도저히 서해를 건널 수 없는 작은 배였고, 실제로 그들 일행은 풍랑을 만나 죽을 고비를 넘긴 끝에 상해에 도착할 수 있었습니다. 그러나 조선 배였기 때문에 중국 배와는 달리 해안에서 발각될 위험이 아주 적었으므로 페레올 주교는 서슴지 않고 그 배를 택하여 김대건 신부를 선장으로 임명하였습니다.

2. 이 조각배로 다시 서해를 건넌다는 것은 만만치 않은 일이었습니다. 실제로 상해를 떠난 지 얼마 안 되어 만난 풍랑으로 라파엘호의 갑판은 부서지고, 키는 부러졌으며, 돛은 찢겨져 버렸습니다. 할 수 없이 그들 일행은 돛대를 잘라버리고 모든 것을 하느님의 섭리에 맡길 수밖에 없었습니다. 이렇게 하여 김대건 신부 일행이 처음 도착한 곳은 제주도 서쪽의 작은 섬 '비양도(飛揚島)'였습니다. 이곳에서 물과 식량을 얻은 일행은 처음의 계획을 바꾸어 곧바로 서울로 가지 않고 충청도 강경 인근의 해변가에 도착하였습니다.

3. 1845년 10월 12일에 그들은 고대하던 조선 땅에 발을 디디게 되었지만, 그들의 입국은 찬란한 것이 아니었습니다. 다른 이들의 눈을 피해 모든 것을 조용하고 은밀하게 처리해야만 했기 때문입니다. 당시 강경 인근의 신자들은 서양 사람의 얼굴과 모습을 가릴 수 있도록 페레올 주교에게 변복을 시켰습니다.

4. 당시의 상황을 페레올 주교는 서한을 통해 다음과 같이 말하고 있습니다. "그들은 내(페레올 주교)가 상복 차림으로 배에서 내리는 것이 적당하다고 판단하였으므로 굵은 베로 만든 겉옷을 걸쳐주고, 머리에는 짚으로 만든 커다란 모자를 씌웠는데, 그것은 어깨까지 내려오는 것이었습니다. 그 모자는 반쯤 접은 작은 우산 같은 모습이었습니다. 내 손에는 두 개의 작은 막대기가 들렸

는데, 거기에는 헝겊이 달려있어 호기심 많은 사람들의 눈으로부터 내 얼굴을 가릴 수 있도록 하였습니다."

5. 강경 인근의 교우촌에서 얼마간 머물던 김대건 신부는 1845년 11월 초에 페레올 주교와 함께 서울로 올라왔으며, 이내 돌우물골과 미나리골(서대문구 미근동), 쪽우물골(남대문로 남정동) 등에서 신자들에게 성사를 준 뒤 고향 골배마실로 내려가 모친과 상봉하였습니다. 그리고 이듬해 부활 대축일까지 이웃 은이 공소를 사목활동의 터전으로 삼아 경기도 일대를 순방하였습니다.

6. 1846년 4월 13일 골배마실을 떠난 김대건 신부는 페레올 주교의 지시에 따라 서해 해로를 통한 안전한 귀국로를 개척하기 위해 마포를 출발, 1846년 5월 25일에는 연평도에 도착하였습니다. 이어 인근에서 중국 어선을 만나 서한과 지도를 중국의 메스트르 신부에게 전한 그는 6월 1일에 '순위도'(巡威島) 등산진(登山鎭)으로 귀환하였다가 체포되고 말았습니다.

7. 그런 다음 해주 감영에서 여러 차례 문초를 받고 포도청으로 압송되어 다시 40여 차례나 문초를 받은 후 반역죄로 사형 선고를 받고 1846년 9월 16일(음력 7월 26일) 새남터에서 순교하였습니다. 그는 옥중에서 여러 차례 서한을 썼는데, 그중 스승 신부들과 동료 최양업 부제에게 마지막으로 남긴 옥중 서한에는 다음과 같은 내용이 담겨있습니다.

8. "지극히 사랑하는 나의 형제 토마스여, 잘 있게. 천당에서 다시 만나세. 나의 어머니 우르술라를 특별히 돌보아주도록 부탁하네. 저는 그리스도의 힘을 믿습니다. 그분의 이름 때문에 묶였기 때문입니다. 하느님께서 끝까지 형벌을 이겨낼 힘을 저에게 주실 것을 기대합니다. 하느님, 우리를 불쌍히 여기소서. 우리의 환난을 굽어보소서. 주께서 만일 우리의 죄악을 살피신다면, 주여, 누가 감히 당할 수 있으리이까!"[145]

74. 최양업 신부의 귀국과 사목활동은 어떠했나요?(5)

1. 한편 소팔가자 교우촌에 남아있던 최양업 부제는 1846년 1월에 메스트르 신

---

145) 김대건 신부의 1846년 6월 8일 자 옥중 서한

부와 함께 조선 귀국을 위해 만주의 훈춘을 거쳐 두만강 가까이 갔지만, 경원에는 들어가지 못한 채 그곳 관헌에게 체포되었다가 석방되어 다시 소팔가자 교우촌으로 돌아오게 되었습니다. 이어 그해 말에는 조선의 서북쪽인 압록강 근처로 갔다가 조선의 밀사들에게 김대건 신부의 순교 사실과 병오박해 소식을 듣고는 홍콩으로 건너갔습니다. 당시 파리외방전교회의 극동대표부가 그곳으로 이전되어 있었기 때문입니다.

2. 홍콩에 머물면서 조선 순교자들의 전기를 라틴어로 번역하던 최양업 부제는, 1847년 7월 28일 메스트르 신부와 함께 조선 원정에 나선 프랑스 군함을 타고 전라도의 '고군산도'(古群山島) 인근에 도달하였습니다. 그러나 군함 한 척이 난파하는 바람에 잠시 그곳에 상륙하였다가 상해로 되돌아갈 수밖에 없었습니다. 이때 최양업 부제는 조선에 남도록 해달라고 라피에르 함장에게 부탁하였지만, 그의 청은 거절되고 말았습니다.

3. 1849년 초 최양업 부제는 상해에 있던 예수회의 '서가회'(徐家匯) 신학원에서 마지막 공부를 마쳤고, 1849년 4월 15일에는 마침내 그곳 대성당에서 메스트르 신부가 지켜보는 가운데 강남교구장 마레스카(Maresca) 주교로부터 사제품을 받게 되었습니다. 이 서가회는 1773년에 해산되었다가 1813년에 부활된 예수회가 다시 중국에 진출하면서 마련한 전교 활동의 중심지였습니다.

4. 최양업 신부님은 곧 조선 귀국을 위해 요동으로 가서 기회를 엿보며 민주의 베르뇌 신부 아래서 성직을 수행하였습니다. 베르뇌 신부는 1854년에 제4대 조선교구장에 임명된 바로 그분입니다. 이곳에서 최양업 신부님은 1849년 11월 3일에 메스트르 신부를 만나게 되었고, 그와 함께 다시 조선 귀국을 시도하였습니다. 그러나 '서양인이 육로로 입국하기에는 위험하다.'는 조선 밀사들의 만류 때문에 메스트르 신부와 헤어져 12월 3일, 단신으로 조선에 귀국해야만 했습니다. 실로 15살의 나이로 고국을 떠난 지 13년 만이었습니다.

5. 서울에 도착한 최양업 신부님은 다블뤼 신부와 페레올 주교를 만난 뒤, 용인 한덕골로 가서 중백부(작은 아버지)인 최영겸과 기해박해 이후 그곳에 살고 있던 넷째 아우 최신정(델레신포로)를 만났습니다. 아마 이때 산너머 골배마실에 거주하고 있던 김대건 신부의 모친 우르술라도 만났던 것 같습니다. 이

어 그는 사목 순방에 나서 충청도 '도앙골'(충남 부여군 내산면 금지1리로 추정)에 임시 거처를 정하고 6개월 동안 5개 도를 순회하였으며, 그 해 말에는 배티 교우촌에 거처하면서 인근 교우들을 돌보았습니다.

6. 이곳은 전형적인 교우촌 골짜기로, 그의 셋째 아우인 최우정(바시리오)이 살고 있던 동골을 비롯하여 절골, 삼박골, 불무골 교우촌이 산재해 있었습니다. 또 둘째 아우인 최선정(안드레아)은 이웃의 목천 서덕골(충남 천안시 목천면 송전리) 백부(큰 아버지) 최영열 집에서 생활하고 있었습니다. 고난의 생활은 계속되었지만 최양업 신부님은 순교자의 자세로 이 고난을 달게 받았으며, 언제나 착취와 억압 아래 놓여있는 하층민 신자들을 중심으로 사목활동을 전개하였습니다.

7. 언제나 그는 '비참하게 지내는 민초들을 도와줄 수 없는 자신의 초라함' 때문에 가슴을 앓던 목자였습니다. 이에 그는 한자를 모르는 신자들을 위해 틈틈이 한글 교리서를 저술하거나 기도서를 한글로 번역하였습니다. 그러던 중 1860년에는 경상도의 '죽림'(경남 울주군 상북면 이천리) 교우촌에서 성사를 집전하다가 경신박해를 맞아 그 뒷산의 굴에서 숨어 지낸 적도 있었습니다. 이 때 그는 다음과 같이 주님의 자비를 구하면서 가련한 조선 포교지를 선교사들에게 부탁하였습니다.

8. "원수들이 저희에게 달려들고 있습니다. 당신의 보배로운 피로 속량하신 당신의 유산을 파멸하려 덤벼들고 있습니다. 당신이 높은 데서 도와주시지 않으면 저희는 그들을 대항하여 설 수가 없습니다. (…) 이것이 저의 마지막 하직 인사가 될 듯합니다. (…) 이 불쌍하고 가련한 우리 포교지를 여러 신부님들의 끈질긴 염려와 지칠 줄 모르는 애덕에 거듭거듭 맡깁니다."[146]

75. 최양업 신부의 귀국과 사목활동은 어떠했나요?(6)

1. 앞서 언급한 내용을 다시 설명해 보면 최양업 신부님은 메스트르 신부와 함께 페레올 주교와 약속되어 있던 백령도까지 갔으나 마중 나온 신자들을 만

---

[146] 르그레즈와 신부에게 보낸 최양업 신부의 1847년 4월 20일 자 서한

나지 못해 상해로 되돌아갔습니다. 1849년 5월 만주 요동으로 가서 7개월 동안 만주교구장 직무대행 베르뇌 부주교 밑에서 중국 교우들을 위하여 병자성사를 집전하고, 주일과 축일미사의 강론을 맡고, 어린이 교리와 고해성사를 집전하였습니다.[147] 당시 사목활동 지역은 요동의 전교 중심지인 양관과 차쿠라는 작은 마을이었습니다. 이러한 사목활동을 통해서 볼 때 중국 땅에서 중국 신자들에게 최초로 공식적인 사목을 담당한 한국인 최초 사제라고 할 수 있습니다.

2. 페레올 주교가 보낸 조선교회의 밀사를 봉황성 책문에서 만난 그는 1849년 12월 3일 압록강을 건너 귀국에 성공하였습니다. 1842년 마카오를 떠난 지 7년 6개월 동안 모두 여섯 차례의 시도 끝에, 1836년 신학생으로 고국을 떠난 지 13년 만에 귀국에 성공한 것입니다. 그는 페레올 주교와 다블뤼 신부를 만난 뒤 한덕골(현 경기도 용인시 이동면 묵리) 교우촌에 가서 중백부(仲伯父·작은아버지) 최영겸과 동생 최신정(델레신포로)을 만났으며, 페레올 주교의 명에 따라 충북 진천군에 있는 동골 교우촌을 사목거점으로 삼고 사목활동을 하였습니다.

3. 국내에 귀국한 이후 1850년 1월부터 전라도 지역을 시작으로 6개월 동안 쉬지 않고 5개 도에 걸쳐 있는 교우촌을 사목방문하였습니다. 휴식을 취할 수 있는 기간은 장마와 무더위, 농시일 때문에 순회할 수 없는 7·8월 한 두 달에 지나지 않았습니다.[148] 귀국 후 12년 동안 선교사들이 방문할 수 없는 지역이나 산간 오지에 있는 교우들을 방문하는 일은 모두 그의 몫이었습니다.

4. 낮에는 80리 내지 100리를 걸어야 했고, 밤에는 신자들의 고해를 들어야 하고 또 날이 새기 전에 다시 떠나야 하는 등 한 달 동안 나흘 밤 밖에 휴식을 취하지 못할 정도로 말할 수 없이 피로가 누적되었던 그는 박해가 수그러진

---

147) 르그레즈와 신부에게 보낸 최양업 신부의 1850년 10월 1일 자 서한 참조
148) 페롱 신부가 1857년 3월에 입국하여 경상도 서북부와 강원도를 맡게 되자, 그와 가깝게 지내면서 함께 피정을 하기도 하였다(최양업 신부의 1857년 9월 14일 자 및 1858년 10월 4일 자 서한, 페롱 신부의 1861년 7월 26일 자 서한 참조, 「스승과 동료 성직자들의 서한」(천주교청주교구, 1996 참조)

듯하자 교구장 베르뇌 주교에게 사목방문 결과를 보고하기 위해 서울로 올라오다가 경상도 문경 일대에서 1861년 6월 15일 선종하였습니다.[149] 그리고 일단 그 곳에 가매장되었다가 11월 초에 프르티에 신부와 신자들에 의해 배론 신학교 뒷산 언덕에 이장되었습니다.

76. 최양업 신부의 귀국과 사목활동은 어떠했나요?(7)

1. 최양업 신부님이 귀국하여 사목한 시기는 대체로 철종의 치세기간(1850-1863년)과 맞물리는데, 이때에 조선 정부의 공식적인 박해는 없었지만 천주교에 대한 여론은 험했고 또한 사적인 박해는 계속 일어났습니다. 최양업 신부님은 교우들의 영적 사정에만 정성을 다한 것이 아니라, 교우들의 생활 전반에 대해 지극한 관심과 애정을 갖고 있었습니다.

2. 특히 여교우들은 집안에서 수계할 수 없는 경우가 많았는데 그렇다고 집을 떠나면 겁탈을 당해 외인들의 첩이나 종이 되기 일쑤라고 하였습니다. 이러한 애정은 교우들뿐만 아니라 동포 전체에 대한 것이었습니다. 조선 정부는 분열되어 서로 헐뜯고 싸우는 일로 세월을 보내고, 학정으로 인해 백성들의 생활은 전례없이 가난하고 비참한 처지에 빠져들고 있었습니다.

3. 이에 그는 "저는 교우촌을 두루 순방하는 중에 지독한 가난에 찌든 사람들의 비참하고 궁핍한 처지를 자주 목격하게 됩니다. 그럴 때마다 저들을 도와줄 능력이 도무지 없는 저의 초라한 꼴을 보고 한없이 가슴이 미어집니다. 저들은 포악한 조선 정부의 모진 학정 아래 온갖 종류의 가렴주구에 시달리고

---

149) 최양업 신부의 죽음에 대하여 페롱 신부는 서한에서 "저를 위해서는 이 죽음이 무엇을 의미할까요? 최 신부는 제게 어떤 동료 신부보다도 귀한 존재였습니다. 제가 조선에 도착한 때부터 우리는 서로 친밀한 사이가 되었습니다. 그는 제가 그를 존경하는 만큼 저를 사랑해 주었습니다. 그는 저의 가장 가까운 이웃이었으므로 우리는 가능한 한 서로 방문하고 대개는 함께 피정을 하였습니다. 그러므로 저는 그를 잃음으로써 매우 훌륭하고 충실한 친구를 잃었습니다. 착하신 하느님은 우리 불쌍한 조선을 좀 가혹하게 취급하시는 것 같습니다."(페롱 신부의 1861년 7월 26일 자 서한)라고 하였고, 또 베르뇌 주교는 "그의 굳건한 신심과 영혼의 구원을 위한 그의 불같은 열심, 그리고 무한히 귀중한 일로는 그의 훌륭한 분별력으로 우리에게 그렇게도 귀중한 존재가 되었다."(베르뇌 주교의 1861년 9월 4일 자 서한)라고 말하며 그의 죽음을 슬퍼하였다.

있습니다. 얽히고설켜서 도저히 헤어날 수 없는 비참한 곤경에 빠져도 손가락 하나 옴짝달싹할 수 있는 자유조차 없습니다. (…) 아! 이 불쌍한 여인들의 눈물겨운 이야기를 들을 때 저는 얼마나 가슴이 미어지는지 모릅니다. (…) 백성은 각종 세금과 수탈과 착취에 짓밟혀 극도의 불행에 빠져 있습니다."라고[150] 하였습니다. 또한 "도처에서 신자들과 외인들이 약탈과 착취를 일삼는 양반들과 포졸들한테서 억울한 처사를 당하는 것을 자주 보게 되니, 실로 통탄과 동정을 도저히 억제할 수가 없습니다."라고[151] 하였습니다.

4. 그는 그런 중에서도 백성들의 한 가지 고통만이라도 덜어주려고 르그레즈와 신부에게 "이 나라에는 사람들이 정착하여 살기에 상당히 좋은 곳이 평야에나 산골에나 많이 있습니다. 그러나 불행히도 주민들은 실성하거나 간질에 걸리고, 피 섞인 가래침이 나오며, 몸이 나른해지는 등 여러 가지 병에 걸려 고생하고 있습니다. 제가 보기에 이 모든 질병이 물의 비위생 상태와 밀접한 관계가 있다고 믿어집니다. 그러니 물을 정화하는 방법을 아시면 분명하게 일러주시기 바랍니다."라고[152] 간청하였습니다. 이처럼 그는 신자들을 비롯하여 백성들에 대하여 깊은 애정과 사랑을 갖고 있었던 것입니다.

77. 최양업 신부의 귀국과 사목활동은 어떠했나요?(8)

1. 최양업 신부님이 귀국한 후에 행한 사목활동은 교우촌 신자들을 위한 사목방문에서 시작되어 사목방문으로 끝났다고 할 수 있습니다. 국내에서 활동을 시작한 1850년 1월부터 과로로 돌아가신 1861년 6월까지 그는 서양 선교사들이 사람들의 눈에 띄기 쉬워 순방할 수 없었던 지역을 주로 담당하였습니다. 1850년 1월 전라도 지역부터 시작된 사목방문은 6개월 동안 쉬지 않고 5개 도에 흩어져 있는 교우촌을 찾아다니며 3,815명의 교우들을 만났는데, 이는 전국의 교우 수 11,000명의 약 35%에 해당하는 숫자입니다.

---

150) 르그레즈와 신부에게 보낸 최양업 신부의 1850년 10월 1일 자 서한
151) 르그레즈와 신부에게 보낸 최양업 신부의 1859년 10월 11일 자 서한
152) 르그레즈와 신부에게 보낸 최양업 신부의 1850년 10월 1일 자 서한

2. 1857년에 관할구역 신자들은 모두 4,075명이라고 하였습니다. 1852년 8월 메스트르 신부의 입국으로 그의 사목방문 지역은 약간 줄어들게 되었지만, 이듬해 페레올 주교가 선종하면서 다시 넓은 지역을 담당하였습니다. 1857년 3월에 입국한 페롱 신부가 강원도 지역과 경상도 북부를, 1858년 10월부터 프티니콜라 신부가 경기·충청·강원·경상도 일부를 담당하고, 1859년에 다블뤼 부주교가 내포지역을 중심으로 한 충청도 일부를 담당하면서, 최양업 신부님은 경상도 중부와 남부를 중심으로 활동하였습니다.

3. 사목활동의 결과를 보고하는 중에 그는 "제가 담당하는 조선 5도[153]에는 매우 험준한 조선의 알프스 산맥이 도처에 있습니다. 저의 관할 신자들은 깎아지른 듯이 높은 산들로 인해 다른 사람들이 도저히 근접할 수 없는 깊은 골짜기마다 조금씩 흩어져 살고 있습니다. 사흘이나 나흘씩 기를 쓰고 울퉁불퉁한 길을 걸어가 봐야 고작 40명이나 50명쯤 되는 신자들을 만날 뿐입니다. 제가 담당하는 그러한 공소, 즉 교우촌이 자그마치 127개나 되고, 그러한 촌락에서 세례명을 가진 이들을 다 합하면 5,936명이나 됩니다. 한 공소에 고해자가 40명 내지 50명이 있어도 그들 모든 신자에게 하루 안에 고해성사를 다 집전해 주어야 합니다. 반면에 고해자가 2명이나 3명밖에 없는 공소에서도 다음 날 미사를 봉헌하고 신자들에게 성체를 배령하게 해주어야 하기 때문에 하루를 묵어야 합니다."라고[154] 하였습니다.

4. 최양업 신부님의 여러 서한을 통해서 그의 사목활동 및 신자들의 신앙생활을 살펴볼 수 있습니다. 그는 먼저 회개하여 세례를 받은 이들의 다양한 입교 과정을 보고하였습니다. 박해를 피해 여종이 된 신자가 주인을 회개시키고 교우촌을 건설한 이야기, 공소 회장을 끈질기게 졸라서 교리를 배운 젊은이가 공소집을 준비한 이야기, 그리스도를 위하여 가정을 모두 버린 여인의 이야기, 교만한 양반에서 비천한 시골뜨기로 변한 김 베드로의 이야기, 모든 것을 버리고 교우촌으로 숨어 들어와 사도의 사명을 받은 양반 조 바오로 이야기

---

153) 충청도, 경상 좌·우도, 전라 좌·우도를 말한다.
154) 르그레즈와 신부에게 보낸 최양업 신부의 1851년 10월 15일 자 서한

등을 전했습니다. 최양업 신부님은 목숨을 걸어야 하는 위험을 무릅쓰고 이렇게 사는 교우들을 방문하여 돌보아 준 것입니다.

5. 또한 교우들, 그 중에서도 양반과 부녀자들은 고통과 수난을 겪었고, 이렇게 어려운 상황에서도 교우들의 생활을 보고 비신자들이 찾아와서 교리 배우기를 청하였으며, 전교하고자 공소에서의 전례 행사를 자랑했다가 공소집이 완전히 파괴당한 일도 있었습니다. 또한 교우들의 인내와 친절과 겸손으로 마을 전체가 회개하여 교우촌이 되었고, 공소를 지어주고 화려한 촛대까지 선물하는 외교인도 있었습니다.

6. 그리고 온갖 위험을 무릅쓰고 그가 방문 중인 교우촌을 찾아오는 교우들이 있었고, 19년간 성사생활을 못하고 외로이 사는 안나에게 찾아간 적이 있었고, 단 세 명의 교우를 위해서도 이들을 방문하여 성사를 주고 위로해주기도 하였습니다. 교우들은 하느님 나라와 성사와 성물에 대한 갈망과 열정이 있었고, 동정생활을 갈망하는 처녀들과 환난을 무릅쓰고 동정을 지킨 처녀들도 있었습니다.

7. 이러한 교우촌은 험준한 산골짜기에 흩어져 있었는데, 그의 방문을 받아 축제를 지내기도 하였습니다. 매년 걸어서, 혹은 말을 타고 방문하는 거리가 7천 리가 넘었는데, 오직 하느님의 섭리에만 의탁하며 사목활동을 하는 그의 노고와 표양은 신자들에게 더 큰 힘과 모범이 되었던 것입니다.

78. 최양업 신부의 귀국과 사목활동은 어떠했나요?(9)

1. 최양업 신부님은 당시 어려운 상황 속에서도 사목활동과 교리 공부에 유리한 것 두 가지, 즉 상복(喪服)과 한글에 대해 말하고 있습니다. 상복은 서양 선교사들을 위해서 발명된 도구라고 할 만큼 큰 도움이 되었는데, 이 상복과 상을 지내는 풍속이 없었더라면 선교사들은 한 발짝도 외출할 수 없었을 것이라고 하였습니다.

2. 그리고 그는 한글의 유용성에 대해 "한글이 교리 공부하는데 매우 유용합니다. 우리나라 알파벳은 10개의 모음과 14개의 자음으로 구성되어 있는데, 아주 쉬워서 열 살 이전의 어린이라도 글을 깨우칠 수가 있습니다. 이 한글이

사목자들과 신부님들의 부족을 메우고 강론과 가르침을 보충하여 줍니다. 쉬운 한글 덕분으로 세련되지 못한 산골에서도 신자들이 빨리 천주교 교리를 배우고 구원을 위한 훈계를 받을 수 있습니다."라고[155] 하였습니다.

3. 당시 교회에서 사용하던 교리서와 기도서에는 첫째 교회 창설 이후 한문교리서의 한글 번역본과 한문 기도문의 음만을 언문(諺文)으로 적어 암송하던 언문체 기도문, 둘째 앵베르(Imbert) 주교에 의해 편찬된 한글 서적, 셋째 1839년에 순교한 이문우(요한) 성인이 지은 '삼세대의(三世大義)'와 민극가(스테파노) 성인이 저술한 '옥중제성(獄中提醒)' 등의 천주가사들이 있었습니다.

4. 그러나 신자들이 필요로 하는 서적이 부족했으므로 베르뇌 주교는 1862년부터 서울의 목판 인쇄소에서 한글본 서적들을 간행하기 시작하였습니다. 이 서적들 중에서도 가장 중요한 기도서인 「천주성교공과」와 교리서인 「성교요리문답」이 널리 사용되었는데, 그 번역과 편찬 작업에 최양업 신부님이 중요한 역할을 하였습니다. 또 그가 오랫동안 연구해 온 한글 교리와 기도, 천주가사 등이 여기에 큰 도움이 되었을 것입니다.

5. 1859년에 페롱 신부의 관할 구역인 경상도 안곡을 여름 휴식처로 삼고 다블뤼 주교를 도와 「성교요리문답」의 한글 번역과 교정에 참여하였습니다. 같은 해 한글본 「천주성교공과」의 번역작업을 시작하여 이듬해 여름에 이를 끝마쳤습니다. 페롱 신부는 "그의 한문지식과 조선인으로서의 장점은 우리에게 매우 필요한 책을 번역하는 일에 그 누구보다도 적격자로 만들었습니다. 그는 벌써 이 분야에서 많은 일을 하였습니다."라고[156] 하였습니다.

6. 1862년에 처음 간행된 「천주성교공과」(4권 4책)는 이후 100여 년 동안 교회의 공식 기도서로 사용되었으며, 1864년에 간행된 「성교요리문답」(1권 1책)은 이후 70년 동안 공식 교리서로 사용되었습니다. 물론 그때까지만 해도 '사본문답'을 모두 익혀서 영세를 하는 신자가 소수에 불과하였고, 심지어는 죽을 때까지 '사본문답'을 외우지 못하는 신자들도 있었습니다.

---

155) 르그레즈와 신부에게 보낸 최양업 신부의 1851년 10월 15일 자 서한
156) 페롱 신부의 1861년 7월 26일 자 서한

79. 최양업 신부의 귀국과 사목활동은 어떠했나요?(10)

1. 최양업 신부님이 천주가사를 짓게 된 배경은 이렇습니다. 1850년대에 와서 글을 읽지 못하는 여성 신자와 하층민 신자들이 크게 증가하였습니다. 아울러 신자들의 교리 이해 수준은 물론 구송(口誦)에 의한 교리학습이 많다는 현실을 알고, 한글을 이용한 교리서·신심서의 필요성을 인식하였습니다. 그 결과 누구나 이해하고 암송하기 쉬운 대중적인 교리서요 신심서인 한글본 천주가사가 만들어졌는데, 신자들의 신앙생활과 영적 성장에 자양분이 되는 소중한 작품인 것입니다.

2. 먼저 사말(四末, 죽음·심판·천당·지옥)을 노래한 '선종가(善終歌)'[157], '사심판가(私審判歌)'[158], '공심판가(公審判歌)'[159] 등과, 천주가사의 진수라고 일컬어지는 '사향가(思鄕歌)'[160]를 편찬하였습니다. 이들 네 편의 가사 내용은 최양업 신부님이 번역한 한글본 「성교요리문답」과 「천주성교공과」와 동일한 부분이 많습니다. 그의 천주가사는 신자 재교육의 측면에서 주요 교리를 다시 한 번 주지시켜 주고, 이를 통해 그들 스스로 묵상과 교리실천, 신심 함양에 힘쓰도록 하려는데 목적을 두고 있었습니다.

3. 특히 '사향가'는 당시의 신자들이 외우고 배우던 중요 교리와 기도문의 내용을 함축적으로 표현하고 있으며, 신자들에게 긴요한 육화론적 영성(교리 실천)과 함께 종말론적 영성(순교 신심)을 함양해 주기 위해 저술된 천주가사였

---

157) '선종가(善終歌)'는 사람이 죽으면 받게 될 사심판을 예비하여 현세에서의 고신극기 피제주덕(避罪主德)의 삶을 고취한 것이다.
158) '사심판가(私審判歌)'는 사람이 죽은 후 받을 심판의 지엄함을 통하여 하느님에게 순명하며 죄를 통회하고 보속할 것을 고취한 내용이다.
159) '공심판가(公審判歌)'는 세상의 모든 존재를 진멸시킨 상태에서 천지 조성 이후의 모든 영혼과 육신을 결합하여 상벌하는 최후의 심판을 다룬 것이다.
160) '사향가(思鄕歌)'는 세상 사람들에게 현세에서의 올바른 삶에 대한 경각심을 고취하는 성격이 강하다. 천당 지향, 죽음과 심판, 천당에 갈 예비, 외교인에 대한 개유(開諭), 사리를 알아듣도록 잘 타이름과 응대 등으로 구성되어 있다.

습니다. 그는 바로 언문체 천주가사들을 통해 교리의 토착화를 시도한 선구적 인물이었습니다. 이를 통해서 볼 때 그는 그리스도교 신앙의 근본 진리를 신자들에게 설명하며 가르치고 신자들의 수준에 맞게 보급하였으므로 '신앙의 교육자' 역할을 훌륭히 수행하였습니다. 이러한 그의 생애와 저술 활동으로 볼 때 그는 한국 천주교회의 교부(敎父)라고 부를 수 있을 만큼 지대한 공로를 세웠던 것입니다.

80. 최양업 신부의 귀국과 사목활동은 어떠했나요?(11)

1. 뛰어난 재질을 가졌던 최양업 신부님은 신학생 시절에 단지 몇 해 공부한 것만으로도 라틴어를 정확하게 말하고 쓸 수 있었습니다. 그는 1847년 초 현석문(가롤로) 성인과 이재의(토마스)가 수집하고 페레올 주교가 보완 정리한 프랑스어본 '기해·병오박해 순교자들의 행적'을 여행 중에 사전도 없는 상황에서 라틴어로 번역하였습니다.

2. 여기에 수록된 82명의 행적 중에서 기해박해 순교자 73명은 최양업 신부님이, 병오박해 순교자 9명의 행적은 메스트르 신부가 번역하였는데, 이 라틴어본 행적은 프랑스 파리에 있는 르그레즈와 신부의 손을 거쳐 교황청으로 보내졌으며, 1857년에는 82명 전부 가경자(可敬者)로 선포되었습니다. 이 라틴어 번역본은 한국 천주교회 순교자들의 시복 첫 단계에서 결정적인 역할을 한 것입니다.[161]

---

[161] "페레올 고(高) 주교님께서 프랑스어로 기록하여 보내주신 순교자들의 행적을 읽는 것은 저에게 더할 수 없는 큰 위로가 됩니다. 이 순교자들의 행적을 고 주교님도 원하시고 메스트르 이(李) 신부님도 권하시므로 제가 라틴어로 번역하였습니다. 모든 것을 알아듣지도 못하고 라틴어도 겨우 초보인 제가 감히 이 두 가지를 번역하려고 착수하였습니다. 그것은 우리가 당하는 처절한 상황에 대하여 너무나도 큰 걱정과 고통을 계속 받고 계시는 우리 자애로운 어머니이신 로마 교회로 보내 조금이나마 위로를 드리기 위함입니다. 그러나 저의 이 번역서는 여행 중에 사전도 없이 쓴 것이어서, 저의 능력이 너무나 빈약하여 문장도 서툴고 문법에 거슬리는 곳도 많을 것이므로 너무나 초라하여 저는 감히 로마로 직접 보낼 수가 없습니다. 그런 즉 신부님께서 (살펴보시고) 이만하면 괜찮다고 여기시면, 잘못된 곳을 정정하신 후 드높은 로마로 보내주시기 바랍니다."(르그레즈와 신부에게 보낸 최양업 신부의 1847년 4월 20일 자 서한)

3. 또한 그는 "저의 조상들의 순교 사실을 더욱 세심하게 조사하지 아니하고서는 도저히 스스로를 억제할 수 없었습니다. (…) 페레올 주교님께서 보내주신 순교록을 중국에서 읽었을 때, 조국에 돌아가면 신부님들에게 그 보고서에 관하여 더 정확히 써드려야겠다고 결심하였습니다."라고[162] 하였습니다. 이러한 자신의 결심 외에도 유럽 신자들에게 감동이 되거나 표양이 될 만한 순교자들의 행적이 있으면 적어 보내달라는 르그레즈와 신부의 부탁도 받았습니다.[163]

4. 그 후 귀국 순방 중에는 부친 최경환(프란치스코)과 모친 이성례(마리아) 그리고 친척 최해성(요한)의 순교행적을 조사하여 르그레즈와 신부에게 보냈습니다. 그 외 다른 순교자들에 대해서도 틈틈이 파악하여 글로나 구전으로 전하는 순교자들의 행적을 조사하였지만 필요한 증인이나 확실한 증거를 찾을 수 없었습니다. 그리고 그의 조사 활동은 이 단계에서 중단되었습니다. 왜냐하면 베르뇌 주교는 1856년부터 다블뤼 신부에게 정식으로 순교자 행적을 조사하도록 지시하였기 때문입니다.

81. 최양업 신부의 귀국과 사목활동은 어떠했나요?(12)

1. 최양업 신부님은 파리외방전교회의 교육을 받은 사람에 걸맞게 성직자 양성에도 힘써서, 1854년 3월 이반돌 바울리노, 심 요한, 임 빈첸시오 등 3명의 신학생을 선발하여 말레이반도 서쪽 섬인 페낭(Penang)에 자리 잡고 있던 파리외방전교회 신학교로 보낸 뒤, 그들에게 계속 서한을 보내 관심을 표명하였습니다.[164]

---

162) 르그레즈와 신부에게 보낸 최양업 신부의 1851년 10월 15일 자 서한
163) 르그레즈와 신부에게 보낸 최양업 신부의 1856년 9월 13일 자 서한 참조
164) 파리외방전교회의 회칙에 나타난 기본 정신을 보면 그들이 기울여야 할 노력의 우선순위로 첫째, 적합한 사람을 선발하여 성직자로 양성시키는 일, 둘째, 새 신자를 적절히 돌보는 일, 셋째, 비신자들의 회개를 위해 노력하는 일을 꼽는다. 여기서 둘째보다는 첫째가, 셋째보다는 둘째가 더 중요하기 때문에 그 우선순위를 절대로 뒤바꾸지 말아야 한다.

2. 그리고 리브와 신부에게 서한을 보내 "학생들 중 김 요한이라는 학생은 잔재주가 많고 성격이 불안정합니다. 일찍 바로잡아 주지 아니하면, 버림받을 위험이 있어서 상당히 염려가 됩니다."라고 염려하며, "신학생들이 '그리스도인의 겸손을 이해하지 못하고' 있다고 하였습니다. 그리고 "조선 사람들은 참된 인간성에 대한 관념을 갖고 있지 못합니다. 인간의 본질을 정당하게 평가할 줄을 모르며, 오로지 인간의 존엄성과 가치를 세속적이며 외적인 영화와 부귀공명에서 찾을 줄만 압니다."라고[165] 하면서 신학생들을 좋은 길로 이끌어 주실 것을 당부하기도 하였습니다.

3. 또한 최양업 신부님은 1855년 초 배론의 장주기(요셉) 성인[166]의 초가집에 신학교가 세워지자 배론을 방문하였고, 이곳에서 스승 르그레즈와 신부에게 1855년 10월 8일 자 서한을 보내기도 하였습니다. 그가 보낸 이만돌 바울리노는 1857년 휴양 차 홍콩의 파리외방전교회 대표부에 머물던 루세이(Rousseille) 신부의 지도 아래 제주도 출신인 김기량(펠릭스 베드로)에게 교리를 가르쳐 세례를 받게 하였습니다.

4. 이후 김기량(펠릭스 베드로)은 귀국하여 육지를 오가며 성사를 받았고, 페롱 신부와 최양업 신부님이 거처하고 있던 교우촌도 방문하였습니다. 휴양을 끝낸 이만돌 바울리노는 페낭 신학교로 돌아갔고, 칼레(Calais) 신부는 1861년 3월 12일 다시 몸이 약해진 이만돌 바울리노를 데리고 조선에 입국하였습니다.

5. 임 빈첸시오와 김 요한도 1863년 6월 30일 오메트르(Aumaître) 신부와 함께 조선으로 돌아왔습니다. 그 후 김 요한은 신학교를 그만두었고,[167] 임 빈첸

---

165) 리브와 신부에게 보낸 최양업 신부의 1854년 11월 4일 자 서한

166) 장주기(張周基, 요셉, 1803~1866년 3.30): 경기도 수원에서 태어났으며 1826년 천주교에 입교하여 배론으로 이주, 자신의 집을 신학교의 건물로 내놓았다. 1866년 순교하였으며, 1984년 교황 요한 바오로 2세에 의해 성인 반열에 올랐다.

167) 부친 김백심(암브로시오, 72세)은 1866년 10월 서울에서, 형 김성회(바오로, 46세)는 1868년 4월에 서울에서, 형 김성서(파비아노, 38세)는 1866년 10월 충주에서, 김 요한(30세)은 1868년 4월 서울에서 순교하였다.(「병인박해 순교자 증언록」, 한국교회사연구소, 1987)

시오와 이만돌 바울리노는 배론 신학교에 편입하여 공부하다가 1864년에 각각 소품과 삭발례(현재의 부제품을 말한다)를 받았으나, 1866년 3월 병인박해를 만나 신학교를 떠나야 했습니다.

82. 최양업 신부의 귀국과 사목활동은 어떠했나요?(13)

1. 사목 순방 중에 최양업 신부님은 언제나 순교자의 모범을 따르고자 하였습니다. 그의 활동은 프랑스 선교사들이 도저히 따라올 수 없을 정도였고, 대신 감당해 줄 수도 없었습니다. 실제로 그가 담당한 지역은 프랑스 선교사들이 갈 수 없던 충청도, 경상도, 강원도 지역의 산간 오지에 숨어 있는 교우촌들이었으니, 훗날 베르뇌 주교는 그 어려움에 대해 이렇게 회고하였습니다.

2. "그는 굳건한 신심과 영혼의 구원을 위한 불같은 열심, 그리고 무한히 귀중한 일로는 훌륭한 분별력으로 우리에게 귀중한 존재였던 유일한 본방인(本邦人) 신부였습니다. (…) 그가 성무를 집행하던 곳은 크나큰 위험을 무릅쓰지 않고는 서양 사람이 뚫고 들어가기 어려운 많은 교우촌이 포함되어 있습니다."[168]

3. 이처럼 그가 조선으로 귀국하여 활동한 기간은 12년이었습니다. 그동안 그는 수많은 신자들을 찾아내 성사를 줄 수 있었습니다. 특히 경상도 지역의 순방을 끝내면 문경의 새재와 충청도 연풍을 거쳐 배론 신학교로 가서 선교사들과 힘께 쉬곤 하였습니다.

4. 이중에서 새재는 박해를 피해 비밀리에 경상도로 이주하던 신자들이 넘던 고개였는데, 그런 이유 때문에 이곳에는 포졸들이 언제나 연풍 주막에 머물면서 범죄자들과 천주교 신자들을 체포하여 공을 세우려고 혈안이 되어 있었습니다. 또 이곳은 교회 초창기에 복음이 전파된 지역으로 훗날 순교한 성 황석두(루카)의 고향이기도 했습니다. 그는 25세 무렵인 1837년경에 연풍 일대에 전해진 복음을 듣고 입교하였습니다.

5. 한편 배론은 이미 교회 초창기에 교우촌이 형성된 곳으로, 1801년에는 하느

---

168) 베르뇌 주교의 1861년 9월 4일 자 서한

님의 종 황사영(알렉시오)이 이곳 옹기점에 숨어 지내면서 백서[169]를 작성하기도 했습니다. 그 후 이곳 교우촌은 황사영이 체포되면서 폐허가 되었으나 다시 신자들이 복구하였습니다.

6. 또 1855년에는 한국 천주교회의 장상인 메스트르 신부가 배론의 회장인 장주기(요셉) 성인이 제공한 초가집에 학생들을 받아들여 '성 요셉 신학교'를 설립하였고, 이듬해에는 프르티에 신부를 교장으로 임명하였습니다. 최양업 신부님이 자주 이곳에 들른 이유는 바로 이 때문이었습니다.

7. 1861년 초여름, 그 해도 최양업 신부님은 경상도 지역의 교우촌을 순방한 뒤 교구장 베르뇌 주교에게 성사 집전의 결과를 보고하기 위해 서울로 올라가던 중이었습니다. 그러나 누적된 피로가 더 이상 그의 몸을 지탱해 주지 못하였습니다.

8. 특히 경신박해는 그의 교우촌 순방을 더욱 어렵게 만들었고, 그래서 낮에는 80리, 100리를 걸어야 했으며, 밤에는 고해를 들어야 했고, 날이 새기 전에 다시 떠나는 일을 되풀이하였으므로 그가 한 달 동안에 쉴 수 있는 날은 나흘 밤을 넘지 못하였습니다. 이로써 결국 그는 6월 15일 문경 일대에서 선종하고 말았습니다.

9. 그가 몸져누웠다는 소식을 들은 배론의 프르티에 교장 신부는 곧바로 그에게 달려와 '예수, 마리아'를 힘없이 부르는 그에게 병자성사를 줄 수 있었습니다. 프르티에 신부는 우선 최양업 신부님의 시신을 문경에 가매장하였습니다. 그런 다음 베르뇌 주교와 의논하여 1861년 11월 초에 그 유해를 배론 뒷산으로 옮겨 안장하였습니다. 그 후 배론 교우촌과 신학교는 병인박해로 완전히 초토화되었고, 프르티에 신부와 장주기 회장도 이때 체포되어 서울과 충청도에서 각각 순교하였습니다.

---

169) 백서(帛書): 비단에 쓴 글

PART 5

최양업 신부의 영성

83. 최양업 신부의 참된 목자로서의 영성은 어떠했나요?(1)

1. 최양업 신부님은 박해시기의 난관과 어려움을 극복하며 자신에게 주어진 사제적 소명을 헌신적으로 수행했습니다. 우리는 남아있는 서한들을 통해 그가 어떠한 삶을 살았는지 살펴볼 수 있습니다. 그의 삶은 현재를 살아가는 신앙인들에게, 특히 사제들에게 영성적 삶의 모범을 보여줍니다.

2. 무엇보다 최양업 신부님은 하느님의 사랑 안에서 그분과 온전히 일치한 내적인 삶을 살았습니다. 그가 하느님과 맺은 친교는 주님 섭리와 자비에 대한 믿음에 바탕을 둔 것이었으며, 박해로 인한 온갖 어려움을 극복할 수 있는 힘이었습니다. 이를 통해 그는 신자들과 함께 기쁨과 어려움을 나누며 목자로서의 사랑을 가지고 사목활동을 해나갔습니다.

3. 또한 최양업 신부님은 박해의 위험과 난관 속에서 성모님께 '자녀적 신뢰'를 두고 보호와 도움을 청하는 기도를 자주 드렸습니다. 그의 서한들을 보면 성모님께 대한 신심이 두드러지게 드러납니다. 성모 신심에 대한 기록은 전체적으로 봤을 때 양이 많지 않지만 깊은 내용을 담고 있으며, 성모 신심이 그의 영성생활에 큰 비중을 차지했음을 보여줍니다.

4. 최양업 신부님은 조선에 예수 그리스도의 복음을 전하는 것이 자신의 고국을 구원으로 이끄는 길이며 또한 개화(開化)로 이끄는데 도움이 된다고 보았습니다. 그래서 그는 복음 선파에 대한 뜨거운 열성을 가지고 "만일 필요하다면 자기 피를 흘릴" 각오를 갖고 교우촌을 방문하였습니다. 이러한 헌신적 삶은 당시 박해 중에 있던 신자들에게 예수님의 사랑을 전하는 훌륭한 증거가 되었고 오늘날의 복음 선포자들에게도 귀감이 됩니다.

5. 최양업 신부님은 목자 없는 양처럼 방황하는 신자들을 찾아다니다 길에서 과로로 선종하셨습니다. 그는 주님과 신자들을 사랑하는 마음으로 조선 팔도를 땀으로 축성한 참된 목자이십니다. 그의 삶은 현재를 살아가는 신앙인들에게 '위로와 희망'을 전해주고, 사제들에게는 참된 목자로서의 '영성적 모범'을 제시해 줍니다.

6. 한국인으로 두 번째로 사제품을 받은 최양업 신부님은 '사목자의 생활과 성덕의 전형'으로 추앙받고 있습니다. 또한 오늘날 한국 천주교회가 아시아 선교

에 힘을 기울여야 할 때에 한국인 선교사들의 귀감으로 여겨지고 있습니다. 이러한 최양업 신부님의 거룩한 사제생활은 오늘날까지 신자들의 가슴 속에 이어져 오고 있으며, 그분의 뒤를 따르고 현양하는 성직자와 신자들이 날로 늘어가고 있습니다. 그 결과 최양업 신부님의 시복 시성을 위한 노력도 활발히 진행되고 있습니다.

84. 최양업 신부의 참된 목자로서의 영성은 어떠했나요?(2)

1. 영성은 그리스도인들이 하느님께 대한 신앙을 지탱할 수 있도록 이끌어 주며 신앙생활의 방법을 규정해 주는 정신적인 틀입니다. 영성생활은 성령 안의 삶으로써 하느님 중심적이며, 역사 안에서 강생을 통하여 하느님의 모습을 인간에게 제시하신 그리스도의 삶의 모습을 본받는 생활입니다. 그러므로 길이요 진리요 생명이신 그분의 신비 안에 참여함으로써 삼위일체의 삶으로 인도되어 꽃을 피우고 열매를 맺는 삶인 것입니다. 한 분의 그리스도를 따라가는 영성생활은 성령의 인도를 받아 다양한 양식으로 드러납니다. 이는 헤아릴 수 없는 풍요로운 그리스도의 보화의 결과입니다.(에페 3,8 참조)

2. 교회는 사제들에게 성품성사를 통해 특별한 방법으로 교회에 봉사하고 세상의 구원을 위하여 부름을 받은 사람들로서 지극히 거룩하신 삼위일체이신 하느님 안에 자신들의 신원(身元)을 발견하고 살아가지 않으면 안 된다고 하였습니다. 최양업 신부님은 자신의 삶을 통해 삼위일체이신 하느님 안에서 긴밀한 사랑과 일치의 삶을 보여주셨습니다. 그리스도교 영성에 있어서 무엇보다도 중요한 것은 하느님께 대한 올바른 인식과 굳은 믿음입니다. 최양업 신부님은 여러 서한을 통해 성부이신 하느님께 대한 믿음을 드러내셨습니다.

3. 최양업 신부님은 조선 천주교회의 박해 소식을 듣고 "인자하신 하느님 아버지, 당신 종들의 피가 마치 아벨의 피처럼 호소하는 소리를 들으소서. 저희를 불쌍히 여기시어 당신의 넘치는 자비와 당신 팔의 전능을 보이소서."라고[170] 하였고, "전능하시고 지극히 좋으신 하느님 아버지, 저희를 불쌍히 여기소서.

---

170) 르그레즈와 신부에게 보낸 최양업 신부의 1844년 5월 19일 자 서한

모든 마음이 달려 있고 구원받을 자들의 구원을 위하여 모든 것을 더욱 강하고 더욱 감미롭게 인도하시는 하느님, 저희를 불쌍히 여기소서."라고[171] 하였습니다.

4. 또한 "우리가 분노의 그릇이 되지 말고 하느님 자비의 아들들이 되기를 바랍니다. 마침내 언젠가는 천국에서 만나 뵙게 될 하느님 아버지를 이 세상에서도 뵙게 되기를 바랍니다."라고[172] 하였습니다. 르그레즈와 신부가 파리외방전교회 신학교로 가자 "우리는 이 모든 쓰라림을 하느님을 위해 참습니다. 하느님은 우리의 위로이시고, 우리의 희망이시며, 우리의 원의이시니, 우리는 그분 안에서 살고 죽습니다."라고[173] 하였습니다.

5. 메스트르 신부와 함께 귀국을 시도하다가 실패했을 때 "그러나 우리는 아직도 희망을 잃지 않고 아직도 낙담하지 않으며, 여전히 하느님의 자비를 바라고 하느님의 전능하시고 지극히 선하신 섭리에 온전히 의지하고 있습니다. 저도 하느님 안에서 항상 영원히 희망을 가질 것이고, 하느님의 영광을 위해 일하려고 저 자신을 온전히 하느님의 손에 맡겼으니, 그분을 언제나 믿을 것입니다."라고[174] 하였습니다.

6. 조선 천주교회의 소식을 전하여 "우리는 만사에 항상 우리 자신을 하느님의 섭리에 온전히 복종시켜야 합니다."라고[175] 하였습니다. 섭리에 대한 그의 인식은 하느님께서 전능하신 분으로서 사람들이 필요로 하는 것과 사람들에게 일어나는 모든 일을 다 알고 계신다는 믿음에서 출발한 것이었습니다.(마태 6,25-34; 루카 6,34 참조)

85. 최양업 신부의 참된 목자로서의 영성은 어떠했나요?(3)

1. 최양업 신부님의 서한에서 예수 그리스도에 관한 언급은 비교적 적게 나오는

---

171) 리브와 신부에게 보낸 최양업 신부의 1859년 10월 12일 자 서한
172) 리브와 신부에게 보낸 최양업 신부의 1854년 11월 4일 자 서한
173) 르그레즈와 신부에게 보낸 최양업 신부의 1842년 4월 26일 자 서한
174) 르그레즈와 신부에게 보낸 최양업 신부의 1847년 9월 20일 자 서한
175) 르그레즈와 신부에게 보낸 최양업 신부의 1858년 10월 3일 자 서한

편이지만 성자이신 예수님께 대한 믿음 또한 서한을 통해 나타냅니다. 홍콩에서 귀국을 기다리며 "여하 간에 우리의 모든 희망은 하느님의 자비에 달려 있고, 하느님의 거룩하신 뜻이 이루어지는 것이 우리의 소망입니다. 그 밖에 소원이 있다면 오직 예수 그리스도의 삶 안에서 죽고 묻히는 것입니다."라고[176] 하였습니다. 그리고 "원컨대 지극히 강력하신 저 십자가의 능력이 저에게 힘을 응결시켜 주시어, 제가 십자가에 못 박히신 예수님 외에는 다른 아무것도 배우려 하지 않게 하시기를 바랍니다."라며[177] 예수 그리스도를 본받기 위한 자신의 결심을 드러내셨습니다.

2. 이는 "예수 그리스도 곧 십자가에 못 박히신 분외에는 아무것도 생각하지 않기로 결심하였습니다."(1코린 2,2)라고 한 사도 바오로의 말씀을 떠올리게 합니다. 그는 조선 사회에서 박해로 인해 복음의 진리가 자유롭게 받아들여지지 못하고 있음을 안타까워하며 예수 그리스도께 이렇게 기도하였습니다. "이와 같은 처지의 사람들이 무수히 많습니다. 이들에게 신앙의 자유가 조금이라도 있다면 틀림없이 기뻐 용약하면서 그리스도의 양 무리 안에 들어올 것입니다. 주여, 저희를 불쌍히 여기소서. 바싹 말라버린 저희 땅에 당신 자비의 소나기를 퍼부어 주소서. 진리에 목말라 목이 타고 있는 우리에게 당신 구원의 물을 실컷 마시게 해 주소서."[178]

3. 그는 순교자들과 박해의 고초를 겪고 있는 신자들이 예수 그리스도를 누구보다도 철저히 따르고 그분을 위해 헌신하는 사람들이라고 하면서, 순교자들을 '그리스도 용사들'이라고 불렀고 박해로 인해 감옥에 갇힌 이들을 '그리스도를 위해 갇힌 저 사람들'이라고[179] 하였습니다. 이처럼 예수 그리스도께 대한 최양업 신부님의 믿음과 일치를 충분히 엿볼 수 있습니다.

4. 최양업 신부님의 기록들 가운데 성령에 관한 직접적인 언급은 발견되지 않습

---

176) 르그레즈와 신부에게 보낸 최양업 신부의 1847년 4월 20일 자 서한
177) 르그레즈와 신부에게 보낸 최양업 신부의 1846년 12월 22일 자 서한
178) 르그레즈와 신부에게 보낸 최양업 신부의 1851년 10월 15일 자 서한
179) 르그레즈와 신부에게 보낸 최양업 신부의 1844년 5월 19일 자, 1856년 9월 13일 자 서한

니다. 그러한 사실은 성령의 활동에 대한 인식이 비교적 적었던 당시 교회의 일반적인 경향 때문으로 볼 수 있습니다. 그러나 자세히 살펴보면 성령께서 특별한 방법으로 그의 삶 안에서 활동하고 계셨음을 알 수 있습니다. 교회는 "믿음을 드러내기 위해서는 하느님께서 먼저 주시는 은총과 도우심의 은총이 필요하며, 성령의 내적 도우심이 있어야 한다."라고[180] 하였습니다. 최양업 신부님의 활동 안에서 이러한 교회의 가르침이 그대로 이루어지고 있음을 찾아 볼 수 있습니다.

5. "지극히 좋은 하느님과 자비로운 은혜로 우리는 모두 웬만큼 건강하고 제법 평온히 지내고 있습니다. 금년은 풍년이 들어서 불쌍한 우리 신자들이 한시름 놓았습니다."라고[181] 하였습니다. 또 박해 중에도 많은 새 영세자들을 얻게 된 사실을 기뻐하며, "우리들에게는 더욱 큰 기쁨이 있습니다. 하느님께서 많은 새로운 형제들을 우리에게 보태 주시어 하느님 아버지의 밭에도 풍년이 들었습니다."라고[182] 하였습니다. 이러한 사실은 그가 하느님께서 베풀어 주시는 많은 은총 안에서 순수하고도 깊은 영적 기쁨을 느끼며 살았음을 알 수 있습니다.

6. 또 우연한 계기로 제주도에 복음이 전파된 소식을 전하며 "참으로 하느님의 무한하신 인자와 섭리에 대해 감탄해 마지않았습니다. 하느님께서는 참으로 기묘한 방법으로 그 사람에게 뿐만 아니라 제주도의 주민들에게까지 구원의 길을 열어주셨습니다."라고[183] 하였습니다. 이처럼 그가 박해의 곤경 속에서 활동하면서 느꼈던 진실한 기쁨과 보람, 희망의 삶은 바로 성령과 함께하는 사람들의 은혜라고 할 수 있습니다.

86. 최양업 신부의 참된 목자로서의 영성은 어떠했나요?(4)

1. 온 교회에 예수님 마음이 닿지 않는 곳이 없겠고 또 닿지 않은 때가 없겠지

---

180) 「계시헌장」 5항, 『제2차 바티칸 공의회 문헌』, 한국천주교중앙협의회, 1981.
181) 르그레즈와 신부에게 보낸 최양업 신부의 1855년 10월 8일 자 서한
182) 르그레즈와 신부에게 보낸 최양업 신부의 1855년 10월 8일 자 서한
183) 리브와 신부에게 보낸 최양업 신부의 1858년 10월 4일 자 서한

만, 한국 천주교회에는 예수님의 거룩한 마음이 어떻게 전달되었고, 그 마음은 최양업 신부님에게 어떻게 다가왔을까요? 기록상 예수 성심 첨례(지금의 '지극히 거룩하신 예수 성심 대축일')를 분명하게 지낸 것을 확인할 수 있는 것은 1864년 목판본 「천주성교공과」가 나오고, 그 이전에 필사본이 유통되던 때에 이미 축일을 지냈을 것입니다.

2. 옛 가톨릭 기도서인 「천주성교공과」에는 예수 성심 첨례가 분명하게 나오고, 그날 바칠 기도문들이 매우 길게 수록되어 있습니다. 이미 한국 천주교회가 시작되면서 전승되어 온 기도서가 있었다는 것을 감안한다면, 훨씬 이전부터 예수 성심 대축일을 지내 온 것이 틀림없습니다. 한글 천주교 서적의 간행을 담당했던 다블뤼 주교는 이 「천주성교공과」가 나온 배경에 관해 이렇게 설명하고 있습니다.

3. "그런데 이번 박해(1860년 경신박해) 덕분에 5권의 교리서가 막 교우들에게 배포된 상태이며, 아직 작업 중인 2권도 상당히 진행된 상태에 있습니다. (…) 더위가 오기 전에 무엇보다 우리 기도서 작업이 마무리되었으면 좋겠어요. 그 소중한 총서가 완성되면 저는 찬미의 노래 테데움을 부를 거예요. 게다가 그 서적들은 거의 전적으로 조선인 사제 토마스 신부의 작업에 빚을 지고 있습니다. 저는 고작해야 8, 9개월 그 작업에 매달렸을 뿐입니다"(1861년 1월 24일 다블뤼 주교가 부모에게 보낸 서한 중에서).

4. 다블뤼 주교는 천주교 서적 간행이라는 책임을 맡으면서 최양업 신부님에게 큰 도움을 받았다고 말하고 있습니다. 1801년 신유박해 때 소각된 한글 서적 중에 「공경녀슈성심」이 있는 것을 보면, 한국 천주교회는 어쩌면 그 시작부터 예수 성심에 대한 공경이 있었는지 모릅니다. 또한 예수 성심을 전 세계로 전파하고, 보편 전례력으로 확장시키는 발단이 된 곳이 프랑스였기 때문에 파리 외방전교회 선교사들은 예수 성심의 영향을 많이 받고 있었습니다.

5. 바로 그러한 영향 속에서 교육을 받아서인지 최양업 신부님의 편지와 삶 속에서도 '예수 성심'에 대한 뚜렷한 신심이 나타납니다. 사제 서품을 받고 나서 스승 신부에게 보낸 편지에는 그의 순명이 예수 성심에 대한 사랑에서 나온 것임을 보여줍니다.

6. "제가 거룩한 순명을 무시하고 제 마음대로 하였더라면, 저는 벌써 우리 포교지인 조선에 들어가 있거나 그렇지 아니하면 순교하여 저 세상에서 우리 신부님들 곁에 있을 것입니다. 그러나 저는 제가 원하는 것이 아니고, 다만 하느님께서 원하시는 것과 저의 장상이 명하시는 것만이 이루어지기를 바랄 뿐입니다. (…) 고마우신 신부님을 통하여 신학교의 모든 신부님들에게, 특히 우리의 지도자이신 바랑(Baran)[184] 신부님께 우리의 머리이신 예수 그리스도의 지극히 거룩한 늑방 안의 심장으로부터의 순명과 인사의 문안을 드립니다."[185]

87. 최양업 신부의 참된 목자로서의 영성은 어떠했나요?(5)

1. 위의 서한을 통해 최양업 신부님의 생애는 한마디로 '예수 성심께 대한 사랑과 장상께 대한 순명'으로 요약된다고 할 수 있습니다. 최양업 신부님이 대부분 번역했다는 「예수성심첨례」 중 「예수 성심이 받으시는 능욕을 기워 갚으며 외우는 기도문」 일부를 읽어봅니다.

2. 지극히 달으신 예수여, 너 사람들에게 무한한 사랑을 베푸셨거늘, 저들은 이 사랑을 잊어버리며 소홀히 여기며 경솔하게 여기며 또한 배은망덕함으로 갚나이다. 이제 우리는 네 제대 앞에 엎드려 악인들이 각처에서 네 사랑하올 성심을 가볍게 여기고 능욕하는 깃을 특별히 공경으로써 기워 갚기를 원하나이다. 구하나니 지극히 인자하신 예수여, 너 복되신 동정 마리아의 기워 갚으심과 전달하심을 보시어 우리들의 통회와 보속을 받으소서. 또한 우리들로 하여금 죽기까지 너를 충성으로 섬기게 하시며 또 우리에게 끝까지 항구하는 큰 특은을 주시어 마침내 우리 모든 이로 하여금 영원한 본향에 도달케 하소서. 너 저기서 성부와 성령과 함께 세세에 영원히 생활하시며 왕하시나이다. 아멘.(일부 현대어로 고침)

---

184) 바랑(Jean Barran, 1797-1855년): 파리외방전교회 회원으로 1821년 사제로 서품되고 1825년 같은 회의 신학교 지도자로 임명되었으며, 1851년 교장으로 선출되었다.
185) 르그레즈와 신부에게 보낸 최양업 신부의 1849년 5월 12일 자 서한

3. 위 기도문에서 하느님을 '너'로 지칭하고 있는 것은 하느님과의 친밀함을 나타낸 것으로 보입니다. 다른 서적에서는 공경과 높임을 표현하는 존칭으로 바뀌어 간 반면, 「천주성교공과」에서는 1960년대까지 이러한 형식이 보존되고 있습니다. 최양업 신부님은 위의 기도문처럼 자신의 마지막 사명을 다하고 병자성사를 받는 순간에도 "예수, 마리아"라는 마지막 기도를 바치며 선종하셨습니다. 그분의 선종은 예수 성심께 대한 사랑이요, 공로요, 일치였습니다. 다블뤼 주교는 최양업 신부님의 선종에 대한 안타까움을 당시 신학생이었던 동생에게 이렇게 말하고 있습니다.

4. "6월에 우리의 유일한 조선인 사제 최 토마스 신부가 갑작스레 병을 얻어 우리 곁을 떠났다. 그는 멀고 긴 사목순방을 마친 뒤 우리가 있는 곳으로 오던 길이었다. 그 무엇으로도 이 상실감을 너에게 표현할 수가 없구나. 이 상실감을 이해하려면 그가 조선 대목구[186]에 바친 수많은 봉사와 그가 조선교회에 가져다 준 모든 이익을 봤어야만 한다. 그 말인즉, 우리가 처한 상황에서 그는 확실히 가장 대체하기 힘든 인물이었다는 것이지. 그러니 우리의 애도와 애석함이 얼마나 클지 짐작해 보아라."(1861년 9월 이시도로 다블뤼 신학생에게)

88. 최양업 신부의 참된 목자로서의 영성은 어떠했나요?(6)

1. 예수 성심 신심은 교회의 가장 크고 유익한 신심 가운데 하나입니다. 그것은 그분 몸의 다른 어느 지체들보다 더 고귀한 부분으로서 인간에 대한 끝없는 사랑의 자연스런 표상이 되기 때문입니다. 최양업 신부님의 예수 성심 신심의 구체적인 실천 내용 등은 찾을 수 없으나, 스승에게 올린 서한의 마지막 부분에서 마침 인사와 함께 예수 성심에 대하여 이렇게 언급하였습니다.

2. "특별한 인연으로 굳게 결합되어 있는 경애하올 스승님께 예수 그리스도의 성심을 통하여 간청하오니, 이 소자를 잠시도 잊지 말아 주십시오."[187] 또 "공경하올 스승님께, 예수 그리스도의 성심을 통하여 미약하고 쓸모없으며 부당

---

186) 대목구(代牧區): 정식 교계 제도가 설정되어 있지 않은 지역의 교구
187) 르그레즈와 신부에게 보낸 최양업 신부의 1844년 5월 19일 자 서한

한 아들 조선 포교지의 부제 최 토마스가 올립니다."라고[188] 하였습니다. "저희의 죄악에서 얼굴을 돌리시고 예수 그리스도와 성모 마리아의 성심에 눈길을 돌리시어, 당신을 향하여 부르짖는 성인들의 기도를 들어주소서."라고[189] 하였습니다.

3. 또 "고마우신 신부님을 통하여 신학교의 모든 신부님들에게, 특히 우리의 지도자이신 바랑(Baran) 신부님께 우리의 머리이신 예수 그리스도의 지극히 거룩한 늑방 안의 심장으로부터의 순명과 인사의 문안을 드립니다."라고[190] 하였습니다. 이것은 스승 신부와 비록 거리는 멀리 떨어져 있지만 예수 성심과 같은 뜨거운 사랑 안에서 항상 변함없는 일치를 이루고자 하는 의도 때문이었을 것입니다. 이를 통해 볼 때 예수 성심 신심이 그의 삶 속에서 비중 있게 실천되고 있었음을 짐작할 수 있습니다.

89. 최양업 신부의 참된 목자로서의 영성은 어떠했나요?(7)

1. 최양업 신부님은 성모님에 대한 신심을 다른 어느 신심보다 깊이 간직하였습니다. 그는 신학생 시절 스승 리브와 신부와 함께 '성모성심회'[191]에 가입하여 성모 신심을 키워나갔습니다. 그래서 인간적인 노력으로 헤쳐 나가기 힘든 난관을 만날 때면 언제나 성모님의 도움을 구했습니다.

2. 1849년 5월에는 메스트르 신부와 함께 중국 배를 타고 백령도를 통한 조선 귀국을 시도했으나 실패하고 상해로 돌아갔습니다. 그는 당시 백령도 부근까지 왔으나 약속했던 조선 배를 만나지 못했는데, 그때 하느님과 성모 마리아

---

188) 르그레즈와 신부에게 보낸 최양업 신부의 1847년 4월 20일 자 서한
189) 도 르그레즈와 신부에게 보낸 최양업 신부의 1847년 9월 20일 자 서한
190) 르그레즈와 신부에게 보낸 최양업 신부의 1849년 5월 12일 자 서한
191) 무염성모성심회(無染聖母聖心會)는 1836년 12월 16일 파리 '승리의 대성당'의 데쥬네트 신부에 의해 창설된 단체이다. 조선에서는 다블뤼 신부에 의해 1846년 11월 2일 공주 수리치골에서 창설되었는데, 이 회의 목적은 성모 성심의 공경과 죄인들의 회개에 있었다. 1836년 모방 신부는 동료들에게 "동정성모께서 우리와 사랑하는 조선 교우들을 어머니다운 보호로 덮어주시기를 기원하는 서원미사를 요청"하였다.(리브와 신부의 1843년 6월 서한 참조)

와 모든 성인의 도움을 청하였습니다. 그 당시 상황을 이렇게 기록하였습니다. "우리는 모두 한마음으로 전능하신 하느님과 복되신 동정 마리아와 모든 성인 성녀께 구원을 청했습니다."[192]

3. 최양업 신부님은 외교인들에게 포위되어 체포될 위기를 맞이하였을 때에도 "복되신 동정 마리아의 보호 아래로 달려들고 하느님의 뜻에 모든 것을 온전히 맡겼다"라고[193] 하였습니다. 최양업 신부님이 성모님을 어려움에 처한 이들에게 도움을 주시는 분으로 인식한 것은 1860년 경신박해 때 박해자들로부터 체포될 위험 속에서 다음과 같이 스승 신부들에게 기도를 요청한 데서도 드러납니다. "지극히 경애하올 신부님들께서 열절한 기도로 우리를 위하여 전능하신 하느님과 성모님께로부터 도움을 얻어 주시기를 청합니다."[194]

4. 최양업 신부님은 성모님께서 항상 자신을 보호해 주신다고 믿었습니다. 그래서 그는 1850년 조선에서의 첫 사목방문 시, 외교인들에게 포위되어 체포될 위기를 맞았을 때도 '복되신 동정 마리아의 보호'에 자신을 맡기며 기도했습니다. 성모님의 보호를 특별히 믿고 기도하며 박해의 어려운 상황을 극복해 나갔던 것입니다.

90. 최양업 신부의 참된 목자로서의 영성은 어떠했나요?(8)

1. 성모 마리아는 믿음과 사랑, 그리스도와의 완전한 일치에 있어서 교회의 모범이 되십니다. 최양업 신부님 또한 성모 마리아 신심이 깊었는데, 성모님께서는 특히 사제의 영혼이 하느님과 사람 앞에서 성장할 수 있도록 도와주시고 모성애로 사제들을 모든 위험이나 좌절로부터 보호해 주신다고 믿었습니다.

2. 그는 어려운 난관이 닥칠 때마다 성모 마리아의 도움을 구하였고, 성모님이 항상 자신을 보호해 주신다고 믿었습니다. 또한 성모님은 인간적으로 불가능한 것으로 보이는 상황 속에서도 희망을 주시는 분으로 믿었습니다. 그는 스

---

192) 르그레즈와 신부에게 보낸 최양업 신부의 1849년 5월 12일 자 서한
193) 르그레즈와 신부에게 보낸 최양업 신부의 1849년 5월 12일 자 서한
194) 르그레즈와 신부와 리브와 신부에게 공동으로 보낸 최양업 신부의 1860년 9월 3일 자 서한

승들에게 보낸 서한에서 몇 차례 성물(聖物)들을 보내주기를 청하였습니다. 그는 또 "묵주는 보내지 마십시오. 묵주는 조선 교우들도 아주 잘 만듭니다." 라고[195] 말했습니다.

3. 그러면서 그는 "묵주 만드는 집게를 구하실 수 있으면 하나나 여러 개를 보내주십시오. 그러면 신부님께서는 성모님께 바치는 묵주를 조선 교우들에게 최대한으로 많이 선물하시는 셈이 되겠습니다. 또 할 수 있으면 묵주 만드는 금빛 나는 구리철사를 많이 보내주시면 매우 유용할 것입니다."라고[196] 하였습니다. 신자들에게 필요한 묵주를 직접 만들어 보다 쉽게 보급할 수 있다고 생각했기 때문이었습니다. 이런 사실을 볼 때 그가 마리아 신심을 적극적으로 장려하고 가르쳤음을 알 수 있습니다.

4. 최양업 신부님이 선종할 당시의 모습을 페롱 신부[197]는 서한에서 이렇게 말하고 있습니다. "프르티에 신부가 그에게 마지막 사죄경을 염해 주고 병자성사를 주기에 늦지 않게 도착할 수 있었습니다. 그러나 그는 이미 의식을 거의 완전히 잃었기 때문에 고해성사는 볼 수 없었습니다. 그러나 그는 예수, 마리아의 이름을 중얼거리며 주 성모님에 대한 깊은 신심을 드러낼 만큼은 아직 의식을 간직하고 있었습니다. 그는 숨을 거둘 때까지 예수, 마리아를 부르기를 그치지 않았습니다."[198] 마지막 순간까지 간직한 신부님의 깊은 마리아 신심을 엿볼 수 있습니다.

91. 최양업 신부의 참된 목자로서의 영성은 어떠했나요?(9)

1. 성인(聖人)은 시대적 환경과 조건 속에 적응해서 스승이신 그리스도의 삶을 훌륭히 본받은 사람으로서 교회가 공적으로 공경할 수 있도록 인정한 사람

---

195) 르그레즈와 신부에게 보낸 최양업 신부의 1857년 9월 14일자 서한
196) 리브와 신부에게 보낸 최양업 신부님의 1857년 9월 15일 자 서한
197) 페롱(Feron, Stanislas, 1827-1903년): 한국성은 권(權)이며 파리외방전교회 소속 조선교구 선교사로 1857년 3월에 입국해서 사목하는 동안 최양업 신부와 절친한 관계를 유지했으며, 1866년 병인박해 때 중국으로 피신했다가 프랑스로 귀국한 뒤 인도의 폰디체리로 파견되었다.
198) 페롱 신부의 1861년 7월 26일 자 서한

입니다. 성인공경은 그리스도인들의 영성생활을 풍부하게 해주고 하느님께 더욱 가까이 나아가게 해줌으로써 중요한 의미를 갖습니다. 최양업 신부님은 귀국하는 과정에서 겪는 어려움 속에서 특히 성인들의 인내와 희생의 삶을 본받고자 하였습니다.

2. "얼마나 많은 성인들이 단 한 사람의 죄인의 회개나 어떤 특별한 은총을 얻기 위하여 10년, 20년, 30년, 40년 또는 더 오랜 세월 동안, 열렬한 기도와 크나큰 희생과, 힘들고 지루한 극기와 보속을 하느님께 바치셨습니까? 참으로 이러한 모범을 묵상하는 때에 저는 어떤 정신으로 고무되는지 모르겠습니다."라고[199] 하였습니다.

3. 교우촌을 방문했을 때 박해 속에서도 신앙실천을 위해 노력하는 신자들을 보면서 "오! 만일 또 한사람의 프란치스코 하비에르 성인이나 베르나르도 성인이 여기 나타나신다면, 저렇게도 빈궁한 이들한테서 얼마나 큰 열정으로 환영받았을 것이겠습니까?"라고[200] 하였습니다. 그는 전교의 모범을 보여주신 성인들께 기도하고 그들의 모범을 본받고자 하였음을 알 수 있습니다.

4. 최양업 신부님은 또 신자들에게 보급할 성인 성녀들의 성패와 상본을 보내주도록 요청하였습니다. 성인은 성 요셉, 세례자 성 요한, 사도들, 거룩한 학자들, 성인 호칭 기도에 나오는 성인 성녀들, 베드로, 바오로, 요한, 야고보, 프란치스코, 안나, 아가타, 막달레나, 바르바라, 루치아, 체칠리아, 아나스타시아 등이었습니다.[201] 이는 그가 성인공경에 대해 높은 관심을 가지고 신자들에게 다양한 성인 신심을 가르치고 장려하였음을 알 수 있습니다.

---

199) 르그레즈와 신부에게 보낸 최양업 신부의 1849년 5월 12일 자 서한
200) 르그레즈와 신부에게 보낸 최양업 신부의 1850년 10월 1일 자 서한; 성 프란치스코 하비에르(1506-1552년)는 하느님에 대한 신뢰, 그리스도에 대한 사랑으로 가득차 열정적으로 복음을 전한 아시아의 위대한 선교사요 영성가이고, 영성의 대가인 베르나르도(1090-1153)는 신비가이면서 교회의 개혁과 발전을 위해 유럽을 순회한 활동가이다.
201) 르그레즈와 신부에게 보낸 최양업 신부의 1850년 10월 1일 자, 1857년 9월 14일 자 서한 참조

92. 최양업 신부의 참된 목자로서의 영성은 어떠했나요?(10)

1. 그는 성인들의 유해를 열심히 공경했는데, 르그레즈아 신부에게 성인들의 유해를 보내 주십사 요청했고, 유해를 받고 더 할 수 없이 기뻤다고[202] 하였습니다. 어느 성인의 유해인지는 알 수 없으나, 성인 유해를 개인적으로 공경하기 위해 청했던 것입니다. 그는 순교자들에 대해서도 특별한 공경심을 갖고 있었습니다.

2. 조선 천주교회의 박해와 신자들의 순교소식을 듣고 "저의 부모들과 형제들을 따라갈 공훈을 세우지 못하였으니 저의 신세가 참으로 딱합니다. 그리스도 용사들의 그처럼 장렬한 전쟁에 저는 참여하지 못하였으니 말입니다. 정말 저는 부끄럽습니다! 이렇듯이 훌륭한 내 동포들이며, 이렇듯이 용감한 내 겨레인데, 저는 아직도 너무나 연약하고 미숙함 속에 허덕이고 있습니다."라고[203] 하였습니다.

3. 또한 "언젠가 우리 순교자들도 성인 반열에 오르시어 세계의 모든 교회에서 공식으로 공경을 받으시는 날이 올 때 우리에게 얼마나 기쁘고 영광된 날이 되겠습니까? (…) 아직까지는 조선 순교자들의 전구로 공적 기적이 일어났다는 말은 못 들었습니다. 아마 순교자들을 공경하는 우리의 정성이 미약하고, 우리가 순교자들에게 전구할 줄 몰랐기 때문에 또한 그것을 우리 신자들에게 계몽히는 노력이 부족하였기 때문인 것 같습니다."라고 하였습니다.

4. 이어서 그는 "(…) 신자들에게 순교자들의 전구하심으로 하느님이 주시는 기적을 얻도록 가르치면서 순교자들을 더욱 열절이 공경하도록 인도하겠습니다."라고[204] 하였습니다. 이처럼 그는 그들의 굳은 믿음과 용기를 본받기를 원했고, 사목활동의 바쁜 일정 속에서도 순교자들의 행적과 증언을 수집하고 기록하는 일에 많은 노력을 기울였던 것입니다.

---

202) 르그레즈와 신부에게 보낸 최양업 신부님의 1842년 4월 6일 자, 1846년 12월 22일 자 서한 참조
203) 르그레즈와 신부에게 보낸 최양업 신부의 1844년 5월 19일 자 서한
204) 르그레즈와 신부에게 보낸 최양업 신부의 1849년 5월 12일 자 서한

93. 최양업 신부의 참된 목자로서의 영성은 어떠했나요?(11)

1. 하느님은 겸손한 자를 돌보시고(시편 138,6 참조), 그들을 굽어 살피십니다(시편 113,6-7 참조). 그들은 자기들의 나약함 외에는 아무것도 자랑으로 삼지 않고(2코린 12,9 참조), 그들 안에서 결코 헛되지 않는 하느님의 은총의 능력에 자신들을 개방합니다(1코린 15,10 참조). 최양업 신부님은 성경의 말씀처럼 그의 겸손한 마음에는 자신이 그리스도의 사제직을 받기에 너무도 부족하고 부당하다고 느꼈습니다. 그는 사제품을 받고 이렇게 말했습니다.

2. "아마도 저는 천상의 도움을 애원하는 데는 너무나 소홀하였고, 인간적인 희망에 너무 의존하였으며, 또한 무수한 죄를 범하였습니다. (…) 본시 저는 아무것도 아니고, 치욕을 당하며 사람들에게 밟히는 것 외에는 아무 가치도 없는 당신의 작품입니다. 저는 당신 안에서라야 겨우 당신의 마음에 드는 일을 하는 체하는 것뿐이랍니다. 오로지 저에 대한 당신의 지극히 거룩하신 뜻이 제 안에서 저를 통하여 저에게서 이루어지기를 바랄 뿐입니다."

3. 이어서 그는 "제가 그토록 고귀한 품위에 언제나 합당한 자로 처신하게 되기를 바랍니다. 저의 미천함과 연약함을 생각하면 너무나도 크고 도저히 감당할 수 없는 무거운 짐을 짊어지게 된 것입니다."라고[205] 말합니다. 그가 참으로 그리스도교적 겸손의 덕을 삶으로 깊이 체득하였고, 그의 겸손이 하느님께 대한 철저한 신뢰와 순종에 기초를 둔 것이었음을 알 수 있습니다.

94. 최양업 신부의 참된 목자로서의 영성은 어떠했나요?(12)

1. 순종은 강제적인 인종(忍從)이나 수동적인 복종이 아닙니다. 순종은 무엇보다도 하느님의 계획에 대한 자발적인 귀의(歸依)입니다. 하느님의 계획은 아직도 신비에 싸여 있으나 말씀을 통하여 믿을 수 있도록 인간에게 제시되어 있고, 인간은 이 말씀에 순종함으로써 자신의 생애를 하느님께 대한 봉사로 바치게 되고, 하느님의 기쁨에 참여할 수 있게 됩니다. 인간은 그분으로 말미암아 그 분의 복음과 교회의 말씀에 순종함으로써(2테살 3,14 참조), 신앙 안에서

---

205) 르그레즈와 신부에게 보낸 최양업 신부의 1849년 5월 12일 자 서한

하느님께 나아가고(사도 6,7 참조), 원조의 불순종에서 벗어나 구원의 신비 안으로 들어가게 됩니다.

2. 최양업 신부님이 하느님의 뜻을 얼마나 충실히 따랐는가는 백령도를 통한 귀국 시도가 실패한 후에 "제가 거룩한 순명을 무시하고 제 마음대로 하였더라면, 저는 벌써 우리 포교지인 조선에 들어가 있거나 그렇지 아니하면 순교하여 저 세상에서 우리 신부님들 곁에 있을 것입니다. 그러나 저는 제가 원하는 것이 아니고, 다만 하느님께서 원하시는 것과 저의 장상이 명하시는 것만이 이루어지기를 바랄 뿐입니다."라고[206] 말한 데에서 알 수 있습니다.

3. 이는 그가 하느님의 뜻이 자신의 의지와는 달리 받아들이기 힘든 고통을 요구할지라도 기꺼이 따르려고 노력하였음을 알 수 있습니다. 그리고 순교의 또 다른 면모는 하느님의 뜻으로 기꺼이 수난을 받아들이는 순종입니다. 순교하고 싶은 간절한 원의를 오직 하느님과 장상의 뜻에 맡기며 죽을 때까지 그리스도와 일치하며 사는 것이 순교자적인 삶인 것입니다.

4. 이런 측면에서 교회 권위에 대한 그의 철저한 순종을 볼 수 있는데 그는 "그 해 예비 신자들이 상당히 많아서 400명이 넘었으나, 영세자는 많지 않았습니다. 왜냐하면 주교님께서 '사본문답'(四本問答)[207]을 전부 완전히 배우지 못한 자에게는 세례성사를 주지 말라고 명하셨기 때문입니다. 사실 사본문답 전체를 완벽하게 익혀서 세례 준비를 마치는 사람은 소수에 불과합니다. 사본문답을 전부 배우자면 몇 해가 걸려야 하는 사람이 대다수입니다."라고[208] 하였습니다. 즉 교구장의 사목방침을 모든 이들에게 적용하기 위해서는 어려운 상황이었음에도 불구하고 그것을 지키기 위해 노력하였습니다.

---

206) 르그레즈와 신부에게 보낸 최양업 신부의 1849년 5월 12일 자 서한
207) 사본문답(四本問答)은 교리문답 중에서 가장 기본이 되는 영세, 고해, 성체, 견진 문답을 말한다. 1864년에 「성교요리문답」이 간행되었는데, 이 교리서는 1925년 「천주교 요리문답」이 나오기까지 교회의 공식 교리서였다. 이 책에는 영세 69조목, 고해 36조목, 성체 23조목, 견진 22조목으로 합 150조목이 있었다. 1931년에 새로 발간한 「천주교 요리문답」은 320개의 문답으로 되어 있다.
208) 르그레즈와 신부에게 보낸 최양업 신부의 1858년 10월 3일 자 서한

5. 또한 교회 내의 어려운 문제에 대해서 책임감 있게 진언할 줄도 알았습니다. 페레올 주교가 자신의 측근에서 일하는 양반 계층의 복사들의 의견만 들음으로써 신자들 사이에 그러한 처사를 원망하는 사람들이 많다는 것을 알고 주교에게 여러 차례 서한을 올리고 직접 면담을 통해 자신의 의견을 피력하기도 했습니다.[209] 이는 교회 권위에 대한 그의 순종이 무조건적인 것이 아니라 책임성 있는 순종이었음을 알 수 있습니다.

95. 최양업 신부의 참된 목자로서의 영성은 어떠했나요?(13)

1. 최양업 신부님의 인내심은 모친으로부터 받은 교육이었음이 잘 드러나 있습니다. "먼 곳으로 이사 갈 때나 먼 길을 걸을 때, 어린 자식들이 굶주림에 지쳐서 칭얼거리면 그리스도와 성모 마리아와 요셉이 이집트로 피난 가시던 이야기와 갈바리아 산에 십자가를 지고 오르시는 예수님의 이야기를 들려주면서 자식들에게 인내심과 참을성을 키워 주었습니다."라고[210] 하였습니다.

2. 인내가 결국 희망을 낳는다(로마 5,4 참조)는 사도 바오로의 말씀처럼 그는 인내의 적극적인 의미와 가치를 깨닫고 있었습니다. "하느님은 당신의 사랑하시는 아들이고 우리의 구세주이시며, 머리이신 주 예수 그리스도의 본을 따라서 우리도 겸손하게 크나큰 고난을 참아 받은 다음에야 열매를 맺도록 미리 정해 두셨습니다."라고[211] 하였습니다.

3. 이는 그리스도인은 예수님의 이름으로 받는 모든 시련을 충실히 견딜 수 있게 되며(묵시 2,10 참조), 끝까지 참는 사람들에게(마태 10,22; 야고 1,12 참조) 약속된 행복을 얻고, 특히 세상의 종말의 큰 재난에서(마르 13,13 참조) 그 행복에 참여하게 될 것이라는 성경 말씀을 떠올리게 합니다.

---

209) 리브와 신부에게 보낸 최양업 신부의 1857년 9월 15일 자 서한 참조
210) 르그레즈와 신부에게 보낸 최양업 신부의 1851년 10월 15일 자 서한
211) 르그레즈와 신부에게 보낸 최양업 신부의 1849년 5월 12일 자 서한

96. 최양업 신부의 참된 목자로서의 영성은 어떠했나요?(14)

1. 교회는 교회사 안에서 볼 수 있는 훌륭한 성인들의 모범을 본받아 "복음 선교에 종사하는 모든 사람들이 언제나 마음의 열성을 기르고 그것이 커지도록 노력하기를"[212] 가르쳤습니다. 최양업 신부님의 활동과 업적은 '선교'로 요약될 수 있습니다. 그는 무엇보다도 조국의 복음화에 대한 커다란 사명감을 갖고 있었습니다.

2. 중국에서 있으면서 박해가 지속되는 조국의 상황을 알고 있었음에도 불구하고 귀국의 날을 간절히 기다렸습니다. 그것은 다름 아닌 복음 전파의 열망 때문이었습니다. 또한 귀국하여 신자들을 찾아다니기 위해 모든 노력을 다하여 교우촌들을 방문하였습니다. 계속적인 박해로 인해 항상 어려움과 체포의 위험이 뒤따랐지만, 복음을 전하기 위해 전력을 다했던 것입니다.

3. 그는 자신의 한계와 부족함을 안타까워하면서 하느님께서 도와주시기를 간구하였고, 자신의 선교활동에 있어서 하느님께서 당신의 자비로 큰 결실로 보답해 주신다는 것을 알고 있었습니다.[213] 이처럼 그는 꾸준한 열성과 노력으로 자신의 사제생활 전부를 복음 선교를 위해 애쓰다가 과로로 세상을 떠나게 된 것입니다.

97. 최양업 신부의 참된 목자로서의 영성은 어떠했나요?(15)

1. 기도는 복음 선교에 있어서 매우 중요합니다. 그것은 "하느님께서 기도할 때 당신의 추수할 일꾼들을 보내시며, 복음을 듣도록 비그리스도인들의 정신을 여시고, 구원의 말씀이 그들의 마음 안에 결실을 맺게 하시는 분이기 때문입니다."[214]

2. 최양업 신부님은 당시 조선에서는 "비신자들에게 직접 교리를 설교함으로써 전교하는 일은 거의 없습니다. 더구나 사제들로부터 천주교 교리를 듣는 것은 불가능한 일입니다. 비신자들의 마음에 진리의 빛을 비추어 주십사. 비

---

212) 「현대의 복음선교」 80항, 한국천주교중앙협의회, 1994.
213) 르그레즈와 신부에게 보낸 최양업 신부의 1850년 10월 1일 자, 1856년 9월 13일 자 서한 참조
214) 「교회의 선교활동에 관한 교령」 40항, 『제2차 바티칸 공의회 문헌』.

신자들은 천주교의 진리에 관하여 떠도는 소문을 듣거나 또는 신자가 당한 어떤 환난 등의 사건을 통하여 마음속으로 감동을 받고, 이것이 계기가 되어 스스로 신자들을 찾아가서 교리를 가르쳐 주고 신자들 사회에 받아들여 달라고 청하는 것이 보통입니다"라고[215] 하였습니다. 이를 볼 때 선교가 이루어지기 위해서는 반드시 하느님의 도움이 필요하다는 것을 더욱 깊이 인식하고 있었던 것입니다.

3. 그는 조선의 선교를 위한 기도가 필요하다는 것을 절실히 느끼고 있었습니다. 그래서 그는 "이들에게 신앙의 자유가 조금이라도 있다면 틀림없이 기뻐 용약하면서 그리스도의 양 무리 안에 들어올 것입니다. 주여, 저희를 불쌍히 여기소서. 바싹 말라버린 저희 땅에 당신 자비의 소나기를 퍼부어 주소서. 진리에 목말라 목이 타고 있는 저희에게 당신 구원의 물을 실컷 마시게 해주소서."라고[216] 기도하였습니다.

4. 또 박해로 인해 어려움을 겪고 있는 조선 천주교회를 위해 "전능하시고 지극히 좋으신 하느님 아버지, 저희를 불쌍히 여기소서. 모든 마음이 달려 있고 구원받을 자들의 구원을 위하여 모든 것을 더욱 강하고 더욱 감미롭게 인도하시는 하느님, 저희를 불쌍히 여기소서."라고[217] 하느님의 자비를 간구하였습니다.

5. 또한 그는 스승 신부들에게 자신과 조선 천주교회의 신자들을 위해 기도를 자주 요청했고,[218] 또한 스승 신부들을 통해 조선 천주교회에 관한 소식을 듣게 될 모든 이들에게도 기도를 청하였습니다.[219] 이처럼 그는 조선의 선교를 위해 직접 기도하였을 뿐만 아니라, 서한을 통해 널리 알림으로써 전 교회의 보다 많은 기도와 영적인 도움을 바라고 있었던 것입니다.

---

215) 르그레즈와 신부에게 보낸 최양업 신부의 1851년 10월 15일 자 서한
216) 르그레즈와 신부에게 보낸 최양업 신부의 1851년 10월 15일 자 서한
217) 리브와 신부에게 보낸 최양업 신부 1859년 10월 12일 자 서한
218) 리브와 신부에게 보낸 최양업 신부의 1854년 11월 4일 자 서한, 르그레즈와 신부에게 보낸 1855년 10월 8일 자, 1856년 9월 13일 자, 1857년 9월 14일 자, 1858년 10월 3일 자 서한 참조
219) 르그레즈와 신부에게 보낸 최양업 신부의 1844년 5월 19일 자, 1847년 4월 20일 자 서한 참조

98. 최양업 신부의 참된 목자로서의 영성은 어떠했나요?(16)

1. 복음을 전하는 이들에게 있어서 증거의 삶은 선교의 참된 효과를 거두는데 중요한 조건이 됩니다. 그래서 교회는 복음 선교자들에게 구체적으로 단순 소박한 생활, 기도, 모든 이에 대한 사랑, 순명, 겸손, 극기 등을 실천하도록 가르치고 있습니다.[220] 그는 박해로 인해 사도적 활동에 많은 제약과 어려움을 겪어야 했는데, 그는 결코 위축되지 않고 적극적으로 대처해 나갔습니다.

2. 목자로서의 사랑을 가지고 박해 중에 외교인들에게 발각될 위험을 무릅쓰고 신자들을 한 사람이라도 더 찾아가 그들에게 교리를 가르치고 성사를 집전해 주었던 것입니다.[221] 그는 물질적으로 많은 어려움을 겪었는데, 가난하고 궁핍한 교우들의 처지를 목격하고도 자신에게 물질적으로 도와 줄 능력이 없다고 말한 데에서도 잘 드러납니다.[222]

3. 그는 교회의 장상들에 대하여 지극한 존경과 사랑을 가지고 장상들의 지침에 순종하였습니다. 또한 스승 신부에게 선교사들이 조선에 들어오기 전에 미리 중국의 사천(四川) 대목구 시노드 회의록의 한 부분을 잘 읽어 보도록 부탁하였습니다.[223] 사목자들이 동정을 지키기 원하는 처녀들에게, 당시의 사회적 관습 때문에 어쩔 수 없이 그러한 삶을 적극적으로 권장하고 보호하지 못하고 오히려 동정생활을 막을 수밖에 없는 현실에 대해 매우 안타까워했습니다.[224]

4. 이는 그가 그리스도교적 정결의 삶에 있어서도 깊은 이해를 갖고 실천하였음을 드러내 준다고 할 수 있습니다. 이와 같이 그는 가난과 순종, 그리고 정결의 복음적 가치들을 실천함으로써 복음의 선포자로서 훌륭한 증거의 삶을 살았던 것입니다.

---

220) 「현대의 복음 선교」 76항.
221) 리브와 신부에게 보낸 최양업 신부의 1859년 10월 12일 자 서한 참조
222) 르그레즈와 신부에게 보낸 최양업 신부의 1855년 10월 8일 자 서한 참조
223) 르그레즈와 신부에게 보낸 최양업 신부의 1858년 10월 3일 자 서한 참조
224) 르그레즈와 신부에게 보낸 최양업 신부의 1850년 10월 1일 자 서한 참조

99. 최양업 신부의 참된 목자로서의 영성은 어떠했나요?(17)

1. 앞선 내용을 다시 한번 살펴보면 최양업 신부님의 선교 열정, 순교 열정, 겸손, 기도생활 등을 통해서 볼 때 그는 한국 천주교회의 신앙인들에게 참된 표양을 제시하는 목자였습니다. 그는 성가정의 모범이라 할 수 있는 최경환(프란치스코) 성인과 이성례(마리아) 복자 사이에서 태어나 1836년에 신학생으로 선발되어 마카오 및 소팔가자에서 신학공부를 하였고, 1844년 12월 소팔가자에서 부제품을 받았으며, 1849년 4월에 상해에서 사제품을 받았습니다.

2. 귀국과정에서 베르뇌 신부와 함께 요동 땅에서 한국인 성직자로서는 처음으로 7개월 동안 사목활동을 하였습니다. 그는 육로와 해로를 통한 여섯 번의 시도 끝에 1849년 12월 귀국에 성공한 이후 1861년 6월 선종할 때까지 12년 동안 선교사들이 다닐 수 없는 궁벽하고도 넓은 지역을 매년 7천리를 다니며 교우촌을 순방하였습니다. 그는 성직자 양성 사업과 순교자 행적 조사에 적극적으로 임하였고, 신자들을 위하여 한글본 교리책의 번역과 편찬에 참여하였습니다.

3. 귀국과정에서 특히 그가 지은 4편의 천주가사는 그의 신앙과 영성을 담고 있는 교리서요 기도서였으며, 그 저작 자체가 토착화 작업이었던 것입니다. 그의 활동과 업적은 '선교'로 요약될 수 있는데, 그는 선교에 대한 열성과 노력, 기도, 증거의 삶으로 죽기까지 선교 사명에 충실했습니다. 하느님 나라에 대한 올바른 인식과 열정으로 충만했던 그는 뛰어난 성덕과 분별력을 지녔고, 민족의 복음화를 위한 선교활동에 헌신하였습니다.

4. 귀국과정에서 그는 박해로 위험과 고난을 겪으면서도 자비로운 하느님께 대한 희망을 잃지 않았고, 하느님 안에서 긴밀한 사랑과 일치를 이루며 그분과 깊은 내적 삶을 살았습니다. 그는 성모 마리아와 예수 성심, 그리고 성인과 순교자들의 고난에 동참하려는 신심을 갖고 있었고, 장상들에게 존경과 순명의 정신을 갖고 있었으며, 억압받은 백성들 및 신자들과 어울려 기쁨과 어려움을 함께 나누며 목자로서의 사랑을 가지고 사목활동을 하였습니다. 그의 겸손, 순종, 인내의 삶은 박해 중에 있는 신자들에게 훌륭한 증거가 되었던 것입니다.

PART
6

최양업 신부가 한국 천주교회에 미친 영향

100. 최양업 신부가 한국 천주교회에 미친 영향은 무엇인가요?(1)

1. 한국 천주교회는 1784년 이승훈(베드로)이 중국에서 세례를 받고 돌아와 당시 서울 명례방 마을에 기도 공동체를 형성하면서 시작되었습니다. 임진왜란 때 선교사를 통해서 시작되었다는 이야기도 있고, 주어사 강학회 모임에 의해서 시작되었다는 설 등이 있습니다. 하지만 강학회 모임은 천주학, 서학을 공부한 것은 맞지만 일단 학문적인 관심에 그쳤고, 이승훈이 돌아와서 천주교 서적을 읽고 기도하는 모임이 생겼을 때를 일반적으로 한국 천주교회의 시작으로 보고 있습니다.

2. 이승훈은 1783년 북경에서 예수회 루이 드 그라몽 신부로부터 베드로라는 세례명으로 세례를 받고 이듬해 돌아옵니다. 그런데 세례를 받고 돌아와서 아무것도 하지 않았다면 한국 천주교회는 시작되지 못했을 것입니다. 1784년에 귀국한 이승훈은 이벽과 권일신 두 사람에게 세례를 주게 줍니다. 그리고 수표교 인근의 이벽의 집에서 공부방을 열고 그곳에서 매주 한 번씩 모여 기도모임과 공부를 하면서 그해에 많은 이들에게 세례를 줍니다.

3. 또 우리가 잘 아는 정약용, 정약전, 김범우, 최창현 등 중인들과 함께 세례 예식을 하면서 모임을 갖습니다. 서울에 있는 공부방이었기에 이벽의 집은 그리 크지 않았습니다. 그래서 조금 큰 집으로 이사 간 곳이 명례방 공동체, 김범우(토마스)의 집입니다. 그 당시에는 세례를 주게 되면 세례를 준 사람을 신부, 교리를 가르쳐주면 대부라고 불렀습니다.

4. 명례방 공동체는 옛 외환은행 자리이자 지금의 하나은행이 위치한 곳입니다. 예전에는 그곳에 장례원(掌禮院)이었다가 장악원(掌樂院)으로 바뀐 궁중음악과 예식을 담당하는 국가기관이 있었고, 그 앞쪽 명례방 김범우의 집에서 집회를 하게 됩니다. 참고로 명동성당에 그림이 걸려있는데, 가운데 설교하는 분이 이벽이고, 옆에서 사람을 맞이하는 분이 김범우라고 합니다.

5. 이 모임에서 이벽(세례자요한)은 청색두건을 머리에서부터 길게 무릎까지 내리고 설법을 하였다고 전해지는데, 오늘날로 말하면 설법이 아니라 강론이라고 하는 것이 적절할 듯합니다. 그러나 이 모임이 발각되어 김범우는 유배를 받고 그 유배지역에서 먼저 세상을 떠나게 됩니다. 그래서 이 분이 최초의 순

교자가 되어야 하는데, 아직 순교에 대한 확실성이 없어 미루어지다가 현재 '하느님의 종'으로 올라가 계십니다. 그래서 김범우(토마스)가 시복이 되면 한국 천주교회 최초의 순교자가 됩니다.

101. 최양업 신부가 한국 천주교회에 미친 영향은 무엇인가요?(2)

1. 김범우가 이 사건으로 유배를 가고 1년 동안 공부도 중지됩니다. 그러다 봄에 다시 모여 기도모임을 재개하여 기도하는데 이제는 고해성사와 견진성사도 주면 좋겠다 해서 이승훈(베드로)이 견진을 주어 10명의 성직자를 임명했다고 합니다. 우리나라에서 일어난 일로 이를 임시 성직제도 또는 가성직제도라고 부릅니다.
2. 당시 가성직제도 하의 성직자 중에 유항검(아우구스티노)이라고 추정되는, 알파벳어로 '휀전(Hiuenchen)'이라고 되어있는 성직자가 더 열심히 기도하고 미사를 드리고자 여러 교리서를 뒤져보다가 아무나 성사를 주면 안 된다는 사실을 알게 됩니다. 그래서 이승훈에게 "우리가 하는 이 일이 아무리 좋은 뜻이라 해도 서품도 안 받고 성사를 주는 것은 '독성죄'라고 하는 큰 잘못이니 알아봐야 한다."라며 서한을 보냅니다.
3. 또 급하게 윤유일(바오로)이라는 양반 출신 평신도를 밀사로 보냅니다. 그리하여 1789년과 1790년에 북경을 가는데 처음에는 이승훈에게 세례를 주었던 그라몽 신부를 찾았으나 신부님이 마카오로 떠나고 북경에 안 계시는 바람에 그는 라자리스트회의 로우 신부로부터 세례를 받고 구베아 주교에게 가서 견진까지 받습니다. 그라몽 신부가 이승훈에게 세례를 줄 때 구베아 주교는 부임 받기 전이라 현장에 안 계셨다고 합니다.
4. 그리고 이승훈이 세례를 받고 떠난 얼마 후 도착해서 함께 있던 신부들에게 그 당시 이씨 성을 가진 귀족 한 명이 베드로라는 이름으로 세례를 받고 돌아갔다는 것을 전해 들었다가 5년 후 밀사의 방문으로 이승훈이라는 조선인이 자국에서 견진을 주고 있다는 사실을 알았던 것입니다.
5. 그 사실을 안 구베아 주교는 "모르고 한 것은 어쩔 수 없다. 당장 성사를 중지시키고 다만, 교회에는 상등통회제도가 있으니 진심으로 뉘우치는 그 순간

고해성사랑 똑같은 효력을 발휘한다. 그 상등통회에 의해서 기도모임을 하라. 내가 빨리 사제를 보내주겠다."하고 약속을 합니다. 이후 윤유일이 포도주를 만들기 위해 포도나무 가지 같은 것을 가지고 오고 성작도 길이를 재서 왔는데 6개월도 못되어 재차 가서 성직자를 요구합니다.

6. 그런데 성직자는 오지 않고 천주교 신자는 앞으로 제사를 지내지 못하며 절을 해서도 안 되고 신주도 모시면 안 된다는 명령을 받게 됩니다. 그 후 전라도에서 윤지충(바오로), 권상연(야고보)이 윤지충의 어머니 권씨의 제사를 모시면서 신위, 신주, 위패를 땅에 묻어 버리고, 그로 인해 사형을 당하게 되는데 이것이 '진산사건'입니다.

7. 1794년 12월 겨울, 주문모(야고보) 신부가 최초로 입국을 하게 됩니다. 주문모 신부는 지금의 가회동 성당 인근 현 한옥마을로 오셔서 미사를 드리고 조선말을 배우다 발각되기 전 강완숙(골롬바)의 집으로 피신하여 그곳에서 6년간 머물게 됩니다. 그는 그곳에서 사목하면서 그동안 1년에 천 명 정도의 사람들에게 세례를 줍니다.

102. 최양업 신부가 한국 천주교회에 미친 영향은 무엇인가요?(3)

1. 1801년 신유박해가 있기 전까지 한국 천주교회는 만 명의 신자가 있었습니다. 하지만 심한 박해로 많은 신자들이 순교하게 되고 주문모 신부는 배를 타고 중국으로 피신하게 됩니다. 그렇지만 주문모 신부는 신자들 생각에 차마 발이 떨어지지 않아 마지막에 다시 돌아와 자수를 하고 새남터에서 순교하게 됩니다. 이승훈(베드로), 정약종(아우구스티노), 황사영(알렉시오), 강완숙(골롬바) 등 훌륭한 평신도 지도자들도 이때 순교하였는데, 이것이 정조 임금 사후에 일어난 신유박해 사건입니다.

2. 이때 300여 명이 죽었다고 하는데, 순교자 명단은 150명 전후로 확인되고 있습니다. 이후 많은 신자들은 신앙을 지키기 위해 교우촌으로 뿔뿔이 흩어지게 됩니다. 1825년 유진길(아우구스티노)이 쓴 서한이 교황청에 도착하고, 교황청에서는 1831년에 브뤼기에르 주교를 첫 번째 주교로 임명하여 오늘날 교구에 준하는 지역을 선교지로 설정하게 됩니다. 이로써 1831년에 그레고리오

16세에 의해서 조선 대목구가 탄생하는데, 바로 서울대교구의 옛 명칭입니다.

3. 브뤼기에르 주교는 1835년까지 지속적으로 조선에 들어오기 위해 노력하였습니다. 당시 포르투갈에게는 조선에 대한 선교우선권(선교보호권이라고도 함)이라는 것이 있었습니다. 흔히 '빠드로아도(padroado)'라고 하는 이 제도 때문에 포르투갈 출신의 선교사들이 조선으로 들어가는 길목을 열어주지 않아 외곽으로 돌고 돌다가 내몽고 인근에서 선종을 하게 됩니다. 그러나 다행스럽게도 1836년 1월에 모방 신부가 최초로 조선으로 들어와 그해 2월에 최양업, 3월에 최방제, 7월에 김대건 소년을 뽑습니다.

4. 모방 신부는 서울에서 세 소년에게 라틴어 기초를 가르치고 유학을 보내려고 하는데 비교적 늦게 들어온 김대건 소년은 기초가 없어서 유학을 보내지 않으려고 했습니다. 그래서 기초 공부를 좀 더 한 후 1년 뒤에 유학을 보내려고 했는데, 당시에는 압록강이 얼 때 건너야 했기 때문에 강이 어는 시기를 고려해야 했고, 또 1년 후에는 박해 때문에 유학의 기회도 놓치겠구나 싶어서 함께 보내게 됩니다. 그래서 3명의 소년이 얼어붙은 압록강을 건너 유학을 가게 됩니다. 세 소년은 1836년 12월 3일에 출발하여 다음해인 1837년 6월 7일에 마카오에 도착합니다. 거의 6개월을 걸어서 목적지에 도착한 것입니다.

5. 세계 천주교회의 두 기둥을 베드로와 바오로라고 한다면 한국 천주교회에는 김대건 안드레아 신부님과 최양업 토마스 신부님이 계십니다. 김대건 신부님은 한국 천주교회의 첫 번째 사제로서 이 땅에 크게 교회 제단을 세우셨고, 최양업 신부님은 12년 동안 직접 발로 뛰며 사목하시다 수많은 업적을 남기고 선종하셨습니다. 고(故) 정진석 추기경님께서는 최양업 신부님의 서한을 번역하여 책을 출간하셨는데, 그 책의 제목을 「너는 주추 놓고 나는 세우고」라고 이름 지었습니다.

103. 최양업 신부가 한국 천주교회에 미친 영향은 무엇인가요?(4)

1. 스승들의 초기 평가서인 생활기록부가 서한으로 남아 있는데, 1839년 조선으로부터 받은 서한에 유진길(아우구스티노), 조신철(가롤로), 정하상(바오로) 지도자들이 세 명의 유학생들에게 많은 기대를 걸고 있다는 내용이 있습니

다. 가장 뛰어났다는 최방제가 첫 해에 위열병으로 먼저 세상을 떠나고 둘이 남았는데, 리브와 신부는 "토마스는 계속해서 유리한 상태에 있고 천주님께서 그의 건강을 허락해 주신다면 조선 포교지를 위해서 유익한 몸이 될 것이 확실합니다. 그러나 불쌍한 안드레아는 어떻게 될지 모르겠습니다."라고 서한에 썼습니다.

2. 김대건 신학생은 학생 때 기후와 음식이 바뀐 상황에서 자주 아프고, 조선에서 라틴어 기초도 못 마치고 마카오로 가서 공부하는 것도 어려웠기 때문에 여러 병이 생겼던 것 같습니다. 그래서 데플레슈 교장 신부는 둘이 균형이 없이 너무 차이가 난다고 걱정을 하였습니다.

3. 하지만 다행스럽게도 김대건 신학생은 나중에 병이 낫고 키도 많이 자랐습니다. 그 후 이분들의 부모님들과 스승들이 순교하게 되고, 페레올 주교가 3대 주교로 임명이 되면서 김대건 부제님은 1845년 8월 17일에 먼저 사제서품을 받게 됩니다. 당시 사제서품을 받게 되면 친필서약을 하는데 교황청에 있는 서약서의 내용에는 "조선인 사제 김 안드레아는 중국인의 의식과 제례에 관해서 클레멘스 11세 교황님의 명령에 따라 서약을 한다."라는 문구가 있습니다. 이것은 중국 의례, 조상 제사, 즉 신주를 모시는 것을 하지 않겠으며, 신자들에게도 그것을 하라고 강요하지 않겠다는 선언입니다.

4. 그러한 내용으로 서약을 하고 친필로 "하느님과 이 거룩한 하느님의 복음서는 저를 도우소서."하고 적은 후 '김해 김 안드레아'라고 서한 끝에 자신의 본관을 넣어 서명하였습니다. 그리고 페레올 주교는 잘 받았다고 하는 서명을 적어 넣었습니다.

5. 그런데 최양업 신부님의 실력이 더 뛰어나다는 평가였는데 김대건 신부님이 왜 먼저 서품을 받았을까요? 실제로 최양업 신부님에 대한 평가는 늘 훌륭했습니다. 항상 규칙적으로 열심히 생활하셨는데, 페레올 주교도 처음 최양업을 만났을 때 "이 이는 너무 훌륭해서 바로 서품을 주어도 되겠다. 하지만 나이가 교회법으로 만 24세가 넘어야 하니 조금 기다려야 하겠다."라고 하였습니다. 그런데도 최양업 신부님의 서품이 늦어진 데에 대해서는 의문이 생깁니다.

6. 그 이유는 현재 남아있는 메스트르 신부의 서한을 보면 짐작할 수 있습니다. 거기에는 페레올 주교가 토마스에게 반감을 가졌다는 내용이 나옵니다. 이것은 주교와 얼마동안 함께 지내는 사람에게는 누구에게나 아주 쉽게 발생할 수 있는 일이라고 쓰여 있습니다. 옆에서 지켜본 메스트르 신부가 본부에 몰래 보낸 서한을 보면, 원래 페레올 주교는 최양업 신학생을 처음 만났을 때는 바로 서품을 주어도 되겠다고 하였다가 무엇 때문인지는 모르나 최양업 신부님에 대한 반감이 생긴 것으로 보입니다. 그 후 페레올 주교가 김대건 신부님과 함께 조선에 들어가는 바람에 최양업 신부님의 서품이 늦어지게 된 것입니다.

104. 최양업 신부가 한국 천주교회에 미친 영향은 무엇인가요?(5)

1. 김대건 신부님은 바닷길을 통해 선교사들의 입국로를 개척했고, 실제로도 부제서품을 받고 압록강을 건너 주교님을 모시기 위해 서울에 집을 하나 얻어 놓고 배를 타고 서해로 가서 어렵게 상해에 도착합니다. 나중에 '라파엘호'라고 이름 붙여진 이 배는 노 젓는 작은 나룻배였습니다. 상해에 도착했을 때 페레올 주교는 "아니 어떻게 이런 배를 타고 왔느냐? 또 이 배를 타고 조선에 들어가려고 하느냐? 안 된다."라고 하였습니다.
2. 그러면서 서한에 "조선인 교우들은 놀라운 신앙을 가지고 있다. 어떻게 저런 배를 타고 바다를 건널 생각을 하는지 모르겠다."라며 중국 배를 구해 보았지만 여의치 않자, 원래의 작은 배를 대대적으로 보완하고 수리한 다음 이것을 타고 조선에 들어옵니다. 이것이 우리가 아는 '라파엘호'입니다.
3. 김대건 신부님은 감옥에 갇히시기 전에 조선전도를 작성하였습니다. 서해 바다를 통해 선교사를 모시기 위해서 우리나라 지도를 그리고 특히 섬을 자세히 그렸는데, 이 지도에는 울릉도와 독도까지 세세하게 그려져 있습니다. 김대건 신부님이 친히 작성한 것이 세 개 있는데 원본이 하나 있고 미국이나 다른 유럽에서 그것을 필사한 것이 계속 발굴되고 있습니다. 그리고 감옥에 있을 때는 각종 지도를 번역하기도 했습니다.
4. 7개월의 짧은 사목생활 중 단 한 번의 부활절을 어머니 고 우르술라와 함께

보냅니다. 1846년 순교하던 해에 대해서는 많은 증언들이 남아있습니다. 신부님은 부활절 전에 선교사들을 맞이할 길을 만들기 위해 서해로 떠나려 했다고 합니다. 그런데 어머니가 부활절까지만 같이 지내 달라고 부탁하여 부활미사를 마치고 출발하였다가 체포됩니다. 그리고 감옥에서 3개월 동안 옥고를 치르고 순교하게 됩니다. 한국 천주교회의 첫 사제이며 순교자로서 순교하는 그 순간에 그는 "지금 이 순간 영원한 생명이 시작되려 합니다. 여러분들도 천국에 가려면 천주를 믿으십시오."라는 말씀을 남기고 이 세상을 떠나게 됩니다. 이 때 일어난 짧은 박해가 병오박해입니다.

5. 페레올 주교가 당시 신자들의 말을 듣고 남긴 서한을 보면, 김대건 신부님은 "나는 이제 마지막 시간을 마련했으니 여러분들은 똑똑히 들어주십시오. 내가 외국인들과 교섭한 것은 내 종교를 위해서였고 천주님을 위해서였습니다. 나는 천주님을 위해서 죽는 것입니다. 영원한 생명이 이제 내게 막 시작되려고 합니다. 죽은 뒤에도 행복하게 살려거든 여러분도 천주님을 믿으십시오."라고 하면서, "내가 이렇게 목을 돌리면 쉽게 칠 수 있느냐"하고 목을 내밀며 사형을 받았다고 기록되어 있습니다.

105. 최양업 신부가 한국 천주교회에 미친 영향은 무엇인가요?(6)

1. 최양업 신부님은 1845년에 김대건 신부님이 서품 받고 귀국하고도 4년이나 늦게 서품을 받았지만 사실은 실력도 좋고 항상 모범생이라고 평가되었습니다. 그의 생활기록부에는 "브뤼니에르 신부는 조선 학생(최양업)을 교육하는 임무를 맡고 있습니다. 그는 이 학생에게서 많은 재능, 무엇보다도 좋은 판단력을 발견하였음을 말씀드립니다. 그래서 브뤼니에르 신부는 그를 가르치기에 아주 적절한 학생으로 생각하고 있습니다."라고 기록되어 있는데, 이를 보면 지도하는 대다수 스승들은 최양업 신학생을 훌륭한 학생으로 여기고 있음을 알 수 있습니다. 그리고 1844년에는 두 신학생이 부제품을 같이 받습니다. 그때 나이가 만 23세여서 교회법으로 서품을 받을 수 있는 나이가 안되어 1년만 더 기다리기로 하였다가 김대건 신부님은 이듬해에 서품을 받아 국내에 들어오고, 최양업 신부님은 그로부터 4년이나 늦어진 것입니다.

2. 앞서 설명을 하였으나 최양업 신부님의 생애를 간략하게 요약하면, 김대건 신부님이 먼저 조선에 들어간 이후 1847년 본부가 마카오에서 홍콩으로 옮겨지는 그 해에 최양업 신부님은 홍콩으로 가게 되는데, 여기서 사전(辭典)도 없이 기해박해 순교자들에 대한 기록을 프랑스어에서 라틴어로 번역하는 작업을 합니다. 이것을 스승에게 보내면서 자신의 글을 교정한 후 교황청에 올려달라고 요청하는데, 스승은 서너 개의 단어만을 고친 후 교황청에 올립니다. 이 기록은 훗날 순교자들이 79위 복자가 될 때 중요한 자료가 됩니다. 최양업 부제님은 다섯 차례의 조선 귀국 시도가 실패한 후 마침내 1849년 상해에서 마레스카 주교에 의해 사제로 서품이 되고 그 해에 육로를 통해 우리나라에 들어오게 됩니다. 그 후 첫 6개월간 5천 리를 넘게 걸었고, 12년을 살면서 쉼 없이 사목활동에 전념하다가 1861년 문경 일대에서 서울로 오는 길에 선종하시게 됩니다.

3. 또 최양업 신부님은 선교사들이 갈 수 없는 교우촌을 사목방문하는 것을 기본으로 하여, 요리문답, 옛날 교리서 등 우리가 알고 있는 많은 기도문들을 한글로 번역하였고 천주가사를 작성하였습니다. 또 사제 양성을 위해 신학생을 추천하였습니다. 신학생들을 페낭 신학교에 보내며 "학생들이 모두 그리스도인의 겸손을 이해하지 못하고 있습니다. 조선 사람들은 참된 인간성에 대한 관념을 갖고 있지 못합니다."라고[225] 하면서 일찍 바로잡아 줄 것을 당부하는 서한을 같이 보냅니다.

4. 서한에는 "현재의 상황에서 기적적으로 우리에게 유리한 것이라고는 오직 두 가지입니다. 우리나라 사람들이 부모의 초상부터 탈상까지 입어야 되는 상복의 풍속과 한글이 전교 활동 및 교리 공부에 큰 도움을 줍니다."라는 내용이 있습니다. 조선의 모든 법이 복음을 전하기 어렵게 만드는 데 반해 딱 두 가지 하느님이 발명품을 주셨는데 하나는 상복제도이고 다른 하나는 한글이라는 것입니다. 상복제도는 선교사들이 얼굴을 가리고 사람들을 피할 수 있어서 선교에 도움이 되고, 한글은 너무나 쉽게 쓸 수 있기 때문에 잘 번역하면 아

---

225) 리브와 신부에게 보낸 최양업 신부의 1854년 11월 4일 자 서한

이들도 쉽게 교리를 알아듣는다는 것입니다.

106. 최양업 신부가 한국 천주교회에 미친 영향은 무엇인가요?(7)

1. 최양업 신부님은 12년 동안 수많은 사람들을 직접 찾아다니며 사목하시다가 과로로 선종하시게 됩니다. 신부님께서 지으신 신앙가사로 영원한 본향인 천국을 직관하도록 하는 경세가(警世歌)로 알려진 사향가가 남아 있습니다. 최양업 신부님은 선배들에게 돈을 주고 손풍금도 사다 달라고 해서 수입합니다. 신부님은 알게 모르게 우리나라 처음으로 전례음악을 도입하셨고, 천주가사를 통해 여러 교리를 전파하기 위해 노력했습니다.

2. 페레올 주교가 병으로 돌아가신 후 최양업 신부님의 서한을 보면 주교님에 대해 조금 서운해 하는 대목이 나옵니다. 그러나 이것과 상관없이 페레올 주교에게 순명하며 열심히 사목활동을 하셨습니다. 베르뇌 주교가 조선에 들어오고 배론에 요셉 신학교가 설립됩니다. 그리고 1866년 병인박해가 찾아왔는데, 그 이전에 최양업 신부님은 돌아가셨습니다. 병인박해 이후 한국 천주교회는 그동안 있던 것들이 많이 무너지고 개항 이후 새롭게 재건됩니다.

3. 김대건 신부님이 순교하시기 전 13개월 동안의 사제생활은 매우 다이나믹합니다. 부제 때 배를 타고 압록강을 건너거나 백두산을 넘어서 들어오려고 했던 모습들, 감옥 안에서도 열정적으로 스승에게 서한을 보내며 아주 과감한 용덕을 발휘하며 선교사를 모시려 했던 모습들은 매우 인상적입니다. 이와 달리 최양업 신부님은 늘 성실하고 한결같아서 어찌 보면 임팩트가 없어 보일 수 있지만 땀의 순교자답게 12년 동안 교우들을 직접 찾아다니던 성실한 사목자의 모습을 우리에게 남겨주었습니다. 또 최양업 신부님은 19통(추가 발견된 것을 포함하면 21통)의 라틴어 서한을 남겼고, 「성교요리문답」, 「천주성교공과」 등 2편의 교리서와 '사향가' '사심판가', '공심판가' 등 다수의 천주가사를 저술하기도 했습니다.

107. 최양업 신부가 한국 천주교회에 미친 영향은 무엇인가요?(8)

1. 순교와 선교의 영성으로 점철된 생애를 살다간 최양업 신부님은 십자가에 달

려서 죽기까지 순종하신 예수 그리스도와 순교자의 모범을 따라 십자가의 능력이 자신의 삶에 응결되기를 원했습니다. 그는 스승 르그레즈와 신부에게 이렇게 청합니다. "제가 십자가에 못 박히신 예수님 외에는 다른 아무 것도 배우려 하지 않게 하시기를 빕니다. 저의 이 서원을 신부님의 기도로 굳혀주시고 완성시켜 주시기를 청합니다."[226]

2. 또 그는 순교자들의 영적 전쟁에 함께 참여하여 목숨을 바치지 못한 것에 대하여 부끄러워하였습니다. "부모와 형제들을 따라갈 공훈을 세우지 못하였으니 저의 신세가 참으로 딱합니다. 그리스도 용사들의 그처럼 장렬한 전쟁에 저는 참여하지 못하였으니 말입니다."[227] 최양업 신부님은 1842년 11월부터 1846년 11월경까지 소팔가자 교우촌을 주거주지로 삼아 신학공부를 하고 귀국로를 찾으려고 했습니다. 1844년 12월 부제품을 받은 뒤에 그는 소팔가자의 신학생들을 지도한 것으로 보입니다. 1846년 12월 중국 심양에서 쓴 서한에서 그는 조선에 귀국하여 선교하지 못하는 것을 안타까워하며 자신의 선교 열정을 주님의 뜻에 맡긴다고 하였습니다.

3. 1849년 4월 15일 상해에서 사제품을 받은 그는 요동의 차쿠 본당에서 베르뇌 신부(후에 제4대 조선 대목구장) 밑에서 6개월 동안 중국인을 대상으로 사목활동을 하였습니다. 귀국을 준비하면서 한국인으로 중국 선교의 첫 장을 연 것입니다. 그해 1849년 12월에 변문으로 귀국한 뒤, 1861년 6월 선종하기까지 무수히 많은 교우촌들을 순회하며 사목순방에 나섰습니다. 그의 삶은 선교에 대한 열망과 사명감으로 가득했습니다.

4. 그는 선교활동을 하면서 과중한 일로 늘 시달렸습니다. 메스트르 신부는 1855년 2월 바랑 신부에게 보낸 서한에서 "최 신부가 한 해에 대부분의 신자를 찾아가 4,500명의 고해를 들었다."라고 썼습니다. 그러나 최양업 신부님의 소원은 '천상음식에 굶주린 영혼들을 실컷 배불리 포식시키는 것'[228]이었습니

---

226) 르그레즈와 신부에게 보낸 최양업 신부의 1846년 12월 22일 자 서한
227) 르그레즈와 신부에게 보낸 최양업 신부의 1844년 5월 19일 자 서한
228) 르그레즈와 신부에게 보낸 최양업 신부의 1850년 10월 1일 자 서한

다. 최양업 신부님은 교우촌을 순방하면서 신자들의 가난하고 궁핍한 처지를 보면 그들을 도와줄 능력이 없는 자신의 처지에 가슴이 미어지는 아픔을 느꼈습니다. 이것은 그리스도께서 지니신 자비와 연민의 마음이었습니다.

5. 최양업 신부님은 사목 중에 동정녀 바르바라의 죽음에 커다란 회한을 가졌습니다. 박해시기에는 동정을 지키려면 동정부부로 살든가 동정생활의 결심을 포기해야만 했습니다. 그렇지 않으면 성사 금지의 제재를 가하기도 하였습니다. 수도생활이 현실적으로 불가능하였고 박해의 위험 때문에 행한 조치였습니다. 동정생활을 갈망하면서도 성사 금지 처벌을 받은 바르바라는 큰 슬픔에 빠졌고 차라리 병에 걸려 천상 아버지께 가는 것이 낫겠다고 생각했습니다. 정말 그녀는 중병에 걸려 병자성사와 성체성사를 받고 하늘나라에 갔습니다.

6. 최양업 신부님은 커다란 회한과 가책과 하느님 사랑의 감정을 느낀 채 이렇게 기록했습니다. "사악이 그녀의 지력을 손상할까 봐, 또 위선이 그녀의 총명을 흐리게 할까 봐 바삐 하늘로 거둠을 받았으니, 그녀의 생애는 짧은 시간에 쇠진하였으나 많은 시간을 채웠도다."[229] 최양업 신부님은 그리스도의 마음을 지닌 착한 목자요 바오로 사도 같은 선교사였습니다.

108. 최양업 신부가 한국 천주교회에 미친 영향은 무엇인가요?(9)

1. 최양업 신부님의 업적은 기해·병오박해 순교자의 시복 시성 추진, 한국 순교자들에 관한 자료 수집, 천주가사의 저술과 보급, 가톨릭 교리서와 전례서 편찬과 보급, 신학생 양성 등을 들 수 있습니다. 홍콩에서 1847년 4월 20일에 작성한 네 번째 서한에서 그는 이렇게 썼습니다. "페레올 고(高) 주교님께서 프랑스어로 기록하여 보내주신 순교자들의 행적을 읽는 것은 저에게 더할 수 없는 큰 위로가 됩니다. 이 순교자들의 행적을 고 주교님도 원하시고 메스트르 이(李) 신부님도 권하시므로 제가 라틴어로 번역하였습니다."

2. 이 라틴어 번역본은 1847년 교황청 예부성에 접수된 뒤 시복절차에서 매우

---

229) 르그레즈와 신부에게 보낸 최양업 신부의 1850년 10월 1일 자 서한

중요한 역할을 하였습니다. 이 행적에 수록된 82명 전원이 1857년에 가경자로 선포되었고, 1925년에는 79명이 복자로 선포되었기 때문입니다. 최양업 신부님은 바쁜 공소 순방을 마치고 휴가기간 동안 순교자 조사를 하였습니다. 이 일은 단순한 관심사를 넘어 하느님께 약속한 바를 실천하는 것이었습니다. "저는 하느님의 자비로 오랫동안 서원으로 맹세했던 대로 저의 동료들에 대하여 더욱 주의 깊게 고찰하고, 저의 조상들의 순교 사실을 더욱 세심하게 조사하지 아니하고서는 도저히 스스로를 억제할 수 없었습니다."[230]

3. 최양업 신부님은 자신이 서원한 대로 많은 자료들을 찾아내서 스승에게 보고하려고 했으나 다블뤼 주교에게 드렸으므로 따로 보고하지 않겠다고 언급합니다. "작년에 제가 우리 조선 순교자들의 행적에 대해 많은 자료들을 찾아내어 신부님께 보고드리겠다고 약속드렸습니다. 그동안 상당히 많은 자료들을 수집하였으나 그것을 존경하올 다블뤼 주교님께 모두 드렸습니다. 다블뤼 안(安) 주교님께서 모든 순교자들의 전반적 역사를 편찬하고 계십니다."[231] 이러한 서한 내용을 볼 때 다블뤼 주교의 '비망기' 내용의 상당 부분이 최양업 신부님이 수집한 자료임을 알 수 있습니다.

109. 최양업 신부가 한국 천주교회에 미친 영향은 무엇인가요?(10)

1. 최양업 신부님은 모든 사람이 쉽게 배울 수 있는 한글로 신앙교육을 하려고 했습니다. 한글 서적이나 천주가사는 전교활동과 교리공부에 커다란 도움이 되었습니다. "한글이 교리 공부하는데 매우 유용합니다. 우리나라 알파벳은 10개의 모음과 14개의 자음으로 구성되어 있는데, 배우기가 아주 쉬워서 열 살 이전의 어린이라도 글을 깨칠 수가 있습니다. 이 한글이 사목자들과 신부님들의 부족을 메우고 강론과 가르침을 보충하여 줍니다. 쉬운 한글 덕분으로 세련되지 못한 산골에서도 신자들이 빨리 천주교 교리를 배우고 구원을

---

230) 르그레즈와 신부에게 보낸 최양업 신부의 1851년 10월 15일 자 서한
231) 르그레즈와 신부에게 보낸 최양업 신부의 1857년 9월 14일 자 서한

위한 훈계를 받을 수가 있습니다."[232]

2. 한글로 기록된 '천당 노래' 또는 '신앙 전래 노래'를 '천주가사'라고 합니다. 신앙의 선조들은 천주교 교리를 노래로 전수하고 가르쳤습니다. 박해시기의 천주가사는 21편이며 큰 제목으로는 9편으로 나눌 수 있습니다. 곧, 민극가(스테파노) 성인의 '삼세대의', 이문우(요한) 성인의 '삼덕가', '제성', '행선'과 '옥중제성', 그리고 최양업 신부님의 '사향가'[233], '선종가', '사심판가', '공심판가'

---

[232] 르그레즈와 신부에게 보낸 최양업 신부의 1851년 10월 15일 자 서한

[233] 사향가의 내용은 대략 15단락으로 나눌 수 있다. 우선 제1단락에서는 인간의 본향이 어디인가를 알고 그 본향을 찾아가야 함을 노래하고 있으며, 제2단락에서는 천당의 영원한 복과 지옥의 영원한 괴로움을 노래하였고, 제3단락에서는 세속 사람의 어리석음과 죽은 뒤의 엄한 심판을 노래하였다. 그리고 제4단락에서는 교오·질투·탐도·분노·사음·해타 등 칠죄종(七罪宗)을 겸손·인애·시사·함인·정절·흔근·담박의 칠덕(七德)으로 이겨내고 천당 문에 이르기까지의 과정을 노래하였으며, 제5단락에서는 미신 숭봉, 불교 신봉, 재물 탐린, 헛맹세 등을 하지 말 것을 노래하였고, 제6단락에서는 천주의 존재, 천지 창조, 영혼 불멸, 천당과 지옥, 신마유분(神魔有分), 천주 강생, 동정 생자(童貞生子), 예수의 부활과 승천, 예수의 구속, 사심판과 공심판, 사후 상벌 등 교리에 관한 세인의 비판을 노래하고 있다. 이어 제7 단락에서는 천주교가 외국에서 온 도(道)라고 배척하는데 대해 외국 문자인 한자(漢字)는 어찌 쓰며 주자(朱子)의 가례(家禮)와 상례(喪禮)는 외국에서 온 것이 아니냐고 변박하였고, 제8 단락에서는 영혼 삼사(三司), 삼혼 분별(三魂分別), 화(火)·기(氣)·수(水)·토(土)의 사원행(四元行), 사말(四末), 원조 범명(元祖犯命), 천주 강생(天主降生), 수난, 부활, 승천, 혈세 보속 등을 노래하였으며, 제9단락에서는 인간 영혼의 영능(靈能)과 천주의 전능과 그 은혜를 노래하였다. 제10단락에서는 앞에서 노래한 구약의 세계에서 신약의 세계로 들어와 천주의 강생 구속을 노래하였고, 제11단락에서는 인간이 세상에 태어나 천주를 알지 못하면 "의복 입은 짐승이오 말 잘하는 금조(禽鳥)"라고 비판하였으며, 제12단락에서는 당시 선비들의 위선과 거짓 효양(孝養), 헛된 제례(祭禮)를 비판하였고, 제13단락에서는 이 세상에서의 해로움이나 괴로움보다 죽은 후 무궁세의 괴로움을 생각하여 영혼의 구원을 꾀하라고 권하고 있다. 그리고 제14 단락에서는 제13단락을 이어받아 현세의 잠생사(暫生事)만 생각하지 말고 통회 정개(定改)하고 인간의 영생사(永生事)를 도모하라고 깨우치며, 결사 격인 제15단락에서는 천주교에 대한 수많은 비방과 훼방을 물리치고 본향을 찾아가서 대부모(大父母)를 만날 수 있도록 노력해야 한다는 것을 다시 한번 강조하였다. 이처럼 〈사향가〉 또한 일반적인 천주 가사들과 마찬가지로 신자들의 교리 이해와 실천이라는 교화적 측면에 주된 목적을 두고 저술되었다. 그러나 몇몇 천주 가사들이 현세에서의 육화론적(肉化論的) 영성과 순교를 통한 종말론적(終末論的) 영성을 함께 강조하고 있는데 비해 〈사향가〉는 매우 현실적임을

입니다. 이 가운데 가장 많이 보급되고 읽힌 천주가사가 '사향가'입니다.

3. 또한 최양업 신부님은 1859년 10월에 주요 전례 기도문인 「천주성교공과」의 번역을 마쳤고, 가톨릭 교리서인 「성교요리문답」의 편찬에 참여하였습니다. 다블뤼 주교는 최양업 신부님의 짐을 덜어주고 순교자에 관한 기록을 보강하려고 경상도 지역 일부 교우촌의 순방을 맡았습니다.[234]

4. 달레의 「한국천주교회사」에는 "최 토마스 신부는 신자들에게 성사를 주는 보통 일 말고도 주요한 기도서의 번역을 끝마쳐 가는 중이었고, 교리문답의 완전하고 더 정확한 출판을 준비하고 있었다."라고 기록되어 있습니다. 이 밖에 최양업 신부님은 진천 배티의 조선교구 신학생 3명을 지도하고 페낭 신학교로 유학을 보냈으며, 신학교가 제천 배론으로 이전되자 그곳을 방문하여 신학생들을 격려하기도 했습니다.

110. 최양업 신부가 한국 천주교회에 미친 영향은 무엇인가요?(11)

1. 베르뇌 주교의 1861년 9월 4일자 서한을 보면 당시 우리나라 신자의 수가 18,035명으로 나옵니다. 그때에는 주교 2명, 신부 7명이 활동하고 있었고, 사목구 7개, 신학교 1개가 있었습니다. 2023년 4월 30일 기준으로 한국 천주교회 신자 수는 5,940,000명(전체 인구대비 11.3%), 추기경 2명, 주교 44명, 신부 5,697명이며, 본당은 1,791개, 공소는 543개, 신학교는 6개입니다. 남자수도회는 225개에 회원이 7,000여 명이고 여자수도회는 535개에 회원이 관상회원 4,800여 명, 활동회원 5만여 명, 재속회원 7만여 명입니다. 의료기관과 사회복지기관은 1,240개에 이릅니다. 작은 겨자씨가 자라 큰 나무가 되었고, 오늘도 많은 구원의 열매를 맺고 있습니다.

2. 최양업 신부님이 시작했던 한국 순교자들의 시복 시성 절차는 103위 성인의 탄생으로 일단락되었습니다. 그리고 한국천주교주교회의가 추진한 '윤지충

알 수 있다. 뿐만 아니라 천주교 교리의 요소를 모두 포함하면서도 유교와 천주교 간의 윤리의 갈등을 잘 반영하고 있으며, 한역서학서 안에 들어 있는 서양의 중세 철학사상을 잘 소화해 내고 있는 대표적인 천주가사라고 할 수 있다.

234) 르그레즈와 신부에게 보낸 최양업 신부의 1859년 10월 11일 자 서한 참조

바오로와 동료 123위'의 시복 안건은 2014년 8월 16일 교황 프란치스코에 의해 서울 광화문 광장에서 복자로 시복되었습니다. 그리고 '가경자 최양업 토마스 신부'의 시복 안건은 현재 로마에서 진행 중에 있는데 증거자로서의 기적 심사만을 남겨 놓은 상태입니다. 한국 천주교회의 순교 전통은 '한국전쟁 순교자' 탄생으로 이어졌으며, 이분들의 시복 조사 준비가 진행되어 '하느님의 종'으로 선포되었습니다. 또한 조선 왕조에서의 순교자 2차 시복 추진도 계속 진행되고 있습니다. 이러한 일들은 최양업 신부님의 유업을 계승한 것으로 볼 수 있습니다.

3. 한국천주교주교회의 전례위원회에서는 '매일미사', '전례용 독서, 성가', '성무일도' 등을 번역하고 편찬·간행하고 있는데 이 역시 최양업 신부님이 천주가사를 보급하고 연중 주요 기도문을 번역하였던 것의 연장이라고 볼 수 있습니다. 한국천주교주교회의 교리교육위원회에서는 「간추린 가톨릭교회 교리서」나 「청년 교리서」 등을 편찬하고 있는데 이것도 교리서 편찬 작업에 참여한 최양업 신부님의 활동과 일맥상통합니다.

111. 최양업 신부가 한국 천주교회에 미친 영향은 무엇인가요?(12)

1. 최양업 신부님이 한국에서 활동했던 시기(1850-1861년)는 선교사의 시대였습니다. 파리외방전교회 선교사들과 방인(邦人, 자기 나라 사람) 성직자로 양성된 2명의 한국인 사제가 조선 대목구에서 활동하였습니다. 조선 대목구는 오늘날 16개 교구로 성장하였습니다. 하지만 평양교구와 함흥교구와 덕원자치수도원구는 아직까지 '침묵의 교회'[235]로 남아있습니다. 한국 천주교회는 선교사들의 소중한 피와 땀이 토대가 되어 이루어졌습니다.

2. 보편교회는 초대교회의 순교자 시대를 마감하며 증거자의 시대로 넘어서면서 많은 수도회 성인들을 배출하였습니다. 4세기 초에 신앙의 자유를 얻은 이후 그리스도의 정신과 교회 영성의 맥은 수도자들을 통하여 이어졌습니다. 많은 사람들이 광야로 가서 순교정신으로 복음삼덕을 증거하며 예수 그리스

---

235) 침묵을 지키고 있는 교회라는 뜻으로, 북한의 교회를 이르는 말이다.

도의 충실한 제자와 증거자가 되었습니다. 다가오는 미래에 한국 천주교회가 더욱 성숙하고 아시아 선교의 중심이 되려면 수도자들이 존경받는 풍토와 환경이 조성되어야 합니다.
3. 우리나라에는 아직도 수도회 출신의 성인이 배출되지 않았습니다. 박해시대 순교자들의 시복 시성이 완결되지 않아 이러한 과정이 지연되는 면도 없지 않으나, 젊은이들이 긍지와 자부심을 가지고 수도생활을 하려면 수도회 창설자나 수도생활의 귀감이 되는 분들이 시복 시성되어야 합니다.
4. 박해시대의 동정녀와 동정부부의 삶을 오늘날의 영성으로 표현하면 '재속 봉헌생활'입니다. 교회법 제710조는 '그리스도 신자들이 세속에 살면서 애덕의 완성을 향하여 노력하고 세상의 성화를 위하여 특히 그 안에서부터 기여하기를 힘쓰는 봉헌생활회'가 재속회임을 밝히고 있습니다. 수도회의 봉쇄생활을 하기에 적합하지 않으나 이 세상 안에서 봉헌생활을 하려는 욕구가 우리 사회 안에서도 커지고 있습니다. 이러한 사도직에 대해 관심을 가질 필요가 있습니다.

PART

7

최양업 신부의 신앙후손인 우리들의 다짐

112. 오늘날 한국 천주교회 순교자들의 유해공경은 어떤 의미인가요?

1. 초세기 로마교회 때부터 예수님의 모범을 따라 목숨 바친 순교자들의 성덕과 품위는 가장 출중한 것이라고 알려져 왔습니다. 그들을 존경하는 마음의 표현은 그리스도인들 사이에서는 당연한 것이었고, 따라서 여러 공경 행위들이 생겨나고 발전된 것도 매우 자연스러운 일이었습니다. 순교성인들에 대한 공경 행위의 근본정신은, 무엇보다도 순교자들이 그리스도와 긴밀한 일치를 이루며 그분 안에서 완성된 성인이라는 데에 있습니다. 따라서 그들은 그리스도와 함께 영원한 생명에 참여하고 있음에 틀림없으며, 하느님 대전에서 언제나 우리를 위해 전구해 주시는 분들입니다. 이에 순교자들은 하느님 대전에서 인간들의 변호자, 중재자로 여겨지게 되었고, 신자들은 알맞은 예절과 함께 그들을 공경하며 전구를 청하게 됩니다.[236]

2. 교회역사 안에서 일찍부터 신자들에게 소중히 여겨져 보전되던 유해는 그 공경에 있어 찬반의 논란을 거치게 되었습니다. 교부들은 하느님께 드리는 흠숭과 성인에 대한 공경의 차이점을 설명하고, 하느님과 성인들 그리고 그 유해, 유품들 사이의 상호관계를 규명하면서, 성인 공경과 연결시켜 유해, 유품에 대한 공경 행위를 정당화하려고 하였습니다. 그들의 견해는 **첫째** 그리스도인은 순교성인을 그 유해를 통해서 인식할 수 있다는 것이고, **둘째** 순교자들의 피와 그들을 고문한 도구, 감각적 유품들이 신자들의 용기를 불러일으키는 자극제이며, **셋째** 유해와 유품은 하느님이 기적을 행하시는 가시적 도구이고, **넷째** 유해는 하느님 대전에 전구자인 동시에 우리에게 친구인 성인이 지상에 남긴 유산이기에 공경의 가치가 있다는 것입니다. 교회 교도권으로부터 교의적으로 그것이 인정받고 정당화되면서 점차 순교자 공경 행위는 유해를 중심으로 해서 공적 전례의식으로 발전되었습니다. 따라서 그리스도인들은 순교자들의 유해를 보석이나 금보다도 더 소중히 여기게 되었습니다.

3. 한국의 초기 그리스도인들은 순교자들을 모범으로 모시고자 했으며, 열성으로 공경하였던 사실을 여러 정황에서 관찰할 수 있습니다. 무엇보다도 신자들

---

[236] 기쁜소식, 「새로운 복음화를 위한 한국교회의 영적자세」, 2001, 58-60 참조.

사이에 순교자들의 옥중 일기, 편지 등의 필사본이 퍼져서 널리 읽혔다는 점입니다. 순교자들로부터 압수된 성물, 서적들 중에는 언제나 그런 기록들이 끼어 있곤 하였습니다. 특별히 널리 애독된 것으로는 초기 교회 전반에 걸쳐 큰 영향을 미쳤던 「죄인 지중 일기」, 「이 루갈다의 편지」, 「이 바오로 일기」 등을 들 수 있습니다. 또 그들이 순교자들에 대한 공경이 열렬했다는 다른 증거는 압수된 성물 중에 한국 순교자들의 유해와 유품들이 자주 발견되었다는 사실입니다.

4. 기해박해로 인해 많은 수난을 받던 당시에 성 범 라우렌시오(앵베르) 주교는 언젠가 주님께서 조선 땅에 종교의 자유를 허락하실 때가 되며 순교자의 유해가 소중한 보물로 추앙될 것으로 내다보았습니다. 앵베르 주교의 희망적인 예언이 오늘날 이 땅에서 그 이상으로 풍성히 실현되고 있습니다. '보석보다 더 귀하고 금보다 더 소중한' 순교자들의 유해는 한국 천주교회 200주년이었던 1984년에 거행했던 103위 한국 순교성인 시성식을 통해서, 또한 2014년에 거행됐던 124위 한국 순교복자 시복식을 통해서 '국가적인 유물'일 뿐만 아니라 '국제적인 유물'이 된 것입니다. 실제 한국의 성인들과 복자들은 이제 전 세계의 모든 제단에서 기억되는 영예를 받고 있는 것입니다.

113. 한국 천주교회사에서 수많은 무명 순교자들을 어떻게 공경하고 있나요?

1. 한국 천주교회에서는 매년 9월을 순교자 성월로 보냅니다. 한국 천주교회의 반석인 순교자들을 어느 때보다 더 깊이 묵상하고 공경하는 시기입니다. 순교자 성월을 맞이하며 순교자들은 누구이며, 그들에 대해 신자들이 얼마나 알고 있는지 새삼 숙고하게 됩니다. 특히 신앙만을 지키다 이름도 남기지 못한 채 죽음에 이른 무명 순교자들의 존재에 대해 깊이 생각하게 됩니다. 순교는 교회의 가르침을 위한 죽음을 의미하며, 순교자는 주님을 위해 죽은 이를 말합니다. 과거에는 순교라는 말보다 목숨을 바침에 이른다는 의미를 지닌 치명(致命), 치명자라는 용어가 더 보편적으로 쓰였습니다.

2. 교회법적으로 순교자로 인정되기 위해서는 순교자 측의 질료적 사실로 실제로 죽어야 하고, 형상적 사실로 그 죽음이 신앙을 위하여 기쁜 마음으로 이

뤄진 것이라는 두 가지 요소가 증명돼야 합니다. 또한 박해자 측의 질료적 사실로 죽인 행위 또는 죽음의 직접 동기가 된 가해행위가 있어야 하며, 형상적 사실로는 신앙에 대한 증오(in odium fidei), 적어도 이러한 증오가 주된 동기가 돼 죽게 한 것이 인정돼야 합니다. 교회에서 말하는 순교자는 순교자 측과 박해자 측의 질료적, 형상적 순교 사실이 모두 증명된 이들을 지칭하며, 이 중에는 신원이 밝혀지지 않은 수많은 무명 순교자도 큰 부분을 차지합니다. 순교자는 증거자와는 구별되며, 신앙을 증거하다 죽었다 해도 반드시 순교자가 되는 것은 아닙니다.

3. 교회사학자들은 흔히 한국 천주교회 순교자 수가 1만 명이라고 말합니다. 1만 명 순교가 통설이기는 하나 1만 명이 넘는다는 주장도 간혹 있고, 반대로 1만 명보다 적다고 보는 견해도 유력하게 제시됩니다. 한국 순교자 수를 1만 명 선으로 보는 근거는 파리외방전교회 달레 신부가 지은 「한국천주교회사」에서 찾는 것이 일반적입니다. 달레의 「한국천주교회사」에 병인박해 기간(1866-1870년 무렵)에 8,000명이 순교한 것으로 기록돼 있어 병인박해 이전인 신유·기해·병오박해 등의 순교자를 고려하면 전체 순교자는 1만 명으로 통상 받아들여지고 있고, 신분이 확인된 순교자에 비해 무명 순교자의 비중이 훨씬 더 높다고 말하고 있습니다. 이와 관련해 초기 박해인 신유·기해·병오박해 시기에는 비교적 순교자에 대한 재판절차가 충실히 지켜졌지만, 병인박해에 이르면 재판절차나 기록을 무시한 채 무차별로 신자들을 죽이게 되면서 무수한 무명 순교자가 나오게 된 것입니다.

4. 순교자들 중에서 교회에서 정한 시복 시성 절차를 거쳐 복자와 성인반열에 오른 순교자들은 많은 신자들의 공경을 받게 됩니다. 그렇다고 해서 시복 시성 절차를 진행할 자료조차 찾을 수 없는 무명 순교자들은 성인이 아니거나, 신자들의 공경을 받을 이유가 적은 것이 아닙니다. 한국천주교주교회의 발행 「시복시성절차 해설」 머리말에는 "교회의 시복 시성을 거치지 않은 많은 성인들이 하늘 나라에 무수히 많이 계시다는 것을 우리는 알고 있다. 복자나 성인들이 이미 하늘 나라에서 누리는 영광을 생각한다면, 지상의 시복시성식은 초라할 수 있을 것이다"라고 밝힙니다. 그런데도 교회가 많은 시간과 인력, 비용이 드는 시복 시성을 추진하는 이유는 무엇일까?

5. 「시복시성절차 해설」은 "시복 시성의 이유는 현재를 살아가는 이들이 성인들을 기리며 거룩한 삶을 살도록 이끌기 위함이다"라고 말하고 있습니다. 실제 가톨릭교회 역사에서 초기 순교자들 공경시대(1-4세기)에는 오늘날과 같은 법적 시성제도가 없었으며, 초기 순교자들의 시성을 위한 조사나 선언, 결정을 한 자료도 없었습니다. 시복 시성 법제화를 위한 교황과 교황청의 노력은 식스토 5세 교황(재위 1585-1590년)이 교황령 「영원한 하느님의 무한한 은혜」를, 우르바노 8세 교황(재위 1623-1644년)이 「거룩한 이들의 시복과 시성절차에서 지킬 규칙」을 제정하면서 구체화된 것입니다. 순교자에 대한 공경은 시복 시성 법제화와 관계없이 가톨릭교회의 전통으로 오랫동안 지켜졌다는 의미입니다.

6. 가톨릭교회에서 모든 성인을 기려 11월 1일에 지내는 모든 성인의 날 대축일에서도 무명 순교자 공경의 근거와 취지를 알 수 있습니다. 모든 성인의 날 대축일에서 말하는 성인이란 시성식이나 전통에 의해 교회 안에서 공식적으로 성인으로 인정받는 이들만을 뜻하지 않고 그리스도의 가르침과 모범을 따라 생활하다 죽은 후 하느님과 일치를 누리는 모든 이를 말합니다(「한국가톨릭대사전」참조). 한국 천주교회의 무명 순교자 역시 모든 성인의 날 대축일에서 말하는 성인으로 이해할 수 있는 근거입니다. 이와 같은 무명 순교자 공경에 대해 "한국 천주교회 103위 한국 순교성인이나 124위 한국 순교복자들이 공경을 받아야 하는 것은 당연하고 하느님의 종들에 대한 시복 시성 추진은 중요하다"는 것입니다.

7. "이와 다른 차원에서 무명 순교자들은 제도권 교회 밖에서 오히려 더 깊은 신앙을 지킨 만큼 하느님 보시기에는 성인이기 때문에 그분들께 전구를 청할 수 있다"라고 말할 수 있습니다. 아울러 "무명 순교자들을 조명하고 공경하는 노력은 과거와는 비교할 수 없을 정도로 성장한 한국 천주교회의 마땅한 의무"입니다. 한국천주교회주교회에서 인준한 전국 성지를 살펴봐도 "우리나라 천주교 성지는 무명 순교자의 흔적을 거의 가지고 있으며, 하느님의 구원과 사랑을 확신하고 순교한 분들은 무명(無名)과 유명(有名)의 구분 없이 똑같은 공경을 받아야 합니다."

8. 무명 순교자는 순교자로 불리긴 하지만 신원을 알 수 있는 기록이 없는 분들입니다. 박해시기가 끝난 지 160여 년이 지난 지금 무명 순교자들의 기록을 찾기는 쉽지 않으나, 무명 순교자들의 행적을 발굴하는 노력은 의외의 큰 결실로 이어지기도 합니다. 103위 한국 순교성인 중 한 분인 성 이윤일(요한)의 유해는 수원교구 미리내 무명 순교자 묘지에 묻혀 있다가 수원교구와 대구대교구, 한국교회사연구소의 협력으로 1986년 실체가 밝혀지기도 했습니다. 또 잊혀진 성지였던 서울 광희문 순교성지[237]에 버려지거나 묻힌 순교

---

237) 광희문은 장충단과 한강 사이의 수구문(水口門)으로 본래 서소문과 함께 도성 안의 시체를 성 밖으로 운반하던 곳이다. 그런 뜻에서 시구문(屍口門)으로도 불린 광희문은 천주교인에게는 생(生)과 사(死)의 갈림길이었다. 계속되는 박해로 서울과 수원, 용인 등 인근 지역의 교우들을 도성 안으로 끌려와 이루 말할 수 없는 가혹한 고문 속에서 배교를 강요당하다가 끝내 이를 거부함으로써 가차 없이 치명의 길을 가야 했다. 도성 안에서 참수 치명한 순교자들의 시신은 짐짝보다도 못한 취급을 받으며 이곳을 통해 내다 버려졌다. 이와 같이 광희문은 시신(屍身)을 내가는 문이라는 뜻으로 시구문으로도 불렸다. 광희문 밖은 박해시기에 서울의 좌·우포도청 옥과 형조의 전옥 등에서 순교한 수많은 순교자들과 그들 가운데 794위의 순교자 시신이 버려지고 묻힌 곳이다(서종태, 「광희문성지의 실체 규명과 순교자 영성」, 제1회 광희문성지 학술심포지엄, 2017.11.25 참조). 이들 794명의 순교자들 가운데 54명은 신유박해(1801)-병오박해(1846) 시기에, 나머지 740명은 병인박해(1866)-기묘박해(1879) 시기에 각각 서울의 좌·우포도청 옥과 형조의 전옥 등에서 순교하였다. 대부분 병인양요(1866), 남연군묘 도굴사건(1868), 신미양요(1872) 등으로 거듭 박해가 격화되던 때에 순교한 신자들임을 알 수 있다. 이들 794명의 순교자들 중 거주지가 확인되는 750명 가운데 서울 신자는 309명, 충청도 신자는 213명, 경기도 신자는 158명 순이었다. 이어 강원도 신자가 39명, 황해도 신자가 13명, 경상도 신자가 12명, 평안도 신자가 3명, 함경도 신자가 2명, 전라도 신자가 1명이었다. 이처럼 서울·충청도·경기도 순으로 거주자가 많은 것은 박해를 격화시킨 병인양요의 진원지가 서울이었고, 남연군묘 도굴사건이 충청도 덕산에서 발생했으며, 병인양요가 경기도에서 벌어졌기 때문이다. 또한 이들 794명의 순교자들 중 1839년 기해박해 때 순교한 이 아가타·최경환(프란치스코)·민극가(스테파노) 등 13위와 병오박해 때 순교한 현석문(가롤로)·한이영(라우렌시오)·정철염(가타리나)·김임이(데레사)·이간난(아가타)·우술임(수산나) 7위 도합 20위가 성인품에 올랐다. 이어 신유박해 때 순교한 심아기(바르바라)·김이우(바르나바) 2위와, 1867년 순교한 송 베네딕토 가족 3위, 도합 5위가 복자품에 올랐고, 황석지(베드로)·최영수(필립보)·이윤일(안토니오)·피 가타리나·최지혁(요한)·이병교(레오) 등 1833-1879년에 순교한 25위가 '하느님의 종'에 올라 시복·시성될 날을 고대하고 있다.

자 794위 명단을 발굴하기도 했습니다.

114. 한국 천주교회에서 매년 순교자 성월을 보내는 의미는 무엇인가요?

1. 한국 천주교회는 신앙을 증거하다가 죽임을 당한 한국의 순교자들을 특별히 공경하고 그 행적을 기리기 위한 고유한 성월(聖月)로 9월을 순교자 성월로 기념하고 있습니다. 이 성월은 한국의 순교 선열들을 현양하고 기념할 뿐만 아니라, 오늘의 그리스도인이 그들의 정신과 삶을 본받아 시대가 요구하는 순교의 삶을 살아가도록 하는데 그 의의가 있습니다. 순교자(Martyr)란 예수님을 입증하려는 충정으로 자기 생명을 바친 자를 말하며, 성 정하상 바오로의 표현대로라면 '목숨을 걸고 참 종교를 증거함으로써 천주의 영광을 드러낸 자'입니다. 순교자는 하느님을 증거하기 위해 물의 세례뿐만 아니라 그리스도의 죽음을 직접 따르는 피의 세례를 통하여 주님의 파스카 신비에 동참한 사람입니다.

2. 한국 천주교회에서 순교자 성월이 시작된 것은 1925년 7월 5일 로마에서 거행된 기해·병오박해 순교자 79위의 시복식이 계기가 되었습니다. 한국 천주교회에서는 시복식이 끝난 이듬해인 1926년 8월, 복자들이 가장 많이 순교한 9월 26일을 '한국 치명 복자 79위 첨례'로 정하여 순교 복자들을 현양하도록 하였습니다. 그 이후 복자를 공경하는 신자들의 신심이 확산되었고, 1939년에는 기해박해 순교 100주년을 맞아 순교자 현양사업이 전개되었습니다. 현재는 2016년 4월 26일 가경자로 선포된 최양업 토마스 신부 시복 시성과 순교 복자 2차 시성 그리고 근·현대 신앙의 증인인 하느님의 종 시복 시성을 추진, 진행하고 있습니다.

3. 매년 9월 순교자 성월을 맞는 우리는 하느님을 증거하기 위해 하나 밖에 없는 목숨을 기꺼이 내놓은 순교 선열들을 기억하면서 선열들의 삶이 우리의 일상의 삶 안에서 구현되도록 생활해 나가야 합니다. 하느님의 뜻에 순명하고 우리 인간을 구원하시려고 돌아가심으로써 순교자의 원형이 되신 예수 그리스도의 제자된 우리는 비록 목숨까지는 내놓지 못할지라도 일상의 작은 삶을 통하여 자신을 버리고 하느님과 교회를 사랑함으로써 영적으로 순교할 수 있

습니다. 그리스도를 따르는 우리의 삶이 순교의 정신으로 무장될 때 어떠한 난관도 순교 신앙 안에서 극복될 수 있음을 명심해야 합니다. 우리의 신앙 안에서 이것을 기억하고 실천하고자 한국 천주교회에서는 매년 9월을 순교자 성월로 기념하고 있는 것입니다.

115. 오늘날 우리 신앙인이 지켜야할 순교적 삶이란 어떤 모습인가요?(1)

1. 한국 천주교회가 정한 순교자 성월인 9월은 우리나라 성인들이 가장 많이 순교하신 달인데, 특히 9월 20일은 한국 순교성인 대축일입니다. 순교란 모든 압박과 박해를 물리치고 자신이 믿는 신앙을 지키기 위해 목숨을 바치는 일입니다. 성경에 보면 어원적으로 '순교'(Martyrdom)는 법정용어로, 증언, 증거, 증인의 의미가 들어 있고 구세사 안에서 순교로 발전했습니다. 이에 비해 '치명(致命)'은 우리 선조들 순교의 피가 묻은 말이며, '위주치명(爲主致命)', 즉 주님을 위해 목숨을 바친다는 뜻으로 헌신의 의미가 들어있습니다.

2. 우리 순교자들이 기쁘게 가난을 받아들이고 고통을 인내할 수 있었던 힘은 바로 이 위주치명의 삶에 근거했다고 볼 수 있으며, 따라서 위주치명은 한국 순교자에 들어 있는 옛말이 아니라 우리가 다시 새롭게 만나야 할 굉장히 아름다운 말입니다. 순교자의 피는 신앙의 씨앗입니다. 즉 현대를 살아가는 우리에게도 신앙을 지켜나갈 수 있는 뿌리는 바로 선조들이 행한 위주치명 안에 담겨 있습니다. 수많은 순교 중 가장 위대한 순교는 바로 예수님의 수난과 죽음이라고 할 수 있는데, 이것이 하느님 뜻을 밝혀주며 하느님 아버지의 뜻을 완수했기 때문입니다. 순교자의 죽음은 끝이 아닌 또 다른 삶, 곧 영원의 시작입니다.

3. 순교의 죽음 안에는 부활, 새 생명, 새 삶이 내포되어 있습니다. 어떤 한 사람이 자신을 희생하면 그에 상응해서 새 생명이 솟아나오는데, 예수님의 죽음으로 세상이 구원된 것을 떠올리게 합니다. 그리스도교 역사에서 순교의 발자취를 따라가 보면 의인과 죄인의 대결로 점철돼 있는데, 초기 교회부터 박해에도 불구하고 용감히 악과 맞서 싸운 순교자들이 있었습니다. 첫 번째 순교자라 할 수 있는 스테파노의 순교와 사도로서 첫 번째 순교자인 야고보 사

도의 순교에서 이런 사실을 잘 알 수 있습니다. 이들의 순교가 교회에 불러일으킨 영향을 살펴보면 순교가 우리 신앙의 결정적 씨앗이 된 증거임을 알 수 있습니다.

4. 역사 속 예언자들의 몫은 하느님 말씀을 전달하다 죽은 것이라 볼 수 있는데, 하느님의 뜻을 전한다는 이유로 사람들의 미움을 사서 죽는 것은 바로 '한 분이신 하느님을 흠숭하여라.'하는 십계명 가운데 첫 번째 계명을 수행하는 것과 통합니다. 그것은 하느님을 다른 그 무엇과도 바꾸지 않고, 마음을 다하고 목숨을 다하고 능력을 다 바쳐 주님을 공경하고 사랑한 것이기 때문입니다. 우리 인류 역사에서 순교자와 위주치명의 완성자이며 대표자는 바로 예수님이라는 것을 알 수 있습니다. 그러한 까닭에 그리스도께서는 세상에 오실 때에 이렇게 말씀하셨습니다. "당신께서는 제물과 예물을 원하지 않으시고 오히려 저에게 몸을 마련해 주셨습니다. 번제물과 속죄 제물을 당신께서는 기꺼워하지 않으셨습니다. 그리하여 제가 아뢰었습니다. '보십시오, 하느님! 두루마리에 저에 관하여 기록된 대로 저는 당신 뜻을 이루러 왔습니다.'"(히브 10,5-7). 예수님 부활 이후 다시 순교의 역사가 이어지나 이는 예수님 안에 이루어집니다. "우리가 당신들에게 그 이름으로 가르치지 말라고 단단히 지시하지 않았소? 그런데 보시오, 당신들은 온 예루살렘에 당신들의 가르침을 퍼뜨리면서, 그 사람의 피에 대한 책임을 우리에게 씌우려 하고 있소"(사도 5,28)하며 추궁하는 말에 사도 베드로는 "사람에게 순종하는 것보다 하느님께 순종하는 것이 더욱 마땅합니다."(사도 5, 29)라고 한 것은 위주치명의 삶을 그의 행위로 실천해 보인 것입니다.

5. 이러한 예수님의 삶과 죽음, 예언자와 사도들의 삶을 통해 볼 때 결국 성경은 구세주 예수님을 중심으로 한 순교의 역사를 가르치고 있음을 알 수 있습니다. 가톨릭교회는 역사에서 살아 움직이며 살아 완성되는 교회입니다. 신앙인이란 살아 있는 신자들을 통해 순교의 대표자이신 예수 그리스도의 삶에 동참하도록 초대받은 것을 의미합니다. 신앙의 자유를 누리는 오늘의 우리는 과거 신앙의 선조들처럼 피 흘림의 순교를 요구 받지도 않고, 종교의 오해와 몰이해로 죽임을 당하지도 않습니다. 현대는 악인과 의인의 대결로 이뤄졌

던 과거의 순교 대신 그리스도를 위하는 마음으로 행하는 백색순교와 녹색순교가 필요합니다.

6. 백색순교란 "피 흘림은 없지만 그리스도를 따르는 온전한 봉헌의 삶으로서 그리스도를 증거하는 삶"을 말합니다. 또한 녹색순교란 "넓은 대지에 깊게 뿌리내리고 우뚝 선 상록수처럼 천수를 다하여 신앙을 증거하고 자기를 봉헌하는 것"을 말합니다. 오늘날 순교를 실천할 수 있는 방법은 생활 속에서 작은 불편을 이겨내는 것입니다. 작은 불편들이란 검소한 삶을 유지하며, 자연보전을 위한 노력을 기울이는 것을 말합니다. 그렇다면 우리의 가정과 직장, 우리가 날마다 머무는 그 자리가 바로 우리의 순교현장이 되어야 합니다. 왜냐하면 신앙이 곧 생활이어야 하기 때문입니다. 순교자 성월을 보람 있게 보내기 위해 우리 모두 삶의 현장, 순교의 현장에 기쁘게 동참해야 합니다.

116. 오늘날 우리 신앙인이 지켜야 할 순교적 삶이란 어떤 모습인가요?(2)

1. "순교자들의 피를 밑거름으로 그리스도의 몸과 지체인 포도나무가 더욱 풍성하게 되었습니다."라는 토마스 성인의 말씀대로 그 풍성한 결실이 바로 지금의 한국 천주교회 모습이며, 한국 천주교회의 자랑은 우리의 장한 순교자들입니다. 우리 선조들은 새로이 발견한 그리스도 진리를 아는 데에 그친 것이 아니라 삶으로 증거함으로써 한국 천주교회에 신앙의 꽃을 자생적으로 피웠습니다. 신앙의 선조들은 복음을 온 마음을 다해 받아들였으며, 복음을 당시의 문화, 전통, 사고방식, 생활습관 등 그 어떤 것보다도 우위에 두었습니다. 그들은 하느님을 아버지로 영접하면서 당시 유교적 신분 차별을 뛰어넘어 모든 이가 평등한 하느님의 형제요 자매라는 새로운 가르침을 받아들이고, 이를 실천에 옮겼습니다.

2. 그러나 당시의 국가 통치자들은 이 새로운 진리가 확산되는 것이 국가 운영과 신분질서 유지에 위협적 요소가 된다고 판단하여 교회를 박해하기 시작하였습니다. 그래서 교회는 100여 년간 혹독한 박해와 시련을 받게 되었고 1만여 명의 증거자들이 순교를 하게 되었습니다. 이렇게 피로 얼룩진 역사 속에서도 증거자들이 굴하지 않은 이유는 하느님 뜻인 그리스도의 삶을 사는 것만

이 이 민족과 세계를 구원할 수 있다는 삶의 이치를 깨달았기 때문입니다. 우리도 그리스도의 진리를 피로써 증거한 그 길을 가야합니다. 결코 교회의 바탕을 이루고 성장시킨 순교자들의 피와 정신이 퇴색되게 해서는 안 됩니다.

3. 한 교구에서는 순교자들이 지녔던 신앙과 사랑과 삶을 본받고자 순교자들의 삶을 체험하기 위한 도보 성지순례를 기획했습니다. 이 도보 성지순례를 통해 많은 신자들이 신앙은 삶이고 체험이라는 사실을 깊게 깨닫게 되었습니다. 특히 허리가 굽어 움직이기 힘든 여건임에도 순례를 모두 마치고 기쁜 마음으로 성가를 부르던 할머니의 모습과 발톱이 모두 빠져도 포기하지 않고 끝까지 순례를 완수한 신자의 모습을 통해 순교자의 뜻을 따르려는 이들의 의지와 깊은 신앙심을 엿볼 수 있었습니다. 또 성지순례를 하면서 모든 성지에서 미사성제를 올리고 고해성사도 볼 수 있었던 것도 큰 은총이었습니다.

4. 전 교황 베네딕토 16세가 "순교자들은 항상 우리가 비춰볼 수 있는 거울과 같은 분들이십니다."라고 하신 말씀을 새기고, 성지에 한 번 가보는데 그치는 것이 아니라 언제든 다시 찾아가 순교자들의 신앙을 체험할 수 있도록 해야 합니다. 오늘의 한국 천주교회 상황이 피를 흘리며 복음을 증거하고 순교를 요구하는 시대는 아니지만, 그리스도에 대한 신앙의 충실한 증인 역할을 하는 것이 이 시대를 살아가는 순교자의 모습입니다. 이 시대 사람들은 자본이 중심이 되는 자본주의 시대를 살아가고 있습니다. 이로 인해 사람들은 안일주의, 상대주의, 결과주의라는 고질적 병폐를 앓고 있습니다. 신앙인으로 살아가는 우리들도 이런 시대적 조류에 휩쓸려 별로 다르지 않은 모습으로 살아가고 있는 것이 현실입니다.

5. 안일주의란 풍부한 물질문명의 혜택 속에 편리하게 길들여져 힘들고 더럽고 어려운 일은 기피하는 태도입니다. 우리의 신앙선조들은 육체의 안락함 속에서 신앙을 잃을까 두려워 고신극기(苦身克己)하는 모습을 보였습니다. 우리도 안일주의에 대항해 자신이 할 수 있는 희생의 삶을 살아야 합니다. 또 상대주의를 극복하기 위해 믿음과 생활이 일치하는 삶을 살아야 합니다. 세상을 보는 관점은 저마다 다르고, 모든 것은 상대적이라고 하는 입장은 옳고 그름을 판단할 수 있는 기준을 잃게 만듦으로써 갈등을 일으키게 만듭니다. 우

리는 명료한 진리를 추구하면서도 상대방을 받아들이는 노력을 기울임으로써 다양성 안에서 일치를 이루도록 해야 합니다.

6. 마지막으로 결과주의는 과정을 중요하게 여기지 않으며 오직 결과만을 문제 삼고 평가하는 모습으로서, 이는 눈앞에 보이는 현실만의 이익을 위해 욕심을 채우려는 모습입니다. 좋은 결과를 위해서는 수단과 방법 모두가 복음적이어야 한다는 것을 명심해야 합니다. 우리가 살아야 하는 순교, 증거의 삶이란 이 시대에 그리스도의 삶을 절대가치로 삼아 상대주의를 퇴치하고 희생을 통해 진리를 지속적으로 찾아 나가는 모습입니다. 또한 진리를 실천하는 공동체의 삶, 영원을 바라볼 수 있는 그리스도의 시각이 바로 결과주의를 퇴치하는 증거의 모습입니다.

7. "자기 자신을 부정하면 모든 것에 열려 있게 됩니다."라는 구절이 말해주듯 우리는 자신을 낮추고, 자기 중심적 이기주의를 부정할 때 온전히 하느님 안에 있게 됩니다. 자기 중심적 이기주의를 부정하면 복음의 논리를 따라서 살게 되고 그것이 삶의 기준이 되며 하느님으로 가득 찬 참된 자유와 행복을 느끼게 됩니다. 순교자들의 후손인 우리는 안일주의와 상대주의 그리고 결과주의에 대항해 오늘을 증거하며 사는 순교의 삶을 살아야 합니다.

8. 누군가를 위하여 목숨을 바치는 것은 사람이 할 수 있는 가장 숭고한 행동으로 여깁니다. 마찬가지로 교회 안에서의 순교는 신앙을 위하여 자신의 목숨을 내어놓는 것으로서 가장 숭고한 신앙의 증거로 받아들여집니다. 한국 천주교회는 이렇게 순교자들의 피로 세워졌고, 그들의 숭고한 증거로 시작되었습니다. 우리 천주교회의 뿌리와도 같은 순교자들은 분명 희망을 간직한 분들이었습니다. 지금 우리는 순교자들을 현양하지만 과연 순교자들의 삶을 살아가고 있는지 성찰하게 됩니다.

9. 예수님 때문에 겪는 고난을 기꺼이 받아들이고 극복하고 있는지 생각해 봅니다. 현대를 살아가는 우리에게 매 맞고 피 흘리는 박해는 없지만, 우리의 신앙생활을 흔드는 다른 어려움들이 있습니다. 우리 스스로 신앙에 충실하지 못한 경우도 많습니다. 순교자들을 기리는 가장 좋은 방법은 그들의 삶을 실천하는 것입니다. 신앙을 위하여 목숨을 내어놓은 그들의 정신을 이어받는 것입

니다. 우리 삶에서 신앙을 부끄러워하지 않고, 열렬히 복음의 가치를 실천하고, 믿음을 통하여 얻는 기쁨을 위하여 다른 것을 포기할 줄 알아야 합니다.

117. 우리 신앙선조들의 순교영성의 특성은 무엇인가요?(1)

1. 영성이란 넓은 의미로 본다면 인간의 정신성을 의미하며, 개인적 삶과 공동체 활동의 내적 원리를 말합니다. 따라서 그리스도의 영성은 예수 그리스도를 통하여 계시된 하느님의 뜻을 자신의 삶의 원천과 목적으로 삼는 것입니다. 다시 말해서 성령 안에서, 성자 그리스도를 통하여, 성부 하느님과 일치를 이루는 삶을 의미합니다. 그리스도의 영성은 성부, 성자, 성령의 삼위일체적 사랑 안에서 하느님의 생명을 세상에 드러내며 사는 것입니다. 이러한 그리스도의 영성은 실천적인 면에서 ①종말론적인 영성과 ②강생의 영성이라는 두 가지 측면을 강조합니다.

2. ①종말론적인 영성은 '우리가 몸담고 있는 이 세상을 죄와 고통의 장소로 보고, 인간의 구원과 성화(聖化)는 천상적이고 종말론적인 면으로 여기는 영성'입니다. 따라서 이 영성에서는 초탈, 침묵, 관상, 자기 성화, 완덕 등을 강조합니다. 이런 뜻에서 종말론적인 영성은 '그리스도 파스카 신비의 죽음에 참여하도록 권고하는 영성'이며 이 영성은 자기 포기, 자기희생, 고행, 고신극기 등을 강조하는 영성이기에 교회의 영성 가운데 보수적이고 전통적입니다. 그래서 관상 수도회를 비롯한 여러 수도회에서는 이 종말론적인 영성을 강조합니다. 한국 천주교회에서 모진 박해를 인내하고 자신의 목숨을 통해 신앙을 지켜낸 순교자들의 열렬한 신앙은 종말론적인 영성의 모범입니다.

3. 한국 땅에 그리스도교가 뿌리를 내릴 수 있었던 것도 이 종말론적인 영성에 근거한 순교자들의 신앙 덕분입니다. 우리의 선조 순교자들은 이 세상에서 아버지의 집으로 옮겨가 영원한 삶을 산다는 확신을 가지고 있었습니다. ②강생의 영성은 '그리스도 파스카('건너가다.', '무사히 이주하여 가다.'라는 의미로 죽음에서 생명으로 넘어가는 구원의 상징) 신비의 완성인 부활에 참여하는 영성'입니다. 이 영성은 그리스도 강생 신비의 완성인 부활에 참여하기 위한 것이기에 사랑, 봉사 활동, 헌신, 하느님의 정의 구현, 노동의 가치 등을 신

앙 안에서 실천하도록 강조합니다.

4. 결국 이 영성은 현세적인 면에서 진보적이고 행동적인 것으로 그리스도께서 인간 세상에 오신 것에 중점을 두는 영성입니다. 다시 말해 그리스도께서 태어나신 이 세상, 그분으로 인해 거룩해진 이 세상에 하느님 나라를 건설하고 완성하려는 영성입니다. 이와 같은 강생의 영성은 세상에서 벌어지는 온갖 어려움과 즐거움, 슬픔과 기쁨 등 모든 것을 신앙 안에서 하느님의 뜻에 일치시키려고 합니다. 따라서 이 영성은 성(聖)과 속(俗), 지상과 천상을 구분하는 이원론은 거부하며, 세상의 것을 업신여기지 않고 올바르게 보고 판단하여 이 세상의 성화(聖化)를 추구합니다.

5. 즉, 강생의 영성은 하느님 나라를 이 땅에 건설하려는 영성을 말합니다. 우리의 선조 순교자들은 조선 후기 계급 차별, 인간 차별의 뿌리인 반상제도(班常制度·조선 시대 국가 사회적 신분 제도를 통칭하는 말로 지배계층 양반과 피지배계층 상인으로 크게 나누어 부르는 데서 붙여짐)를 넘어 하느님의 자녀로 서로를 바라보며 형제자매의 사랑을 나누었습니다. 서로 환대하며 우애를 나누는 이 사랑의 공동체에서 우리는 강생의 영성을 찾아볼 수 있습니다. 우리의 선조 순교자들은 자신의 것만 챙기지 않고 남의 것을 돌보는 "그리스도 예수님께서 지니셨던 바로 그 마음"(필리 2,5)을 지녔던 것입니다.

6. 우리 선조 신앙인들은 종말론적 영성으로 천상의 것을 향하면서도, 실제 신앙생활에서는 강생의 영성으로 신분 차별을 넘어서 모두가 하나 되는 삶을 실천하였습니다. 즉, 우리 선조 순교자들은 종말론적 영성과 강생의 영성을 함께 종합적으로 잘 조화시켜 신앙생활을 한 그리스도의 파스카 신비에 참여하는 영성의 삶을 살았습니다. 이 영성은 예수 그리스도의 죽음과 부활의 신비를 실생활에서 체험하는 영성입니다. 우리는 결국 죽음을 맞이하게 된다는 것을 알고, 또한 그 죽음을 몸으로 경험하고 있으나 파스카 신비에 참여하는 영성을 따를 때, 우리는 예수님의 생명이 우리 몸 안에 살고 있다는 사실을 깨닫게 되며, 그래서 참 신앙인의 모습으로 살 수가 있는 것입니다.

118. 우리 신앙선조들의 순교영성의 특성은 무엇인가요?(2)

1. 순교는 무엇보다 스승이시며 주님이신 그리스도를 본받고 따르는 것입니다. 순교자들은 순교가 인류 구원을 위해 목숨을 바치신 주님을 가장 가까이 따르는 길이며, 가장 긴밀히 일치하는 방법이라고 믿었던 분들입니다. 순교는 또한 주님께서 함께 현존하시며 도와주심으로써 가능한 것입니다. 순교자들은 소중한 목숨을 바치면서도 주님을 증거할 수 있다는 것이, 자신의 힘이나 덕 또는 인간적 열의나 영웅심으로 가능한 것이 아님을 깨달았습니다. 오히려 질그릇같이 깨지기 쉬운 자신들의 연약함(2코린 4,7 참조)을 자각하고 겸손하게 인정하면서, 그들 안에 성령의 은총이 충만할 때 순교가 가능함을 고백하였습니다.

2. 그러므로 그들은 열렬한 애덕을 실천하면서 모든 성인의 통공 안에서 일치하는 공동체의 형제·자매들에게 기도의 도움을 청하였고 또한 성령의 특별한 힘을 끊임없이 간구하였던 것입니다. 한편, 순교의 은총이 결정적으로 허락됐을 때에 그들은 천상의 기쁨으로 주님께 감사를 드렸습니다. 또한 순교는 애덕의 완성이라고 일컬어지는데, 순교가 그리스도를 모방하는데 가장 훌륭한 방법이며, 그분과 가장 긴밀히 일치하기 위한 최고의 수단이라면 그것은 그리스도인들이 지향하는 이상적 정점으로서 완성입니다. "친구들을 위하여 목숨을 내놓은 것보다 더 큰 사랑은 없다."(요한 15,13)라고 주님께서 직접 가르치셨고, 또 이를 구체적으로 실천하신 그 말씀은 순교자들에게 그대로 적용됩니다.

3. 순교자들이 따르고자 했던 주님의 수난과 죽음 안에 실로 인류 구원을 위한 무한한 사랑이 담겨져 있기 때문입니다. 한국 초기 천주교회 순교자들의 기록이나 법정 증언을 살펴보면 순교자들은 앞서 언급한 보편적 순교 영성의 특성을 놀라울 만큼 잘 이해하고 있었습니다. 그것은 중국 천주교회에서 전해진 초세기 교회 순교록이나 선교 사제들의 가르침의 영향도 있었겠지만, 순교의 길로 이끌어주신 성령께서 직접 깨우쳐주신 것이라 할 수 있습니다. 한편, 한국 초기 천주교회의 순교자들에게 나타나는 순교 영성의 고유한 특성은, 순교자들의 옥중편지나 일기 또는 법정 진술을 살펴보면, 일반적으로

순교자들이 하느님께 대한 사랑을 전통적 사상과 문화적 배경에서 표현하고 있음을 알 수 있습니다.

4. 그것은 그리스도교 복음 안에서 전이되고 승화되며 또한 거양된 한국적 최고 사랑의 표현, 즉 토착화한 복음적 사랑의 표현으로서 충효사상이었습니다. 왕 중의 왕이시며 가장 높은 아버지이신 하느님께 목숨까지 기꺼이 바치는 그것은 바로 충효였습니다. 복자 이경언(바오로)은 천주에 대해 묻는 질문에 '천주란 온 세상의 가장 높은 임금이시며, 만인의 대왕이시며, 아버지이심'을 고백하고 있고, 성녀 김노사(로사)는 신앙을 금하는 왕에게 순종하기를 포도대장이 요구했을 때 충효의 서열을 들어 간단명료하면서도 단정적인 말로 '저는 국왕에게 매여 있기는 합니다만, 그보다 먼저 천주께 속하여 있습니다.'라고 답변을 하였습니다.

5. 똑같은 요청을 받은 성 박후재(요한)의 대답도 역시 하느님께 대한 최고 충효의 결단으로 끝맺었는데, '저는 국왕께보다도 천주께 더 복종할 의무를 가지고 있습니다.'라고 진술을 하였습니다. 이러한 고백들은 시대와 장소를 초월하여 하느님에 대한 같은 신앙, 같은 사랑을 표현한 순교자들의 고백과 맥락을 같이하는데 사도시대에 사도들과 함께 법정과 의회에서 외친 베드로의 고백과 본질적으로 같은 것입니다. 한국 초대 천주교회 순교자들의 하느님에 대한 충효의 자세를 통해 실로 우리 순교 신앙의 후손들에게 주는 가르침은 성녀 김노사(로사)가 증언한 '저는 피 흘려 이 진리를 증명키로 결심했습니다.'라는 결정적 답변으로 요약됩니다.

6. 또한 선교사 10명을 포함한 한국 순교성인 103위(해외선교사 10명+한국인사제 1명+평신도 92명)는 모두가 순교성인으로, 그들은 그리스도에 대한 신앙 때문에 그들의 생명을 희생함으로써 성인이 된 것입니다. 그들은 세상의 구원을 위해 기꺼이 죽음을 당한 스승 예수 그리스도를 본받아 박해자들 앞에서 하느님에 대한 사랑을 증거하고자 그들의 목숨을 바친 것으로서, 이러한 순교는 사랑의 최고의 증거입니다(「교회헌장」, 42항 참조). 그러므로 한국 성인의 순교는 하느님에 대한 최고의 사랑의 증거임에 틀림없으며, 동시에 그것은 한국이란 특수한 상황에서 특별한 의의와 가치를 지니는 것입니다. 조선 왕조는 유

교적 이념을 국시로 삼았기 때문에 군부(君父)의 절대권을 내세워 군부에 대한 충효를 부동의 국민도덕으로 고수했었습니다.

7. 이런 국가체제 아래서 하느님에 대해 최고의 충성을 나타낸다는 것은 더욱 어려울 수밖에 없었습니다. 한국 순교자들은 군부에게 최고의 충성을 요구하는 박해자들 앞에서 "사람에게 순종하는 것보다 하느님께 순종하는 것이 더욱 마땅합니다."(사도 5,29)라고 한 사도들과는 다른, 즉 "천지신인(天地神人) 만물을 조성하시고 상선벌악(賞善罰惡)하시는 대군대부(大君大父)이신 천주를 결코 배신할 수 없습니다."라는 특수한 형식의 신앙고백을 하게 되었던 것입니다. 그래서 천주교는 무부무군(無父無君)의 종교로 낙인찍히게 된 것이고, 천주교를 무군(無君)뿐만 아니라 무부(無父)의 종교로 낙인찍으려 한 것은 천주교인들이 부모에 대한 절대적인 효를 거부한 때문입니다.

8. 예수님은 그분의 제자가 되려면 부모나 형제나 자녀들보다 그분을 더 사랑할 수 있어야 한다고 말씀하였습니다(마태 10, 35-37 참조). 주님의 이 요구는 무엇보다도 한국 순교자들에게 가혹한 것이었습니다. 왜냐하면 한국만큼 혈연과 가족 공동체가 중시되는 나라도 별로 없을 것이기 때문입니다. 고문보다는 육정을 못 이겨 배교한 사람이 많다는 것은 이런 사실을 입증하고도 남음이 있습니다. 사실 일반적으로 최대의 사랑의 증거, 즉 순교를 통한 애주만유지상(愛主萬有之上)은 오로지 이 육정을 이겨내느냐 못 이겨내느냐에 달려 있었습니다. 이 육정을 이겨냈을 때 그것은 도리어 서로의 순교를 격려하는 초자연적 사랑으로 승화하였는데, 한 가족에서 여러 순교자가 나올 수 있었던 것은 바로 이 때문이었습니다.

119. 순교에 대한 현대적 의미와 그 영성이 우리들에게 미치는 영향은 무엇인가요?

1. 21세기를 살아가고 있는 우리들은 순교를 어떻게 이해해야 할까? 현대에는 칼에 목을 내밀 상황도 없고, 피를 흘려가며 신앙을 지켜야 할 박해의 위험도 없습니다. 그렇다면 이 시대의 신앙인들은 현대의 순교를 어떻게 이해해야 할까? 무엇을 생각하면서 신앙과 순교의 영성을 연결해야 할까? 순교는 자기희생의 행동을 넘어서는 신앙의 보편적 영성이 되어야 하는데 그것은 바로 십자

가를 의미합니다. 각자가 자신의 삶 안에서 묵상하고 생각하고 찾아내야 하는 삶의 영성이 되어야 합니다. 순교의 현대적 의미와 그 영성이 우리들에게 미치는 영향은 크게 네 가지로 나누어 볼 수 있습니다.

2. **첫째**, 인간의 근본을 생각하게 합니다. 나는 어디서 와서 어디로 가는 존재일까? 회귀(回歸)해야 하는 우리 인간의 실존, 마땅히 돌아가야 할 곳이 있지 않을까? 그것을 성 김대건(안드레아) 신부께서는 '임자(壬子)'사상이라고 정의를 내렸는데, 임자는 소속을 의미합니다. "하느님은 나의 존재에 대한 임자이시다. 나는 하느님의 것이다."하고 말할 때와 부부끼리 "임자!"하고 부를 때는 내가 상대에게 소속되어 있음을 의미합니다. 우리 인간들 역시 원래 본 주인에게 되돌아가야 하는 회귀의식은 순교의 영성과 맥을 이룹니다. 회귀는 지상에 대한 애착, 현세에 대한 애착, 재물에 대한 애착에서 벗어나는 것입니다.

3. 종교의 목적이 마음의 평화, 복을 받고 만사형통하기를 바라는 것만으로 생각한다면, 그것은 이기적인 종교이자 기복적 신앙입니다. 그러나 순교의 영성은 우리들에게 원초적이면서도 원천적인 그리고 궁극적인 질문을 던지게 만듭니다. '어디서 왔으며 어디로 갈 것인가?'를 묻게 하고 그 길을 찾아줍니다. 이는 마치 연어가 모천으로 되돌아가야 하는 본능적 소명에 따르는 것과 같습니다. 순교자들은 감지되는 원초적 영성에 따라 자신의 삶이 어디서 시작되었고 그래서 그 원천으로 회귀하는 것이 소명임을 알고 따라 간 사람들입니다.

4. **둘째**, 파스카 체험을 구체적인 행동으로 실천하게 합니다. 구원은 은총이지만 거저 주어지는 선물이 아닙니다. 이 지상에서 인간적인 실존은 비구원적 상황입니다. 누구나 예외 없이 고통, 실패, 아픔, 질병, 사고와 같은 부정 체험을 하지 않을 수 없습니다. 불교에서는 그 부정적 실체를 제거하고 싶어서 멸고(滅苦)라 말하지만, 그리스도교에서는 구원의 방법으로 사용됩니다. 삶에서 다가오는 부정 체험은 우리를 파스카의 여정으로 이끕니다. 자신의 삶에서 다가오는 부정 체험과 신의 부존재감, 공허는 인간이 필히 통과해야 하는 실존입니다. 그것들을 인식한다는 것은 이론이 아니라 뼈아픈 고통이 수반됩니다. 자신을 수용하고 승화시키지 않으면 파스카의 여정을 통과할 수 없게

되니 이 작업 역시 순교적 희생과 감내가 수반 됩니다.

5. **셋째**, 신앙 속에서 십자가를 인식하게 합니다. 신앙생활을 하다보면 많은 장애물을 만나게 됩니다. 나태함, 신앙의 무의미함, 신에 대한 의심, 의미상실, 타성화와 같은 장애물에서 벗어나려는 원동력, 바로 그 힘은 순교 정신에 있습니다. 장애물을 넘어서는 신앙의 강인함이 없이는 십자가를 넘어 하느님께 도달할 수 없고 그 원동력은 순교의 영성이 뒷받침되지 않으면 안 됩니다. **넷째**, 순교 정신은 선교를 가능하게 합니다. 순교의 어원은 신앙, 증거, 증언입니다. 신앙은 단지 나 혼자만 잘 살고 은총 많이 받기 위한 것이 아니라 이타적이고 적극적인 다가감입니다. 순교는 선교의 방법이고 결심입니다.

6. 이웃을 사랑함이 가장 큰 사랑이고 그 실행 방법이 선교입니다. 선교를 가능하게 하는 것이 순교의 영성이고 그것을 하느님의 선교라 합니다. 순교는 결코 과거에 대한 회상이나 추억이 아니고 역사적인 사건으로 돌아보는 것만도 아닙니다. 순교의 가치는 신앙의 현 주소를 물어보게 하는 가장 현실적인 영성입니다. 신앙의 가장 근본적인 문제, 곧 이 땅에 살고 있지만, 내세와 천상을 생각하게 하는 영성입니다. 그러므로 순교의 영성은 실존적이면서도 가장 궁극적이고 초월적인 가치를 지향합니다. 오늘 하루를 어떻게, 무엇을 지향하면서 살아내야 하는지를 가리키는 나침판의 역할이 순교의 정신이요 가치입니다.

7. 성경공부나 희생, 봉사, 기도, 미사참례 등 많은 신앙적, 신심적 활동이 있지만 신앙의 성숙도는 순교의 영성에 비례합니다. 실제 옛 교우촌 마을에 가서 구교 신자들과 이야기를 나누다 보면, 그들의 말속에 삶의 원천의식과 회귀적 영성의 지혜를 담고 있는데, 그들의 열심한 신앙은 바로 순교 영성에 그 뿌리를 두고 있습니다. 신앙생활을 열심히 하도록 강론대에서 훈계하고 독려하면 될 듯하지만 가장 빠른 길은 순교의 영성과 그 실천에 있습니다. 순교의 영성은 우리가 두 발을 딛고 살아도 마음은 '마음을 드높이, 주를 향하여'라는 방향성을 발견하고 사는 신앙여정, 인생여정인 것입니다.

120. 초기 박해시대에 신앙선조들은 미사 없이 신앙을 어떻게 지켰나요?(1)

1. 2020년, 교회 전례력으로는 예수 그리스도의 죽음과 부활을 묵상하는 사순 시기에 전 세계를 뒤흔든 코로나19의 영향으로 미사 없는 주일이 이어졌습니다. 가톨릭 신앙 안에서 미사는 신앙생활의 가장 중심이 되는 전례이기는 하지만, 신앙인인 우리는 미사를 드릴 수 없다고 해서 신앙생활을 소홀히 할 수는 없습니다. 한국 천주교회의 커다란 박해시기에 미사 참례를 할 수 없었던 신앙선조들은 어떻게 미사 없이 거룩하게 주일을 지키며 신앙생활을 할 수 있었는지 되살펴봅니다. 우리는 달력이나 휴대전화 등을 통해 쉽게 주일을 알 수 있습니다. 그리스도의 탄생을 기점으로 하는 서력기원, 즉 서기(西紀)를 사용하고 있기 때문입니다.

2. '주님의 해(Anno Domini)'라고도 불리는 서기는 한 주간을 7일로 구분하고, 매주의 첫날을 일요일, 즉 '주일'로 삼고 있습니다. 그러나 박해시대 때 우리나라에는 서기에 대한 개념이 없었습니다. 우리나라가 공식적으로 서기를 사용한 것은 1962년부터이며, 일요일이라는 개념이 도입된 것도 1895년입니다. 이전부터 음력을 사용해 오던 우리 선조들은 주일이 무엇인지도, 언제가 주일인지도 알 길이 없었습니다. 그러나 신앙선조들은 이미 자체적으로 주일을 지키고 있었습니다. 성호 이익의 제자인 홍유한은 1770년 교회서적에서 7일마다 주일이 돌아온다는 기록을 읽고, 매달 7·14·21·28일, 즉 7의 배수가 되는 날을 정해 일을 쉬고 기도에 전념했다고 전해집니다.

3. 사제는커녕 세례 받은 이도 없던 시대에 신앙선조들은 비록 주일의 정확한 날을 알지는 못했지만, 나름대로 요일을 계산해 주일을 지켰던 것입니다. 1780년대 초를 전후로 비로소 신앙선조들은 보다 정확하게 주일을 지킬 수 있게 됐는데, 바로 주일과 축일, 성경의 내용 등을 해설한 「성경직해」를 접하면서부터입니다. 「성경직해」는 "달 28개의 별자리 가운데 허성, 묘성, 성성, 방성 등 네 개의 별자리가 태양과 만나는 날"이라고 주일의 정확한 날짜를 동양의 천문학을 바탕으로 계산할 수 있도록 했습니다. 이 「성경직해」는 복자 최창현(요한)이 우리말로 번역해 박해가 시작됐을 때는 이미 신자들 사이에 널리 퍼져있었습니다.

4. 이후 신앙선조들은 주일뿐 아니라 양력으로 셈해야 하는 교회력의 축일까지도 삶 깊숙이 받아들였습니다. 신앙선조들은 순교자들이 선종한 날을 음력이 아닌 양력으로, 심지어 그날의 축일까지 기억하곤 했습니다. 기록에 따르면 1821년 복자 윤유오(야고보)가 "예수 승천축일 정오에 죽으리라는 생각이 든다."고 말하고, 실제로 그날 삼종기도를 바친 후 사망했다는 일화도 있습니다. 이처럼 당시에도 주일과 축일을 받아들여 신앙생활을 했음을 알 수 있습니다.

5. 이렇듯 신앙선조들이 달력 없이도 주일과 축일을 지낼 수 있었던 것은 첨례표(瞻禮表·祝日表) 덕분이었습니다. 이 첨례는 축일을 뜻하는 옛 용어로, 첨례표는 교회력에 따른 주요 축일을 기록한 한 장짜리 표입니다. 초기교회 지도자들은 신자들이 전례력에 따라 신앙생활을 할 수 있도록 첨례표를 제작해 보급했습니다. 첨례표의 정확한 보급 시기는 확인되지 않으나 1791년 하느님의 종 권일신(프란치스코 하비에르)의 집에서 「신혜첨례」라는 서적이 나온 것으로 봐서 당시 신자들이 이미 첨례표를 접했던 것으로 보입니다. 또 1801년 신유박해 당시 잡힌 신자 윤현의 압수품 목록에 첨례단(瞻禮單·첨례표와 같은 용도로 추정됨)이 있는 것으로 볼 때, 당시에 이미 첨례표가 상당히 보급됐던 것으로 추정됩니다.

121. 초기 박해시대에 신앙선조들은 미사 없이 신앙을 어떻게 지켰나요?(2)

1. 초기 한국 천주교회 박해시기에 선교사들이 목숨을 걸고 활동을 했지만, 주일에 미사를 드릴 수 있었던 신자는 한정적일 수밖에 없었습니다. 대부분의 신앙선조들은 미사 없이 주일을 보내야 했지만, 성사도 없는 어려움에도 불구하고 주일을 경건하고 거룩하게 보냈습니다. 신앙선조들은 주일이면 파공(罷工·주일과 대축일에 육체노동을 금함)을 지키고, 대송(代誦·교회법에서 규정한 주일 미사 참석의 의무를 지키지 못한 사람이 그것을 대신하여 기도를 바침)을 바쳤는데 대송으로는 「천주성교공과」에 수록된 '주일경'과 '축일 기도문'을 바쳤습니다.

2. 「천주성교공과」는 박해시대부터 사용해온 한국교회의 공식 기도서로, 이 책에서는 기도서가 없거나 글을 몰라 '주일경'과 '축일 기도문'을 바칠 수 없는

경우에는 성로선공(聖路善功), 즉 십자가의 길을 바치라고 하고 있습니다. 십자가의 길도 바칠 수 없다면, 주님의 기도 33번씩 두 번을 바치도록 했으며, 또 글을 아는 이들은 주일에 마땅히 성경을 읽고 아랫사람들에게 그 말씀을 가르치도록 권고하고 있습니다. 성 한이형(라우렌시오)은 주일과 축일에는 집에서 4km가량 떨어진 신자 마을을 찾아 신자들과 함께 기도했는데, 비가 오나 바람이 부나 거르는 일이 없었다고 합니다. 또 그는 밭일을 하며 생활했는데, 아무리 일이 바빠도 주일 파공을 철저히 지켜 주일에는 농사일을 쉬고 기도에 전념했다고 전해집니다.

3. 제4대 조선 대목구장이었던 성 장 시메온(베르뇌) 주교는 1857년 편지를 통해 당시 신자들이 미사 없이 주일을 보내는 모습을 묘사했는데, 그는 편지에서 "주일이 되면 신자들 12명 내지 15명이 어떤 때는 이 집에, 어떤 때는 저 집에 모이는데, 외교인들에게 미행당하지 않으려고 언제나 은밀히 모인다."며 "그들은 낮은 목소리로 기도를 외우고 그날의 복음 해설을 들으며, 나머지 시간은 묵주신공과 교리문답을 배우고, 아이들에게 교리문답을 가르치며 보낸다."라고 말하고 있습니다.

4. 신앙선조들은 주일에 정성을 다해 기도와 말씀 묵상을 바치는 한편, 그리스도가 부활한 기쁨을 나누는 날로 삼았습니다. 복자 원시보(야고보)는 주일과 축일이면 많은 사람들을 초대해 음식을 베풀곤 했습니다. 그는 사람들이 모이면 "오늘은 주님의 날이니 거룩한 기쁨으로 이날을 지내야 한다."하고 말하고, "또한 천주께서 주신 재산을 나눠 그분의 은혜에 감사해야 한다."라며 초대한 이들에게 천주교의 교리를 전하곤 했습니다. 양반 집안에서 행해온 접빈객(接賓客·손님을 접대함)을 통해 선행을 실천하며 신앙도 전파했던 것입니다.

5. 복자 이중배(마르티노)와 복자 원경도(요한)도 그리스도의 부활을 특별히 더 기념하는 주일, 즉 주님 부활 대축일을 맞아 그 기쁨을 나누던 중 체포됐습니다. 두 복자를 비롯한 경기도 여주 지역의 신자들은 주님 부활 대축일을 맞아 양섬에서 잔치를 열었고, 신자들은 큰 소리로 '알렐루야'와 '부활삼종기도'를 바치며 고기와 음식을 나누던 중 관헌들에게 붙잡혔습니다. 박해시대 신앙선

조들은 달력도 없고 사제도 없는 가운데에서도 박해를 하던 이들의 눈을 피해 주일을 지냈습니다.

6. 무엇보다도 성사를 갈망했던 우리의 신앙선조들은 실망하지 않고 경건한 마음으로 기도하고, 주일의 기쁨을 나누고, 선행을 실천하며 신앙심을 키워갔습니다. 신앙선조들은 혹독한 박해로 인해 주일 미사를 잃기도 하였지만, 주일의 정신은 잃지 않았던 것입니다. 몇년 전에 일어났던 코로나19의 확산으로, 1784년 한반도에 천주교가 전래되고, 1886년 천주교 신앙의 자유가 허용된 이후, 사실상 처음으로 전국적으로 미사 등 일상적 전례가 중단되는 일이 벌어졌었습니다. 전 세계적으로 번진 코로나19로 인해 경제는 둔화되고 일상적인 사회활동은 마비되었습니다. 교회활동도 위축되고 신앙생활도 많은 영향을 받아 무엇을 어떻게 해야 할지 모르는 혼돈에 빠지게 되었습니다. 그러나 미사 참례를 못한다고 해서, 피정이나 기도모임, 성지순례를 못한다고 해서 신앙생활이 무뎌지거나 약해져선 안 됩니다.

7. 신앙생활을 하는 방법은 생각보다 다양합니다. 앞서 말한 박해시대 신앙선조들의 신앙생활을 떠올려 보면, 코로나19로 인해 우리는 마치 또 다른 박해시대를 사는 것 같았습니다. 우리는 이럴 때일수록 복음적인 삶을 살아가는 데 빈틈이 없어야 하며, 주님의 일이 무엇인지, 우리 신앙이 어떤 모습인지 돌아볼 수 있는 소중한 기회로 삼아야 합니다. 영원한 생명을 지향하는 그리스도인들이기에, 신앙생활을 살펴보고 부족한 부분을 보충하는 노력을 늘 해야 하며, 혹시 우리가 행했던 자선과 기도와 단식이 지금까지는 주위 사람들을 의식한 겉치레 행위였다면 이번에는 제대로 한번 하느님 마음에 드는 자선과 기도와 단식을 해야 합니다.

8. 코로나19와 같은 상황이 우리의 신심을 훼손하게 놔둬선 안 되며, 미사 중단이 끝나고 모든 것이 정상으로 돌아왔을 때는, 오히려 영적으로 충만한 신앙인이 되어야 합니다. "주 너의 하느님께 경배하고 그분만을 섬기는"(마태 4,10 참조) 삶, 그리스도를 따르는 삶을 다시 한번 깊게 생각해 볼 시기였습니다. "우리는 온갖 환난을 겪어도 억눌리지 않고 난관에 부딪혀도 절망하지 않으며"(2코린 4,8) 주님과 함께 하는 주님을 향한 우리의 믿음과 희망, 사랑이 어떤 상태

인지 돌아볼 수 있는 기회를 주었던 코로나19가 그리스도인들에겐 또 하나의 신앙의 시험대였습니다.

122. 오늘날 최양업 신부의 시복추진은 어떻게 진행되고 있나요?(1) (부록 4 참조)

1. "저와 가련한 조선 신자들을 위해 많이 기도해 주십시오."[238] 최양업 신부님은 스승 신부들에게 서한을 쓸 때마다 항상 자신과 조선 천주교회를 위해 기도해 달라고 간청했습니다. 그의 이 간절한 바람대로 지금은 최양업 신부님을 위한 열성적인 기도가 그 어느 때보다 필요한 때입니다. 최양업 신부님의 시복 심사가 현재 교황청 시성부에서 진행되고 있기 때문입니다.

2. 최양업 신부님의 시복 시성은 한국 천주교회의 오랜 염원입니다. 순교자가 아닌 최양업 신부님이 복자품을 받기 위해서는 시복 시성 절차법에 따라 그의 전구로 얻게 된 1개의 기적 사례가, 성인품을 받기 위해선 2개의 기적 사례가 있어야 합니다. 하지만 교황청 시성부의 시복 심사에서 기적 사례 못지않게 중요하게 보는 요소가 있습니다. 바로 한국 천주교회 신자들이 최양업 신부님을 얼마나 현양하고 있는가를 판단하는 것입니다.

3. 한국 천주교회 신자들이 얼마만큼 최양업 신부님의 신앙 모범을 따르고 있는지, 최양업 신부님의 시복 시성을 위해 얼마만큼 정성으로 기도하는지, 또 그의 전구를 통해 얼마만큼 하느님께 기도하고 있는지, 그리고 그를 기억하기 위해 얼마만큼 순례를 하고 있는지가 중요한 심사 기준이 됩니다. 교황청 시성부는 '기도 없이는 시복이 어렵다'고 하면서 '한국 천주교회가 최양업 신부님의 시복을 위해 기도를 많이 해야 한다'며 신자들의 기도를 당부했습니다.

4. 이런 이유로 한국천주교주교회의는 정기총회에서 '가경자 최양업 신부 시복 시성 기도문'을 새롭게 인준 발표했습니다. 한국 천주교회 신자 모두의 기도를 더욱 한 데 모으기 위함입니다. 한국 주교단이 함께 문장을 다듬고, 가장 좋은 언어로 정성 들여 작성한 기도문입니다. 이 기도문을 발표하면서 "우리가 모두 최양업 신부님을 향한 존경심을 갖고 순례하고, 연구해 나아가는 것

---

238) 리브와 신부에게 보낸 최양업 신부의 1854년 11월 4일 자 서한

이 시복 시성 추진운동 중의 중요한 요소"라며 "한국 천주교회는 최양업 신부님의 시복 시성을 위한 더욱 절실한 기도와 현양운동을 펼쳐 나갈 것"이라고 밝혔습니다.

5. 최양업 신부님은 단순히 한국인 두 번째 사제라서 시복 시성 대상자가 된 것이 아닙니다. 최양업 신부님은 조선 시대 박해 상황에서 해마다 7,000리, 곧 2,800㎞를 걸으며 예수 그리스도의 복음을 선포하고, 신자들의 영적 선익을 위해 성사를 집전한 '참 사제'였습니다. 또 신자들의 신앙 교육을 위해 우리말 기도문과 교리서를 간행·보급했고, 주님과 성모님을 향한 사랑에 기초한 성덕으로 모든 이에게 하느님의 자비를 실천한 '신앙의 증거자'였습니다. 그래서 한국 천주교회는 하느님과 우리를 사랑과 친교의 끈으로 이어줄 최양업 신부님의 시복 시성을 추진하는 것입니다.

123. 오늘날 최양업 신부의 시복추진은 어떻게 진행되고 있나요?(2)

1. 프란치스코 교황은 2016년 4월 26일 최양업 신부님의 '영웅적 덕행'을 인정해 '가경자'(可敬者, Venerable)로 선포했습니다. 가경자는 '가히 공경할 만한 대상'이란 뜻으로, '하느님의 종'이 교황청 시성부 시복 심사를 통해 순교 사실을 인정받거나, 증거자로서 영웅적 덕행의 삶을 산 것을 인정받는 때부터 붙이는 칭호입니다.

2. 최양업 신부님의 가경자 선포는 오랜 시간 시복 추진에 매진해 온 한국 천주교회의 결실입니다. 최양업 신부님의 시복 추진은 1995년 봄 청주교구 배티성지가 한국교회사연구소와 협의해 최양업 신부님 전기 자료집을 간행하면서 시작됐습니다. 이후 2001년 주교회의 시복시성주교특별위원회가 최양업 신부님 시복 시성 안건의 청구인이 되기로 하면서 공식 절차에 돌입했습니다.

3. 한국천주교주교회의는 2005년 시복 법정을 열고, 2009년 법정을 종료해 시복 심사 문서를 교황청 시성부에 제출했습니다. 2014년 8월 시복 안건 최종 심사 자료인 교황청 시성부 '포지시오'(Positio)가 통과됐고, 시성부 역사위원회와 신학위원회 심의가 잇따라 열렸습니다. 그리고 2016년 3월 추기경과 주교들이 '성덕 심사'를 통과한 후 그해 4월 가경자로 선포됐습니다. 이제 최양

업 신부님의 시복은 그의 전구를 통해 일어난 치유 기적 1건을 입증하는 일만 남았습니다.

4. 최양업 신부님의 시복 시성을 위해 가장 필요한 것은 신자들의 끊임없는 기도와 현양 운동입니다. 오늘을 사는 우리는 기도와 최양업 신부님의 삶을 더욱 구체적으로 돌아보는 순례를 통해 매일 그분을 만날 수 있습니다. 최양업 신부님의 삶과 영성을 가장 잘 알 수 있는 서적은 바로 「가경자 최양업 토마스 신부의 서한집」입니다. 청주교구 배티성지 양업교회사연구소가 펴낸 최양업 신부의 라틴어 친필 서한을 우리말로 옮긴 서한집입니다.

5. 또 청주교구가 펴낸 최양업 신부 전기 자료집인 「스승과 동료 성직자들의 서한」과 「증언록과 교회사 자료」는 최양업 신부님을 제대로 알기 위해 반드시 읽어야 할 책입니다. 최양업 신부 서한집은 고(故) 정진석 추기경이 번역해 바오로딸이 출판한 「너는 주추 놓고 나는 세우고」도 있습니다. 아울러 청주교구 배티성지 양업교회사연구소 소장이 저술한 「김대건·최양업 신부 연구」도 추천합니다.

6. 최양업 신부님 사목지와 관련 성지를 순례하는데 길잡이 역할을 해줄 「희망의 순례자」도 꼭 챙기길 권합니다. 원주교구 배론성지에서 펴낸 이 책은 최양업 신부님 사목지와 관련 성지 30곳을 소개하고 있습니다. 이 책을 따라 최양업 신부님 현양 순례를 시작해 배론성지에서 여정을 마치고 책자를 제출하면 순례 완주증명서와 함께 원주교구장 명의의 축복장과 기념품을 받을 수 있습니다. 한국 천주교회의 많은 신자들이 이들 추천 도서를 통해 최양업 신부님을 제대로 알고, 그의 덕행을 본받아 이를 실천하고, 그의 전구로 이 땅에 하느님 나라가 완성되길 희망합니다.

7. "순교자들의 임금이신 주님, 영원으로부터 감추어진 십자가의 권능과 지혜를 제 마음 안에 부어 주시어 당신의 발자취를 따름으로써 저로 하여금 당신의 거룩한 십자가의 종들과 함께 당신의 거룩한 마음과 지극히 복되신 성모님의 달고 단 사랑과 순교자들의 공로를 통하여 현세에서는 전우가 되게 하시고, 후세에서는 공동 상속자가 되게 하소서. 아멘."(「기해·병오박해 순교자들의 행적」 후기에 최양업 신부님이 라틴말로 쓴 기도문)

124. 오늘날 최양업 신부의 시복추진은 어떻게 진행되고 있나요?(3)

1. 지난 2022년 6월 15일, 서울에서 시작하여 충북 제천, 진천을 거쳐 울산 울주까지 이어지는 전국 30개 성지를 순례하는 특별한 여정이 시작됐습니다. '희망의 순례'라고 이름 붙여진 이 순례에는 수리산성지, 배티성지, 배론성지 등이 포함됐습니다. '땀의 순교자' 최양업 신부님의 발자취를 신자들이 동행하고자 나선 것입니다. 신자들을 만나 기쁨을 나누고, 핍박받는 신자들을 보며 슬퍼하기도 했던 흔적이 남아있는 땅을 밟으며 신자들은 164여 년 전 세상을 떠난 최양업 신부님과 만나고 있었습니다. 최양업 신부님의 시복에 한걸음 더 가까이 가기 위한 신자들의 노력은 각자의 자리에서 꾸준히 이어지고 있습니다.

2. 최양업 신부님의 시복을 위한 구체적인 준비는 주교회의 차원에서 이루어졌지만, 각자의 자리에서 기도를 멈추지 않았던 신자들의 노력도 가경자 선포에 큰 힘이 되었습니다. 최양업 신부님의 시복 절차가 진행되는 동안 한국 천주교회는 보다 많은 교회 구성원들이 최양업 신부님의 삶과 숭고한 신앙 정신을 잘 이해할 수 있도록 여러 노력을 기울였습니다. 시복 추진의 목적은 현재를 살아가고 있는 신앙 후손들이 최양업 신부님의 모범을 본받아 거룩하고 복음적인 삶을 증언하고 살아가도록 하는데 있기 때문입니다.

3. 청주교구는 최양업 신부님의 시복을 위한 전기 자료집을 준비하며 1996년 9월 20일, 배티성지에서 신앙대회를 열고 시복을 위한 기틀을 다졌습니다. 1999년 12월 3일 청주교구에 세워진 양업교회사연구소는 최양업 신부님에 대한 연구 활동에 활력을 불어넣었습니다. 최양업 신부님 탄생 180주년과 185주년을 맞아 심포지엄을 개최했을 뿐만 아니라 2011년에는 최양업 신부님 선종 150주년을 기념해 최양업 신부님의 삶과 신앙을 담은 영상 다큐멘터리를 제작했습니다.

4. 최양업 신부님 시복을 위한 현양 운동이 본격화된 1990년대 후반 이후로 시작된 도보 순례에도 신자들의 발길이 끊이지 않았습니다. 청주교구는 2011년 '양업순례단'을 꾸려 순례와 공부를 함께할 수 있는 자리를 마련했습니다. 양업교회사연구소의 해설을 들으며 최양업 신부님의 여정을 동행하는 신자들

은 최양업 신부님의 선교 열정과 정신을 현양하고 있습니다. 부산교구 울산대리구는 2013년 11월 대리구장과 함께 걷는 양업길을 열고 신자들의 순교신심을 고취시켰습니다.
5. 원주교구 배론성지는 최양업 신부님의 발자취가 남아있는 성지, 교우촌, 성당 30곳이 포함된 희망의 순례를 2022년 6월에 시작했습니다. 탄생지인 다락골성지에서 묘소가 있는 배론성지까지 30곳의 장소를 걸으며 신자들은 최양업 신부님의 시복을 위해 기도했습니다. 최양업 신부님의 숨결을 느낄 수 있는 공간들도 전국 곳곳에 세워졌습니다.
6. 최양업 신부님이 신학생을 지도한 신학교가 있었던 배티성지는 2001년에 옛 초가 성당 겸 사제관을 재현했습니다. 또한 2014년 4월에는 최양업 신부님과 관련된 자료를 전시한 박물관도 개관했습니다. 원주교구도 2004년 배론성지에 최양업 신부님 생애를 조각으로 꾸민 공원을 세웠습니다. 최양업 신부님의 탄생지인 청양 다락골성지에는 2019년 10월 최양업 신부 기념관이 세워졌습니다. 또한 최양업 신부님의 생가터인 새터에는 최양업 신부님 탄생 200주년 기념경당이 세워졌습니다.

125. 오늘날 최양업 신부의 시복추진은 어떻게 진행되고 있나요?(4)

1. 최양업 신부님의 시복을 위해서는 기적심사 통과가 필요합니다. 이에 주교회의 시복시성주교특별위원회는 2015년부터 2016년까지 국내 기적 심사 재판을 진행해 그 결과를 교황청 시성부에 제출했습니다. 하지만 이에 대하여 공식적인 기적으로 인정할 수 있는 증거 능력이 부족하다는 회신을 2022년 5월에 전달받았습니다.
2. 이에 한국 주교단은 그 해 10월 14일 '가경자 최양업 토마스 신부님의 시복을 위한 기적 심사를 새롭게 추진하며'라는 주제로 담화를 발표하고, 이번 결과에 결코 실망하지 않고 더욱 큰 정성과 열정으로 최양업 신부님의 시복을 위해 노력할 것을 다시금 다짐했습니다.
3. 최양업 신부님의 시복을 위한 의지를 재확인한 한국 주교단은 특히 신자들이 이 새로운 여정에 함께 해주길 청했습니다. 한마음으로 바치는 기도만큼 큰

힘이 되는 것은 없기 때문입니다. 한국 주교단은 "무엇보다 저마다의 자리에서 최양업 신부님의 시복을 염원하는 시복 시성 기도문을 한마음으로 바치도록 하자"라며 "최양업 신부님과 연관된 성지를 방문해 기도하는 것도 좋겠으며, 최양업 신부님께 전구를 청하는 기도를 바치기를 바란다."고 말했습니다.

4. 우리 신자들이 전구를 청하는 기도는 특별히 위중한 질병을 앓고 있는 본인이나 가족, 지인의 기적적 치유를 위하여 최양업 신부님께 전구를 청하는 기도를 바치면 됩니다. 간절한 마음으로 바치는 기도라면 시간과 장소에 구애됨이 없이 어떤 형식과 내용으로도 가능하며, 여건이 허락된다면 최양업 신부님 관련 성지에서 구체적인 사람의 치유를 지향하는 주모경, 묵주기도 등과 함께 가경자 최양업 토마스 신부 시복 시성 기도문을 바치기를 권고하고 있습니다.

5. 또한 최양업 신부님께 전구를 청하여 얻은 다양한 은총 체험 가운데, 특히 기적적으로 치유된 사례를 수집하고 입증하는 절차가 필요합니다. 과학적으로 설명할 수 없는 기적적 치유라는 사실의 입증을 위해서는 질병의 심각성과 치료 이력에 대한 의학 자료가 있어야 하며, 이를 통해 초자연적 치유라는 사실이 입증되어야 합니다.

6. 이와 같이 전구로 이루어진 치유의 은총 체험이 있는 경우에는 한국천주교주교회의 시복시성주교특별위원회로 알려 주기를 당부하고 있습니다. 위의 내용대로 최양업 토마스 신부님의 시복 시성을 위한 일에 한마음 한뜻이 되어 전 신자들의 관심과 힘을 모아야 할 때입니다.

126. 오늘날 순교자들을 기리는 성지와 순례지, 순교사적지는 어떻게 다른가요?

1. 성지(聖地, Holy Land)와 순례지(巡禮地)와 순교사적지(殉敎史跡地)에 대한 차이점을 살펴보면, **성지에 대한 첫 번째 의미**는 원래 예수님께서 태어나시고 활동하시다가 돌아가시고 부활하신 땅을 통틀어 일컫는 표현입니다. 이 땅은 구약성경에서 하느님께서 이스라엘 백성에게 약속하신 가나안 땅이기도 합니다. 이 땅을 교회에서는 라틴말로 '팔레스티나'라고 불러왔는데, 오늘날 이스라엘과 팔레스타인 자치지구 전체를 가리킵니다. 이렇게 '약속의 땅', '거

룩한 땅'인 성지는 예수님의 삶과 죽음 그리고 활동 무대인 팔레스티나 전체를 가리키지만, 좀 더 좁은 의미에서 거룩한 장소(터)를 가리키는 성지(聖址, Holy Place)도 있습니다.

2. 이것은 팔레스티나 전체가 아니라 팔레스티나에서 예수님의 삶과 죽음과 관련되는 특정한 장소나 지역을 가리킵니다. 예를 들면, 베들레헴 동굴, 나자렛, 타볼산, 갈릴래아 호수, 베타니아, 겟세마니 등지를 말합니다. **성지에 대한 두 번째 의미**는 세월이 점차 흐르면서 예수님과 관련되는 곳만이 아니라 성모님 발현지, 사도들의 활동지, 순교자나 성인들 순교지나 묘소, 하느님 은총으로 이적(異蹟)이 일어난 곳, 유서 깊은 성당 등에도 적용되기 시작했습니다. 팔레스티나를 가리키는 성지(聖地, Holy Land)와 거룩한 장소를 가리키는 성지(聖址, Holy Place)는 영어나 한자어로는 명확하게 구별이 되지만 우리말로는 구별이 되지 않습니다.

3. 그래서 「한국가톨릭대사전」에서는 거룩한 장소를 나타내는 두 번째 의미의 성지(聖址)를 성역(聖域)으로 바꿔 표현하고 있습니다. 하지만 이런 구별은 아무래도 복잡합니다. 그래선지 한국천주교주교회의 용어위원회는 성지(聖地, Holy Land)는 본래 예수님과 관련된 이스라엘 땅 팔레스티나를 말하지만, 성모님이나 성인 또는 순교자 관련된 순례지나 순교사적지를 일반적으로 성지(聖地, Holy Land)라고 하는 것에 대하여는 문제 삼지 않는다고 정리했습니다. 따라서 한국 천주교회에서는 팔레스티나 곧 이스라엘 땅뿐 아니라 성모님과 성인들, 순교자들과 관련된 순례지나 순교사적지까지 다 포함해서 성지(聖地, Holy Land)라고 부를 수 있도록 한 것입니다.

4. 한국천주교주교회의 순교자현양과 성지순례사목위원회에서 정리한 내용을 다시 살펴보면, **한국의 성지란** 103위 한국 순교성인, 124위 한국 순교복자, 하느님의 종들이 순교했거나 그들의 유해, 무덤이 있는 장소이면서 그들을 공경하는 전례가 지속적으로 이루어지는 곳을 말합니다. 한편, **한국의 순례지란** "많은 신자들이 교구 직권자의 승인 아래 특별한 신심 때문에 빈번히 순례하는 성당이나 그 밖의 거룩한 장소를 뜻한다."고 교회법은 규정하고 있고 순교자들과 직접 관련은 없지만 그들의 삶과 영성이 담겨 있는 곳, 또는 교구

직권자가 신자들의 영적 선익을 위하여 지정한 장소를 말합니다.
5. 조금 더 풀어서 설명하자면, 성인이나 순교자 무덤이나 순교지가 아니더라도 성인 유해가 모셔져 있는 곳, 성모님의 발현이 일어난 곳, 성체 기적 같은 특별한 기적이 일어난 곳 등에는, 많은 신자들이 찾아가 성인 유해를 참배하며 특별한 공경을 바치거나, 그 일이 일어난 의미를 되새기며 신앙을 키우곤 하는데, 이런 곳들에 대해서 교회가 공식으로 순례지로 인정할 경우에 순례지가 되는 것입니다. 이 순례지는 교구가 인정하면 교구 순례지로, 그 나라 주교회의가 인정하면 국제 순례지가 됩니다. 국제 순례지가 되려면 교황청 승인을 받아야 합니다.
6. 우리나라에는 국제 순례지로 서울 대교구의 서울 순례길이 2018년 9월 14일 교황청 공식 순례지로 선포되었습니다. 또한, **한국의 순교사적지란** 순교자들의 생가, 생활 터전, 옥살이했던 감영, 순교자 기념 성당이나 장소 등 국내 순교자들과 연관된 장소를 말합니다. 우리나라에는 2020년 10월 현재 한국천주교주교회의에서 공인된 성지는 54곳이며, 순례지는 46곳이고, 순교사적지는 67곳으로 합계 167곳입니다.

127. 성지순례를 하는 우리 신앙인들의 마음자세는 어떠해야 하나요?

1. 최근 들어 우리 가톨릭 신자들이 국내에 있는 성지와 순례지와 순교사적지를 꾸준히 순례하는 시간이 많아지면서, 자연히 성지와 순례지와 순교사적지에 대한 관심도 커지고 있습니다. 우리 한국 천주교회는 오랫동안 혹독한 박해를 받았고, 이 때문에 신앙선조들은 그리스도를 따를 것인가 아니면, 세상을 따를 것인가 중에서 하나를 선택해야만 했습니다. 놀랍게도 많은 신앙선조들은 애주만유지상(愛主萬有之上)의 정신으로 그리스도를 모든 것 위에 최우선으로 모시고 엄청난 희생을 치르셨습니다.
2. 그리스도를 위해서 특권과 명예, 재산과 땅을 포기하셨고, 나아가 목숨마저 바치셨습니다. 그분들은 과연 그리스도를 위해 사셨고, 그리스도를 위해 죽으셨습니다(로마 14,8 참조). 신앙선조들의 이런 고귀한 희생으로 오늘날 한국 천주교회는 크게 성장할 수 있었습니다. 신앙선조들 한 분 한 분의 삶을 깊이 들

여다보면, 그분들의 굳은 신앙심에 절로 고개가 숙여집니다. 그리스도의 이름 때문에 모진 박해 속에서 극심한 고통을 받으셔야 했을 뿐만 아니라, 우리가 길이 이어받아야 하는 훌륭한 유산을 남기셨기 때문입니다. 프란치스코 교황께서는 지난 2014년 124위 한국 순교복자 시복 미사 강론에서 그 유산에 대해 말씀하신 적이 있습니다.

3. "이 땅에 믿음의 첫 씨앗들이 뿌려진 지 얼마 지나지 않아 순교자들과 그리스도인 공동체는 예수님을 따를 것인가 아니면 세상을 따를 것인가 중에서 하나를 선택해야만 했습니다. 그들은 당신 때문에 세상이 그들을 미워할 것이라는 주님의 경고를(요한 17,14 참조) 들었습니다. 그들은 예수님의 제자 됨의 대가가 무엇인지를 알았던 것입니다. 많은 사람에게 이것은 박해를 의미했고, 또 나중에는 산속으로 들어가 교우촌을 이루게 됨을 의미했습니다. 그들은 엄청난 희생을 치를 각오가 되어 있었습니다. 그리고 그리스도에게서 그들을 멀어지게 할 수 있는 그 어떤 것도, 즉 재산과 땅, 특권과 명예 등 모든 것을 포기하고자 했습니다. 그들은 오직 그리스도 한 분만이 그들의 진정한 보화임을 알았기 때문입니다."

4. 그것은 "진리를 찾는 올곧은 마음, 종교의 고귀한 원칙들에 대한 충실성, 애덕과 모든 이를 향한 연대성"입니다. 이런 유산은 오늘날 우리 교우들이 신앙을 굳게 지키며 더욱 정의롭고 자유로우며 화해를 이루는 사회를 건설하는 데 많은 영감을 주고 있습니다. 성지를 찾아 순교성인들의 삶을 묵상하면서 우리 신앙을 굳게 하는 것은 대단히 긍정적이고 바람직한 일입니다. 하지만 반드시 알아야 할 것이 있습니다. 어느 성지를 가든지, 어느 순례지나 순교사적지를 가든지 간에 성지순례의 최종 목적은 그 성지와 관련되는 성인의 신심이 아니라, 우리 신앙의 중심이며, 본질이요 목적인 예수 그리스도이시라는 것입니다.

5. 물론 성지마다 다른 성지와 구별되는 영성적 또는 신심적 특징이 있고, 해당 성지에서는 그런 특징들을 부각시키는 것이 당연한 것입니다. 그러나 성지순례를 통한 신심 행위가 자칫 달을 향하기보다는 달을 가리키는 손가락만을 향할 우려가 있습니다. 예수 그리스도께서는 일상에 지쳐있는 우리를 성지순

례를 통하여 당신 자신께로 초대하고 계십니다. 그분의 초대에 훌륭한 신앙선조들의 유산을 물려받은 우리 후손들은 기꺼이 응답해야만 합니다. 성지순례를 하는 신자들뿐만 아니라 성지나 순례지 그리고 순교사적지 사목을 담당하는 사목자들도 이를 좀 더 유념해서 성지순례 신심이 올바로 고양될 수 있도록 함께 노력했으면 합니다.

128. 성지순례를 하면서 한국 순교자들에게 바치는 기도는 어떤 내용인가요?

○ 이 땅의 모든 순교자여,
　　당신들은 하느님의 은총에 힘입어
　　굳은 신앙으로
　　예수 그리스도의 사랑과
　　복음과 교회를 위하여
　　피를 흘리셨나이다.
● 저희는 현세에서 악의 세력과 치열하게 싸우며
　　당신들이 거두신 승리의 영광을 노래하고
　　모든 선의 근원이신 하느님을 찬양하오니
　　저희를 위하여 빌어 주소서.
○ 위대하신 순교자들이여,
　　천상의 모후이신 성모 마리아와 함께
　　저희를 위하여 빌어 주시어
　　하느님의 자비를 얻어 주소서.
● 지금도 어둠의 세력이
　　교회를 박해하고 있사오니
　　하느님께서 전능하신 팔로 교회를 붙들어 보호하시며
　　아직 어둠 속에 있는 지역에까지
　　널리 펴시도록 빌어 주소서.
○ 용감하신 순교자들이여, 특별히 청하오니
　　우리나라를 위하여 하느님께 빌어 주소서.

- 당신들은 이 땅에서
  많은 고난을 겪으며 사시다가
  목숨까지 바치셨으니
○ 전능하신 하느님께 빌어 주시어
  교회를 이 땅에서 날로 자라게 하시며
  사제와 수도자를 많이 나게 하시고
- 신자들이 주님의 계명을 잘 지키고
  냉담 교우들은 다시 열심해지며
  갈린 형제들은 같은 믿음으로 하나 되고
  비신자들은 참신앙으로 하느님을 알아
  천지의 창조주
  인류의 구세주를 찾아오게 하소서.
○ 참으로 영광스러운 순교자들이여,
  저희도 그 영광을 생각하며 기뻐하나이다.
  간절히 청하오니
  자비로우신 하느님 아버지께 빌어 주시어
  저희와 친척과 은인들에게
  필요한 은혜를 얻어 주소서.
- 또한 저희가 죽을 때까지
  예수 그리스도를 한결같이 믿어 증언하며
  비록 피는 흘리지 못할지라도
  주님의 은총을 입어 선종하게 하소서.
○ 성 김대건 안드레아와 성 정하상 바오로와
  동료 순교자들이여,
- 저희를 위하여 빌어 주소서.

129. 우리가 바치는 최양업 신부의 시복 시성을 위한 기도문은 어떤 내용인가요?

지극히 좋으신 하느님,

최양업 토마스 신부를 박해로 고통 받는 교회의
든든한 목자로 세워 주셨음에 감사드리나이다.

모든 교우들이 오로지 하느님 자비에 희망을 두고
박해를 피해 산골 깊이 숨어 신앙을 지켜야 했던 시대에
최양업 토마스 신부는 주님을 닮은 착한 목자로
목숨이 다할 때까지 쉼 없이 양들을 찾아 복음을 전하고
주님께서 이루신 구원의 은총을 전했나이다.

자비로우신 하느님 아버지, 간절히 청하오니
가경자 최양업 토마스 신부에게 시복 시성의 은혜를 허락하시어
그에게 주셨던 굳건한 믿음과 온전한 헌신의 정신을 본받아
오늘 저희도 한마음으로 복음을 살고 전하는 일꾼이 되게 하소서.

저희는 가경자 최양업 신부의 시복 시성의 은총을 빌며
그의 전구에 힘입어 (를 위하여) 기도드리오니 들어주소서.
우리 주 그리스도를 통하여 비나이다.
아멘.
(한국천주교주교회의 2022년 춘계 정기총회 승인)

130. 최양업 신부와 관련된 순례지는 어디인가요?(1) (부록 1 참조)

1. **서울대교구**에는 ①종로성당(서울시 종로구 동순라길 8 02-765-6101) ②주교좌명동대성당(서울시 중구 명동길 74 02-774-1784) ③당고개(용산)순교성지(서울시 용산구 청파로 139-26 02-711-0933) ④한국 순교자 103위 시성 터(서울시 영등포구 여의공원로 68 여의도공원 잔디마당 언덕) ⑤한국 순교자 124위 시복 터(서울시 종로구 세종로 광화문광장)의 5곳 순례지가 포함되어 있습니다.

2. **①종로성당**은 최양업 신부님의 아버지 최경환 프란치스코 성인과 어머니 이

성례 마리아 복자와 관련된 순례지입니다. 최경환 프란치스코 성인과 이성례 마리아 복자는 1839년 기해박해 때 자식들과 서울에 있는 포도청으로 압송되었습니다. 최경환 프란치스코 성인은 계속되는 문초와 고문에도 신앙을 포기하지 않았고 결국 두 달여 만에 순교하였습니다. 종로성당은 서울의 좌우포도청과 의금부, 형조, 전옥서 등을 아우르는 포도청 순례지 성당입니다.

3. **②주교좌명동대성당**은 한국 천주교회의 상징이자 한국 신앙 공동체가 탄생한 뜻깊은 곳으로 주교좌명동대성당 지하묘역에는 최경환 프란치스코 성인의 유해가 모셔져 있으며, **③당고개(용산)순교성지**는 이성례 마리아 복자와 다른 9명의 교우들이 1839년 기해박해 때 순교한 곳입니다. **④한국 순교자 103위 시성 터**에서 최경환 프란치스코 성인은 1984년 성 요한 바오로 2세 교황에 의해 서울 여의도광장에서 102위와 함께 시성됐고, **⑤한국 순교자 124위 시복 터**에서 이성례 마리아 복자는 2014년 프란치스코 교황에 의해 서울 광화문광장에서 123위와 함께 시복됐습니다.

131. 최양업 신부와 관련된 순례지는 어디인가요?(2)

1. **인천·수원·의정부교구**에는 ①인천교구 접푸리 교우촌(인천시 서구 도요지로 540 032-560-2932) ②수원교구 안양 수리산성지(경기도 안양시 만안구 별목안로 408 031-449-2842) ③수원교구 용인 손골성지(경기도 용인시 수지구 동천로 437번길 67 031-263-1242) ④수원교구 용인 한덕골 교우촌(경기도 용인시 처인구 이도읍 묵리 619-1) ⑤의정부교구 황해도 교우촌(경기도 파주시 탄현면 성동로 111 031-941-3159 의정부교구 참회와 속죄의 성당으로 대신)의 5곳 순례지가 있습니다.

2. **①접푸리 교우촌**은 최양업 신부님이 한국인 최초의 신학생으로 선발된 곳입니다. 1836년 2월, 접푸리에서 신학생으로 선발된 최양업 신부님은 점점 어려워지는 집안 살림에도 꿋꿋하게 신앙을 지키며 살았고 같은 해 1836년 12월 유학을 떠나게 됩니다. 접푸리의 정확한 위치는 확인하기 어렵지만, 현재 녹청자박물관 일대인 것으로 여겨집니다.

3. **②안양 수리산성지**는 최양업 신부님이 유학을 떠난 후 부친 최경환 프란치

스코 성인이 가족들을 이끌고 이주해 교우촌 공소회장까지 지낸 곳입니다. 1849년 조선으로 돌아온 최양업 신부님은 수리산을 방문할 때마다 부친 묘소에서 남은 가족들과 기도를 드렸다고 전해집니다. 또한 이곳은 최경환 프란치스코 성인이 교우촌을 일군 곳이자 묻힌 곳이기도 합니다. 최양업 신부님이 1832년경 가족과 함께 수리산 뒤뜽이로 이주해 생활하다 1836년 신학생으로 선발되었습니다. 성지에는 최경환 프란치스코 성인의 묘역과 순례자 성당, 최경환 프란치스코 성인 생가 기념성당 등이 조성돼 있습니다.

4. ③**용인 손골성지**는 프랑스 선교사들이 조선에 입국한 뒤 조선의 언어와 풍습을 익히던 곳입니다. 최양업 신부님이 조선 귀국 후 손골에 묵고 있던 페롱 신부를 만나 조선에서 사목활동을 펼치는데 따르는 어려움과 외로움을 서로 나누며 공감하였습니다(1857년 9월 14일자 서한 참조). ④**용인 한덕골 교우촌** 역시 최양업 신부님이 1849년 4월 상해에서 사제품을 받고 그해 12월 의주를 통해 귀국한 뒤 며칠간 머물며 작은 아버지인 최영겸 베드로가 살던 한덕골 교우촌을 방문하여 형제들을 만나 위로했던 곳입니다.

5. ⑤**황해도 교우촌**(의정부교구 참회와 속죄의 성당으로 대신)에서 최양업 신부님은 1856년 가을 서울에서 유배된 여인과 신자 가족이 머물던 황해도의 작은 교우촌을 방문해 어른 30여 명에게 세례를 준 일이 있습니다. 황해도 교우촌은 2018년 6월 '북한 지역 순교자들을 위한 순례지'로 선포된 '참회와 속죄의 성당'을 순례하는 것으로 대신합니다.

132. 최양업 신부와 관련된 순례지는 어디인가요?(3)

1. **춘천·원주교구**에는 ①춘천교구 철원 김성 교우촌(강원도 철원군 서면 와수1로 95 033-458-2179 김화성당으로 대신) ②춘천교구 화천 만산 교우촌(경기도 화천군 상서면 구운리 992-1) ③원주교구 서지 교우촌(강원도 원주시 부론면 손비로 330-1 033-745-3217) ④원주교구 제천 배론성지(충북 제천시 봉양읍 배론성지길 296 043-651-4527) 4곳이 있습니다. ①**철원 김성 교우촌**(김화성당으로 대신)은 서울에서 살던 최양업 신부님과 가족들이 천주교 신자임이 밝혀지자 이주한 곳입니다. 최양업 신부님과 가족들은 1828년에서

1835년까지 김성 교우촌에서 궁핍한 생활을 하면서도 신앙을 지켰습니다. 김성 교우촌은 현재 북한 지역이므로 김화성당을 순례하는 것으로 대신합니다.

2. ②화천 만산 교우촌은 최양업 신부님이 사흘 길을 걸어 가난한 다섯 가정에게 성사를 집전했던 곳입니다. 최양업 신부님의 1857년 9월 14일 자 서한에는 만산 교우촌이 '조선의 알프스산맥'이라고 부를 만큼 아주 높은 산지라고 말하고 있습니다. 만산 교우촌의 정확한 위치는 분명치 않으며 표지판이 있는(구운리 992-1) 일대가 교우촌이었을 것으로 여겨집니다.

3. ③서지 교우촌은 최양업 신부님의 먼 친척인 최해성(요한) 복자가 살던 곳입니다. 최해성(요한)은 서지마을에 작은 교우촌을 만들어 이웃들에게 교리를 가르치고 착한 표양으로 모든 이의 귀감이 되었습니다. 1856년 9월 13일 자 서한에 최해성에 관한 이야기가 전해집니다. ④제천 배론성지는 1861년 6월 15일에 문경 진안리 일대에서 선종한 최양업 신부님의 묘소와 하느님의 종 황사영 알렉시오가 백서를 쓴 토굴이 있는 곳입니다. 최양업 신부님은 1849년 사제품을 받은 후 12년 동안 교우촌을 찾아 해마다 7천리(2,800km) 길을 걸어 양들을 보살피어 착한 목자의 본보기 되었습니다.

133. 최양업 신부와 관련된 순례지는 어디인가요?(4)

1. 최양업 신부님의 출생지인 **대전교구**에는 가장 많은 순례지가 있는데 ①청양 다락골성지(충남 청양군 화성면 다락골길 78-6 041-943-8123) ②부여 도앙골성지(충남 부여군 내산면 금지로 302 041-836-9625) ③아산 남방제성지(충남 아산시 신창면 서부북로 763-42 041-534-2324 온양 신정동 성당) ④천안 성거산성지(충남 천안시 서북구 입장면 위례산길 394 041-584-7199) ⑤금산 진밭들 교우촌(충남 금산군 진산면 실학로 257-8 041-752-6249) ⑥서천 불무골 교우촌(충남 서천군 판교면 흥림리 산 84-1 041-951-9014 서천성당) ⑦서천 산막골 교우촌(충남 서천군 판교면 금덕길81번길 117 041-951-2089)의 7곳이 있습니다.

2. ①**청양 다락골성지**는 최양업 신부님의 조부 최인주가 정착하면서 교우촌으로 변모한 마을입니다. 다락골의 초입에 있는 '새터'는 최인주의 가족이 정착

한 곳이자 아버지 최경환 성인이 태어난 곳이며 1821년 3월 1일 최양업 신부님이 태어난 곳이기도 합니다. 성지에는 최양업 신부님의 생가터인 '새터성지'와 '최양업 신부 기념관' 등이 조성돼 있습니다.

3. ②**부여 도앙골성지**는 최양업 신부님이 귀국하자마자 열 달 동안 사목순방을 마치고 1850년 10월 1일 스승 르그레즈와 신부에게 조선에서 첫 서한을 썼던 유서 깊은 곳입니다. 도앙골은 산길이 맞닿는 계곡의 막다른 지점으로 하부 내포의 산간에 숨어 살던 교우들이 연락을 주고받기가 수월했던 곳이기도 합니다.

4. ③**아산 남방제성지**는 최양업 신부님의 복사 겸 마부였던 조화서(베드로) 성인과 여러 신자들이 교우촌을 이루고 살던 곳입니다. 조화서 베드로는 최양업 신부님을 모시고 전국으로 사목방문을 다녔으며 1861년 6월 15일 푸르티에 신부님에게 최양업 신부님의 위독함을 알렸고 임종을 지켰던 인물이기도 합니다. 조화서 베드로는 1866년 병인박해 때 남방제에서 태어난 아들 조윤호 요셉과 함께 순교했으며 1984년 성 요한 바오로 2세 교황에 의해 부자가 함께 시성되었습니다.

5. ④**천안 성거산성지**는 1800년 초부터 박해를 피해 숨어들어 온 신자들에 의해 형성된 교우촌입니다. 최양업 신부님의 백부(큰아버지) 최영열과 동생 최선정(안드레아)이 잠시 살았던 곳이면서 최양업 신부님이 사목을 위해 자주 들렀던 교우촌입니다. 현재 '병인박해 기념성당' 일대이므로 병인박해 기념성당을 순례하기를 권합니다.

6. ⑤**금산 진밭들 교우촌**은 최양업 신부님 서한(1856년 9월 13일 자)에 등장하는 곳으로 이곳에 사목 차 방문해 고해성사와 보례 15명의 세례성사를 집전 중 포졸들의 습격을 받았다고 기록되어 있습니다. 진밭들 교우촌은 현 주소지인 두지진밭들길 일대였을 것으로 여겨지나 현재 이 일대가 밭인 까닭에 진산성지 순례로 대신합니다.

7. ⑥**서천 불무골 교우촌**은 최양업 신부님이 1857년 9월 14일 자와 9월 15일 자 두 통의 서한을 쓴 교우촌입니다. 두 서한은 마카오 신학교의 스승이었던 르그레즈와 신부와 리브아 신부에게 각각 올렸습니다. 두 서한을 통해 사목

보고와 조선의 박해상황과 이에 따른 최양업 신부님의 사목활동이 자세히 적혀 있습니다. ⑦**서천 산막골 교우촌**은 최양업 신부님과 각별한 사이였던 페롱 신부가 1858년부터 거주하며 사목했던 장소입니다. 최양업 신부님도 이곳을 자주 방문했습니다. 최양업 신부님과 페롱 신부님이 계실 때에 홍콩에서 세례를 받고 귀국한 복자 김기량 펠릭스 베드로를 방문받기도 했던 곳입니다. 이곳은 서천지역의 순교자가 57명에 이를 정도로 가장 큰 규모의 교우촌입니다.

8. **청주교구**에는 ①보은 멍에목성지(충북 보은군 속리산면 구병길 6 043-543-0691) ②진천 배티성지(충북 진천군 백곡면 배티로 663-13 043-533-5710) ③음성 봉암성지 방축골과 계마대(충북 음성군 맹동면 봉현로 145 043-883-0161) 3곳이 있습니다. ①**보은 멍에목성지**는 최양업 신부님이 1851년 10월 15일 자 여덟 번째 서한을 작성한 곳으로 서한에서 직접 사목방문 했던 것과 이 교우촌에서 일어난 일들을 자세히 기록으로 남겨둔 곳입니다. 또한 양반 신분으로 교우들의 신앙에 감화되어 입교를 한 조 바오로 이야기를 통해 교우촌 신자들의 깊은 신앙심과 신자 공동체의 모습을 자세히 기록하였습니다.

9. ②**진천 배티성지**는 오래전부터 신실한 신들이 모여 살던 교우촌이며 조선에 파견된 많은 프랑스 사제들이 사목의 중심지를 삼아 활동했던 곳입니다. 또한 최양업 신부님도 사목 거점으로 삼아 활동했던 성지로서 전국 다섯 개 도에 흩어진 교우촌을 순방하고 신학생들을 가르치기도 했습니다. 이곳에서 최양업 신부님은 다블뤼 신부님의 후임으로 1853년 여름부터 1856년 여름까지 약 3년 동안 신학교를 맡아 신학생 3명을 선발해 말레이시아 페낭 신학교로 유학을 보내기도 했습니다. 이곳 성지에는 '최양업 신부님 박물관'도 있어 최양업 신부님의 삶과 신앙을 더 자세히 만나볼 수 있습니다. 한편 한국 천주교회의 순교 복자품에 오른 순교자 124위 중 8위가 이곳 배티 출신이며 인근에 27기의 순교자 무덤이 있습니다.

10. ③**음성 봉암성지 방축골과 계마대**에는 1839년 기해박해 이후 교우촌이 형성됐으며 최양업 신부님은 이곳 방축골과 계마대를 방문해 교우들에게 성사를

주었습니다. 이곳에 살던 김백심의 아들 김 요한사도를 신학생으로 선발하여 배티 신학교를 거쳐 말레이시아 페낭의 신학교까지 학업을 이어 갔으나 귀국하여 환속하면서 사제가 되지는 못했습니다. 이곳에서 1866년 병인박해 때 김백심, 김 요한사도를 포함하여 총 6명의 순교자가 나온 곳입니다.

134. 최양업 신부와 관련된 순례지는 어디인가요?(5)

1. **대구·부산·안동교구**에는 ①대구대교구 칠곡 신나무골성지(경북 칠곡군 지천면 칠곡대로 2189-22 054-974-3217) ②대구대교구 경주 진목정성지(경북 경주시 산내면 수의길 192 054-751-6488) ③부산교구 울주 죽림굴(울산시 울주군 상북면 억새벌길 200-78 052-262-5312 언양성당) ④안동교구 문경 진안리성지 (경북 문경시 문경읍 진안리 92-6) 4곳이 있습니다. ①**칠곡 신나무골성지**는 영남 지방 신앙의 요람지로 처음 신자들이 산 것은 을해박해 이후부터 신자들이 피난을 와서 살았을 것으로 추측됩니다. 경상도 선교활동의 거점으로 샤스탕 신부, 다블뤼 신부, 리델 신부[239]도 사목활동을 하였습니다. 또한 최양업 신부님도 1849년부터 1861년 6월까지 이곳에서 사목을 하였습니다.

2. ②**경주 진목정성지**는 인근에 있는 탑골과 상선필에 살던 천주교 신자들이 신유박해 이후 피난을 와서 살게 되었을 것으로 추측됩니다. 1850년경부터는 최양업 신부님에 이어 다블뤼 신부, 리델 신부도 상선필과 이곳을 순회 선교한 것으로 전해집니다. 현재 이곳에는 이양등 베드로, 김종륜 루카, 허인백 야고보 세 복자의 가묘가 있습니다.

3. ③**울주 죽림굴**은 기해박해 당시 형성된 교우촌으로 100여 명의 신자들이 모여 곡식을 물에 불려 먹으며 이곳에서 숨어 지냈다고 합니다. 또 경신박해 때 최양업 신부님이 약 3개월간 은신하면서 미사를 집전한 곳으로, 1860년 9월

---

[239] 리델(Ridel, Felix Clair, 1830-1884): 조선교구 제6대 교구장(재위: 1869-1884)이며 주교로 한국명 은 이복명(李福明)이다. 1878년 1월 28일 그는 잡히는 몸이 되어 5개월 동안 옥중에 갇혔으나 북경 주재 프랑스 공사의 교섭으로, 중국정부의 주선에 의해 6월 5일 옥에서 풀려나, 7월 12일 만주로 추방되었다. 1884년 6월 20일 54세로 선종하였다.

3일 마지막 서한을 작성한 곳이기도 합니다. 최양업 신부님은 조선 귀국 후 순교자들의 행적을 서한을 통해 전했습니다. 1860년 9월 3일 자 서한에 "하직 인사가 될 듯하다"라는 말을 남길 정도로 당시 급박한 상황이었음에도 사목에 대한 강한 책임감을 드러냈습니다.

4. **④문경 진안리성지**는 최양업 신부님과 강 칼레 신부 등 선교사들과 교우들이 몰래 관문 옆 수구문을 통해서 충청도와 경상도를 넘나들며 선교활동과 피난길로 이용했던 유서 깊은 곳입니다. 또한 최양업 신부님의 선종 장소로 알려져 있습니다. 최양업 신부님이 1860년 박해 뒤 서울에 있는 베르뇌 주교에게 사목 보고를 하러 가던 중 과로와 장티푸스로 선종한 곳입니다. 이후 최양업 신님의 시신은 배론으로 옮겨져 안장되었습니다. 이곳 진안리성지는 12년 동안 온갖 어려움 속에서도 사목에 힘쓴 최양업 신부님을 기리기 위해 조성된 성지입니다.

5. **전주교구**에는 ①군산 신시도 체류지(전북 군산시 옥도면 신시도리 산 4-12) ②완주 오두재 교우촌(전북 완주군 소양면 오도길 129) 2곳이 있습니다. ① **군산 신시도 체류지**는 최양업 신부님이 1847년 7월에 중국 상하이에서 출발하는 프랑스 군함을 타고 조선 귀국을 시도하다가 배가 파선되는 바람에 승객 600여 명과 함께 임시 체류했던 곳입니다. 신시도 체류 중 육지로 상륙할 수 있는 방법을 끈질기게 찾았지만 결국 상하이로 되돌아갈 수밖에 없었습니다. 최양업 신부님의 서한 중 다섯 번째와 여섯 번째 서한에는 이때의 자세한 상황과 안타까운 심정이 기록되어 있습니다. **②완주 오두재 교우촌**은 최양업 신부님이 르그레즈와 신부와 리브와 신부에게 1858년 10월 3일자, 10월 4일자 서한을 썼던 곳으로 당시 허가받은 사람이 아니면 입도할 수 없었던 제주도 사목에 대한 최양업 신부님의 열정을 엿볼 수가 있습니다. 주소지 주변 계곡일대가 오두재 교우촌이 있었던 것으로 여겨집니다.

| 부록 1 |

전국 교구별 최양업 신부 관련 순례지 현황

2024.12월 현재

서울대교구 (5곳)

No.	순례지 명칭(관할성당)	주 소	전화번호
1	종로성당	서울시 종로구 동순라길 8	02-765-6101
2	주교좌명동성당	서울시 중구 명동길 74	02-774-1784
3	당고개(용산) 순교성지	서울시 용산구 청파로 139-26	02-711-0933
4	한국순교자 103위 시성터	서울시 영등포구 여의공원로 68	
5	한국 천주교 순교자 124위 시복터	서울시 종로구 세종로 광화문광장	

인천·수원·의정부교구 (5곳)

No.	순례지 명칭(관할성당)	주 소	전화번호
6	접푸리 교우촌	인천시 서구 도요지로 540	032-560-2932
7	수리산성지	경기도 안양시 만안구 별목인로 408	031-449-2842
8	손골성지	경기도 용인시 수지구 동천로 437번길 67	031-263-1242
9	한덕골 교우촌	경기도 용인시 처인구 이도읍 묵리 619-1	
10	황해도 교우촌 (참회와 속죄의 성당)	경기도 파주시 탄현면 성동리 111	031-941-3159

춘천·원주교구 (4곳)

No.	순례지 명칭(관할성당)	주 소	전화번호
11	김성 교우촌(김화성당)	강원도 철원군 서면 와수1로 95	033-458-2179
12	만산 교우촌(김화성당)	경기도 화천군 상서면 구운리 992-1	033-458-2179
13	서지 교우촌	강원도 원주시 부론면 손비로 330-1	033-745-3217
14	배론성지	충북 제천시 봉양읍 배론성지길 296	043-651-4527

대전교구 (7곳)

No.	순례지 명칭(관할성당)	주 소	전화번호
15	다락골성지	충남 청양군 화성면 다락골길 78-6	041-943-8123
16	도양골성지	충남 부여군 내산면 금지로 302	041-836-9625
17	남방제성지(신정동성당)	충남 아산시 신창면 서부북로 763-42	041-534-2324
18	성거산성지	충남 천안시 서북구 입장면 위례산길 394	041-584-7199
19	진밭들 교우촌	충남 금산군 진산면 실학로 257-8	041-752-6249
20	불무골 교우촌(서천성당)	충남 서천군 판교면 흥림리 산 84-1	041-951-9014
21	산막골 교우촌	충남 서천군 판교면 금덕길 81번길 117	041-951-2089

청주교구 (3곳)

No.	순례지 명칭(관할성당)	주 소	전화번호
22	멍에목성지	충북 보은군 속리산면 구병길 6	043-543-0691
23	배티성지	충북 진천군 백곡면 배티로 663-13	043-533-5710
24	봉암성지 방축골과 계마대	충북 음성군 맹동면 봉현로 145	043-883-0161

대구·부산·안동교구 (4곳)

No.	순례지 명칭(관할성당)	주 소	전화번호
25	신나무골성지	경북 칠곡군 지천면 칠곡대로 2189-22	054-974-3217
26	진목정성지	경북 경주시 산내면 수의길 192	054-751-6488
27	죽림굴(언양성당)	울산시 울주군 상북면 억새벌길 200-78	052-262-5312
28	진안리성지	경북 문경시 문경읍 진안리 92-6	

전주교구 (2곳)

No.	순례지 명칭(관할성당)	주 소	전화번호
29	신시도 체류지	전북 군산시 옥도면 신시도리 산 4-12	
30	오두재 교우촌	전북 완주군 소양면 오도길 129	

| 부록 2 |

최양업 신부의 가계도

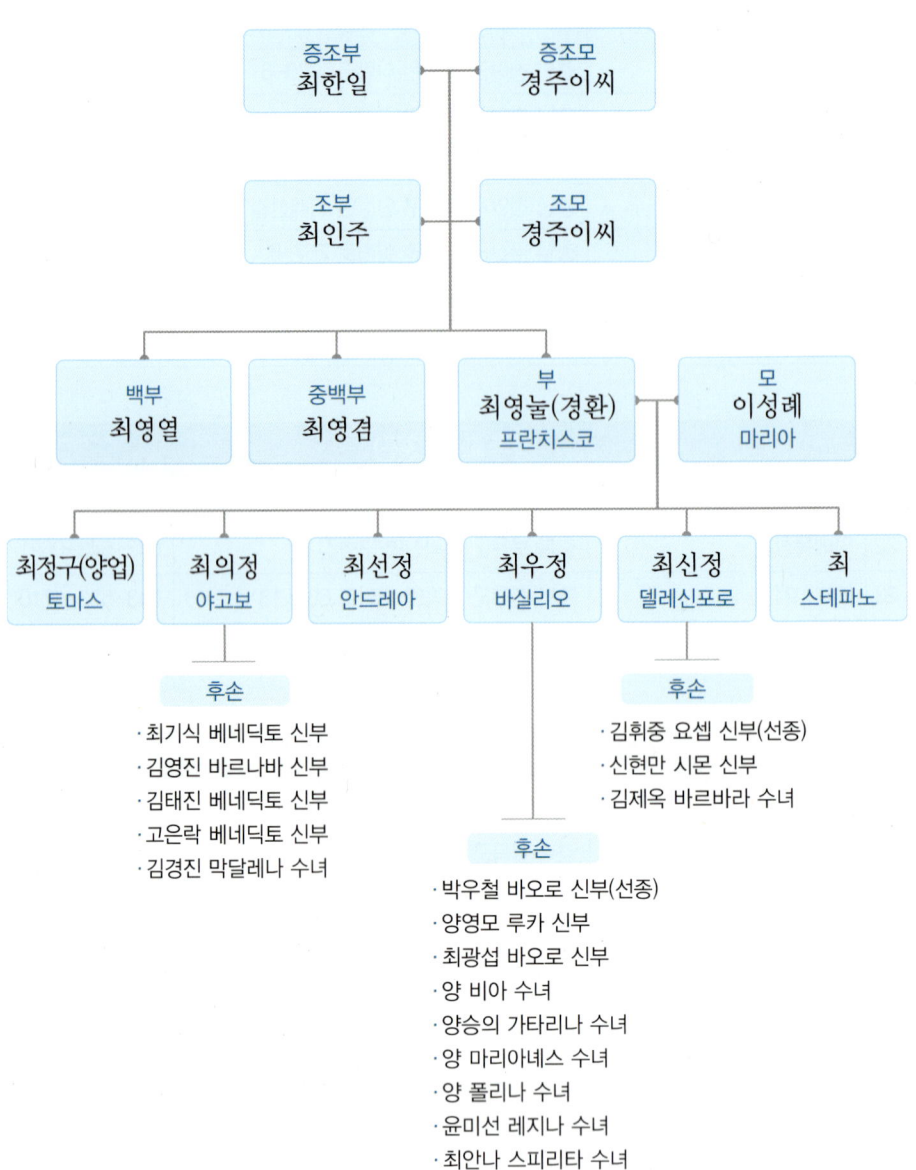

(원주교구 '희망의 순례자' 일부참조)

| 부록 3 |

최양업 신부가 살아온 발자취

- 1821년　　3월 1일 /　청양 다락골 새터에서 출생
- 1836년　　　 2월 /　조선 첫째 신학생으로 선발
　　　　　　 12월 /　김대건, 최방제와 함께 마카오로 출발
- 1837년　　6월 7일 /　김대건, 최방제와 함께 마카오에 도착, 신학공부
- 1839년　　4~11월 /　필리핀 롤롬보이로 피신
　　　　　9월 12일 /　부친 성 최경환 프란치스코 순교
- 1840년　　1월 31일 /　모친 복자 이성례 마리아 순교
- 1842년　　7월 17일 /　마카오 출발(1차 귀국로 탐색)
- 1844년　12월 10일 /　성 김대건과 함께 부제 수품
- 1846년　　　 1월 /　훈춘으로 출발(2차 귀국로 탐색)
　　　　　　 12월 /　변문으로 출발(3차 귀국로 탐색)
- 1847년　　　 7월 /　프랑스 군함을 타고 홍콩 출발(4차 귀국로 탐색)
- 1849년　　4월 15일 /　상해에서 사제수품
　　　　　　　 5월 /　백령도 탐색 후 상해 귀환(5차 귀국로 탐색)
　　　　　　 12월 /　변문으로 귀국(6차 귀국로 탐색하여 성공)
- 1850년　　　 1월 /　경기, 충청일부, 강원, 전라, 경상도 사목방문
　~ 1852년 12월
- 1852년　　　12월 /　경기, 충청, 경상도 일부, 강원, 전라 사목방문
　~ 1856년　7월
- 1856년　　　 8월 /　충청, 경상도 일부, 강원, 전라, 황해도 사목방문
　~ 1857년　8월
- 1857년　　　 8월 /　전라, 경상도 남부와 북부 일부, 강원, 충청일부, 황해도 사목방문
　~ 1861년　6월
- 1861년　　6월 15일 /　선종
　　　　　　 11월 초 /　배론성지에 안장
- 2009년　　　 5월 /　교황청 시성성 '하느님의 종' 최양업 토마스 신부님 시복
　　　　　　　　　　시성 청원서 공식 접수
- 2016년　　4월 26일 /　'하느님의 종' 최양업 토마스 신부님 가경자로 선포

(원주교구 '희망의 순례자' 일부참조)

| 부록 4 |

최양업 신부 시복 시성 진행 상황

● 준비단계

1996-1997	청주교구 배티 성지에서 최양업 신부의 전기 자료집인 "최양업 신부의 서한", "스승과 동료 성직자들의 서한", "증언록과 교회사 자료", "기해·병오 박해 순교자들의 행적"이 간행되면서 시복 청원을 준비함.
1997	주교회의 추계정기총회: 한국 천주교회의 시복 시성 작업통합추진 결정
1998.10.12	주교회의 상임위원회: '시복 시성 통합추진위원회' 구성
2001.03.22	주교회의 춘계 정기총회: 최양업 토마스 신부의 시복 시성 안건에 대하여 '주교회의'가 '청구인'이 되며, 그 추진에 따른 권한을 마산교구장 박정일(미카엘) 주교에게 이양하기로 결정하고 담당 교구장으로 선출
2001.06.09	주교회의는 위의 결정(2001.3.22.)을 교황청 시성성에 보고
2001.10.18	제1차 시복시성주교특별위원회 회의
2002.03.07	제2차 시복시성주교특별위원회 회의
2002.03.08	주교회의 상임위원회 회의: 시복시성주교특별위원회 위원장 박정일 주교의 추천에 따라 청주교구 류한영(베드로) 신부를 시복시성주교특별위원회 총무로 임명
2002.09.02	제3차 시복시성주교특별위원회 회의
2003.03.24	제4차 시복시성주교특별위원회 회의
2003.11.11	시성성에 "최양업 토마스 신부의 시복 안건에 대한 관할권"과 "장애없음"을 신청(Prot. No. 204/2003)
2004.01.10	시성성으로부터 관할권 신청에 대한 승인 받음(Prot. N. 2587-1/04)
2004.01.31	"장애 없음"을 통보 받음(Prot. N. 2587-1/04)
2004.02.04	제5차 시복시성주교특별위원회 회의
2004.09.03	제6차 시복시성주교특별위원회 회의
2004.11.08	마산교구장 안명옥(프란치스코 하비에르) 주교는 박정일(미카엘) 주교에게 관할권 위임
2004.12.03	주교회의: "최양업 신부"의 시복 안건 청원인으로 류한영(베드로) 신부 임명
2005.01.24	제7차 시복시성주교특별위원회 회의
2005.03.01	청원인 류한영(베드로) 신부 청원서 제출
2005.03.01	청원인 시복 법정 출석 증인 명단 제출

2005.04.15	담화문 발표: 「'하느님의 종' 최양업 토마스 신부의 시복 시성 예비심사에 즈음하여」
2005.05.15	하느님의 종 최양업 토마스 신부 시복 관련 서적검열신학자 임명
2005.06.20	하느님의 종 최양업 토마스 신부 시복 관련 역사 및 고문서 전문가 임명
2005.09.05	제8차 시복시성주교특별위원회 회의
2005.10.11	역사 및 고문서 전문가 추가 임명
2005.10.20	제1차 예비심사관여자회의
2006.02.14	제9차 시복시성주교특별위원회 회의
2006.09.01	제10차 시복시성주교특별위원회 회의
2007.02.06	제11차 시복시성주교특별위원회 회의
2007.09.03	제12차 시복시성주교특별위원회 회의
2008.08.29	제13차 시복시성주교특별위원회 회의
2009.02.13	제14차 시복시성주교특별위원회 회의

● **재판부 구성 - 시복재판, 현장조사 - 법정 종료**

2005.10.20	하느님의 종 최양업 토마스 신부 시복 시성 '안건 착수와 법정 구성 교령' 공포
2005.11.30	제2차 예비심사관여자회의
2005.12.03	하느님의 종 최양업 토마스 신부 시복 법정 개정
2006.02.23	시복 재판 법정 제2회기 개정
2006.04.27	시복 재판 법정 제3회기 개정
2006.06.22	시복 재판 법정 제4회기 개정
2006.08.24	시복 재판 법정 제5회기 개정 제3차 예비심사관여자회의
2006.10.13~20	교황청 시성성 방문: 중간보고
2006.10.26	시복 재판 법정 제6회기 개정
2006.11.17	제4차 예비심사관여자회의
2007.02.22	시복 재판 법정 제7회기 개정 제5차 예비심사관여자회의
2007.03.15	주교회의 상임위원회: 하느님의 종 최양업 토마스 신부 기적 심사 관련 '담화문' 승인

2007.04.15	담화문 발표: 하느님의 종 증거자 최양업 토마스 신부 기적 심사에 즈음하여
2007.12.03	하느님의 종 최양업 토마스 신부 시복 시성 자료집: 최양업 신부의 사목 지역과 선종지 연구 발간
2008.04.04	제6차 예비심사관여자회의
2008.05.20~23	하느님의 종 최양업 토마스 신부 관련 교구 현장 조사
2008.11.05	시복 재판 법정 제9회기 개정
2008.11.05	제7차 예비심사관여자회의
2009.03.06	시복 재판 법정 제10회기 개정 제8차 예비심사관여자회의
2009.04.02	시복 재판 법정 제11회기 개정
2009.04.30	시복 재판 법정 제12회기 개정
2009.05.20	하느님의 종 최양업 토마스 신부 시복시성 법정 종료 회기
2009.05.21	로마 주재 청원인 임명: 로마 한인신학원 원장 김종수 신부
2009.06.03	하느님의 종 "최양업 토마스 신부" 시복시성 법정 문서 교황청 시성성 제출
2009.08.28	예비심사관여자 평가 회의

● 교황청 시성성 심사

2009.05.28	교황청 시성성 '하느님의 종' 최양업 토마스 신부 시복 시성 청원서 공식 접수
2009.06.03	한국 천주교회 대표단 교황청 시성성 방문: 시복 시성 조사 문서 제출
2009.06.19	시성성에서 김종수 신부의 로마 주재 청원인 임명을 승인
2009.09.03	시성성의 '하느님의 종' "최양업 토마스 신부" 시복 법정 문서 개봉 승인 (Prot. N. 2587-4/09)
2009.8.28	제15차 시복시성주교특별위원회 회의
2010.02.09	제16차 시복시성주교특별위원회 회의
2010.10.01	시성성 정규회의에서 "하느님의 종 최양업 신부"의 시복 문서 심의 결과, '법적 유효성' 승인
2010.10.27	시성성으로부터 '하느님의 종' "최양업 토마스 신부" 시복 문서의 '법정 유효성' 연구 결과물 공인 사본 접수(Ric. N.3646)
2010.11.11	시성성으로부터 '하느님의 종' "최양업 토마스 신부"의 시복 안건에 대한 "예비 심사 조서의 법적 유효성" 교령(Prot. N. 2587-5/10) 접수
2011.02.17	제17차 시복시성주교특별위원회 회의

2011.03.11	교황청 시성성 '하느님의 종' 최양업 토마스 신부 시복 안건 담당 보고관 임명: 즈지스와프 키야스(Zdzislaw Kijas) 신부
2011.08.24	제18차 시복시성주교특별위원회 회의
2012.02.09	제19차 시복시성주교특별위원회 회의
2012.08.21	제20차 시복시성주교특별위원회 회의
2013.02.05	제21차 시복시성주교특별위원회 회의
2013.07	하느님의 종 최양업 토마스 신부 "Positio"(시성성 통상 회의에서 안건의 최종 결정을 위해 보고관이 작성하는 최종 심사 자료) 준비
2013.08.28	제22차 시복시성주교특별위원회 회의
2014.02.12	제23차 시복시성주교특별위원회 회의
2014.08.23	교황청 시성성에 "하느님의 종 최양업 토마스 신부" 심문요항(Positio) 제출 완료
2014.09.12	제24차 시복시성주교특별위원회 회의
2014.10.16	로마 청원인에게 교황청 시성성 역사-신학자문위원회 Positio 심의 별첨 자료(최양업 신부의 서한과 사향가 묶음 자료집) 발송
2014.11.18	교황청 시성성 역사위원회 하느님의 종 "최양업 토마스 신부" Positio 심의
2015.02.03	제25차 시복시성주교특별위원회 회의
2015.12.15	교황청 시성성 신학위원회 하느님의 종 "최양업 토마스 신부" Positio 심의
2016.03.14	교황청 시성성 추기경과 주교들의 회의에서 "하느님의 종 최양업 신부" Positio 심의 최종 통과
2016.03.14~17	주교회의 춘계 정기총회: 로마 주재 청원인(기적 심사) 임명- 로마 한인신학원 원장 정의철 신부
2016.04.26	"하느님의 종 최양업 토마스 신부" 가경자 선포: 프란치스코 교황 "하느님의 종 최양업 토마스 신부"의 영웅적 성덕(heroic virtue)을 인정하는 교황청 시성성 교령을 승인하심
2016.04.27	교황청 바티칸 라디오 2016년 4월 27일자 기사를 통해 4월 26일 프란치스코 교황의 시성성 교령 승인에 대해 보도

● **기적 심사**

2015.03.01	하느님의 종 "최양업 토마스 신부" 기적 심사 청원인 류한영 신부 임명
2015.04.15	청원인 류한영 신부의 청원서 제출

2015.04.23	기적 심사 법정 개정 준비 제1차 회의
2015.04.30	하느님의 종 "최양업 토마스 신부" 기적 심사 '자문의학전문가' 임명
2015.06.20	의정부교구장의 담화문 발표: "하느님의 종 최양업 토마스 신부의 기적 심사에 즈음하여"
2015.07.10	기적 심사 법정 개정 준비 제2차 회의
2015.07.20	의정부교구장 이기헌 주교의 "안건 착수와 법정 구성" 교령 반포 및 법정 구성원 임명
2015.07.20	하느님의 종 "최양업 토마스 신부" 기적 심사 '검증의학전문가' 임명
2015.09.02	제26차 시복시성주교특별위원회 회의
2015.09.08	하느님의 종 "최양업 토마스 신부" 기적 심사 법정 개정
2015.10.16	하느님의 종 "최양업 토마스 신부" 기적 심사 법정 제2회기 개정
2015.10.23	하느님의 종 "최양업 토마스 신부" 기적 심사 법정 제3회기 개정
2015.10.25	하느님의 종 "최양업 토마스 신부" 기적 심사 법정 제4회기 개정
2015.10.30	하느님의 종 "최양업 토마스 신부" 기적 심사 법정 제5회기 개정
2015.11.06	하느님의 종 "최양업 토마스 신부" 기적 심사 법정 제6회기 개정
2015.11.13	하느님의 종 "최양업 토마스 신부" 기적 심사 법정 제7회기 개정
2015.11.20	하느님의 종 "최양업 토마스 신부" 기적 심사 법정 제8회기 개정
2015.11.27	하느님의 종 "최양업 토마스 신부" 기적 심사 법정 제9회기 개정
2016.02.03	제27차 시복시성주교특별위원회 회의
2016.03.04	기적 심사 법정 준비 제3차 회의
2016.03.04	하느님의 종 "최양업 토마스 신부" 기적 심사 법정 제10회기 개정
2016.04.15	기적 심사 법정 준비 제4차 회의
2016.04.15	하느님의 종 "최양업 토마스 신부" 기적 심사 법정 제11회기 개정
2016.05.06	하느님의 종 가경자 "최양업 토마스 신부" 기적 심사 법정 제12회기 개정
2016.05.27	하느님의 종 가경자 "최양업 토마스 신부" 기적 심사 법정 제13회기 개정
2016.06.15	하느님의 종 가경자 "최양업 토마스 신부" 기적 심사 법정 종료
2016.06.17	교황청 시성성에 "기적 심사" 법정 문서 제출
2016.06.21	기적 심사 법정 문서 제출 시성성 방문단의 시성성 장관과의 면담
2016.07.02	교황청 시성성 하느님의 종 '가경자' 최양업 토마스 신부 "기적심사" 문서 개봉 교령(Prot. . 2587-19/16)

2016.08.30	제28차 시복시성주교특별위원회 회의
2016.09.19	교황청 시성성 하느님의 종 '가경자' 최양업 토마스 신부 "기적 심사" 문서 개봉
2016.10.14	마산교구장 배기현(콘스탄틴) 주교 시복시성주교특별위원회 위원장 유흥식(라자로) 주교에게 관할권 위임
2016.12.09	시성성에서 하느님의 종 '가경자' 최양업 토마스 신부 기적 심사 문서의 '법정 유효성' 인정(Prot. . 2587-20/16)
2017.02.14	제29차 시복시성주교특별위원회 회의
2017.08.31	제30차 시복시성주교특별위원회 회의
2017.11.20	'기적 심사' 심문요항(Positio) 초안: 로마 청원인에게 송부
2018.02.06	제31차 시복시성주교특별위원회 회의
2018.02.22	로마청원인 정의철 신부 시성성 방문: '기적 심사' 심문요항(Positio) 초안 검토 받음
2018.03.20	교황청 시성성 '기적심사' 문서 이탈리아어 번역가 선서를 위한 번역문서 (영어, 이탈리아어) 로마청원인에게 송부
2018.06.19 ~07.01	기적 심사 안건 국내 청원인 류한영 신부 교황청 시성성 방문 출장: '기적 심사 심문요항(Positio)' 심의에 관한 진행 상황 확인
2018.08.30	제32차 시복시성주교특별위원회 회의
2019.02.14	제33차 시복시성주교특별위원회 회이
2019.06.15	2019년 사제 성화의 날 묵상 자료집 발간 <성 김대건 안드레아 신부와 가경자 최양업 토마스 신부의 삶과 영성>
2019.09.04	제34차 시복시성주교특별위원회 회의
2020.02.03	제35차 시복시성주교특별위원회 회의
2021.05	시성성 최종 결과 보고서 접수
2021.10.14	주교단 "가경자 최양업 토마스 신부님의 시복을 위한 기적 심사를 새롭게 추진하며" 담화문 발표
2022.03	2022년 춘계 정기총회: 가경자 최양업 토마스 신부 시복 시성 기도문 승인

(한국 천주교회 시복시성주교특별위원회 자료 인용)

참고문헌·참고서적

- 한국천주교중앙협의회, 『성경』, 2005
- 한국천주교중앙협의회, 『가톨릭 기도서』, 2018
- 한국교회사연구소, 『한국가톨릭대사전』, 2006
- 한국교회사연구소, 『한국천주교회사 1-5권』, 2010
- 한국교회사연구소(최석우외), 『한국천주교회사 순교 연구논문집』, 2014
- 청주교구 배티성지 양업교회사연구소, 『가경자 최양업 토마스 신부의 서한집』, 사이트: https://blog.naver.com/hanglrara33, 2009 발간분 수정 발간
- 원주교구, 『희망의 순례자』, 2021
- 안충석 신부, 『한국 순교자 영성』, 2015
- 박재만 신부, 『새로운 복음화를 위한 한국교회의 영적자세』, 2001
- 정진석 추기경, 『너는 주추 놓고 나는 세우고』, 2021
- 여진천 신부, 『최양업 신부의 삶과 영성 기고문』, 2006
- 조한건 신부, 『평화가 넘치는 샘물』, 2021
- 김동원 신부, 『한국 천학과 영성』, 2021
- 문갑순, 『한국 천주교 순교성지를 찾아서』, 2021
- 김성열, 『103위 한국 순교성인 문답』, 2020,
- 청양 다락골성지, 『최양업 신부와의 새로운 만남』, 2021
- 사단법인 미래사목연구소, 『사목정보』, 2024.9.10월호
- 서울대교구 가톨릭 인터넷굿뉴스, 『가톨릭 정보자료실 성인·성지』, 2024
- 가톨릭신문, 『가톨릭신문 자료실』, 2024
- 가톨릭평화신문, 『가톨릭평화신문 자료실』, 2024
- 위키위키, 『나무위키 백과사전 자료실』, 2024
- 다음, 『다음 정보자료실』, 2024
- 네이버, 『네이버 정보자료실』, 2024

엮은이

김 성 열 마태오

- 1955년　　　　출생(충남 서산)
- 1974년　　　　홍성고등학교 졸업
- 1974년　　　　홍성세무서 근무
- 1995년　　　　한국 세무사시험 합격(32회)
- 1995년　　　　서울지방국세청 퇴직(국세청 21년 근무)
- 2001년　　　　한밭대학교 경영학과 졸업(경영학사)
- 2003년　　　　고려대학교 행정대학원 졸업(경제학석사)
- 2007년　　　　한남대학교 일반대학원 졸업(경영학박사)
- 2007년　　　　한국 경영지도사시험 합격(22회)
- 2004-2008년　한밭대학교 경상학부 겸임교수 역임(4년)

- 1983년　　　　세례(천주교 대전교구 홍성성당)
- 1987년　　　　천주교 대전교구 꾸르실료 남성 제54차 수료
- 1995년　　　　천주교 서울대교구 제555차 ME교육 수료
- 2005-2007년　천주교 대전교구 월평동성당 사목회장 역임(2년)
- 2006-2008년　천주교 대전교구 재무평의회 위원 역임(2년)
- 2012년　　　　대전 가톨릭대학교 교리신학원 졸업
- 2014-2016년　천주교 대전교구 반석동성당 사목회장 역임(2년)
- 2017년　　　　대전 가톨릭대학교 교리신학원 심화과정 졸업
- 2018-2021년　주교 대전교구 반석동성당 예비신자 교리교사활동
- 2019-2023년　주교 대전교구 반석동성당 비정규성체 분배자활동

- 편저: ①「가톨릭 교리문답」, ②「103위 한국 순교성인 문답」
　　　③「가톨릭교회의 미사와 전례 문답」, ④「가톨릭교회 사회교리 문답」
　　　⑤「가톨릭교회의 구약성경 문답」, ⑥「가톨릭교회의 신약성경 문답」

- 세무법인 큐택스 둔산법원점(대표 세무사 김성열)

가톨릭교회 평신도를 위한 신앙생활 길잡이 ⑦

땀의 순교자의 시복과 시성의 염원을 담은
가경자 최양업 신부 문답

교 회 인 가 : 2025년 4월 28일 (천주교 대전교구장 김종수 아우구스티노 주교)
초 판 발 행 : 2025년 5월 14일 (성 마티아 사도 축일)

엮 은 이 : **김성열 마태오 (010 - 5457 - 9390)**

<u>엮은이 저작권, 판매권 소유</u> 엮은이 인지 생략

발행 및 인쇄처 : **도서출판 프린트샵**
등 록 2018년 3월 26일
이메일 wj2359@naver.com
대전광역시 유성구 테크노중앙로 155 테크노피아

도서 구입 문의

사 업 자 상 호 : 마태오서적
사업자등록번호 : 359 - 99 - 00508
직 통 번 호 : **070 - 7605 - 6391**
휴 대 전 화 : **010 - 5457 - 9390**
이   메   일 : semu8272@hanmail.net
입금 계좌 번호 : 740901 - 01 - 594252 (국민은행, 마태오서적 김성열)

값 : 18,000 원

해외에서 송금할 때 SWIFT CODE : CZNBKRSE

은행명 : KOOKMIN BANK
지점명 : DUNSAN CLOVER BR
주   소 : 55 MUNYE-RO SEO-GU DAEJEON, KOREA
계좌번호 : 740901-01-594252 (국민은행, 마태오서적 김성열)
성   명 : Kim Seong Yul
Tel : 042-483-5353   / +82-42-483-5353
Fax : 042-483-5355 / +82-42-483-5355
H.P : 010-5457-9390 / +82-10-5457-9390
E-mail : semu8272@hanmail.net
Add : 103-602, 219, Bugyuseong-daero,
         Yuseong-gu, Daejeon, 34077, Republic of Korea

ISBN 979-11-963630-1-7

* 잘못된 책은 바꿔드립니다.